Brennecke · Schwarze Schiffe—weite See

lockadebrecher – Reisen der RIO GRANDE in der Japanfahrt

(apitän von Allwörden)

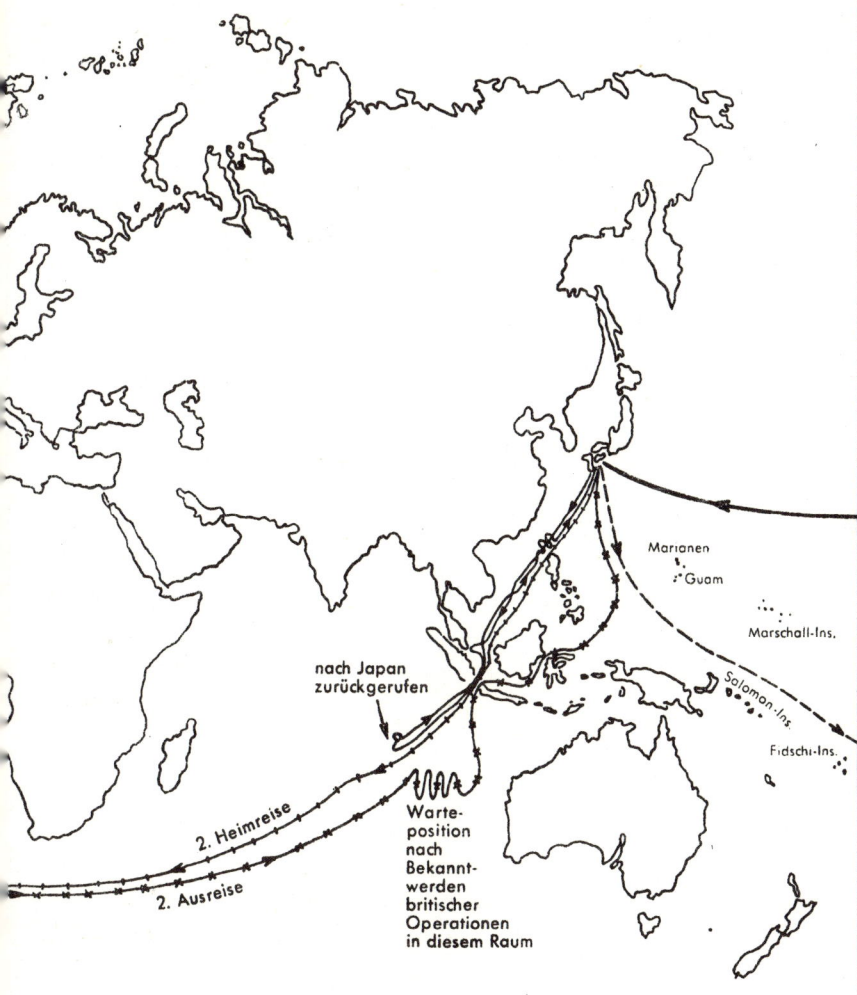

nach Japan
zurückgerufen

Marianen

Guam

Marschall-Ins.

Solomon-Ins.

Fidschi-Ins.

2. Heimreise

2. Ausreise

Warte-
position
nach
Bekannt-
werden
britischer
Operationen
in diesem Raum

b Bordeaux 21. 9. 1941, an Osaka 6.12. 1941

b Kobe 31. 1. 1942, an Bordeaux 10. 4. 1942

b Bordeaux 28. 9. 1942, an Japan 31. 12. 1942

b Yokohama 28. 1. 1943 (Rückruf nach Japan)

o Yokohama 4. 10. 1943 (2. Anlauf zur Heimreise)

Jochen Brennecke

Schwarze Schiffe weite See

Das Schicksal der deutschen Blockadebrecher

Koehlers Verlagsgesellschaft mbH · Herford

Die in diesem Buch veröffentlichten Fotos
wurden mit freundlicher Genehmigung
aus Privatbesitz zur Verfügung gestellt.

CIP-Titelaufnahme der Deutschen Bibliothek

Brennecke, Jochen:
Schwarze Schiffe, weite See : das Schicksal der deutschen
Blockadebrecher / Jochen Brennecke. – 2., überarb. Aufl. –
Herford : Koehler, 1989
    ISBN 3-7822-0481-6

ISBN 3 7822 0481 6; Warengruppe Nr. 21

© 2. Auflage 1989 by Koehlers Verlagsgesellschaft, Herford
Alle Rechte, insbesondere das der Übersetzung vorbehalten.
Schutzumschlaggestaltung: Regina Daniel-Werner, Vlotho
Gesamtherstellung: Hans Kock Buch- und Offsetdruck GmbH, Bielefeld
Printed in Germany

INHALT

abgelehnt — Ein anderer Neutraler übernimmt die Überlebenden — Von den kämpfenden Seeleuten spricht man nicht — Das Schicksal des Schnelldampfers „Columbus" — Mit Amerikanern an Bord in die Krisenzeit — Curacao verweigert Öl — Flucht nach Mexiko — Kapitän Dähnes Vorschläge finden keine Billigung — „Columbus" von amerikanischen Kriegsschiffen beschattet — Kapitän Dähne versenkt sein Schiff — Weitere Selbstversenkungen: Namen, Zahlen, Orte — So sank die „Arucas".

entsetzte Minensuchboot-Kommandant — Three cheers for Captain Krage — Das Schicksal der ersten Rohstoffversorger in der „klassischen" Blockadebrecherfahrt.

„Ermland" in „Weserland" umgetauft — Premiere auf der Höhe von Cap Ortegal
— „Ermland" schießt angreifende Flugzeuge ab — Überlebende einer Sunderland gerettet — „Rio Grande" umgebaut — Bombensegen in der Nacht —
Blindgänger reißt die Brücke auf — Zuflucht in spanischem Hafen — Ausreise mit
Sirenengeheul — Stop im Indischen Ozean — Speck hielt die „Regensburg" zusammen — Gäste beim japanischen Militärgouverneur von Java — IO Ehrhardt
und der japanische Hotelier — Weitere Schiffe auf der Japanroute — „Tannenfels" im Gegenverkehr — Kapitän Haase übernimmt Überlebende des Hilfskreuzers „Stier" — Gespenstische Rückreise — Treffen mit deutschem U-Boot —
Die vermaledeiten Funksprüche — Deutscher Sperrbrecher stoppt die „Tannenfels" — Schicksale der anderen von Japan ausgehenden Blockadebrecher —
Raeder fordert stärkeren Schutz des Luftraumes über der Biscaya.

Dönitz kämpft um Verstärkung der Luftwaffe — Die größten und stärksten Zerstörer zum Schutz der Blockadebrecher abgestellt — Das Ende der „Hohenfriedberg" — Die „Doggerbank" ein Opfer von U 264 — Nur ein Mann überlebt die
Katastrophe — Funkmeß-Beobachtungsgeräte für die Blockadebrecher — Kautschuk treibt in der Biscaya und auf der Gironde — Die „Pietro Orseolo" torpediert, aber doch noch heimgekehrt — Das Ende der „Regensburg" — Rückmarschbefehl für die anderen Blockadebrecher — Letzte Ausbruchversuche mit
Japankurs.

Die Absetzung Mussolinis und die Folgen in Japan — Kreuzer „Eritrea" verrät
die Organisation im Südostraum — Abfertigung von Blockadebrechern jetzt in
Singapore und Batavia — Die Monsun-U-Boote — Probleme der Überholung
und Ausrüstung — Chef im Südraum nimmt Konservenfabriken in Betrieb —
Geheimrezept für Dosenbrot kommt per FT — Probleme bei der Stauung der
Rohstoffe — Tätigkeit der U-Boote im Südostraum und ihr Schicksal bis zur
Kapitulation.

Das Unternehmen Bernau — „Osorno" im Anmarsch — In der Nacht quer in
einen Geleitzug geraten — „Osorno" überlistet einen britischen Zerstörer —

Zwei alliierte Flugzeuge schützen den Nachzügler mit dem Maschinenschaden: die deutsche „Osorno" — Zerstörerverband nimmt den Blockadebrecher auf — Auf der Gironde noch auf ein Wrack gelaufen und leckgeschlagen — Kapitän Hellmann setzt die „Osorno" auf Strand; die Ladung ist gerettet — Das Ritterkreuz für Hellmann — „Alsterufer" bombardiert und selbstversenkt — Die Zerstörer und T-Boote von britischen Kreuzern gestellt — Geheimnisvolle Unterwasserdetonationen — „Rio Grande" muß in der Antarktis warten — Neuer Kurs führt dicht unter Brasilien entlang — Vergebliche Tarnversuche — Kapitän von Allwörden gibt Befehl zur Selbstversenkung — Was die „Weserland" durchmachte — Wieder Flugzeuge abgeschossen, aber es kamen neue — Volltreffer auf Anhieb trotz dunkler Nacht — Total erschöpft im Rettungsboot — Kapitän Krage überwindet die Krise durch sein Vorbild — Das Ende der „Burgenland" — Die Bilanz in der Seeschlacht um Kautschuk.

Die Prisen deutscher Kriegs- und Hilfskriegsschiffe — Liste der von Japan nach Europa ausgelaufenen Blockadebrecher — Quellennachweis.

VORWORT

*D*ynamit *oder einen Dietrich brauchen Sie, um bei den alten
Fahrensleuten Einlaß zu finden!" Mit diesen Worten warnte mich
ein Freund, als er von meinem Plan hörte, über die Schicksale
der deutschen Blockadebrecher im letzten Weltkrieg ein Buch zu
schreiben. Nun, ganz so schlimm war es nicht, aber schwierig genug.
Mißtrauen schlug mir bei jenen Kapitänen entgegen, die fürchteten, zu Reportagen mißbraucht zu werden, wie sie sich einige
Zeitschriften als verfälschte Zerrbilder geleistet hatten.*

*Zurückhaltung bei anderen, weil sie als Boten und Träger des
friedlichen Wettbewerbs auf See der unfriedlichen und ihnen daher
wesensfremden Kriegszeit innerlich so gründlich abgesagt hatten,
daß sie selbst die Erinnerung daran nicht auffrischen wollten.*

*Resignation bei einigen, die den damals hier und da bestehenden
Mißklang zwischen der grauen Dampferkompanie — also der
Kriegsmarine — und der „christlichen" Seefahrt immer noch nicht
überwunden hatten.*

*Und Bescheidenheit kennzeichnete alle. Verstärkt sogar bei jenen,
die Ungewöhnliches erlebt und Taten vollbracht hatten, die fast
jenseits der Darstellungskraft der Sprache liegen, — jene saubere
Bescheidenheit, die lieber schweigen möchte als pro domo reden.*

*Aber nicht allein diese inneren Gründe erschwerten die Arbeit. Bei
den Männern, die heute wieder oder noch immer Dienst auf Schiffen versehen, kommen andere Schwierigkeiten hinzu, wie sie mir
z. B. Kapitän Jäger vom NDL-Motorschiff „Blankenstein" von
unterwegs, aus Santiago de Chile, berichtete:*

*„Da Sie selber aus den Reihen der Christlichen Seefahrt stammen,
werden Sie leichter verstehen, warum ich Ihnen erst jetzt schreiben
kann: Übernahme eines neuen Schiffes, Schnee und Sturm in euro-*

11

päischen Gewässern. Auf See Arbeit, die im Hafen liegen blieb . . .
Und hier an der südamerikanischen Westküste zwei Häfen an
einem Tage. Da bleibt kaum, eigentlich gar keine Zeit, um der
Familie zu schreiben . . .
Ja, Unterlagen über die im Kriege als Blockadebrecher und Versorger gefahrenen Handelsschiffe zu beschaffen ist schwer, sehr
schwer . . . Private Tagebücher durften wir nicht führen, und die
Schiffsjournale gingen nach Berlin . . . vorausgesetzt, daß man
durchkam. Außerdem, das wissen Sie, schreiben wir nicht gern.
Viele Kapitäne, denen der Blockadedurchbruch glückte, sind bereits verstorben, andere in alle Welt verstreut, wieder andere mögen sich nicht mehr an Zeiten erinnern, da man uns nicht so behandelte, wie es das gemeinsam befahrene Element, die gemeinsame Sprache und die gemeinsame Endaufgabe als selbstverständlich vorausgesetzt hätten."
Oder Kapitän Ludolf Petersen von der HAPAG schrieb mir:
„Mit Recht bist Du bekümmert, daß ich Dir immer noch nicht
meine Erfahrungsberichte geschickt habe. Ich bin inzwischen nach
Australien gefahren und nun wieder unterwegs nach der Ostküste
der USA. Nach der damaligen Reise auf der „Odenwald" hatte
ich sehr auf Urlaub gehofft, bekam dann aber, nach drei Tagen
Hafenzeit, das Turbinenschiff „Essen" als Kapitän. Wieder raus
nach Australien. Nun hatte ich wieder nur drei Tage in Hamburg . . . Was sind drei Tage, wenn man sich monatelang nicht
gesehen hat . . ."
Solche und ähnliche Antworten gab es von vielen. Und dennoch
entstand das Manuskript. Dank, herzlichen Dank den Reedereien
und vor allem den Kapitänen, die ihre Zurückhaltung überwan-
den, ihre kurze Hafenzeit opferten, oder sogar während dieser
bemessenen Frist nach Düsseldorf kamen und über jene Reisen
berichteten, die während des Krieges der strengsten Geheimhaltung unterlagen, über Unternehmen, deren Strapazen, Gefahren
und Opfer in keinem Verhältnis standen zur Würdigung und Anerkennung, die sie bisher gefunden haben.

Jochen Brennecke

12

Erstes Kapitel

DER ABEND VOR DER NACHT
AUF DEN WELTMEEREN

Zur Lage: Die nach dem Ersten Weltkrieg auf 673 000 BRT dezi-
mierte deutsche Handelsflotte verfügte im Spätsommer 1939 wie-
der über einen Tonnagebestand von 4,492 Millionen BRT. Trotz
der seit 1933 verfolgten autoritären Regierungspolitik war es also
nicht gelungen, den Vorkriegsstand von 5,6 Millionen BRT zu er-
reichen. Die Regierung legte den deutschen Werften nämlich die
Verpflichtung auf, mindestens 60 Prozent der Baukapazität für
den Bau von Schiffen auf ausländische Rechnung zu reservieren.
Erst 1936 zeichnete sich ein langsames, aber stetiges Anwachsen
der Tonnage ab. Einer der Schwerpunkte lag bei den Einheiten
für die Hochseefischerei und für den Walfang. Ausländischen Be-
obachtern blieben diese sich betont nach politischen und wehrwirt-
schaftlichen Gesichtspunkten richtenden Autarkiebestrebungen nicht
verborgen.
Die Erfahrungen aus dem Ersten Weltkriege hatten gezeigt, daß
kein Wirtschaftszweig in einem Krieg mit einer starken Seemacht
schwerer betroffen wird als die Handelsflotte. Damals standen
dem Reich noch Kolonien und mit Tsingtau auch ein Stützpunkt
in Übersee zur Verfügung. Jetzt aber würden die in Übersee ste-
henden deutschen Frachtschiffe — und das träfe auf fast die Hälfte
der Gesamttonnage zu — schutzlos dem Zugriff britischer und
gegebenenfalls auch französischer Seestreitkräfte ausgeliefert sein.
Trotz der Versicherungen Hitlers, ein Krieg mit England wäre
zumindest in den nächsten Jahren nicht zu erwarten, blieb das
OKM bemüht, die Maßnahmen zum Schutze der Handelsflotte zu
intensivieren, nachdem bereits 1934 eine Sonderanweisung ausge-
arbeitet worden war.
Eine besondere Abteilung im Oberkommando der Wehrmacht, die
Abteilung OKW Ausland IV, sammelte laufend Nachrichten aus

dem gesamten Ausland über die Aus- und Einfuhr, die industrielle Entwicklung, das Nachrichtenwesen und berücksichtigte dabei besonders die Verhältnisse in den einzelnen, auch abgelegenen Hafenplätzen. Die Beobachtung dieser Häfen zielte darauf ab, ob deren Verkehr, ihre Lade-, Lösch- und Werftanlagen, sowie die Möglichkeiten zur Brennstoffergänzung für die Zuflucht deutscher Schiffe von Bedeutung sein könnten.

Während England seit jeher einen Teil seiner Handelsschiffsoffiziere zu Reserveoffizieren der Navy ausbilden ließ, blieb es in Deutschland leider nur bei der Absicht, die Patentinhaber zu Reserveoffizierübungen heranzuziehen.

Einmal erfolgte der Ausbau der Kriegsmarine viel zu rasch. Es mangelte daher an Ausbildungskräften und Ausbildungsstätten. Die Handelsmarine dagegen war derart eingespannt, daß es ohnehin schwierig war, die vorhandenen Nautiker aus der Fahrt herauszuziehen. Außerdem war durch die Abwanderung vieler jüngerer Patentinhaber zur Kriegsmarine Personalmangel bei der Handelsflotte eingetreten.

Um über die bereits 1934 von der Kriegsmarine für die Handelsflotte entwickelten und nach der Tschechenkrise neu bearbeiteten Sonderanweisungen hinaus wenigstens die Patentinhaber der Handelsmarine auf einen Eventualfall vorzubereiten, fand man einen Ausweg: In Zusammenarbeit mit der Reichsverkehrsgruppe „Seeschiffahrt" forderte das OKM 1938/39 bei den Kriegsmarinedienststellen in Bremen, Hamburg und Stettin eine Unterrichtung der Kapitäne, Ersten Offiziere und Leitenden Ingenieure. Diese Schulung, an der bis zum Kriegsbeginn nicht einmal die Hälfte dieser Männer teilnehmen konnte, war eine überstürzte und daher nur halbe Maßnahme.

Hamburg, im Juli 1939.

„Bitte, nicht stören! Konferenz!"

Ein Schild mit dieser Aufschrift verwehrt den Zutritt zu einem Zimmer in der KMD, der Kriegsmarinedienststelle. Zum vierten Mal an diesem Tage spricht hier der KMD-Referent, ein Korvettenkapitän, vor Patentinhabern der Handelsmarine, welche Maßnahmen das Reich von ihnen im Falle eines Krieges mit einer Seemacht — also mit England oder Frankreich — erwarte. Diese Männer sind üblicherweise nur ihrem Reeder, ihrem Pflichtbewußtsein und ihrem eigenen Gewissen verantwortlich. Sie haben sich aber, aufgefordert von ihrer Reederei und von der Reichsverkehrsgruppe „Seeschiffahrt", mit der ihnen eigenen Pünktlichkeit auf der Kriegsmarinedienststelle gemeldet.

Keiner von ihnen ist Reserveoffizier der Kriegsmarine. Nur drei waren gegen Ende des ersten Weltkrieges noch eingezogen und als untergeordnete Dienstgrade im Mannschaftsstand verwendet worden.

Ungeachtet dessen haben die Gespräche einen zivilen, ja kollegial zu nennenden Charakter.

Der Ernst der Lage braucht diesen Seeleuten von dem Referenten nicht erst dargelegt zu werden. Die Auslandspresse, die ihnen während des letzten Seetörns ohne Zensur des geschäftigen Propagandaministeriums zugänglich war, spricht offen von einem nicht mehr vermeidbaren Kriege, es sei denn, Adolf Hitler würde seine Ansprüche auf Danzig und den polnischen Korridor fallen lassen.

Der Korvettenkapitän, ein etwas älterer Herr, hat seinen Vortrag mit der Forderung eingeleitet, daß alle Unterweisungen streng vertraulich zu behandeln seien. Die Handelsschiffsoffiziere nehmen diese Warnung mit unbewegten Gesichtern zur Kenntnis.

Bis auf einen.

Behäbig grinsend zieht er aus der Innentasche seines Rockes eine südafrikanische Zeitung in englischer Sprache hervor und tippt mit breitem Daumen auf einen mit Rotstift dick umränderten Artikel. Sein Inhalt befaßt sich damit, man habe aus zuverlässiger Quelle erfahren, daß sich auch die deutsche Handelsmarine auf einen Krieg mit England vorbereite. Dies würden spezielle Unterweisungen deutscher Nautiker durch die Kriegsmarinedienststellen erkennen lassen.

„Interessant! Da hat einer nicht dicht gehalten."

„Vertrauliche Informationen sind in unseren Kreisen genau so gut aufgehoben wie in militärischen", brummt der Kapitän. „Agenten soll es in einer Weltstadt wie Hamburg wahrlich nicht schwer fallen, die Besucher der KMD zu beobachten. Und wenn dies in letzter Zeit auffallend viele Schiffer und Chiefs sind, na . . .?"

„Sie könnten Recht haben. Aber das mit den Kriegsvorbereitungen gegen England ist purer Unsinn. Vertraulich darf ich Ihnen mitteilen, daß der Führer noch in diesen Tagen den Oberbefehlshaber der Kriegsmarine wissen ließ, England und Frankreich würden sich Polens wegen in keinen weltweiten Krieg stürzen."

„Wer die ausländische Presse liest, ist anderer Meinung."

„Bitte, meine Herren, bringen Sie mir Verständnis entgegen, wenn ich mich nicht auf politische Diskussionen einlassen kann. Meine Aufgabe ist es lediglich, Sie auf einen möglichen Fall vorzubereiten. Sie sind gehalten, bei der Durchgabe des Stichwortes Ihr Schiff unter Umgehung der üblichen Routen in die Heimat zu fahren oder bei Annäherung feindlicher Seestreitkräfte zu versenken."

„Auch dann, wenn Gefahr besteht, daß ich dabei das Leben meiner Besatzung aufs Spiel setze?" meldet sich der älteste Schiffsführer, Ex-Obermatrose aus dem ersten Weltkrieg, zu Wort.

„Auch dann, Herr Kapitän."

„Hm, bis zum letzten Weltkrieg war es sogar Kommandanten britischer und französischer Kriegsschiffe gestattet, die Flagge zu streichen und ihr Schiff zu übergeben, wenn es gefechtsunklar war oder keine Mittel zur Verteidigung mehr hatte. Das hat sich seit Nelsons Zeiten nicht geändert."

„Wollen Sie damit ausdrücken, daß Sie der Anweisung, Ihr Schiff im unausweichbaren Ernstfall zu versenken, nicht Folge leisten wollen? Die deutsche Kriegsmarine hat ein Streichen der Flagge nie gekannt. Ein deutsches Kriegsschiff kämpft, solange es schwimmfähig ist. Die Offiziere und Mannschaften werden in diesem Geist ausgebildet."

„Das ist mir bekannt. Die deutsche Kriegsmarine war ihrem stärksten Gegner, England, von jeher zumindest zahlenmäßig unterlegen. Sie konnte das nur durch technische Neuerungen und Verbesserungen auf ihren Schiffen einigermaßen wettmachen. Solche Schiffe dürfen natürlich unter keinen Umständen in Feindeshand fallen. Aber der Grundsatz, daß ein Kapitän sein unbewaffnetes Handelsschiff einem waffenstarrenden Gegner *nicht* übergeben darf, ist neu."

„Von Ihnen wird von der Obersten Führung nicht verlangt, daß Sie Befehle verstehen, sondern daß Sie diese befolgen."

Und etwas leiser und verbindlicher fügt der KMD-Offizier hinzu: „Natürlich bedeutet es für einen Handelsschiffskapitän, beruflich dazu erzogen, in erster Linie für die Erhaltung seines Schiffes, für die Unversehrtheit von Ladung und Leben seiner Besatzung einzustehen, eine schwere innere Umstellung. Ich bin lediglich gehalten, Ihnen die vorgetragenen Befehle zu übermitteln."

Der Kapitän hebt die Hand. Für ihn ist dieser Gesprächspunkt damit noch nicht beendet. „So ist das nicht, daß ich den Versenkungsbefehl nicht verstehe", sagt er schließlich ruhig, aber mit Betonung, und fährt fort: „Jede weiter schwimmende, in feindliche Hände geratene Tonnage nutzt dem Gegner. Sie dient nicht bloß seinem Lebensmittel- und Rohstoffnachschub, sie stärkt vor allem die Rüstung mit Lieferungen aus dem Ausland. Diese Argumente sollten bei solchen KMD-Unterweisungen vernünftigerweise mit geltend gemacht werden. Ich habe aber das ungute Gefühl, hier ist manches noch nicht zu Ende gedacht. Verstehen Sie auch uns. Wir sind im kommerziellen und nüchtern sachlichen Denken groß geworden."

„Das schließt nicht aus, als Deutscher zu handeln", gibt der Korvettenkapitän nicht ohne Schärfe zurück.

„Als Deutscher werde ich ja mein Schiff versenken, wenn es keinen anderen Ausweg mehr gibt", kontert der Handelsschiffskapitän den versteckten Vorwurf. „Aber dieses Opfer muß einen Sinn haben, und die anordnende Dienststelle ist nachgerade verpflichtet, eine nichtmilitärische Gruppe von Staatsbürgern von solchen Notwendigkeiten auch innerlich zu überzeugen. Erst recht, wenn dabei das Opfer von Zivilisten nicht mit Sicherheit zu vermeiden ist."

„Ihren Vorschlag, bei diesen Unterrichtsstunden den Versenkungsentschluß durch ein Umreißen der Gründe zu erleichtern, will ich gern weiterreichen, zumindest mir selbst zu eigen machen, wenn auch nicht jeder, Herr Kapitän, eine solche problematische Diskussion heraufbeschwört."

Der Handelsschiffskapitän lacht, drückt die Innenflächen seiner großen, braungebrannten Hände an die Tischkante, gepflegte Hände, die aber dennoch erkennen lassen, daß sie früher, während der Ausbildungszeit, einmal hart zugepackt haben. Mit steifen Armen drückt er sich von der Tischkante ab und sagt langsam: „Noch etwas, Herr Kapitän. Sie sagten, wir sollen unser Schiff tarnen?"

„Das macht doch wohl keine Schwierigkeiten!"

Der Handelsschiffskapitän drückt seine Zigarette mit sichtbarem Nachdruck aus, ehe er antwortet, und sagt: „Das Pöhnen nicht sehr. Schon die Beschaffung zusätzlicher Farbreserven wird aber problematisch, wenn ich bei meiner Reederei einige hundert Kilo grüne oder graue Außenbordsfarbe und ähnliche Mengen in Braun für die Aufbauten bestelle. Das sind Farben, die auf Schiffen unserer Reederei nur in sehr kleinen Mengen verwendet werden. Gut, nehmen wir an, daß mein Kontor da mitmacht und diese Kosten übernimmt. Der Kram ließe sich sogar als Ausfuhrgut tarnen. Aber wie steht es mit Unterlagen, in *was* für ein Schiff ich meinen Frachter umtarnen muß?"

„Diese Frage wurde schon einige Male von Ihren Kollegen gestellt. Natürlich in ein Schiff, das dem Ihren in Größe und Aussehen ähnelt, und das auch auf der von Ihnen gerade befahrenen Route anzutreffen sein muß."

„Ich muß also alle Typen der internationalen Schiffahrt durchgehen, und deren Routen und Fahrpläne studieren?"

„Das ist der einzige zum Ziel führende Weg."

„Herr Kapitän . . ." In des Handelsschiffskapitäns Stimme schwingt ein Unterton der Verärgerung mit.

Der Referent unterbricht ihn verbindlich lächelnd:

„Ich weiß, was Sie sagen wollen: Ihre Offiziere haben im Hafen mit der Ladung zu tun und auf See ihre Wachen zu gehen. Tag für Tag, an Sonntagen genauso wie an höchsten Feiertagen. Und Sie selbst sind letztverantwortlich für jeden Handgriff. Das bißchen Freizeit brauchen Sie und Ihre Offiziere, um auszuruhen und Kräfte zu sammeln. Gewiß kann man die Mühe, die Schiffstypen herauszusuchen, nicht zur Forderung erheben. Nur vorschlagen. Nur anregen."

„Danke für Ihr Verständnis. Aber warum setzte das Oberkommando oder die Reichsverkehrsgruppe nicht schon lange eine Studienkommission ein? Sie könnte für jedes Handelsschiff die gebotenen Tarnungsunterlagen ausarbeiten."

„Uns fehlen die personellen Kräfte und auch die Mittel zur Durchführung einer solchen Sysiphusarbeit für die gesamte Handelsflotte. Ich selbst sitze ja bis in die Nächte hinein am Schreibtisch."

„Eingesehen, Herr Kapitän. Ich werde versuchen, die Tarnmuster selbst zu erarbeiten. Und wenn der ganze Vorrat an Bohnenkaffee draufgeht. Aber noch etwas: Wie steht es mit einem Funkschlüssel? Bei der ganzen Handelsflotte wird ja immer nur offen gefunkt. Wir hatten bisher keinen Grund, Geheimnisse zu haben. Im Falle einer Kriegsgefahr aber scheint es mir sehr wichtig zu sein, daß die Regieanweisungen aus der Heimat, ich denke an einen rechtzeitigen Rückrufbefehl, nicht vom Gegner mitgelesen werden können."

„Meine Anerkennung, Herr Kapitän, wenn alle Ihre Kollegen so eifrig und gründlich mitdenken, wird vieles leichter für uns sein. Aber seien Sie beruhigt. Sie erhalten einen Schlüssel, den Geheimschlüssel ‚H'. Sie und Ihr Erster Offizier werden von uns noch in seine Handhabung eingewiesen."

„Na, wissen Sie, Herr Kapitän, wenn man den Gebrauch eines Schlüssels so im Handumdrehen lernen kann, scheint er nicht ganz dicht zu halten."

„Er ist absichtlich einfach gehalten. Aber er ist hinreichend sicher. Daß wir Ihnen keinen komplizierten Schlüssel aushändigen können, ist nicht Schuld der Kriegsmarine. Während alle anderen schiffahrttreibenden Nationen Berufsfunker an Bord haben — selbst der mit dem Zehntelpenny rechnende Brite, der die meisten seiner Schiffe in unseren Augen personell unterbesetzt laufen läßt —, haben wir Deutschen den Nautikerfunker erfunden."

„Meinen Sie, uns paßt es, neben unserem Brückendienst und allen anderen verantwortungsvollen Aufgaben auch noch den Funkdienst zu versehen? Meine Kollegen werden bestätigen, daß uns manchmal nicht die Zeit blieb, den FT-Raum während der von der Reichspost festgesetzten Programmzeiten besetzt zu halten."

„Bitte, Sie geben ja zu, daß der Zustand mit den Nautikerfunkern betriebstechnisch unsinnig ist."

„Als Unsinn sollten wir diese Lösung nun auch nicht bezeichnen. Sie ist eine Notlösung gewesen. Denken Sie an die Jahre 29 und 30. Schiff auf Schiff wurde während dieser Weltwirtschaftskrise angebunden, und bei den wenigen, die noch in Fahrt waren, mußten die Reeder nicht mit dem Zehntelpfennig, sie mußten mit dem Hundertstelpfennig rechnen. Junge Nautiker, die mehr aus Liebhaberei als aus geforderter Notwendigkeit ihre Funkerprüfung gemacht hatten, boten sich als Nautiker und Funker an, um einen Job in dieser arbeitslosen Zeit zu finden. Und die Reedereien sagten natürlich nicht nein."

Der Korvettenkapitän nickt nur zustimmend, und der Handelsschiffskapitän fährt, dadurch ermuntert, mit Leidenschaft fort: „Der Funkdienst erfordert Übung, sehr viel Übung. Den kann man nicht mit der linken Hand und nebenbei betreiben."

„Der Idealfall wäre, wenn hauptamtliche Handelsschiffsfunker gleichzeitig bei der Kriegsmarine ausgebildet werden. Aber die Zeit läuft schneller als unsere Mittel. Glauben Sie, die Kriegsmarine hat sich bereits darum bemüht. Uns fehlt der nötige Einfluß, die Zeit — und auch das Geld . . ."

„Also beißt sich die Katze wieder einmal in den Schwanz. Schön, machen wir das Beste aus dem, was wir haben. Werden uns in einem Kriegsfall U-Boote und Luftwaffe unterstützen, wenn wir versuchen, die beiden Flaschenhälse zu durchbrechen?"

„Flugzeuge solcher Reichweite besitzt unsere nicht eben als marinefreundlich anzusprechende Luftwaffe nicht. Und die paar U-Boote, sprechen wir doch offen, werden brennend für andere Aufgaben gebraucht. Wir haben ja noch nicht einmal die mit den Engländern vertraglich vereinbarte Tonnagezahl in Dienst gestellt."

„Dann werden unsere U-Boote also munter Feindschiffe versenken, die Briten und Franzosen aber das Mehrfache an deutschem Schiffsraum vernichten oder beschlagnahmen."

„Um das zu verhindern, sind Sie ja hier, meine Herren! Immerhin, der von Ihnen befürchtete Fall kann eintreten . . ."

Der Korvettenkapitän sieht ungeduldig auf die Uhr. Er will mit dem eigentlichen Unterricht beginnen.

„Wir sollen doch, wie ich hörte, entweder durch die Dänemarkstraße oder zwischen Island und Faröer in die Heimat fahren, denn den Kanal können wir ja bei Kriegsgefahr aus naheliegenden Gründen nicht benutzen, bei einem Kriegsfall mit England schon gar nicht. Ich habe mir Gedanken darüber gemacht: Was wir brauchen, sind mindestens zehn Seekarten, zwei Leuchtfeuerverzeichnisse und zwei Segelhandbücher."

„Ich kann Ihnen keine geben."

„Meine Reederei befährt aber die nordatlantischen und norwegischen Gewässer nicht. Sie verfügt gar nicht über solche Unterlagen. Soll ich sie aus meiner eigenen Tasche bezahlen? Die zusätzlichen Mühen, dieses Material zu studieren, wollen wir uns gerne machen."

Der Korvettenkapitän hebt bedauernd die Schultern und schweigt.

„Schon gut", sagt der Handelsschiffskapitän, „zusammengefaßt und auf gut Deutsch ist die Quintessenz unseres Gespräches: Hilf Dir selbst, dann hilft Dir Gott."

„Nun, soweit wir können, auch die Kriegsmarine. Ich vergaß, Ihnen zu sagen, daß ich selbst ehemaliger Handelsschiffsoffizier bin und das Patent A 6 besitze. Sie sehen daraus, daß die Kriegsmarine ehrlich bemüht ist, Ihre Sorgen zu verstehen. Kommen Sie nun, meine Herren, beginnen wir mit der Schulung, mit dem Thema Eins: Was muß und kann getan werden, um ein Frachtschiff schnell und mit den vorhandenen Mitteln sicher zu versenken . . ."

„Das kann ich Ihnen sagen: mit Sprengpatronen", grinst der Kapitän.

„Bitte hören Sie jetzt zu. Es muß auch ohne gehen."

„Jawohl, Herr Kapitän."

*

Die Zeit ist in Deutschland mit einem gewaltigen Aufrüsten randvoll ausgefüllt. Die Rüstungsindustrie läuft auf Hochtouren.

Alle drei Wehrmachtteile schaffen Reserven: Reserven an Menschen, Reserven an Material, Reserven an Vorräten!

Hitler glaubt nicht an einen Krieg, will aber auf seine Machtpolitik und die Eingliederung ehemals deutscher Gebiete nicht verzichten. Wo sich nur eine Gelegenheit bietet, führt er den Vertretern der ausländischen Mächte die Stärke der deutschen Wehrmacht vor. Jede militärische Schau ist gleichsam eine Warnung. Bei der Tschechenkrise wird der Krieg mit den Westmächten noch einmal vermieden. Die Tschechoslowakei wird „friedlich" besetzt. Hitler hält seinen Einzug auf dem Hradschin in Prag. Böhmen und Mähren werden deutsches Protektorat. In Deutschland verblaßt der bisher noch spürbare Einfluß der zur Vernunft mahnenden militärischen Führungskräfte angesichts dieser Tatsachen. Diese Erfolge blenden. Die Führung von Heer, Luftwaffe und Marine wird zum ausführenden Instrument. Ohne Sitz und ohne Stimme.

Gradlinig steuert das Reich auf das nächste Abenteuer zu.

Über Europa schwebt erneut der Zündstoff eines drohenden Krieges. Die sich zusammenballenden Wolken am Himmel der friedliebenden Menschheit sind diesmal schwärzer als je zuvor.

General Ironside, Inspektor der Britischen Übersee-Streitkräfte, besucht Warschau. London warnt mit diesem Besuch.

Der 15. August: Indische Truppen treffen am Suez ein. Gurkhas und Sikhs, zähe und fanatisch verbissene, katzenhafte Kämpfernaturen. Ihre Ausschiffung wird absichtlich getarnt. Die Kapitäne deutscher Handelsschiffe, denen diese Truppenkonzentrationen bei ihrer Fahrt durch den Suezkanal nicht entgehen, verständigen in Port Said ihre Agenturen. Diese melden die Beobachtungen an die deutschen Regierungsvertreter weiter. Berlin nimmt auch diese britischen Vorbereitungen lediglich zur Kenntnis.

Kapitän Becher, der mit seinem aus Indien heimkehrenden Hansa-Motorschiff „Kandelfels" in diesen Tagen den Suezkanal und Port Said passiert, sagt zu seinen Offizieren: „Ich rieche Schwarzpulver, meine Herren."

„Ach wo, bloß der übliche Lärm um einen Eierkuchen", tut der Erste Offizier diese Bedenken ab.

„Aber mit soviel Fett gebacken, daß wir uns den Magen daran verderben werden!"

Nichts, gar nichts wird vorerst unternommen, um die deutschen Handelsschiffe offiziell zu warnen und zur Heimkehr anzuhalten.

Der 21. August: Wie eine Bombe schlägt der Nichtangriffspakt zwischen den beiden größten ideologischen Gegnern auf dieser Erde ein, zwischen den Nationalsozialisten und den Kommunisten, zwischen Berlin und Moskau.

Der 22. und 23. August: Premierminister Chamberlain an Hitler: „Die britische Garantie der Unabhängigkeit und Sicherheit Polens wird, wenn notwendig, mit Waffengewalt verteidigt. England wird zu seinen Bündnisverpflichtungen und zu Polen stehen!"

Hitler an Chamberlain: „Deutschland ist nicht in der Lage, seine berechtigten Forderungen auf Danzig und den Korridor abzuschreiben." Der Bogen ist zum Zerreißen gespannt.

Ganz klein und kaum auffällig ist zwischen den alarmierenden Meldungen der Weltpresse eine Reuternotiz plaziert. Sie besagt, am 23. August hätten das letzte polnische und letzte französische Frachtschiff den Kaiser-Wilhelm-Kanal passiert. Weiter wird bekannt, daß in den Morgenstunden des 24. August auch der letzte britische Frachter den Hamburger Hafen verlassen habe.

Danach befinden sich keine britischen, französischen und polnischen Frachtschiffe mehr in deutschen Häfen oder deutschen Hoheitsgewässern. Während die britische Presse offen bekennt, welche Maßnahmen zum Schutz der eigenen Handelsschiffahrt bereits seit Wochen angeordnet worden sind, verbietet das deutsche Propaganda-Ministerium jedwede Berichterstattung über die bekanntgewordenen gegnerischen Vorbereitungen für den Ernstfall.

Die Kapitäne der in den Häfen der Welt liegenden deutschen Frachter machen sich ihre eigenen Gedanken beim Lesen der internationalen Presse. An selbständiges Handeln gewöhnt und zum selbständigen Denken erzogen, lassen sie ihre Schiffe in den Häfen des britischen Commonwealth, in den USA und ebenso in Frankreich mit Hochdruck löschen und beladen.

Zwischen den Besatzungen der deutschen und britischen wie auch französischen Frachter besteht trotz allem noch immer ein kollegiales, ja in vielen Fällen freundschaftliches Verhältnis. Man ist sich einig, daß ein Krieg zwischen ihren Ländern ausgemachter Wahnsinn sei. Dagegen machen aber die Beamten der Hafenbehörden bereits Schwierigkeiten. Geforderte Proviant- und Trinkwassermengen werden nur hinhaltend, teilweise gar nicht geliefert. Öl oder Kohle sind an diesen Plätzen meist überhaupt nicht zu bekommen.

Die Funkstationen auf den meisten deutschen Schiffen sind seit Tagen keine Minute mehr unbesetzt. Die den Kapitänen mitgegebene versiegelte Order liegt griffbereit.

In allen Häfen liegen aber auch die in britischen Diensten stehenden Agenten auf der Lauer, auch in den Häfen der mit Deutschland befreundeten Mächte Italien und Japan. Die Britische Admiralität erhält durch diese laufend eingehenden Agentenmeldungen beinahe ein genaueres Bild über den Aufenthaltsort und die Bewegungen der deutschen Schiffe als das deutsche Reichs-Verkehrsministerium.

In den Abendstunden des 24. August hat das Oberkommando der Kriegsmarine auf wiederholtes Drängen hin vom Oberkommando der Wehrmacht die Anweisung erhalten, allen in fremden Häfen und auf hoher See befindlichen deutschen Frachtschiffen eine vorsorgliche Warnnachricht zukommen zu lassen.

Endlich . . .!

Und fast schon zu spät.

Zwischen 0^{10} Uhr und 0^{50} Uhr strahlen die Sender mit großer Reichweite die „Weitergabenachricht an alle Nummer sieben" unaufhörlich in kurzen Abständen aus.

Der Funkspruch klingt völlig harmlos: „Nächste Woche wie verabredet Beobachtungen nehmen für Deutsche Seewarte, gez. Essberger."

Für die Kapitäne aber ist der Spruch von schwerwiegender Bedeutung. Das Stichwort „QWA 7"* ist gefallen. Er ist die Anweisung zum Öffnen der versiegelten Order!

Über die Hälfte der deutschen Handelsflotte schwimmt in überseeischen Gewässern, liegt, wie befürchtet, in nahen und fernen außerdeutschen Häfen an den Meeren der Welt.

Die Kapitäne reißen das Siegel auf und lesen: „Alle deutschen Handelsschiffe haben sofort die üblichen Schiffahrtslinien zu verlassen. Sie haben mindestens 30 bis 100 Seemeilen außerhalb der Dampfertrecks zu fahren . . ."

Von dieser Stunde an unterstehen die Schiffe der Deutschen Handelsflotte nicht mehr ihren Reedereien und Eigentümern. Sie sind ab sofort der Verfügungsgewalt des Reichsverkehrsministeriums unterstellt. Damit ist eingetreten, was von einigen Reedereien mit Unbehagen erwartet wurde: eine Einmischung Außenstehender, die sich mit dem freiheitlichen hansischen Geist kaum vereinbaren ließ.

Die Ursachen aber waren tiefgreifend. Bis zur Tschechenkrise im Frühjahr 39 sollten die Kapitäne der in außerheimischen Gewässern stehenden deutschen Handelsschiffe nur über ihre Reedereien gewarnt werden. Soweit die Reedereien dieser Weisung nachkamen, lösten die massenweise in den Äther gejagten Funksprüche nicht vorher bedachte Folgen aus. Sie alarmierten einmal die Engländer und Franzosen, denen dieser plötzliche Anfall von einander hetzenden Funksprüchen nicht verborgen blieb. Zum anderen brachten sie aber auch den deutschen Sender Norddeich in schwerste Terminbedrängnis, da er dem unerwarteten Andrang weder personell noch technisch gewachsen war. In vielen Fällen verzögerte sich die Übermittlung der Funksprüche, oft mußten die Warnmeldungen, weil sie keine Weitergabenachrichten waren, über ausländische Küstenfunkstellen gelenkt werden. Nicht alle Auslandsstationen gaben die Funksprüche sofort an die deutschen Schiffe. Einige blockierten sie sogar.

Nach dem Abklingen der Tschechenkrise wurde vom OKM festgestellt, daß einige Reedereien ihren Kapitänen weder den versiegelten Umschlag mit der „Sonderanweisung" noch den Geheim-

---

* Mit dem Rufzeichen QWA beginnt ein Funkspruch, der von der aufnehmenden Station sofort weitergegeben werden muß, damit auch Schiffe mit weniger starken Funkanlagen, die deutsche Sender nicht empfangen können, unterrichtet werden.

schlüssel „H" übergeben hatten. Sie hatten diese Unterlagen wohlbehütet in ihren Tresoren auf Eis gelegt.

Erwiesen ist, daß nur ein Drittel der in außerheimischen Gewässern stehenden deutschen Handelsschiffe die Warnmeldung überhaupt empfing.

Das Oberkommando der Kriegsmarine war entsetzt. Es verlangte über das Reichsverkehrsministerium eine Aussprache mit den Reedern. Bei dieser Besprechung machten verschiedene Reedereivertreter aus ihrer Abneigung keinen Hehl, bei drohender Kriegsgefahr ihre Schiffe zurückrufen zu lassen. Sie vertraten den Standpunkt, daß die Schiffe während einer Krise und eines Krieges in einem neutralen Hafen besser aufgehoben sein würden.

So kam es, daß die Vorbereitungen für einen hinreichend gesicherten Rückruf und Rückmarsch der Handelsschiffe nicht mit dem notwendigen Nachdruck betrieben wurden. Diese Feststellung ist aber nur bedingt ein Vorwurf, da die Verantwortlichen mehrfach von Admiral Raeder unterrichtet wurden, Hitler wolle unter allen Umständen in den nächsten Jahren einen Krieg mit England vermeiden.

Immerhin beschleunigte der niederschmetternde Mißerfolg bei der Tschechenkrise nun die Anstrengungen der an den Schiffen der Handelsflotte interessierten Kriegsmarine. Man war sich bei der Seekriegsleitung darüber klar, daß die früher übertriebene Geheimhaltung in Sachen Handelsschiffahrt ein Fehler war; denn die Kapitäne der Handelsschiffe blieben bis zu der Stunde, in der die versiegelte Order geöffnet werden durfte, über ihre Aufgaben vollkommen im Unklaren. Endlich wandte man sich direkt an die Schiffsführer!

Noch ein anderes Problem ließ sich nicht zur Zufriedenheit lösen: Die Brennstoffversorgung der in ausländischen Häfen vom Krieg überraschten oder dorthin geflohenen deutschen Frachtschiffe. Die Abteilung „S" beim Reichsverkehrsministerium hatte bereits lange Zeit vor Kriegsausbruch vorgeschlagen, in ausländischen Häfen deutsche Kohlen- und Heizöldepots anzulegen. Aber es waren wieder einmal keine Mittel dafür vorhanden. Als der Krieg ausgebrochen war, fand man eine Behelfslösung. Einige in Übersee liegende Frachtschiffe wurden als Bunkerschiffe abgestellt: in Brasilien z. B. der Dampfer *Wolfsburg*, ein altes, schon 1915 gebautes, 6 201 BRT großes Schiff der DDSG Hansa, das nach der Erledigung seiner Aufgaben den Heimmarsch antrat und sich am 2. März 1940 südlich von Island selbst versenken mußte; in Spanien der Dampfer *Karnak,* ein 7 209 BRT großer Frachter der Hapag, der dann noch als Hilfsschiff der Kriegsmarine Verwendung fand und sich 300 km nordwestlich von St. Pauls Rock selbst versenkte; und in Las Palmas mehrere Heizöltanker, die verschiedene deutsche Motorschiffe aus ihren Beständen versorgen konnten.

Doch zurück zu den letzten Tagen des Monats August 1939!

Wenige Stunden nachdem die Weitergabenachricht „Nummer sieben" ausgestrahlt war, funkten die Sender DAN Norddeich und DAR auf Rügen den Funkspruch „QWA 8" . . .

Kapitäne, Erste Offiziere oder Berufsfunker lasen:

„1. Warten Sie auf Order.

2. Inhaber des Steuermannspatents große Fahrt namhaft machen, gez. Essberger."

In seinem Wortlaut ein geschickt formuliertes FT. Den Gegner wird es kaum mißtrauisch machen.

Die Kapitäne blättern in ihren Sonderanweisungen. Da steht der Spruch und dahinter die Erklärung: Sie befiehlt sofortige Rückkehr in die Heimat. Sie verlangt, das Schiff zu tarnen; sie verbietet die Benutzung des Suezkanals und die Route durch den Englischen Kanal. Die Fischdampfer werden angewiesen, ihre Fangreisen abzubrechen und zurückzudampfen.

In See stehende Frachter drehen den Bug auf Gegenkurs. Schiffe brechen ihre Lade- und Löscharbeiten in fremden Häfen ab. In vielen Fällen flüchten die Schiffe sogar mit offenen Luken ohne die vorgeschriebenen Ausklarierungspapiere. Wo den Deutschen die gesetzliche Lotsenhilfe verweigert wird, verzichten sie kurzerhand auf diese nautische Unterstützung und wagen die Ausfahrt selbst durch die schwierigsten Reviere.

Über Nacht wachsen die Handelsflotten einiger schiffahrtstreibender Staaten um Tausende von Tonnen an. Die betreffenden Reeder in Norwegen, Schweden, Finnland, Holland oder Japan wissen allerdings nichts von dieser Seifenblase, ahnen sie doch nicht, daß einige ihrer Frachtschiffe plötzlich Doppelgänger haben . . .

Auf allen Meeren der Welt tarnen sich deutsche Frachter — so gut es geht — in neutrale um, schwingen Seeleute, wachfreies Maschinenpersonal, Stewards, Köche und Offiziere die breiten Quasten.

Die Farbe wird zur Waffe. Was auf dem einen Schiff vorher gelb war, wird weiß, was weiß, gelb, und was schwarz, grau. Wenigstens einige Kapitäne haben sich noch rechtzeitig auf ihren Routen übliche Vorbilder ihrer Schiffe herausgesucht, meist Frachtschiffe jener Staaten, die bei einem Konflikt zumindest in der ersten Phase neutral bleiben dürften. Viele Kapitäne haben bei allem guten Willen keine Zeit dazu gehabt. Sie müssen nun improvisieren, da die Heimat ihnen keine Unterlagen über eine zweckmäßige und sinnvolle Tarnung mehr ausarbeiten und mitgeben konnte.

Auf einigen Anmarschrouten sind die Kapitäne gezwungen, ihr Schiff sogar mehrfach umzutarnen, um sich den Verhältnissen in einem neuen Seegebiet anzupassen.

Die beste und zuverlässigste Waffe ist der Ausguck.

Nicht nur der Brückenausguck ist verstärkt worden, auch auf der Back sind Seeleute aufgezogen und vor allem auf dem Achterschiff, denn auch auflaufende Schiffe müssen rechtzeitig erkannt und ausmanövriert werden. Viele Kapitäne haben einen Ausguckposten im vorderen Mast eingerichtet. Solange das Schiff durch tropische Zonen schwimmt, ist dieser freiluftige, mit den Bewegungen des Schiffes oft wie ein Pendel hin- und herschwankende Platz beinahe ein beneidenswerter Job. Im nördlichen Atlantik aber und mehr noch in den Eismeerzonen wird er zu einem mittelalterlichen Folterkäfig; wenn orkanhafte Böen über das Schiff hinwegbrausen, wenn Schneestürme die Sicht erschweren und die Männer im Mast erschauern lassen, wenn die See zu einem Schlachtfeld wilder Heerscharen wird.

Als erster sehen!

Als erster handeln!

Das sind die einzigen Chancen, unangefochten durchzukommen. Jeder Mastspitze wird ausgewichen. Kein fremdes Schiff darf höher als mit den Brückenaufbauten über den Horizont herauskommen. Sollte man dennoch schnellen Suchstreitkräften begegnen, dann bleibt noch die Hoffnung, den Gegner durch die Tarnung zu täuschen. Und zur Tarnung gehört dann auch, über Flaggensignale oder mit der Morselampe plausible Erklärungen für den Kurs geben zu können. Die müssen im Schlaf heruntergebetet werden können . . .

*

Nur ein Kapitän folgt der Anweisung des Oberkommandos nicht, Kommodore Ahrens, Kapitän des Flaggschiffes des Norddeutschen Lloyds, des Spitzenschiffes der deutschen Handelsflotte, des Sterns der deutschen Seefahrt: der stolzen *Bremen*.

Der Schnelldampfer hatte am 22. August Bremerhaven mit dem routinemäßigen Ziel New York verlassen. 1200 Passagiere waren an Bord. 500 sollten in Southampton noch hinzukommen. Viele winkten. Manche aber standen stumm an der Reeling, froh, der schwelenden Glut eines Krieges über Europa zu entrinnen. Anderen liefen Tränen über maskenhaft erstarrte Gesichter. Männer mit deutschen Namen — und doch keine Deutschen mehr. Ausgestoßene, Verfemte, Verfolgte.

Während der Fahrt ereignete sich für die Fahrgäste nichts Außergewöhnliches. Der Kommodore nahm mit den Passagieren der Ersten Klasse die Mahlzeiten. Er war auch in diesen Stunden ein beherrschter und vollendeter Gesellschafter.

Auf der Brücke aber, der Beobachtung durch die Passagiere entzogen, sahen ihn die Männer seiner Besatzung ernster als bei allen früheren Reisen. Stumm stand Ahrens inmitten seiner Sorgen, der wirbelnden Gedanken, der Hoffnungen und Befürchtungen.

Sofort nach dem Verlassen des Kanals ist Ahrens, von den Passagieren unbemerkt, von dem sonst üblichen Generalkurs abgewichen. Er hat die Ausguckposten und die Wachen verdoppeln lassen, und als er am 25. August den „QWA 7"-Funkspruch vorgelegt bekommt, lacht er nur. „Umkehren?" sagt er zu seinen ihn bedrängenden Offizieren. „Jetzt? 1500 Meilen vor New York? Ich habe 1700 Passagiere an Bord. Ich bringe sie ans Ziel. Sonst behindern sie mich bei meinen Maßnahmen zur Rettung des Schiffes."

Mehr braucht Ahrens nicht zu erklären. Er ist für den Fall eines Krieges fest entschlossen, auch bei Annäherung schneller Seestreitkräfte, davonzulaufen. Die *Bremen* ist ein Riesenschiff. Auch in schwerer See braucht die Höchstfahrt nicht vermindert zu werden. Die Gefahr, bei einer solchen Flucht beschossen zu werden, liegt auf der Hand. Ohne Opfer unter den Ahrens anvertrauten Passagieren dürfte das nicht abgehen.

Viele Passagiere sind Amerikaner.

Andere sind Juden.

Also setzt Ahrens seine Reise fort. Der Funkbetrieb ist eingeteilt.

Aber alle Lichter brennen in der Nacht. Noch gleicht die mit hoher Fahrt dahinjagende *Bremen* einem schwimmenden Märchenpalast.

*

Das Oberkommando der Kriegsmarine regt jetzt angesichts der sich zuspitzenden Lage eine erstmals verschlüsselte Meldung an die Handelsschiffahrt an. In der Lagebesprechung bei Admiral Schniewind, Chef des Stabes der Seekriegsleitung, wird die Warnnachricht „QWA 9" ausgearbeitet.
Sie lautet:
„Alle Möglichkeiten ausnutzen, einen Heimathafen zu erreichen. Falls nicht möglich, Spanien, Italien, Rußland, Niederlande, andernfalls in neutrale Häfen gehen. Auf keinen Fall Vereinigte Staaten. gez. Marineleitung."
Der Spruch ist nichts weiter als eine allerhöchste Dringlichkeitsstufe. Er wird dem OKW vorgelegt. Und hier fügt ein Generalstabsoffizier, der den von Hitler gegebenen Stichtag, das Datum des „Falles Weiß", d. h. des Angriffes auf Polen kennt, noch fünf Worte hinzu, nämlich: „innerhalb der nächsten vier Tage". Dieser wenngleich gutgemeinte Zusatz eines seefremden OKW-Strategen bringt die Kapitäne aller in außerheimischen Gewässern schwimmenden Handelsschiffe in allergrößte Gewissenskonflikte.
Nur für Schiffe, die auf den befohlenen Ausweich- und Umwegkursen noch einen Heimathafen oder wenigstens Norwegens Küstengewässer erreichen können, ist der Zusatz des OKW in Ordnung.
Für die Masse der anderen Schiffe aber nicht.
Die Kapitäne jener Handelsschiffe, die im Nordatlantik, im mittleren oder südlichen Atlantik schwimmen oder sich sogar im Indischen Ozean oder im Pazifik befinden, ist es völlig illusorisch, innerhalb der gestellten 4-Tage-Frist die Blockade zu durchbrechen und in die Heimat zurückzukehren.
Admiral Schniewind wollte warnen.
Der unüberlegte Zusatz des OKW-Obersten wandelt die Warnmeldung in einen Befehl um.
Außerdem besteht Gefahr, daß dieser Viertagetermin, sollten die Briten bereits in den Besitz der Sonderanweisung und des Schlüssels „H" gekommen sein, auch einen Laien mit der Nase darauf stößt,

für welchen Tag der befürchtete Einmarsch in Polen vorgesehen ist. Kapitäne, die knapp an der Grenze der Viertagedistanz stehen, wissen nicht, was sie tun sollen. Viele kehren um, wie alle noch weiter von der Heimat entfernten Kollegen. Frachter im Mittelatlantik nehmen Kurs auf westindische Plätze, andere auf die Häfen der Kanarischen Inseln. Verschiedene wollen nach Brasilien zurück. Wer immer in der Karibik oder im Golf von Mexiko segelt, läuft auf Mittelamerika zu. Wer im Mittelmeer auf die Straße von Gibraltar zufährt, steuert italienische Häfen an. Frachter im Südatlantik nehmen Kurs auf die brasilianischen und argentinischen Häfen.

Das Oberkommando der Kriegsmarine und das Reichsverkehrsministerium werden auf den verhängnisvollen Zusatz des am Morgen beschlossenen und um die Mittagsstunden des 27. August gefunkten „QWA 9"-Spruches erst am Morgen des 28. August aufmerksam. Bestürzung bei allen Stellen, denn das OKM hatte das OKW ausdrücklich gewarnt, einen solchen Hinweis herauszugeben. Es kommt zu erregten Debatten. Am Ende dieser Auseinandersetzungen steht zunächst ein Funkspruch, der wie ein Vorspiel anmutet, dem das dicke Ende noch folgen sollte:

„An alle deutschen Schiffe in Ost- und Nordsee: Warnnachricht Nr. 9 für Ostseefahrten und Fahrten nach Norwegen, Holland, Belgien ohne Bedeutung. gez. Marineleitung."

Damit ist zwar der Befehl „QWA 9" für die Schiffe in der Nahfahrt widerrufen, er klärt aber die angerichtete Verwirrung bei den in fernen Gewässern schwimmenden Schiffen ganz und gar nicht.

Kostbare Stunden vergehen.

Endlich, in den Nachmittagsstunden des gleichen Tages, geht das „QWA 10" in den Äther. Es hebt die Warnnachricht „QWA 9" wieder auf. Der Inhalt des „QWA 10" lautet:

„Auch über die in der QWA-Nachricht Nr. 9 gegebene Frist hinaus gemäß Sonderanweisung möglichst Heimat zurückkommen. Vorher gegebenenfalls Brennstoff auffüllen. gez. Marineleitung."

Die Kommentare der betroffenen Kapitäne sind nicht druckreif! Ganz zu schweigen von den Äußerungen der Kapitäne, die durch den unsinnigen „Viertagebefehl" zurücklaufen mußten und dadurch unersetzlichen Brennstoff vergeudeten. Das Stimmungsbarometer für die verantwortlichen Herren von der „grauen Dampferkompanie", also der Kriegsmarine, fällt um etliche Millibar in den Keller — tief unter die Schlechtwetterzone. Es steht auf Sturm. Auf das OKM fällt zurück, was das OKW verbockt hat.

Der Rückmarsch in die norwegischen Gewässer ist für viele Schiffe utopisch geworden. Sie haben nicht nur 24 Stunden unnütz wertvollen Brennstoff verfahren, sondern müssen den gleichen Weg zurückmarschieren und erneut Reserven aufbrauchen. Der Verlust wiegt doppelt, an Zeit und an Kohlen, an Heiz- oder Dieselöl. Er zehrt an den Nerven.

Nur Schiffe, die in Holland, Belgien, in den Häfen der Ostseestaaten und innerhalb des Nordseebereichs lagen, konnten mit dem „Viertagebefehl" operieren. So gingen fünf Frachter aus dem Seebereich des englischen Mutterlandes sofort auf Heimatkurs. Da war einmal der Dampfer *Carl Jüngst*, ein 2869 BRT großes Schiff der Reederei Friedrich Krupp in Bremen, dessen Kapitän gleichsam fluchtartig und ohne Ausklarierung den schottischen Hafen verließ. Genauso handelte der Kapitän der 5874 BRT großen *Hanau* von der HAPAG, der aus Hull ausbrach, wie auch der 1888 BRT große, unter der Flagge der Reederei Somme, Hamburg, fahrende Dampfer *Albert,* der sich gerade in Whitehaven an der Irischen See befand. Ferner erreichten noch vor Kriegsausbruch die vor ihren britischen Bestimmungshäfen auf Gegenkurs gegangenen Frachter *Consul Pope*, 1612 BRT, Reederei Johann M. K. Blumenthal, Hamburg, und *Johann Ahrens*, 873 BRT, Reederei E. Ahrens, Rostock, deutsche Heimathäfen.

In diesem Zusammenhang muß daran erinnert werden, daß der Gegner die Durchbruchswege in den ersten Tagen des Krieges nur mangelhaft bewachte. Da ist einmal die den Atlantischen Ozean mit dem Europäischen Nordmeer verbindende Dänemarkstraße, ein Flaschenhals, der im Westen durch Grönland und im Osten durch Island begrenzt wird. Im Winter wird diese Straße noch enger, denn die von Grönland weit vorgeschobenen Eisbarrieren gestatten eine noch leichtere Überwachung dieses Weges. Da ist zum anderen der Seeweg zwischen der Insel Island und Faröer, zwar kein „Flaschenhals" wie die Dänemarkstraße, aber doch eine verhältnismäßig leicht zu kontrollierende „Enge".

Die Bilanz ist niederschmetternd.

Der „Viertagebefehl" kostet die deutsche Handelsflotte die ersten schweren Opfer.

Einige Frachter wurden gekapert.

Andere mußten sich selbst versenken.

Am 1. September 05³⁰ Uhr brechen auf der vollen Breite der östlichen Reichsgrenze deutsche Truppen in Polen ein. Die Reichsregierung ignoriert das britische und französische Ultimatum. England und Frankreich erklären den Kriegszustand.

Die schwelende Glut war zum Kriegsbrand entfacht. Draußen auf den Meeren der Welt stampfen deutsche Handelsschiffe unter falscher Flagge durch die See. Keine Spur verrät, wo eben noch ein Frachter seinen Weg durch das Wasser wühlte, denn seit Tagen sind alle Positionslampen für die Nachtfahrt gelöscht. Aber die Nächte über der Dänemarkstraße, über der Enge zwischen Island und Faröer und den Seegebieten vor Norwegen sind zu dieser Jahreszeit noch kurz.

Der einzige Schutz der unbewaffneten Frachter ist das Glück, daß der Gegner seine Seestreitkräfte in stärkerem Maße zur Sicherung seiner Geleitzüge als zur Abriegelung der möglichen Durchbruchswege deutscher Handelsschiffe braucht. Die Engländer wissen noch nicht, über welche neuartigen Angriffsmittel die deutschen U-Boote verfügen. Die Vernichtung eines an den Durchbruchswegen auf und ab stehenden britischen Kriegsschiffes wiegt schwerer als ein paar aufgebrachte deutsche Handelsschiffe.

Über den Funkspruch „QWA 11", der als erster im Klartext gesendet wird, geht den Kapitänen der in See stehenden Handelsschiffe die Meldung zu: „Feindseligkeiten mit England haben begonnen. — gez. Kriegsmarine."

Am 4. September folgt noch eine Ergänzung. Sie lautet: „Mit Feindseligkeiten auch von französischen Kriegsschiffen ist zu rechnen. — gez. Kriegsmarine."

Das „QWA 12", in den Nachmittagsstunden des 4. September ausgestrahlt, weist die Kapitäne an, die Zone Shetland-Inseln und Norwegen abgeblendet zu passieren und nach Möglichkeit diesiges Wetter für den Durchbruch abzuwarten. Dieser Befehl richtet sich in erster Linie an jene Kapitäne, die von den KMD-Dienststellen nicht mehr geschult werden konnten.

Das am 6. September gesandte „QWA 13" ist ausschließlich für die *Bremen* bestimmt. Da der Funkspruch wie alle anderen allgemeinen FT's ebenfalls unter dem Kennwort „QWA" ausgestrahlt wird, glauben viele Kapitäne, er treffe für ihr Schiff zu. Unglücklicherweise ist er auch nicht klar genug abgefaßt. Er lautet: „Für Schiffe im offenen Seeraum Durchbrechen nach Murmansk aussichtsreich. — gez. Kriegsmarine."

Wie die *Bremen* nehmen auch andere Schiffe Kurs auf Murmansk. Für einige ist damit ein erheblicher Umweg verbunden. Unter diesen Frachtern ist auch die *Python*. Ihr Kapitän hat sich bereits bis auf die Höhe von Kristiansund südlich von Drontheim durchgeschlagen. Er faßt sich an den Kopf, als man ihm den Funkspruch vorlegt.

„Verstehen Sie das? Bis nach Murmansk ist es fast genau so weit wie auf der vorgeschriebenen Durchbruchsroute durch den Belt bis nach Kiel! Wollen die Braunen mit den Roten gemeinsame Sache machen?"

Ein paar Tage später, in Murmansk, klärt sich der Irrtum.

„Deutsche Sprrach sein swere Sprrrach", radebrecht ein Russe, mit dem der Python-Kapitän nach seinem Einlaufen in die Kola-Bucht zu tun hat.

„Das kann man wohl sagen", flucht der Kapitän und denkt an den Funkspruch, der ihn nach Murmansk lockte.

Gottlob ist die *Python* nicht allein. Gemeinsam tragen sich Zorn und Kummer leichter.

In Moskau aber droht die Versammlung deutscher Handelsschiffe in der Kola-Bucht beinahe diplomatische Verwicklungen heraufzubeschwören . . .

Zweites Kapitel

GEGLÜCKTER DURCHBRUCH

Zur Lage: Das OKM und das Reichsverkehrsministerium konnten also nicht viel zur Erleichterung der Durchbruchsfahrten der deutschen Handelsschiffe tun. Die U-Boote waren anderweitig gebunden; eine eigene Marineluftwaffe war nicht vorhanden. Wenigstens auf einem Gebiet konnte etwas geschehen. Meldungen über die Wetterlage im Durchbruchsraum waren von größter Wichtigkeit. Die deutsche Segeljacht „Artur II" war kurz vor Kriegsausbruch nach Island geschickt worden. Nördlich der Insel segelnd gab sie für die ersten Tage des Durchbruchs laufend Meldungen über die Wetterlage und die Eistrift ab.

Erst im späten Frühjahr des Jahres 1940 wurden vom OKM in Zusammenarbeit mit der Luftwaffe praktische Maßnahmen getroffen. Die nach der Besetzung von Norwegen im Raum Drontheim—Vaernes stationierte Staffel flog regelmäßig Erkundungsflüge im Bereich Faröer, Ostgrönland, Jan Mayen und Nordkap; und die Kriegsmarine schickte das unter dem Kommando von Kapitän Kraul stehende Wetterschiff „Sachsen", einen 284 BRT großen Fischdampfer der Nordsee A.G., nach Ostgrönland und in die Dänemarkstraße. Später wurden von der Kriegsmarine feste geheime Wetterstationen auf Spitzbergen, Grönland und sogar auf dem Franz-Josephs-Land unterhalten. Der Gedanke, Wetterstationen auf Grönland einzurichten, tauchte schon in den ersten Monaten des Krieges auf. Hier aber schaltete sich das Auswärtige Amt ein, da man befürchtete, die USA könnten solche Expeditionen als Provokation auslegen und einen Kriegsgrund herleiten. Zur Entlastung der Lage vor den norwegischen Gewässern wie auch zur Störung der britischen Narvik-Erz-Konvois wurden in der Zeit vom 8. bis 10. Oktober der Schlachtkreuzer „Gneisenau", der Kreuzer „Köln" und neun Zerstörer in See geschickt, um süd-

lich von Norwegen leichte Feindstreitkräfte anzugreifen, schweren indessen auszuweichen.

Da der Gegner einen Ausbruch der deutschen Kampfgruppe in den freien Atlantik vermutete, konzentrierte er einen Teil seiner Flotte nordwestlich von Stadtlandet. Die Humber-Force, das Gros der Homefleet, wurde ausgerechnet in den Seeraum nordöstlich der Shetlands geschickt. Es kam zu keiner Begegnung zwischen den Kriegsschiffsgruppen, wohl aber fielen verschiedene deutsche Handelsschiffe der Humber-Force zum Opfer.

Die zweite Entlastungsoperation der „Gneisenau", die sie am 21. November zusammen mit ihrem Schwesterschiff „Scharnhorst" unternahm, führte am 23. November zur Vernichtung des britischen Hilfskreuzers „Rawalpindi". Die „Rawalpindi" hatte Auftrag, den nördlichen Patrouillenweg zu fahren, also die Enge zwischen Island und Färöer zu blockieren. Der Gegner alarmierte auch in diesem Falle alle verfügbaren Einheiten. Es gelang ihm aber nicht, die deutschen Schlachtkreuzer zu stellen. Wie ernst es ihm damit war, beweist die Tatsache, daß er sogar das Schlachtschiff „Warspite", das gerade einen Halifax-Konvoi sicherte, abzog und das Schlachtschiff „Repulse" sowie den Träger „Furious", beide ebenfalls für Geleitzwecke bestimmt, aus Halifax auslaufen ließ. Aus der Dänemarkstraße wurden die beiden Kreuzer „Norfolk" und „Suffolk" abgezogen. Die britische Gegenaktion lenkte die Aufmerksamkeit des Gegners wenigstens einige Tage von der Hetzjagd auf deutsche Frachter und von der Kontrolle der Dänemarkstraße ab.

Lediglich in den ersten Tagen nach Kriegsausbruch setzte der britische Admiral Forbes alle ihm verfügbaren Kräfte an. Ziel war der Schnelldampfer „Bremen". Von diesem wußte man, daß er sich von New York aus auf dem Heimweg befand. Kommodore Ahrens, dem drei erfahrene Kapitäne zur Seite standen, hielt sich aber bedeutend weiter nördlich, als es die Britische Admiralität vermutete.

Nach und nach aber wurde die Kontrolle wieder verstärkt, und schließlich war eine ganze Flotte aufgeboten, um deutsche Handelsschiffe zu kapern, um durch Beuteschiffe die Lücken zu schließen, die deutsche U-Boote gerissen hatten.

Dennoch war die Blockade, wie sich später zeigte, niemals so engmaschig, daß es Blockadebrechern, begünstigt durch die hier oben meist vorherrschende Schlechtwetterlage, nicht gelungen wäre, hindurchzuschlüpfen. Umgekehrt passierten nicht nur deutsche Kriegsschiffe die Straße (wir nennen hier den Ende Oktober 1940 ausgehenden Schweren Kreuzer „Admiral Scheer", der Ende März 1941 nach dem Schweren Kreuzer „Admiral Hipper" die Straße heimkehrend ohne Gefechtsberührung passierte), sondern auch eine Reihe in den offenen Atlantik auslaufender deutscher Hilfskreuzer, von denen kein einziges Schiff vom Gegner auch nur gesichtet wurde.

Die anfangs nur spärliche Sicherung der beiden „Engen" läßt jedenfalls den „Viertagebefehl" des OKW in noch tragischerem Licht erscheinen. Unzweifelhaft hätten ohne ihn bedeutend mehr deutsche Handelsschiffe auf diesem Wege in die Heimat gelangen können.

Die meisten der bis zum 5. April 1940 durchgebrochenen Frachter waren nur unzulänglich, viele überhaupt nicht für eine Fahrt durch die Eismeerregionen ausgerüstet. Sie hatten für diese Gebiete wie auch für die norwegischen Küstengewässer weder Segelhandbücher noch Leuchtfeuerverzeichnisse, oftmals nur einen Schulatlas an Bord.

Die seemännischen, nautischen und maschinellen Leistungen dieser Durchbruchsfahrten werden wohl immer ohne Beispiel bleiben. Es waren ja nicht nur große Frachter, die diesen Durchbruchsweg suchten, es waren auch kleine Schiffe, die sich mit ihren acht bis zehn Knoten Marschfahrt nur mühsam in der himmelhohen See behaupten konnten. Die Kapitäne und ihre Männer kapitulierten weder vor den natürlichen Feinden, den wütenden Polarorkanen, den Schneestürmen und Eistriften, dem die Sicht oft behindernden Nebel und der grimmigen Kälte, noch unter dem seelischen Druck der jeden Augenblick erwarteten und gefürchteten Begegnung mit britischen Kreuzern und Hilfskreuzern.

Die nachstehend im einzelnen behandelten Fahrten können und sollen nur beispielhaft sein für das hohe Lied an Mut, an Ausharrvermögen und Selbstdisziplin aller Besatzungen, die sich auf diesem abenteuerlichen Wege bis in die Heimat durchgekämpft haben.

Herr Kapitän, das machen wir nicht mehr mit!" schreit ein Heizer verzweifelt. „Eine längere Sturmfahrt halten wir nicht mehr aus. Morgen oder übermorgen, bestimmt aber in den nächsten Tagen, werden wir ja doch von britischen Kriegsschiffen geschnappt!"

„Wenn wir dann nicht stoppen, dann knallen sie uns wie bei einem Scheibenschießen ab!" brüllt ein Zweiter.

„Oder wir saufen vorher ab. Mit Mann und Maus und allen dreckigen Ratten an Bord!" bekräftigt der Dritte.

Diese Botschaft überbringt eine Abordnung vom Maschinenpersonal ohne Wissen des Leitenden Ingenieurs dem Kapitän August Sebelin, als die nur 2 950 BRT große *Marie Leonhardt* auf ihrer Durchbruchsfahrt gerade auf der Höhe von Islands Hauptstadt und Hafen Reykjavik schwimmt.

Das Schiff hat Kurs auf die Dänemarkstraße.

Seit Tagen weht es.

Der Sturm nimmt noch immer zu. Er wächst sich zum wütenden Orkan aus. Und dann die Böen, die Rasmus in seinem Zorn mit vollen Händen über den einsamen deutschen Frachter und seine 24 Mann Besatzung ausschüttet! Immer höher wölben sich die Wasserberge. Immer tiefer höhlen sich die Täler aus. Graugrünlich schillernde, weißgeflammte Gebirge, von einem Grün, das so kalt und so spröde wie Glas ist. Wie urweltliche Riesen wirken die sich heranschiebenden Seen. Sie haben den Kopf gesenkt und die Schultern eingezogen, wenn sie sich wie Rammböcke gegen das Gebilde aus Menschenhand, gegen diesen zerbrechlichen Hohlkörper aus Eisen und Stahl heranwälzen. Um ihn unter sich zu begraben. Um ihn in die Tiefen des Meeres zu stampfen. Unheimlich dieses mathematische Gleichmaß, gepeitscht von einem schrill heulenden Sturm, überdröhnt vom Donner der Böen.

Der kleine, schon 1921 in Stettin gebaute Frachter torkelt im Inferno dieser unaufhörlichen tonnenschweren Boxhiebe aufsteilender Seen von Backbord nach Steuerbord, von Steuerbord nach Backbord. 20, 30 Grad krängt das Schiff über. Der endgültige k. o.-Schlag scheint nicht fern. Schon die nächste Woge kann zur Katastrophe führen. Ein sadistisches Spiel der rasenden Elemente, die, ihrer Beute schon sicher, nur die Qualen der Menschen auf diesem Schiff verlängern wollen.

Ohne einen Einwand zu machen, hatte sich Kapitän Sebelin das

Anliegen der Abordnung aus der Maschine mit angehört. Sie, die aus den Tiefen des bebenden Schiffes kommen, sehen schon fast aus wie Gespenster aus dem Jenseits. Um die Maschinen auf Höchstfahrt zu halten, haben sie über ihre Wachen hinaus um das Vielfache mehr geschuftet. Freiwillig! Und ohne zu murren.

Dazu der Seegang. Er reißt den Heizern, Stokern und Maschinisten beim Arbeiten vor den Feuerlöchern, beim Heranschleppen der Kohle und während der Wachen die Füße unter dem Leib weg, kaum daß sich die Männer aufgerappelt haben.

Manchmal geht das Schiff so hart zur Kehr, daß sie da unten wie wertloser Abfall in eine Ecke geschleudert werden . . . zwischen die Kohlen, auf scharfkantige Schaufeln und eiserne Stokerstangen. Blut mischt sich mit Schweiß, Öl und Kohlenstaub.

Wie sie da nebeneinander aufgereiht im Kapitänsraum stehen . . . völlig erschöpft, schweißüberströmt und schwer atmend . . . mit hängenden Armen und weichen, dem wilden Arbeiten des Schiffes angepaßten, federnd nachgebenden Knien . . . bieten sie ein Bild des Jammers. Ihre Gesichter sind eingefallen und hohlwangig. Soviel vermag ein Magen gar nicht zu verdauen, wie diese Männer brauchen würden, um einigermaßen bei Kräften zu bleiben.

Und dann der Fisch. Mittags Fisch, abends Fisch. Seit Tagen nur noch dieser stinkende, halb vergammelte Fisch.

Daß der Koch überhaupt noch warme Mahlzeiten zustandebringt! Ein Wunder in diesem kochenden Hexenkessel!

Ihre Gesichter sind stoppelig. Keiner hat sich seit dem Auslaufen mehr rasiert. Die Augen in diesen Gesichtern liegen in tiefliegenden, umschatteten Höhlen. Das Weiße ist von den übermenschlichen Anstrengungen gerötet. Ihre Blicke sprechen von abgrundtiefer Angst.

„Ja", sagt einer, „wenn wir die *Bremen* wären, oder nur so ein Sechstausender . . ."

Sebelin lehnt sich, die Arme vor der Brust gekreuzt, an seinen Schreibtisch. Als der letzte der drei Männer gesprochen hat, läßt er, ehe er sich zu einer Antwort entschließt, Minuten verstreichen. Minuten, in denen die drei von der Abordnung unsicher zu werden beginnen.

Endlich macht Sebelin den Mund auf.

„Und was, was haben die Herren im Heizraum und in der Maschine vorzuschlagen? Was soll nach eurer Meinung geschehen?"

„Wir hatten daran gedacht, daß Sie einen neutralen Hafen anlaufen könnten. Reykjawik soll ja ganz in der Nähe sein. In Reykjawik könnte man abwarten . . .“

Du mußt jetzt hart sein, Sebelin, mitleidlos hart zu diesen Jungen, die sich aus einem Notstand zu diesem an Bord eines Schiffes aber niemals vertretbaren Schritt verleiten ließen, und die immer noch bessere Kerle sind, als die, die da unten auf die Antwort lauern und sie angestiftet haben. Sebelin mustert die drei. Jedem einzelnen sieht er lange ins Gesicht. Sie haben ja bisher stets brav ihre schwere Arbeit getan.

„Ich möchte keinen von euch wegen Meuterei vor ein Kriegsgericht stellen lassen. Kriegsgericht! Nicht Seeamt! Versteht ihr? Was ihr da tut, ist glatte Meuterei unter kriegsbedingtem Ausnahmezustand. Muß ich euch klarmachen, wozu ich als Kapitän in einem solchen Falle berechtigt bin? Das Gespräch hier hat nie stattgefunden. Das ist eure letzte Chance.“

Der Sprecher der drei will den Mund öffnen.

Kapitän Sebelin, ein Fünfziger, schneidet ihm mit einer barschen Handbewegung das Wort ab. Er wirkt wie ein Mann, der den lieben Gott zu jeder Stunde und an jedem Ort anrufen darf.

„Raus jetzt! Das ist ein Befehl. Oder ich lasse euch einsperren. Dann werden Seeleute zu ihrem Wachdienst auch noch die Feuer bedienen und Maschinenwache gehen. Und wenn ich selbst Kohlen mit trimmen soll, die Reise geht weiter. Und wir kommen heim. Also geht schon. Los! Los!“

Kapitän Sebelin geht mit schweren Schritten an das Bullauge und blickt durch das daumendicke Glas auf die tobende See. Zerfetzte Wolken segeln jetzt fast greifbar über das Schiff. Ob die Briten auch bei diesem Hundewetter nach deutschen Frachtern jagen?

Hinter Sebelin wirbelt ein heftiger Windzug in den Raum. Dann schlägt die Tür zu. Als er sich umwendet, ist er allein. In der Maschine und im Heizraum arbeiten sie weiter. Dieser Sebelin würde es fertig bringen, tatsächlich Kohlen zu trimmen. Mit den letzten Getreuen bringt der das Schiff nach Hause. Das ist den Aufrührern in der Maschine klar geworden. Und ebenso, daß er nichts nachtragen wird.

Dieser Kapitän, den es nie danach drängte, in schmucker, goldbetreßter Uniform auf der Brücke eines Musikdampfers zu stehen, wollte der See auf Trampschiffen so nahe sein wie der Bauer dem Acker oder der Förster seinem Wald.

Am 24. Juli 1891 wurde August Sebelin in Oldenburg geboren. Seine seemännische Ausbildung erfuhr er auf Segelschiffen, wie alle seine gleichaltrigen Kollegen. Die einen auf schneeweiß gepöhnten Schulschiffen, andere auf Frachtseglern, auf Tiefwasserseglern. Dorthin zog es den jungen Sebelin. Einer davon war die *Peter Rickmers,* ein Viermastvollschiff, das die höchsten Masten trug, die jemals auf einem Windjammer aufgetakelt wurden. Sie maßen vom Mastschuh bis zum Top 58 Meter. Nichts für Kirchturmpolitiker. Die *Peter Rickmers* — ein Dom aus Segeln, wenn sie im Passat unter vollem Tuch wie ein Schwan über die See flog, und eine Schule zur männlichen Härte und seemännischen Bereitschaft bei ihren gefahrvollen Reisen um Kap Horn.

Als der erste Weltkrieg entbrannte, fuhr Sebelin als „Zwoter" auf der in Lissabon liegenden *Lahneck* der DDSG Hansa. Auch andere deutsche Frachter hatten sich in den Hafen von Portugals Hauptstadt geflüchtet, und ein tatkräftiger Hapag-Kapitän wollte es arrangieren, mit seinem schnellen Schiff mit Offizieren und Mannschaften der anderen blockierten Frachter in die Heimat durchzubrechen. Da der deutsche Gesandte aber die Verantwortung nicht übernehmen wollte, sagte sich August Sebelin: „Er kann mich mal, ich komme auch ohne diesen auf Hochglanz polierten Duckmäuser heim." Er blieb bis Oktober auf der *Lahneck*, um sich sein Fahrgeld bis Barcelona zu verdienen. Über dunkle Kanäle verschaffte er sich auf eigene Rechnung einen falschen Paß und stieg als gutzahlender „holländischer" Passagier auf einen Spanier über. Die Spanier fragten nach Geld und nicht danach, ob dieser Dutchmann nicht etwa doch ein verkappter Deutscher wäre. In Genua war damals die *Düsseldorf* der Austral-Reederei als Wohnschiff für alle nach Deutschland zurückkehrenden Seeleute angebunden worden. Aber die Herren von der Botschaft in Italien unterschieden sich in nichts von dem Kaiserlichen Regierungsvertreter in Portugal.

Sebelin ließ sich das Fahrgeld von zu Hause schicken.

„Was wollen Sie hier?" fragte man ihn bei seiner Ankunft in Wilhelmshaven. Wir haben hier so viele Freiwillige, daß wir keinen mehr unterbringen können. Aber wenn Sie mögen, können Sie Ihr Kapitänspatent machen."

Das ließ sich Sebelin nicht zweimal sagen.

1915 hatte er sein Patent A 6 auf Großer Fahrt in der Tasche, und als der Orlog endete, war er sogar Kaiserlicher Reserveoffizier. 1936 übernahm August Sebelin die *Marie Leonhardt*. Mit ihren elf Knoten war sie immerhin ein noch verhältnismäßig schnelles Schiff, das vornehmlich in der Trampfahrt von Erz, Kohle und Stückgut eingesetzt wurde, eine Fahrt, die Sebelin zwang, wie in guten alten Zeiten nicht nur Kapitän, sondern gleichzeitig auch gewiegter Kaufmann zu sein.

Er selbst berichtet, wie er seine *Marie* durch die englische Blockade schleuste:

„Wir lagen im August 1939 im holländischen Vlissingen und sollten mit Ballast nach Newcastle in Kanada gehen. Als mir aber der Vertreter der Reederei am 11. August eröffnete, noch am gleichen Tage auszulaufen, war ich doch etwas betroffen, denn auch ein politisches Wickelkind sah, was sich da für ein Unwetter an Deutschlands Ostgrenze zusammenbraute, und welche Folgen das für den Weltfrieden haben müßte.

Der Vertreter der Reederei aber tat so, als ob sein Name Hase wäre. ‚Krieg? Aber was! Wo denken Sie hin! Fahren Sie man ruhig los.‘

Ich war alles andere als ruhig, aber was sollte ich machen. Meine holländischen Freunde drückten ihre Besorgnisse aus. Einige hatten nasse Augen, als wir uns verabschiedeten. Wir schipperten los und erreichten am 24. August Newcastle, nicht ganz unbehindert, denn noch vor dem Einlaufen kurvten kanadische Schnellboote um mein Schiff herum.

Mir schien die Situation jetzt mehr als mulmig. Ich blieb zunächst mal auf Reede liegen und täuschte Maschinenschaden vor. Die bereits an Bord gekommenen Lotsen, die uns in den Hafen bringen sollten, waren gute alte Bekannte von mir, Freunde beinahe. Sie nahmen den Maschinenschaden vielsagend grinsend zur Kenntnis, hockten sich mit vollendeter Selbstverständlichkeit in meinen Salon und ließen durchblicken, daß die Luft ziemlich trocken wäre. Dem konnte ja abgeholfen werden. Es schmeckte den Herren.

Um die späten Abendstunden legte mir mein Funker das erste QWA-FT aus der Heimat vor: den Warnbefehl. Diesmal wurde der Funkspruch wenigstens verschlüsselt. Bei der Tschechenkrise hatte es einen ganz fürchterlichen Zustand gegeben, denn damals wurden alle Anweisungen marktschreierisch offen gefunkt. Keinem von uns wäre es damals im Kriegsfalle geglückt, in die Heimat zu entkommen.

Nun, dieses Mal klappte die Sache besser.

Wir hatten unsere genauen Anweisungen und waren auch, entgegen manchen anderen Schiffen, sogar mit Sprengpatronen ausgerüstet worden.

Lediglich die Versorgung mit neuem Proviant bereitete Kopfzerbrechen. Wie üblich waren wir nur mit Verpflegungsreserven für den ersten Rundreisetörn ausgerüstet, da wir normalerweise in Newcastle Frischproviant übernahmen.

Das war das Haar in der Suppe; denn nur in Newcastle selbst konnten wir unsere ziemlich aufgebrauchten Bestände auffüllen. Falls aber die Kanadier Kenntnis von dem Rückrufbefehl für die deutschen Handelsschiffe erhalten hätten, dann würden die offiziellen Stellen uns kaum den Gefallen tun, diesen Frachter für einen Durchbruch nach Old Germany auch noch fit zu machen.

Meinen Lotsen begann es inzwischen langweilig zu werden.

Wie lange denn dieser sogenannte Maschinenschaden noch dauern könne, wollten sie schließlich wissen.

Einige Stunden bestimmt noch, gab ich ihnen ausweichend zur Antwort.

Das sei ihnen viel zu lange. Sie hätten keine Lust mehr, noch zu warten, und machten dann den Vorschlag:

‚Was halten Sie davon, wenn wir erst mal von Bord gehen und später wiederkommen?‘

Dagegen hatte ich nichts einzuwenden, wirklich gar nichts. Es konnte mir nur recht sein, sie loszuwerden. Ihren Wunsch, ob sie nicht noch eine Buddel Whisky haben könnten, erfüllte ich Ihnen gern.

‚Ihr könnt auch zwei oder noch mehr haben, soviel, wie ihr vertragen könnt, Freunde‘, rief ich ihnen zu. ‚Auch Soda, wenn's beliebt. Aber zerkloppt mir die leeren Buddels nicht. Ich bekomme sonst Krach mit meinem Kontor.‘

Nein, die Flaschen würden ganz bleiben, versicherten sie.

‚Gut‘, sagte ich, ‚der Steward stellt euch eine Handvoll Buddeln klar. Aber ich habe noch eine bescheidene Bitte. Könnt ihr mir die erfüllen?‘

Sie sagten einstimmig ja, ohne zu wissen, worum es sich handelte.

Wirklich nette Kerls, Seeleute, denen die Aussicht, in einen Krieg gegen uns ziehen zu müssen, wie Galle schmeckte. Daraus machten sie keinen Hehl.

‚Ja', erklärte ich, ‚ihr müßt wissen, ich und meine Leute essen so gerne Fisch. Könnt ihr mir Frischfisch beschaffen?'

‚Aber klar', fielen sie im Chor ein. ‚Soviel du haben willst, Käpten.'

‚Dann jede Menge', grinste ich.

Sie sagten OK und blinzelten wie auf Verabredung mit den Augen. Ich bekam eine ganze Ladung voll. Ein Boot brachte sie längsseit. Die Sorge um die Verpflegung war ich los. Von Fisch müssen sich ganze Völkerstämme ernähren, warum nicht auch wir für einige Tage oder Wochen . . .

Inzwischen war es Nacht geworden, und in ihrem Schutz ließ ich die *Marie Leonhardt* seeklar machen. Noch bevor der Morgen graute, nahm ich Fahrt auf. Raus, nichts wie raus!

Ich steuerte die Grönlandküste an und tarnte um.

Die für die Holzladung schon aufgestellten Deckstützen verschwanden. Am Heck und am Bug wurde der Name verändert. Das Wort ‚Marie' wurde übergepöhnt und vom ‚Leonhardt' blieb nur Leon. Das ‚hardt' wurde überpinselt, und an das n wurde ein a angehängt. Das machte nicht viel Mühe.

Wir hießen von jetzt an „Leona", und als Heimatland gaben wir Griechenland an. Das klang glaubwürdig, denn ich hatte bewußt keine Farbe waschen und keine Farbausbesserungen vornehmen lassen. Je mehr Rostflecke, um so besser. Die ollen Griechen lieben ja das Antike. Rost war damals ein Aushängeschild für so manche hellenische Firma.

Mein Plan war anfangs, die Enge zwischen Island und den Färöer-Inseln zu durchfahren.

Die *Marie Leonhardt,* auf der wir jetzt verstärkten Ausguck gingen, war klar für alle Fälle. Die ausgerüsteten Rettungsboote waren ausgeschwungen und gezurrt und die Besatzung durch mehrfache Bootsmanöver auf den Ernstfall auch seelisch vorbereitet worden. Von den sechs Sprengpatronen hatte ich 'zwei im Vorschiff, zwei in der Maschine und zwei im Achterschiff anschlagen lassen. Die Zuleitungen der Sprengschnüre ließ ich durch die Schwanenhälse an Oberdeck holen und teilte das Deckspersonal rollenmäßig ein.

Das Maschinenpersonal hatte ich mir besonders vorgeknöpft und ihm zusammen mit dem Chief meine Anweisungen gegeben, was im Ernstfalle zusätzlich zerstört werden sollte. Schief gehen konnte im Sinn der Befehle eigentlich nichts.

Naja, und dann kam der Sturm und mit diesem die Abordnung des Maschinenpersonals auf die Brücke.

Nach meiner Ansprache haben sich diese Herren gefügt, wenn sie auch, ich gebe das zu, fertig waren, körperlich und seelisch. Aber wer war das nicht unter dem Druck der Ungewißheit und in dem Wüten des scheußlichen Polarorkans!

Die Dänemarkstraße durchliefen wir ohne Sichtung. Es war nicht ganz einfach, die Enge zu passieren. Seit Tagen hatten wir kein Besteck nehmen können. Wir fuhren nach Fingerspitzengefühl, der Nase nach.

Und kamen durch.

Nördlich von Island wurde das Wetter schmuddelig. Mit zunehmendem Regen verschlechterte sich die Sicht. Uns konnte das nur angenehm sein. Vorerst lag vor uns die freie See.

Wenn mich einer fragt: geschlafen habe ich kaum in diesen Tagen. Kaum einer von unseren vierundzwanzig Mann hat geschlafen.

Der Kurs war auf Drontheim abgesetzt.

Kummervoll war die Tatsache, daß wir auf dem Marsch durch die Straße und auch auf der Weiterfahrt nach Norwegen keinerlei Nachrichten aus der Heimat erhielten. Zu gern hätten wir gewußt, wo britische Streitkräfte standen, oder wo wir mit deutschen Kriegsschiffen oder U-Booten rechnen durften.

In Norddeich schwiegen sie sich aus.

Naja, die in Berlin wußten wahrscheinlich selbst nicht, wo die Engländer ihre Blockadegürtel aufgebaut und was sie an Kriegsschiffen für diese Aufgabe im Einsatz hatten.

Immerhin, dies war ein Fehler. Eine moralische Aufmunterung hätte uns wie allen anderen deutschen Schiffen gut getan.

Ich tarnte jetzt auf den Finnen *Marie* um. Das war leicht zu machen, denn die Überpinselung der Namen außenbords war nicht so dick, daß man nicht die Buchstaben nachmalen konnte. Es war kalt, hundekalt. Aber meine Seeleute haben, an Bootsmannsstühlen hängend, den neuen Namen prima und sauber wie ein Malermeister in der Werft gepöhnt.

Der Kurs zielte jetzt auf Halten ab, einen Nebenfjord von Drontheim. Am 15. September trafen wir dort ein.

Da mir Karten fehlten, mußte ich auf einen Lotsen warten. Stundenlang. Schließlich, wir wollten uns gerade ein anderes Loch suchen, näherte sich uns ein Ruderboot. Darin saß ein verwegen aussehender Mann mit einem langen Bart.

‚Bist du etwa der Lotse?' fragte ich ihn.

Der im Boot nickte. Wir nahmen ihn an Bord, und nach seinen Anweisungen manövrierten wir uns nach Drontheim hinein.

Ich selbst meinte das Schiff in allerbesten Händen, trotz des Großvaterbarts schien mir dieser norwegische Lotse ein famoser und rechtschaffener Seemann zu sein.

Der Schlaf übermannte mich jetzt, da der Durchbruch durch die gefährlichen Wege geschafft zu sein schien. Ich ging nach unten, um ein wenig auszuruhen; denn noch waren wir nicht daheim, noch lag vor uns der Weitermarsch von Norwegen nach Deutschland, ein Weg, der schon einigen anderen Schiffen bei U-Bootsangriffen das Leben gekostet hatte.

Kaum war ich unten, da bumste es. Ein unterirdisches, dumpfes Grollen. Und dann rumste es noch einmal.

Ich sprang von meiner Koje auf und rannte ohne Jacke und ohne Mantel in Hemdsärmeln auf die Brücke.

Der Lotse beteuerte, daß uns die Küstenbatterie II beschossen habe. Doch ehe es zu weiteren Ermittlungen kam, tuckerte ein Motorboot mit der norwegischen Kriegsflagge am Stock auf uns zu. Ein norwegischer Kapitänleutnant kletterte an Bord und nahm schnaufend vor Zorn den alten Lotsen an, weshalb er die Morsesignale der von uns bereits passierten Ersten Küstenbatterie nicht beachtet habe. Um das Gesicht zu wahren und auch, um den biederen Lotsen zu entlasten, knöpfte ich mir meinen Ersten vor und überschüttete ihn mit einem in unserem Verkehrston sonst völlig unüblichen heftigen Wortschwall. Je lauter, um so besser, dachte ich mir. Wenn auch der uniformierte Kriegsmarine-Wikinger nicht viel verstand, meinen Gebärden entnahm er meinen gerechten Zorn gegen meinen Offizier. Daß dieser, als er sich mit Verbeugungen und Ausdrücken tiefsten Bedauerns ins Kartenhaus zurückgezogen hatte, mir verständnisvoll zublinzelte, sah der Kapitänleutnant Gott sei Dank nicht. Mir war wohl ums Herz, daß mein Erster den gewollten barschen Ton richtig gedeutet hatte.

Der Kapitänleutnant bat mich schließlich, nachdem er sich überzeugt hatte, daß die Schiffsführung kein Verschulden träfe und daß hier offensichtlich nur eine Nachlässigkeit oder ein Versehen vorlag, unsere FT-Station benutzen zu dürfen. Er nahm mit seiner Dienststelle Verbindung auf, klärte den Vorfall und unterrichtete uns, daß unserem Einlaufen nichts im Wege stände, gesetzt den Fall, wir würden unter deutschem Namen und unter deutscher Flagge einlaufen.

Das mit dem Namen redete ich ihm noch aus. Das hätte zuviel Zeit gekostet, aber die Flagge wollten wir gern setzen, auch wenn sie den meisten Norskes ein Dorn im Auge war.

Der norwegische Offizier milderte seine Anweisung schließlich mit der Erklärung, daß seine Regierung keinen zweiten „Berlin-Fall" wünsche, einen Fall aus dem ersten Weltkrieg, an den noch heute der in einen Felsen eingemeißelte Name gemahne.

Die Anker rauschten aus der Klüse.

Der schwerste Teil war geschafft, aber die letzten Hindernisse noch nicht genommen.

Die Norweger zeigten sich wenig entgegenkommend. Sie verweigerten uns das Trinkwasser, und Proviant konnte ich ohne Geld nicht kaufen. Aber telefonieren ließ man mich. Zuerst rief ich meine Frau in Oldenburg an, deren Aufatmen ich durch das Telefon spürte. Und dann sprach ich mit meiner Reederei, um Geld zu bekommen.

Inzwischen überschlugen sich die Ereignisse. Die Marineleitung in der Heimat, der unser Durchbruch und Einlaufen über die Botschaft in Oslo zur Kenntnis kam, schickte einen Funkspruch. Man befahl uns, sofort nach Süden auszulaufen. Ich mußte daher nochmals mit dem Gesandten in Oslo telefonieren. Er nahm zur Kenntnis, daß ich Schulden bei dem Lotsen hätte, also gar nicht auslaufen könnte. Ohne die Lotsenbrüder zu entlohnen, würde ich nicht in See gehen. Außerdem mangelte es mir an Proviant. Der Gesandte, ein vernünftiger Mann, sagte zu, das Erforderliche einleiten zu wollen. Stunden später kam ein Telegramm von ihm: ‚Geld angewiesen.'

Aber ich sagte mir: doppelt genäht hält besser, und suchte einen mir bekannten Deutschen in Drontheim auf, einen Eisenwarenhändler, in der Hoffnung, daß er mir nach Vorlage des Telegramms schon vor Eintreffen der Devisen helfen könnte. Ich wollte raus und heim.

Drei Banken verweigerten uns das Geld, so sehr sich der Eisenwarenhändler auch für die Rückzahlung mit seinem Vermögen verbürgte. Endlich: eine vierte Bank sagte ja, sie gab uns die Devisen.

Der norwegische Schiffshändler, den wir wegen des Provianteinkaufs aufsuchten, begegnete uns an der Tür mit hochgehobenen Armen und beschwörenden Händen. Er könne uns jetzt nicht empfangen. Der englische Konsul sei gerade da.

‚Das ist doch prima‘, erklärte ich dem verdutzten Mann, ‚den wollen wir ja gerade sprechen.‘

Aber darauf schien der Engländer gar keinen Wert zu legen. Er verschwand durch eine Hintertür, als wir das Kontor betraten.

‚Er hat mir zwar nahegelegt, Ihnen nicht zu helfen‘, knurrte der Schiffshändler, ‚aber ich gebe Ihnen trotzdem, was Sie brauchen.‘

Nach einem kurzen Aufenthalt in Bergen wurde Stavanger die letzte Station in Norwegen, und am 19. September ritzte die Spitze des Marineehrenmals von Laboe die Kimm. Stunden später machten wir in Holtenau fest.

Wir hatten zwar keine Musikkapelle zu unserer Begrüßung erwartet, aber doch einen Vertreter des Reichsverkehrsministeriums oder der Marine.

Es kam niemand!

Ein Händedruck hätte uns als Dank genügt.

Knochen, Muskeln, Hirn — alles schrie nach Ruhe.

Stattdessen eine neue Order:

‚Sofort nach Oxelösund, Nordschweden, gehen. Erz laden und in Bremen löschen.‘

In den Logis, in den Kammern hörte man Flüche, die in keinen Spind passen. Wenn man mich fragt: ich schimpfte mit und hoffte, durch den vor Newcastle so bewährten ‚Maschinenschaden‘ wenigstens ein paar Tage Aufschub zu gewinnen. Wir hatten ja nach der nervenzehrenden Durchbruchsfahrt immerhin einiges an Schlaf, naja, und auch sonst manches nachzuholen.

Aber es blieb uns keine Wahl: wir fuhren. Wir holten das Erz für die Kriegsmaschinerie, und wir wurden von Bremen ohne Atempause wieder losgehetzt. Erst nach Riga, wohin wir Kohlen schafften. Dann nach Umeå-Distrikt, wo wir Holz für Delfzyl übernahmen. Am 31. Dezember ging es ab nach Stettin: Kohlen für Stavanger. Das Schiff war eben halb voll, da beschlagnahmte es die Kriegsmarine. Wir wurden zum Truppentransporter umgebaut und hatten endlich die redlich verdiente Ruhepause."

*

Das war ein Beispiel für die geglückte Blockadedurchbruchsfahrt eines kleinen Frachters, eines Schiffes, das nicht wie die großen Schwestern über hohe Geschwindigkeiten verfügte, und das dadurch gezwungen wurde, sich länger in dem Gefahrenbereich vor Island und vor Norwegen aufzuhalten. Mit jeder Meile, die diese „Kleinen" liefen, wuchs die Gefahr, von gegnerischen Kriegsschiffen aufgebracht zu werden.

Am 9. September läuft die *Hans Leonhardt* unter Kapitän A. Zeyse, ein Schwesterschiff der *Marie Leonhardt,* in die Kola-Bucht ein. Um 9 Uhr ankert sie als viertes deutsches Schiff vor Murmansk. Ihr folgen noch viele andere.

Auch die 4 816 BRT große *Luise Leonhardt* unter ihrem Kapitän Alfred Ahlung und die nur 2 593 BRT große *August Leonhardt* unter Kapitän Joachim Wiese kamen in die Heimat.

Mit diesen schafften es viele weitere in der Kanadafahrt eingesetzte deutsche Schiffe, meist kleinere Frachter, die Holz aus Kanada und Neufundland holten. Auf der Ausreise befanden sich während der Krisenzeit sieben Schiffe, die alle kurz vor ihrem Bestimmungshafen standen und nach Erhalt der Warnnachrichten sofort auf Gegenkurs gingen. Sechs dieser Frachter gelang der Durchbruch, und zwar den Dampfern *Erika Hendrik Fisser, Reinbek, Sardinien, Juno, Boltenhof* und *Boltenhagen.* Dieser Frachter war schon 1912 gebaut worden und lief mit seinen 3 335 BRT noch viel langsamer als die „Leonhardt"-Schiffe.

130 Seemeilen von dem Bestimmungshafen Revière du Loupe empfängt der Kapitän erst am 28. August die erste Warnnachricht. Kapitän Boje bringt sein Schiff sofort aus dem St. Lorenzstrom heraus und nimmt nördlichen Kurs.

Südlich von Island beobachtet er starken britischen FT-Verkehr, darunter typische Kriegsschiffsfunksprüche. Seine Offiziere sind entsetzt, als er ihnen eröffnet, daß er unter diesen Umständen durch die Dänemarkstraße zu fahren beabsichtige.

„Aber wir haben doch keine Seekarten von dieser Straße an Bord. Keiner von uns ist jemals durch die Straße gefahren."

„Ich habe zufälligerweise einen Schulatlas unter meinen Büchern gefunden."

„Einen Schulatlas? Sie scherzen, Kapitän."

„Jawoll. Der muß genügen, um uns größere Karten der Straße selbst anzufertigen. Wir ziehen dazu das Funkpeilbuch und das Leuchtfeuerverzeichnis der Dänemarkstraße heran, und wir werden anhand dieser Unterlagen auch Karten von der Nordküste Islands und von Norwegens Nordküste anfertigen."

Die Offiziere sind auf einmal Feuer und Flamme. In dickem Nebel passiert die *Boltenhagen* in tastender Fahrt die Dänemarkstraße und steht nach dem Mittagsbesteck am 6. September 130 Seemeilen nördlich von Island. Bei guter Sicht kommt im achterlichen Sektor ein ziemlich großer Fischdampfer über die Kimm, ein schnelles Schiff, das sofort auf die *Boltenhagen* zudreht und sich schwarz qualmend bemüht, den Frachter einzuholen und zu beschatten. Auf der *Boltenhagen* hören sie, wie der britische Fischdampfer mit größter Lautstärke die Position des deutschen Frachters meldet. Aber Kapitän Boje hat mit solchen Maßnahmen gerechnet und seinen Funkoffizier schon vorher angewiesen, wie man in gegnerische Funksprüche „ein bißchen Unordnung" bringen kann. Der *Boltenhagen*-Funker hackt hartnäckig und laut dazwischen. Es sind wahllose, aus dem Stegreif geformte Buchstabengruppen. Von dem Fischdampferspruch wird man nur noch „Salat" aufnehmen.

Am 7. September kommt Norwegens Küste in Sicht. Es ist die Tränen-Insel. Am 12. September läuft Kapitän Boje, der ebenfalls den nur für die *Bremen* bestimmten QWA-13-Befehl falsch auslegt, Murmansk an, das er bereits am 1. Oktober wieder verläßt. In Narvik übernimmt er Erz. Am 17. Oktober geht die *Boltenhagen* auf der Reede von Memel vor Anker.

Auch geschafft.

Die deutsche Presse schweigt auch über diese Tat. Sie muß schweigen. Auch der Rundfunk würdigt mit keinem Wort die Leistungen der Handelsschiffe. Die Richtlinien des Propagandaministeriums verbieten es. Die publizistischen Organe befassen sich, wie gefordert, mit den Taten der Kriegsmarine. Ein bisher unbekannter Kapitänleutnant wird in diesen Tagen der Held der Nation:

Günther Prien! Nichts gegen Prien und seine Männer, nichts gegen ihre großartige Leistung; doch: Vernichten wird jetzt höher bewertet als Erhalten.

*

Aus der Kanada- und Neufundlandfahrt, das soll ergänzend erwähnt werden, kamen noch heim die *Ernst M. Russ,* die *Henry Böge,* die *Olga Traber,* die *Helga Ferdinand,* die *Helene* (ein 2 160 BRT großer, bereits 1898 erbauter Frachter der Flensburger Reederei H. W. Christophersen), die *Elisabeth Bornhofen,* und die *Constantia,* fast alles kleine Frachter mit niedrigen Geschwindigkeiten.

Jeder Blockadedurchbruch war ein kühnes Wagnis, ein stilles Heldenlied der Besatzungen.

Für sie alle aber galt ein Befehl, für den Kapitän, die Offiziere, die Heizer, die Matrosen oder die Trimmer: Du hast zu schweigen.

*

Elbabwärts, nach den sanften Höhen von Blankenese, Rissen und Wedel zu, haben sich viele pensionierte Kapitäne einen Platz für den Lebensabend ausgesucht. Sie sind alt und grau geworden in den Stürmen des Lebens und auf den Meeren der Welt, aber nicht so alt, um nicht mit heißem Herzen Anteil an dem Schicksalsweg der deutschen Handelsflotte zu nehmen.

Jedes durch das Fangnetz der britischen Blockade heimkehrende deutsche Schiff bedeutet für sie eine gewonnene Schlacht.

Banges Hoffen schwingt in ihren wortkargen Diskussionen mit, daß man dieses Mal in Berlin die See besser verstanden zu haben scheint, daß man eine Lehre aus der letztlich auf See erfolgten Niederlage des ersten Weltkrieges gezogen haben möge.

Es scheint auch so. Denn seit Kriegsausbruch kehren immer weitere deutsche Handelsschiffe aus Übersee heim. Während des ersten Weltkrieges fuhren die meisten dieser Alten als Schiffsoffiziere auf deutschen Schiffen, nur wenige schon als Kapitäne. Sie erinnern sich noch an viele Einzelheiten — und auch daran, daß die Kaiserliche Regierung und ihre Marine damals überhaupt nichts unternahmen, um die in Übersee stehenden Handelsschiffe rechtzeitig zu warnen. Nur einer Handvoll Schiffe gelang der Durchbruch in deutsche Hoheitsgewässer, zu denen ja auch die Kolonialhäfen zählten.

Als Blockadebrecher im echten Sinne des Wortes war damals neben den Prisen der Hilfskreuzer lediglich die 4 613 BRT große *Rio Negro* anzusprechen. Der Frachter, der dem Tross des Kleinen Kreuzers *Karlsruhe* zugewiesen worden war, stand nach dem Untergang des Kriegsschiffes, dessen Überlebende er übernahm, auf der Höhe der Nordostküste Südamerikas. Kapitän Tepfer verkroch sich erst einmal in die Karibische See und machte sich dann auf den Weg in die ferne Heimat. Zwischen Island und Färöer gelang ihm der Durchbruch in die Nordsee und von dort der unbemerkte Marsch in die norwegischen Gewässer. Im Schutze der Küste schlich er sich bis nach Kiel durch.

Und da wäre höchstens noch die 65 Jahre alte chilenische Bark *Tinto* zu nennen. Dieses alte, fast schrottreife Segelschiff, das in Chile unter der Flagge des Reeders Oelkers segelte, wurde von internierten Überlebenden des Kreuzers *Dresden*, zusammen mit Handelsschiffsoffizieren und einigen Männern der ebenfalls internierten Besatzung des Lloyd-Segelschulschiffes *Herzogin Cäcilie*, in aller Heimlichkeit ausgerüstet und seeklar gemacht. Ende Oktober 1916 gelang es mit einer wohldurchdachten List, trotz aller von den Chilenen gemachten Schwierigkeiten auszulaufen. Nach 122 Tagen, reich an dramatischen Ereignissen, Mühsalen und Gefahren, erreichten sie den Hafen von Drontheim.

So war das damals.

So wenig sich die Veteranen der deutschen Seefahrt mit dem neuen Krieg anfreunden können, sie nehmen ihn hin als ein Naturereignis. Für sie sind die Menschen gezähmte Raubtiere. Trost und Freude wird es für sie, daß dieses Mal mehr Schiffe in die Heimat zurückkehren. Schiffe sind für sie kein toter Besitz, sondern lebendige, beseelte Wesen.

Am 23. November bewegt wieder ein die Elbe hinaufdampfender Frachter ihre Gemüter.

Er kam mit auflaufend Wasser den silbergrauen Strom hinaufgetrottet, wie ein Krieger, der dem Stahlgewitter eines wochenlangen Trommelfeuers entrann, so abgerissen, so ausgezehrt, so erschöpft und doch so selbstsicher, als sei es die einfachste Sache der Welt, die Briten zu überlisten.

Der Name des Frachters ist für viele Alten mehr als eine Erinnerung. Er wird ihnen zum Symbol für eine untergegangene Epoche, deren lebende Zeugen sie noch sind.

Die *Togo*, ein Motorschiff der in Hamburg beheimateten Deutschen Afrika-Linie, ist heimgekehrt!

Sie ist mit ihren kaum mehr als 5 000 BRT nicht einmal ein großes Schiff. Aber man hatte sie in den Gesprächen der Fachkundigen längs der Elbe bereits abgeschrieben. Die Alten pfeifen ja auf Goebbels Verbot, keine ausländischen Rundfunksender zu hören, obschon sie klug genug sind, darüber nur in ihrem Kreis zu sprechen.

Ihr Kreis ist eine andere Welt. Eine Welt der Freiheit, eine Freiheit im Gehorsam unter der Flagge, der sie dienen. Seit jeher forderte ihnen die See vier Tugenden ab: Treue und Pflichterfüllung, Stärke und Mut.

Vor Wochen brachte der britische Rundfunk die Meldung, das aus der Kongomündung auslaufende deutsche Motorschiff *Togo* sei, wie die *Togo* selbst im Klartext gefunkt habe, von einem U-Boot angegriffen und torpediert worden. Das Schiff habe um Hilfe gebeten, da es zu sinken drohe.

Und nun taucht dieselbe *Togo* wie ein Geist auf der Elbe auf. Kein Wunder, daß dieses unerwartete Wiedersehen die alten Fahrensleute erregt. Einige kennen den Kapitän der *Togo*. Sie suchen ihn auf und beglückwünschen ihn. Aber es bleibt nur bei einem Händedruck. Kapitän Rouffelet weicht aus. Auch er muß schweigen.

Das Journal und das Maschinentagebuch seines Schiffes werden mit einem roten Stempel versehen: „Geheim! Nur für den Dienstgebrauch!"

Presse und Rundfunk dürfen keine Zeile berichten. Sie erfahren ohnehin nichts.

Noch liegen deutsche Handelsschiffe in neutralen Häfen. Die Preisgabe einer mit Erfolg angewandten List würde alle gefährden, die noch auf die Chance des Durchbruchs warten.

Tagelang ist die *Togo* an der unteren Elbe die Hauptfigur im Küstenklatsch. Doch wie sie es schaffte, bleibt den ganzen Krieg über ein Geheimnis. Auch für die vertrautesten Freunde.

Kapitän Rouffelet wurde nach Berlin befohlen. Hier berichtete er, wie er es fertig brachte, den Gegner zu täuschen . . .

Die *Togo* hatte den Funkspruch „QWA 7" nicht empfangen.

Am 25. August dreht das Motorschiff, noch völlig ahnungslos über die Zuspitzung der Lage, in den Hafen von Duala ein. Duala gehört zu dem ehemaligen deutschen Schutzgebiet Kamerun, das die Franzosen seit dem ersten Weltkrieg als Mandat verwalten, das sie aber in Wirklichkeit bereits als eigene Kolonie betrachten.

Kapitän Rouffelet klettert an Land. Er hat seinen besten weißen Tropenanzug angezogen und meldet sich bei dem französischen Hafenmeister. Man kennt sich von den früheren Reisen her.

Der Franzose empfängt den Deutschen mit angeborener Höflichkeit. Aber sein Erstaunen vermag er doch nicht zu verbergen. Schließlich bricht es ärgerlich aus ihm heraus: „Kapitän Rouffelet, wenn Sie meine private Meinung wissen wollen, dann lassen Sie sich sagen, daß schon eine unerhörte Dreistigkeit für ein deutsches Schiff dazu gehört, in diesen Tagen einen Hafen der ehemaligen deutschen Kolonien anzulaufen. Es wird Krieg geben, auch Krieg zwischen Deutschland und Frankreich!"

„Aber Monsieur, fürchten Sie etwa, ich könnte Kanonen an Bord haben, um Kamerun für die deutsche Flagge zurückzuholen? Ich bin Kapitän eines Handelsschiffes, Vertreter einer seriösen Reederei, die keine politischen Ambitionen hat. Was gewesen ist, ist gewesen. Wir treiben Handel mit Frankreich, friedlichen, fairen Handel!"

„Ich weiß, Monsieur Rouffelet, Sie sind ein anständiger und tadelloser Seemann. Aber als Deutscher werden Sie sich ebensowenig geheimen Befehlen Ihrer Regierung entziehen oder entziehen können, wie das auch mir nicht möglich sein wird."

„Aber glauben Sie mir doch, daß solche Befehle trotz der Krise überhaupt nicht vorliegen. Wenn Sie wollen, bitte, untersuchen Sie doch mein Schiff."

„Daran habe ich persönlich kein Interesse, und auch keine Vollmachten. Wenn Sie auf den Rat eines alten Freundes hören wollen, laufen Sie wieder aus. Am besten sofort."

Die *Togo* löscht dennoch die Ladung und verholt, den nunmehr freigegebenen Geheimanweisungen und dem Druck der sich zuspitzenden Lage in Europa folgend, den belgischen Kongo nach Matadi hinauf.

Innerhalb von vier Tagen hätte Kapitän Rouffelet, wie befohlen, doch nicht die heimatlichen Küstengewässer erreichen können.

Und da keine Anzeichen darauf hindeuten, daß sich Belgien den Engländern und Franzosen anschließen wird, hofft der *Togo*-Kapitän, auf dem belgischen Kongo vorerst keine Schwierigkeiten zu haben.

Als der Krieg mit Polen und am 3. September mit den Westmächten ausbricht, sperren die belgischen Hafenbehörden der deutschen Besatzung der jetzt in Boma liegenden *Togo* unerwartet den Landgang — hart genug in dieser brütenden Treibhausluft direkt am Äquator.

Der Kapitän, dem der Landgang als einzigem für dienstliche Angelegenheiten nicht versagt wird, verlegt sich aufs Verhandeln.

„Sie zwingen doch auch Schweden und Briten keine derartigen Beschränkungen auf", argumentiert er und zeigt auf die Flaggen der Schiffe anderer Nationen.

„Ich bedaure", wehrt der Hafenkapitän ab, „ich muß mich an meine Weisungen halten. Darüber nachzudenken, ist nicht meine Aufgabe. Wenn Sie es wünschen, können Sie unbehindert in See gehen . . ."

„. . . und werde draußen von herbeizitierten französischen Kriegsschiffen gestellt!"

„Ich für meine Person habe keinen Kontakt mit den Franzosen, habe also auch keine Kriegsschiffe vor die Kongo-Mündung gerufen."

„Ich glaub's. Aber Agenten werden dafür sorgen. Und die laufen frei unter den malerischen Schraubenpalmen und spinnigen Mangroven spazieren."

„Es tut mir leid, schon im Interesse Ihrer eigenen Sicherheit darf ich Ihrer Besatzung keinen Landgang gewähren. Stellen Sie sich vor, einem Ihrer Seeleute passiert etwas an Land. Von unserer Seite nichts, nein, nein. Aber vielleicht machen sich die eben erwähnten Agenten ein Vergnügen daraus, einen Streitfall zwischen Belgien und Deutschland heraufzubeschwören. Mit Ihrer Regierung ist da nicht zu spaßen."

Tage später versucht Kapitän Rouffelet seine Proviantbestände zu ergänzen. Das Schiff hat nicht genügend Kühlräume. Sie sind nur so groß, um mit Frischproviant zwischen den Hafenliegezeiten auf See auszukommen.

Aber die Belgier haben für das deutsche Schiff keinen Frischproviant . . .

Offenbar wollen die Belgier feststellen, ob dieser scheinbar so harmlose Frachter nicht doch schon für Kriegszwecke umgebaut wurde und folglich für längere Seetörns auch über größere Kühlräume und Proviantreserven verfügt. So unwahrscheinlich es auch klingen mag: irgendetwas muß in der Heimat durchgesickert sein, denn die *Togo* ist tatsächlich für die Verwendung als Hilfskriegsschiff vorgesehen, selbstverständlich erst nach den entsprechenden Umbauten.

Von dieser Absicht wissen aber weder der Kapitän noch seine Offiziere etwas.

Kapitän Rouffelet macht kurz entschlossen einen Besuch auf dem gerade im Hafen liegenden Postdampfer der Compagnie Maritime Belgie. Mit den Kapitänen dieser Schiffe verbinden ihn langjährige und gute kameradschaftliche Beziehungen.

„Der Kerl da an Land ist ein Bürokrat, hat zulange keine Planken mehr unter den Füßen gehabt, um noch als Seemann denken zu können. Selbstverständlich helfen wir Ihnen aus. Was brauchen Sie?"

„Frischfleisch, Frischgemüse, Obst."

„Geht in Ordnung, wir schicken Ihnen ein Boot, wenn die Nacht hereingebrochen ist."

„Aber nur, wenn Sie keine Schwierigkeiten bekommen."

„Und wenn schon. Ein Seemann läßt einen anderen nicht hungern."

„Darf ich Ihnen dafür ein paar Kisten Bier als Gegengabe zurückschicken."

„Deutsches Bier? Ein verdammt guter Stoff. Aber nein, Sie und Ihre Männer werden selbst Getränke brauchen. Wer weiß, wie lange Sie hier liegen müssen. Auslaufen würde ich an Ihrer Stelle im Augenblick nicht."

„Draußen liegen französische Kriegsschiffe?"

„Mehr als einen Rat kann ich Ihnen nicht geben. Denken Sie sich etwas dabei. Genügt das?"

„Vollauf."

Kapitän Rouffelet macht sich seine Gedanken. Es muß etwas geschehen. Auf diesem Fieberfluß, über den sich abends die Malariaübertragenden Anophelesmücken wie Wolken erheben, drehen sie höchstens noch durch. Auch die ärztliche Betreuung wird durch die Belgier nur schleppend versehen.

Rouffelet bespricht sich mit seinen Offizieren. Sie wollen mit ihm das Wagnis eines Blockadedurchbruchs riskieren, statt in diesem Backofen zu schmoren und zur Untätigkeit verurteilt zu sein.

Der Kapitän erbittet von den Hafenbehörden die Ausklarierungspapiere. Die Antwort folgt in Form einer gar nicht liebenswürdigen belgischen Untersuchungskommission. Sie werden verdächtigt, ein verkappter deutscher Hilfskreuzer zu sein.

Die *Togo* schüttelt sich vor Vergnügen vom Steven bis zum Heck. Aber die Belgier lassen sich nicht abhalten. Die Besatzung begegnet dem tierischen Ernst der belgischen Herren nur mit breitem Grinsen. „Lachen Sie nur! Auf einen solchen Bluff fallen wir nicht herein."

Das Schiff wird von oben bis in die untersten Räume durchschnüffelt. Die Belgier fluchen fürchterlich und schwitzen noch mehr. Sie interessieren sich sogar für die Wassertanks, und sie sind bitter enttäuscht, als auch hier nichts Verdächtiges gefunden wird. Endlich geben die Hafenbehörden resigniert die Auslauferlaubnis.

„Weit kommen Sie ja doch nicht, Monsieur Rouffelet", knurrt der belgische Hafenkapitän.

„Wenn Sie nicht inzwischen von der Malaria aufgefressen werden, können wir uns nach dem Kriege darüber unterhalten. Ich würde mich freuen, Sie in besseren Zeiten wieder einmal auf einem deutschen Schiff bewirten zu dürfen."

Abends berät sich der Kapitän mit seinen Offizieren. Draußen, vor den mit Moskitonetzen verhangenen Türen, erwacht die tropische Nacht. Sie ist lauter als der schwelende Tropentag. Tausend fremdartige Rufe erfüllen sie, überlagert vom Surren der Myriaden von Malariamücken.

„Meine Herren, die belgischen Hindernisse haben wir aus dem Weg geräumt. Aber die anderen da draußen . . . Dem Küstenklatsch uns wohlwollender Freunde ist zu entnehmen, daß die Franzosen vor der Mündung mindestens ein U-Boot auf Lauer liegen haben. Nur eine List kann helfen . . ."

Am 25. Oktober reißt die *Togo* die Anker aus dem sandigen Grund des breiten, trägen Kongostroms. Der Kapitän hat es so eingerichtet, daß man bei Anbruch der Dunkelheit vor der Mündung steht. An Backbord leuchtet das Feuer von Shark-Point durch die Nacht. „Haifischspitze" — ein symbolischer Name für das, was sie auf dem deutschen Motorschiff jeden Augenblick befürchten und erwarten.

Rouffelet läuft aber nicht auf direktem Wege in den freien Atlantik hinaus. Er schlägt einige Haken in der weit ausschwingenden Bucht, die auf der anderen Seite von dem handtuchschmalen portugiesischen Besitz Cabinda begrenzt wird, hinter dem sich in nördlicher Richtung das französische Äquatorial-Afrika mit dem ehemals deutschen Kamerun erstreckt.

Gegen Mitternacht läßt Rouffelet dann den vorbereiteten Funkspruch im Klartext abgeben:

„MS ‚Togo‘ torpediert . . .! Sinken . . .! Erbitte Hilfe . . .!"

Der in nervöser Hast in die Taste gedrückte Spruch geht mehrmals in den Äther ab . . . und erstirbt plötzlich.

Irgendwo vor der Kongomündung lag auch in dieser Nacht der französische U-Kreuzer *Surcouf* auf Wartestellung.

„Jetzt wurde sie uns vor der Nase weggeschnappt! Die Briten natürlich, wer sonst!" fluchen die Franzosen auf dem U-Kreuzer und schimpfen auf die so schlechte, ja unkollegiale Zusammenarbeit. Schließlich ist die Kongomündung doch französisches Jagdrevier!

Das respektierten die Engländer ja auch . . . Aber diesen Irrtum merkten sie erst später.

*

Außer der *Togo* kehrten von den Schiffen der Deutschen Afrika-Linie heim:

Die *Ubena,* die *Tübingen,* die *Wadai* und die *Livadia*. Die *Wangoni* wurde auf der Höhe von Christiansand von einem britischen U-Boot gestellt. Der Bericht der Britischen Admiralität vermerkt, daß die *Wangoni* so geschickt manövrierte, daß es ihr gelang, im Schutz der Dunkelheit dem U-Boot *Triton* doch noch zu entkommen.

Ebenso brachen aus dem afrikanischen Seeraum und aus Häfen der Kanaren die P-Frachtschiffe der Hamburger Reederei Laeisz, die *Palime* unter Kapitän Walter Schaer und die *Pionier* unter Kapitän Hermann Wulf, in die Heimat durch, während die *Python* als Versorgungsschiff für U-Boote im Südatlantik Verwendung fand und am 1. Dezember 1941 mit den Überlebenden des Hilfskreuzers *Atlantis* an Bord bei einer U-Bootsversorgung östlich Recife (Südamerika) von dem britischen Schweren Kreuzer *Devonshire* überrascht wurde und sich selbst versenkte.

*

„Raus, Hagemann. Ich will jetzt nichts davon hören."

„Aber Herr Kapitän, ich glaube, ich habe es jetzt. Hier!"

„Hagemann, erst frühstücken wir mal in Ruhe. Also raus jetzt, mein Lieber. Mir brummt noch der Schädel von gestern abend. Ich habe bloß von Buchstabenreihen geträumt. Bis gleich."

„Jawohl, Herr Kapitän, bis gleich."

Diese Szene spielte sich in der Kapitänskajüte auf dem Hamburg-Süd-Motorschiff *Bahia* ab, das in den letzten Augusttagen im brasilianischen Hafen Natal seine Ladung gelöscht hatte und nun leer an der Kaimauer lag.

Die Vorgeschichte zu diesem Rausschmiß ist schnell erzählt:

Am Nachmittag des Vortages war es, als der Erste Offizier Hagemann, der die Empfangsanlage der FT-Station auch im Hafen besetzt hielt, seinem Kapitän Walter Block einen an alle deutschen Handelsschiffe gerichteten verschlüsselten Funkspruch vorlegte.

„Ich habe mir schon alle Mühe gegeben, hinter den Sinn des FT's zu kommen. Umsonst!", fügte er noch hinzu.

„Geben Sie mal her, gehen wir gemeinsam an die Arbeit. Das werden wir gleich haben."

Sie versäumten das Abendessen. Es wurde Nacht. Die Aschenbecher hatte der Kapitänssteward zum wiederholten Male ausgeschüttet. Die Luft im Arbeitsraum des Kapitäns war zum Schneiden dick.

Sie wälzten die ihnen mitgegebenen Schlüsseltafeln hin und her. Aber einen vernünftigen Sinn bekam der Funkspruch nicht.

Kapitän Block und seine Offiziere waren sogenannte „Nautikerfunker". In erster Linie mit ihren vielfältigen nautischen und seemännischen Aufgaben und Arbeiten ausgelastet, konnten sie den Funkdienst nur nebenbei erledigen. Die außerplanmäßige Belastung in den Krisenwochen aber, in denen in jedem Augenblick Funksprüche erwartet werden mußten, hätte auch einen Berufsfunker voll beschäftigt, um laufend alle Wellen unter Kontrolle zu halten. Ein Berufsfunker war auf der *Bahia* nicht an Bord. Dieser Frachter fuhr wie die anderen Schiffe der Reederei im Liniendienst. Bestimmungshäfen, Ladung usw. waren während der Seetörns nur in den seltensten Fällen Umdispositionen unterworfen. Verlangte schon der normale Funkdienst auf Handelsschiffen, auf denen nur mit offenen Funksprüchen gearbeitet wird, eine laufende Übung, wieviel mehr noch der Umgang mit komplizierten Schlüsselverfahren! Eine bloße Unterrichtung in der Handhabung des Schlüssels genügte nicht, um ein schnelles und vor allem sicheres Arbeiten zu gewährleisten. In der Übung konnte aber nur ein Berufsfunker bleiben und eben nicht Männer, die in erster Linie ihren Platz auf der Brücke und nicht in der Funkbude hatten. Spät an diesem Abend schob Kapitän Block die Tafeln und den Funkspruch verärgert und erschöpft auf dem Tisch zusammen.

„Machen wir Schluß, Erster. Schlafen wir darüber. Morgen früh kommt uns vielleicht der Lichtblick."

„Und wenn der Groschen dann immer noch nicht fällt?"

„Dann setze ich mich morgen auf die Eisenbahn und fahre nach Pernambuco. Dort liegen ein paar andere deutsche Schiffe, dort gibt es auch ein deutsches Konsulat. Die müssen wissen, was die zuhause zu befehlen haben."

„Und das Schiff?"

„Bleibt solange hier. Also, gute Nacht, Hagemann!"

Aber dem Ersten hatte es keine Ruhe gelassen. Er nahm Funkspruch und Tafeln mit auf seine Kammer. Die Nachtwache sorgte für starken Kaffee, echte und beste brasilianische Auslese.

Manchmal sah der wachgehende Seemann kopfschüttelnd seinen Ersten mit hastigen Schritten auf der Brücke von der Backbordin die Steuerbordnock hin und her rasen; denn das Schiff lag ja im Hafen, und unter normalen Umständen ist es nicht üblich, daß auf der Kommandobrücke Wache gegangen wird.

Als die Dämmerung die ersten violetten Schatten über die Ostkimm zeichnete, glaubte der Seemann, einen dumpfen Schlag zu hören. Es hörte sich an, als ob einer wütend mit der Faust auf den Tisch schlage. Oder einen sehr massiven Punkt unter die mühselige Arbeit machte . . .

Nach dem Frühstück also legt Hagemann Kapitän Block den entschlüsselten Funkspruch auf den Tisch.

Es handelt sich um den „Viertagebefehl."

„Dann liegen wir ja genau richtig. Heim kommen wir in vier Tagen sowieso nicht. An sich sollten wir laut Agenturanweisung nach Paranagua segeln. Das ist mir zu weit und wegen der drohenden Kriegsgefahr auch zu gefährlich. Wir müssen in diesem Fall vor Südamerika mit dem Einsatz britischer Kriegsschiffe rechnen. Ich bin für Bahia."

Am 30. August poltern kurz vor Mitternacht die Anker aus den

Klüsen. Das 4 417 BRT große Motorschiff *Bahia* hat den Hafen mit seinem eigenen Namen erreicht. Kapitän Block spricht nach der üblichen Visite und der dem Schiff erteilten Verkehrserlaubnis auf dem deutschen Konsulat vor.

„Die *Bahia* ist voll betriebsfähig, aber leer. Sie hat noch für vierzig Dampftage Brennstoff an Bord. Sie steht für wichtige Fracht nach Deutschland zur Verfügung. Was soll geschehen, meine Herren?"

„Im Augenblick erscheint es uns nicht ratsam, die *Bahia* auf die Reise gehen zu lassen. In Europa ist der Krieg mit Polen ausgebrochen. Es deutet alles darauf hin, daß Engländer und Franzosen eingreifen werden."

„Wenn überhaupt, dann sehe ich auch nur einen Sinn in dem Wagnis einer Heimfahrt, wenn wir Ladung mitnehmen können."

„Ganz unsere Meinung. Sie bleiben vorerst hier und warten weitere Order durch uns ab. Wir stehen mit dem Marineattaché der Botschaft in Rio laufend in Verbindung."

„Diese Anweisung entbindet mich also von allen Direktiven meiner Reederei?"

„Ihr Schiff untersteht dem RVM."

Kapitän Block fühlt sich entlastet.

Sie warten, warten, warten also auf der *Bahia*. Einen Tag um den anderen. Die Besatzung ist in den ersten Tagen nicht böse über den unverhofften Hafenaufenthalt.

Am 11. September klettern Vertreter des Hafenkapitäns an Bord. Im Beisein eines Konsularvertreters versiegeln sie mit gewichtiger Miene die FT-Station und lassen die Antenne herunterholen.

Wieder schleichen die Tage ins Land. Was erst angenehm empfunden wurde, wird langsam zur Qual. Die Post bleibt aus. Man will heim.

Endlich, am 10. Oktober, tut sich etwas. Kapitän Block hat Anweisung bekommen, mit seinem Schiff an den Kai zu gehen. Hoffentlich ist dies die erste Stufe für einen Blockadedurchbruch! Andere deutsche Frachter sind ja auch durchgekommen, warum nicht auch die *Bahia* und Kapitän Block? Dieser erfahrene Seemann ist vielen jüngeren Nautikern in der Handelsmarine ein Begriff, war er doch viele Jahre Divisionsoffizier auf dem Segelschulschiff *Großherzogin Elisabeth*.

Am 15. September verholt der ebenfalls in Bahia liegende Kompaniedampfer *Maceio* längsseit. Am nächsten Morgen übernehmen die *Bahia*-Seeleute die auf der *Maceio* verladenen 508 ts Chromerz und noch weitere 13 ts Ladung. Vier Tage später ist dieser Dampfer entlöscht.

„Ist das alles?" will der Bootsmann von seinem Ersten wissen.

„Ich weiß soviel wie Sie. Der Alte redet nicht darüber, was er vorhat."

„Vielleicht weiß er selbst noch nichts."

„Mag sein. Lassen wir uns überraschen."

Kapitän Block wußte mehr. Am 11. Oktober wurde ihm auf dem deutschen Konsulat mitgeteilt, daß der Marineattaché der Botschaft in Rio de Janeiro telegrafisch angeordnet habe, die *Bahia* solle auch noch die Totalladung des in Bahia liegenden HSDG-Charterdampfers *Bollwerk*, nämlich 5 176 ts, die dieses Schiff in Santos geladen hatte, übernehmen.

Das geschieht am 21. Oktober. Kapitän Block geizt mit jeder Stunde. Kaum hat die *Bollwerk* längsseit festgemacht, da geht es los. Tagelang rattern die Winschen, schwirren die Befehle der Ladeoffiziere und des Bootsmanns durch die Luft, ächzen die Blöcke, und schweben die aus dem Bauch der *Bollwerk* herausgehievten Güter in die *Bahia*-Luken.

Am 9. November liest der Erste den Tiefgang ab und trägt ihn in das Journal der *Bahia* ein.

In den Laderäumen ruhen schließlich 1 705 ts Baumwollsaatkuchen, 258 ts Kaffee, 518 ts Chromerz, 10 ts Rutilerz, 105 ts Hornabfälle, 3 ts Lumpen, 1 518 ts Baumwolle, 675 ts Kleie, 394 ts Manganerz.

Nicht alle Posten sind kriegswichtige Güter.

Wenn auch die deutschen Handelsschiffe nach Kriegsausbruch dem Reichsverkehrsministerium unterstanden, so hatte man den Reedereien doch die Konzession eingeräumt, daß die auf der Ausreise und in fremden Häfen stehenden Schiffe noch devisenrechtliche Abschlüsse tätigen konnten. Danach sollten die Reederei-Agenturen auch für die Rückfracht Sorge tragen. Aber die Abschlüsse dieser Rückfrachten zogen sich in den verschiedenen Überseehäfen, so auch in Bahia, zum Teil durch britischen Einfluß bedingt, in die Länge. Da der Marineattaché größte Eile forderte, ergingen Anweisungen, wenigstens die wertvollsten deutschen Frachtschiffe so schnell wie möglich zu beladen und nach Deutschland in Marsch zu setzen. Dabei ließ es sich natürlich nicht vermeiden, daß auch

Ladegüter mit übernommen werden mußten. Man verstaute, was zu bekommen war.

Nachdem die *Bahia* am 4. November noch 10 ts Gasöl und am 13. November noch weitere 35 ts von der Caloric Compagnie übernommen hat, ist das Schiff „klar zum . . .“

Aber Kapitän Block wartet vergeblich auf die ersehnte Auslauforder, während er von sich aus sein Schiff in ständiger Auslaufbereitschaft hält. Täglich bittet er auf dem Konsulat, ihm doch endlich die Genehmigung zum Auslaufen zu erteilen. Der deutschen Konsul, Dr. Steimer, kann ihm allerdings beweisen, daß er selbst alles tue. Täglich habe er mit der Gesandtschaft in Rio de Janeiro Fühlung genommen, von dort aber die strikte Order bekommen, daß MS *Bahia* nur nach vorheriger Genehmigung der Gesandtschaft die Erlaubnis zum In-See-Gehen erhalten dürfe. Erneut begründet Dr. Steimer diese Anweisungen aus Rio mit britischen Seestreitkräften, die die brasilianischen Küsten überwachen, um vor allem das im Südatlantik operierende deutsche Panzerschiff *Graf Spee* zu stellen und auch deutschen Handelsschiffen den Weg zu verlegen.

„Als Reserveoffizier der Kriegsmarine sehe ich diese Taktik der vermutlich besser informierten Gesandtschaft durchaus ein. Ich sorge mich aber aus Kenntnis der britischen Mentalität darum, daß die Engländer die nördlichen Durchbruchswege bald noch stärker als bisher bewachen werden. Es liegt also auch in meinem Interesse, so schnell wie möglich Bahia zu verlassen.“

„Ich kann Ihnen nichts anderes sagen, Herr Kapitän.“

„Ausgezeichnete Gelegenheiten, herauszuschlüpfen, sind schon verpaßt worden. Lange warte ich nicht mehr. Sonst werde ich eines Tages ohne Erlaubnis der Herren in Rio in See gehen“, erklärt Kapitän Block, um die Stellungnahme des Konsuls herauszufordern.

„Um Himmelswillen, machen Sie so etwas nicht. Diese Verantwortung können Sie als Kapitän unmöglich übernehmen. Selbst wenn Ihr Durchbruch glücklich verläuft, werden Sie mehr Schaden anrichten als nützen. Denn in Bahia liegt auch noch die *Antonio Delfino*, die in den nächsten Tagen Ladung übernehmen und zum Ausbruch klargemacht werden soll. Wenn Sie ohne offizielle Genehmigung auslaufen, verärgern Sie die brasilianischen Behörden vielleicht so sehr, daß der *Antonio Delfino* noch größere Schwierigkeiten entstehen.“

„Dann fallen Sie den Leuten in Rio eben so lange auf den Wecker, daß sie sich mehr als bisher den Kopf über die beste Stunde für einen Ausbruch zerbrechen!"

„Ihre Hartnäckigkeit ist bewundernswert. Gut, ich werde gleich wieder anrufen, zum zweiten Mal an diesem Tage."

Kapitän Block bleibt deswegen nicht untätig. Zusammen mit seinen Offizieren bereitet er die Tarnung seines Schiffes vor. Sie hatten sich die verschiedensten Schiffe im Hafen angesehen. Da fiel ihnen der Norweger *Orion* auf. Dieser Frachter kam dem Typ ihres Schiffes annähernd nahe. Der Name „Orion" kann aber erst nach dem Auslaufen auf die Bordwand gepinselt werden. Auf einem im Seegang arbeitenden Schiff ist es fast unmöglich, die einzelnen Buchstaben aus freier Hand einigermaßen gerade auf die Bordwand zu malen. Schiefe Buchstaben aber würden so schlecht sein wir gar keine Tarnung. Aufmerksame Beobachter unter den Gegnern würden sofort Verdacht schöpfen und sich einig sein: der hat auf See seinen Namen geändert. Das ist ein Deutscher.

Kapitän Block hat sich sein eigenes System zurecht gelegt. Von seinen Offizieren läßt er den Namen „Orion" an den beiden Mittschiffsseiten der Bordwand durch leichte Einschläge in die Farbe markieren. Block hatte mit dem Phlegma seiner Seeleute gerechnet. Er hat sie an diesem Tage zu anderen Arbeiten herangezogen. Aber die Neugierde der Männer verdrängt Arbeitseifer und Pflichtbewußtsein. Einige jumpen an Land und machen sich an den Leinen zu schaffen. Scheinbar. In Wirklichkeit studieren sie die Markierungen.

„Kiek, Hein, dat is'n O . . . dat'n R . . . dat'n I . . ."

Kapitän Block beobachtet seine Jantjes von der Brücke aus. Sofort ruft er zu den Offizieren hinab, sie sollten ausscheiden. Er will jetzt abwarten, bis das Schiff auf Reede liegt und erst dann weiter tarnen.

Am 14. November legt die *Bahia* vom Kai ab und ankert auf der Reede von Bahia.

„So, meine Herren", sagt er zu seinen Offizieren, „jetzt habe ich wieder eine Sonderarbeit für Sie. Der neue Tarnname lautet „Arizona". Stellen Sie bitte große Papierbuchstaben her und ritzen Sie, immer an diesen Schablonen längs, den neuen Namen — in der Nacht unauffällig in die Farbe der Bordwand ein."

Endlich, nach 51 Tagen quälender Wartezeit, erhält Kapitän Block am 5. Januar 1940 über das Konsulat von Bahia den von der Gesandtschaft in Rio telegrafierten Auslauftermin.

„Und hier ist noch ein Brief der Botschaft, ein Geheimschreiben. Sie dürfen es erst öffnen, wenn Sie die Heimreise angetreten haben und sich außerhalb der Dreimeilenzone befinden."

„Was darin steht, wissen Sie auch nicht, Dr. Steimer?"

„Leider nein. Aber ich vermute, daß es die Ihnen vorgeschriebene Reiseroute enthält."

„Quatsch, die hätte ich viel lieber vorher eingesehen", knurrt Block.

„Verstehe, aber diplomatische Erwägungen hindern die Botschaft wahrscheinlich daran. Hier habe ich noch etwas für Sie!" Mit vielsagendem Lächeln übergibt er Kapitän Block ein Telegramm. Darauf steht nur das Wort „wieder" und dahinter eine Zahl.

„Was soll das? Wieder so'n vertracktes Schlüsseltelegramm?"

„Nein, offen. Das ist die Anzahl der Schiffe, die in den letzten vierzehn Tagen durchkamen."

„Woher kommt die Meldung?"

„Aus Berlin."

„Dann denken sie also in der Heimat doch noch an uns . . . Ich nehme einiges zurück. Man darf eben das Kind nicht mit dem Bade ausschütten."

Nach Eintritt der Dunkelheit hievt die *Bahia* die Anker und schleicht sich aus dem Hafen heraus. Sofort verlöschen die Positionslaternen, klappen vor den Bullaugen die Blenden herunter, werden die schwarzen Vorhänge vor den Türen zugezogen.

Was vor den Männern liegt, ist so dunkel wie die Nacht.

Das Konsulat hatte versichert, nach den letzten Meldungen stünden keine britischen Seestreitkräfte im Seegebiet vor Bahia. Kapitän Block läßt dennoch gleich nach Verlassen des Hafens umtarnen. Die *Bahia* erhält, soweit man es mit Bordmitteln durchführen kann, das Aussehen des in Kopenhagen beheimateten dänischen Motorschiffes *Arizona*. Der Name „Arizona" kommt, wie auf der Reede vorbereitet, groß und weithin lesbar in anderthalb Meter großen Buchstaben auf die Bordwände, darunter nicht minder groß das Wort „Danmark". Um das zu unterstreichen, wird noch die dänische Nationale aufgemalt. Die beiden Schiffsmasten werden schwarz gepöhnt, wie es das auserwählte Vorbild verlangt. Der Schornstein bekommt ebenfalls einen schwarzen Anstrich und oben einen roten Ring. Gegen Flugzeugbeobachtung wird die dänische Flagge auch noch auf die Persennige der Luken I und V gepöhnt.

So stampft die *Bahia* dem Norden zu. Tagsüber weht die Flagge am Stock. Nachts fährt das Schiff ohne Lichter und mit verstärktem Ausguck.

Inzwischen hat Kapitän Block auch den Geheimbrief geöffnet.

„Sie haben auf nördlichem Kurse ca. 250 bis 300 Seemeilen gut von der brasilianischen Küste freizudampfen . . .

Sie dürfen im Nordatlantik nicht östlicher als 30 Grad West steuern . . .

Sie müssen die Südspitze Grönlands ansteuern . . .

Sie werden angewiesen, dicht unter Grönland entlang zu fahren und zwar bis 59 Grad Nord . . .

Auf 65 Nord Nord müssen die norwegischen Gewässer angesteuert werden . . .

Anschließend haben Sie innerhalb der norwegischen Schären mit Lotsenhilfe südlich zu gehen und beim nächsten deutschen Konsul ihre Ankunft zu melden und Befehle abzuwarten . . .

Zwischenkurse sind dem freien Ermessen überlassen. Sie richten sich nach der jeweiligen Lage . . .!"

Es folgen noch Sonderanweisungen für die Dänemarkstraße, falls diese vereist sein sollte. Dann dürfe der Durchbruch zwischen Island und Färöer versucht werden. Jedoch habe sich der Kapitän auch hier gut nördlich zu halten und zwar bis mindestens 65 Grad Nord, bevor er Norwegens Küste ansteure.

Wie die Reise verlief, sagt am besten der nüchterne Kapitänsbericht selbst.

„In den ersten Tagen unserer Reise bis zum Äquator sichteten wir im ganzen sieben Dampfer, drei davon am Tage. Wir konnten diesen aber rechtzeitig ausweichen. Später im Nordatlantik sahen wir in der Nacht bei hellem Mondschein einen großen, abgeblendet fahrenden Frachtdampfer, der seinem Kurs nach für New York bestimmt schien. (Wie sich später herausstellten sollte, handelte es sich um die *New York* von der HAPAG, deren Kapitän dem ihm fremden Schiff ebenfalls auswich.) Sonst haben wir bis Norwegen außer vielen Fischdampfern an der Küste Islands, die wir in ca. 30 sm Abstand passierten, nichts gesehen. Nur dem isländischen Fischdampfer *Island* konnten wir mit Tagwerden nicht mehr aus dem Wege gehen. Er hat unser als Däne getarntes Schiff deutlich erkennen können, so wie wir auch seinen bedeutend kleineren Namen lasen.

Am 12. Januar erhielten wir die Nachricht, daß der Dampfer *Bahia Blanca* am 8. 1. 1940 in 66.9 Nord und 26.20 West mit einem Eisberg zusammengestoßen und gesunken sei, und auch, daß die Eisverhältnisse in der Dänemarkstraße selbst aber weiterhin günstig wären.

Am 29. Januar fingen wir das Telegramm Nummer 4 auf. Wir entschlüsselten es mit den an Bord befindlichen Tafeln und erfuhren, daß die Eisgrenze 40 bis 60 sm westlich vor Island liege. Beim Empfang des Telegramms standen wir in ca. 61 Grad Nord und 41.30 West. Wir änderten sofort unseren Kurs, so daß wir die NW-Seite Islands in ca. 30 sm Abstand ansteuerten und damit die Unfallstelle der *Bahia Blanca* ca. 60 sm südlich passierten.

Mit den von uns gesteuerten Kursen haben wir weder an der Grönlandküste noch an der West- oder Nordwestseite Islands die geringsten Anzeichen von Eis bemerkt. (Auf solche Anzeichen wartete auch *Bahia Blanca*-Kapitän Sohst; als er sie sah, war es zu spät, denn das vermutete Schollenteis war eine Festeisbarriere. Eine Unterrichtung über die verschiedenen Eisformen war vorher nicht erfolgt).

Am 6. Februar erreichten wir unbehelligt die norwegische Küste. Um 20 Uhr liefen wir bei dunkler, klarer Nacht in den Westfjord ein, nahmen um 10 Uhr des nächsten Tages bei Tranö einen Lotsen und ankerten um 15 Uhr im Hafen von Narvik.

Reisedauer = 32 Tage.

Distanz = 6510 Seemeilen.

Durchschnittsfahrt = 8,29 Knoten.

Die Reise war navigatorisch recht schwierig, da man zu dieser Jahreszeit kaum Gelegenheit zu nautischen Beobachtungen findet und in den nördlichen Gewässern mehrfach stürmisches, unsichtiges und kaltes Wetter antrifft. Die Reise verlief aber glücklich. Wir begegneten weder dem Eis noch dem Feind. Der Gesundheitszustand der Besatzung war gut. Der Hauptmotor arbeitete einwandfrei . . ."

Soweit Kapitän Walter Block, Oberleutnant zur See der Reserve. Wenn ein so nüchterner Kapitän wie er von nautischen Schwierigkeiten schreibt, dann besagt das genug. Hinter diesen lapidaren Worten steht ein tagelanger Kampf mit eisiger See, mit heulenden

Orkanwinden, mit bangen Stunden in der brodelnden Watte nordatlantischer Nebelbänke und der steten Sorge um den rechten Kurs durch ein der Schiffsführung unbekanntes Fahrwasser. Außer diesen natürlichen Feinden, mit denen sich die Männer der *Bahia* herumschlagen mußten, lauerten irgendwo auch die britischen Kriegsschiffe . . .

In Narvik erhielt Kapitän Block die erforderlichen Seekarten vom deutschen Konsulat. Von Narvik ging es nach Haugesund, von dort weiter mit norwegischer Lotsenhilfe, dann allein durch das Skagerrak bei dunkler bewölkter Nacht hinüber zur Küste Jütlands und in deren Dreimeilenzone südwärts. Nördlich von Nordmannstief wurde die *Bahia* schließlich von einem deutschen Vorpostenboot empfangen und begrüßt. Ein Lotsendampfer setzte den Leutnant zur See Beutel als Begleitoffizier über.

Wegen Eisschwierigkeiten ankerte die *Bahia* und setzte erst am 15. Februar ihre Reise nach Hamburg fort. 14⁴⁰ Uhr wird das Elbefeuerschiff passiert. Kein Lotsendampfer ist zu sehen. Die *Bahia* wird von starkem Treibeis bedrängt und muß auf Gegenkurs drehen und wieder in die Nordsee dampfen. Die Anker fallen 16³⁰ Uhr.

Am nächsten Morgen geht es ankerauf zum Feuerschiff zurück. 11 Uhr stehen sie wieder beim Elbefeuerschiff. Wieder ist kein Lotse zu sehen. Es fehlen nur noch britische Bomber, um den Schlußstrich unter eine an Strapazen und auch Angst so reiche Reise zu setzen.

Endlich geht eine Order ein: „Wegen zu starker Eisverhältnisse auf der Elbe nicht Hamburg sondern Bremen anlaufen."

Die Herren an Land hatten ausgeschlafen.

Erst am nächsten Abend macht das Schiff in Bremen fest.

Kapitän Block ruft seinen Ersten in seine Kammer. Auf dem Tisch eine Flasche Gin und roter Martini.

„Darauf einen Doppelten! Kommen Sie, Hagemann, wir haben Glück gehabt, viel Glück. Nicht allen schien ein so guter Stern."

Blocks erste Gedanken nach der Heimfahrt gelten seinen Kameraden. Noch in der gleichen Nacht schreibt er seinen Kapitänsbericht. Er endet:

„Jetzt liegt das Motorschiff *Bahia* mit voller Ladung aus Brasilien in einem deutschen Hafen. Es ist damit der ganzen Besatzung glücklich gelungen, unserem Vaterland einen nutzbaren Dienst zu erweisen.

Vielen deutschen Handelsschiffen ist es nicht so glücklich ergangen. Sie haben das gesteckte Ziel nicht erreichen können, weil sich ihnen trotz gewissenhafter Pflichterfüllung der Feind oder unüberwindliche Eis- und Witterungsschwierigkeiten entgegen stellten.

Dies hätte dem Motorschiff *Bahia* genau so gut passieren können. Bei einem solchen unbewaffneten Handelsschiff sind nicht allein der Mut und die Geschicklichkeit entscheidend, der Erfolg ist in hohem Maße vom Glück und vom Zufall abhängig. ,Wer das Glück hat, fährt das Schiff heim.'"

In diesem Schlußbericht steht nichts von den Tagen und Nächten ohne Schlaf — auf der Brücke, durchgepeitscht von eisigen Böen, und im Kartenhaus, gepackt von der Unruhe und der Verantwortung um den rechten Kurs.

Wie wohltuend von diesem prachtvollen Seemann, seine Besatzung voranzustellen!

*

In Hamburg berichtet Kapitän Block auf der Kriegsmarine-Dienststelle am Harvestehuderweg dem Prisenreferenten, Fregattenkapitän Curt Burghardt, noch persönlich und händigt ihm seinen Reisebericht aus, in dem alle geheimen und militärischen Anweisungen und deren Durchführung enthalten sind.

Acht Tage später übergibt Admiral Wolff als Leiter der KMD-Hamburg Kapitän Block mit herzlichen Anerkennungsworten ein mit Widmung versehenes wertvolles Buch.

Vierzehn Tage später schickt der „Reichsstatthalter" Kaufmann in Hamburg ein handgeschriebenes Dankschreiben aus dem gleichen Anlaß.

Die Hafenüberwachungsstelle wünscht Kapitän Block „und seiner braven Besatzung" allzeit weiterhin gute Fahrt . . .

Aber es sollte noch ein anderer „Glückwunsch" kommen: Mit dem Datum vom 3. Oktober wendet sich der Marine-Oberstkriegsgerichtsrat Loesch vom Seeamt Hamburg in einem Geheimschreiben an den Kapitän des Motorschiffes *Bahia*. Ohne Anrede wird festgestellt:

„Der Herr Reichskommissar beim Seeamt Hamburg hat auf Grund

des Erlasses des Reichsverkehrsministers ein Ermittlungsverfahren angeordnet zur Klärung, weshalb der Dampfer *Bahia* (gemeint ist das Motorschiff *Bahia*), als er im Ausland lag, nicht in kürzester Frist den Auslandshafen gemäß Sonderanweisung verlassen hat. Um prüfen zu können, ob hier der Verdacht eines Verstoßes gegen die Sonderanweisung gerechtfertigt ist, habe ich den Auftrag, Sie zur Sache zu vernehmen . . ."

Es folgen jetzt Erklärungen über die Übernahme der Ladung der *Bahia* und der Hinweis, daß das Schiff 51 Tage unter ständiger Auslaufbereitschaft im Hafen gelegen habe. Loesch fährt fort: „Ich bitte Sie, sich eingehend zu äußern, worauf dieses lange Verzögern in der Genehmigung seitens des Deutschen Konsulats nach Ihrer Ansicht zurückzuführen ist und weshalb Sie nicht entgegen der ständigen Verzögerung von sich aus ausgelaufen sind . . ."

. . . und weshalb Sie nicht von sich aus ausgelaufen sind!

Also entgegen der Anweisung des Konsulats, das seine Direktiven von der deutschen Botschaft in Buenos Aires erhielt?

Kapitän Block erhält dieses Geheimschreiben in Frankreich, wo er jetzt Dienst als Reserveoffizier der Kriegsmarine tut. Er nimmt kurz zur Sache Stellung, weist energisch auf die nicht nur ihm persönlich, sondern damals vor allem dem Passagierdampfer *Antonio Delfino* drohenden Schwierigkeiten hin, die diesem wertvollen Schiff durch ein „unverantwortliches Verhalten" bei den brasilianischen Behörden entstanden wären. Und er kündigt seinen Besuch in Hamburg an.

Papier wird gewälzt. Eine Reise wird notwendig.

Am 9. Dezember geht ein neues Geheimschreiben bei Kapitän Blocks Feldpostnummer 40 321 ein.

„Auf meinen Bericht hin hat der Oberbefehlshaber der Kriegsmarine am 23. November entschieden, daß er nicht beabsichtige, ein kriegsgerichtliches Verfahren gegen Sie einzuleiten . . ."

Nach dem eigens bemühten Oberbefehlshaber verzichtet auch der Herr Reichskommissar auf die Einleitung eines disziplinargerichtlichen Verfahrens.

„Jeder für sich, und Gott für uns alle", flucht Kapitän Block wütend. „Es scheint da einiges durcheinanderzugehen. Der eine lobt, der andere droht. Und das alles unter der gleichen Flagge. Schwer, nicht ganz die Lust und den guten Glauben zu verlieren!"

Monate später geht Kapitän Block als Korvettenkapitän d. R. und militärischer Leiter an Bord des Versorgungsschiffes *Alstertor*.

Bei den Kerguelen in der Antarktis versorgt die *Alstertor* den Hilfskreuzer *Pinguin*. Block ist Gast bei Kapitän zur See Ernst Felix Krüder, dem später erfolgreichsten Hilfskreuzerkommandanten beider Weltkriege.

Krüder geleitet seinen Besucher durch sein Schiff. Er führt ihm eine Waffenenttarnung vor, und dann stehen sie vor einem Raum mit der Anschrift „Zutritt verboten! Auch für Kommandant und IO!"

Block berichtet über dieses Kuriosum:

„Krüder öffnete das Schott. Drinnen befanden sich einige Seeleute, die von dem Kommandanten gefragt wurden, ob er einmal ausnahmsweise eintreten dürfe. Er habe einen Gast, dem er diesen Raum zeigen wolle.

Dolles Stück, dachte ich bei mir. Ein Kommandant bittet seine Untergebenen! Nun, das hatte schon einen guten Grund. Dieser Raum war das Heim der ‚Urlauber' an Bord, geschaffen, um den körperlich, seelisch und nervlich strapazierten Männern ein paar Ruhetage zu gönnen. In diesem Raum, ausgestattet mit einer Bibliothek, mit Spielen und einer ‚Hausbar', an der es aber nur eine Flasche Bier mehr als sonst gab, durften sie tun und lassen, was sie wollten. Diese Männer waren einfach nicht da für das Schiff. Nur im Alarmfall mußten sie ihre Gefechtsstationen aufsuchen.

Krüder war ein hervorragender Offizier und Seemann, ein großartiger Kamerad und Mensch, seinen jungen Männern auch ein Vater. Sein ‚Urlaubsraum' beeindruckte mich mehr als alle Erfolge dieses Schiffes.

Gut, daß ich ihn traf.

Die Persönlichkeit dieses Frontoffiziers richtete auf, was Schreibtischstrategen beinahe eingerissen hatten."

Kapitän Walter Block geriet am 23. Juni 1941 in britische Gefangenschaft, nachdem die *Alstertor* auf ihrer Heimreise erst von einem britischen Hilfskreuzer vergeblich beschossen wurde und entkam, dann von Flugzeugen angegriffen wurde, ohne beschädigt zu werden, und schließlich der Einkreisung von fünf Zerstörern der F-Klasse nicht mehr entgehen konnte. Doch das ist ein anderes Kapitel.

Außer der *Bahia* kehrten aus südamerikanischen Gewässern zwanzig Schiffe zurück. 18 fuhren unter der Flagge der Hamburg-Süd, nämlich:

General Artigas (11 251 BRT); *Monte Pascoal* (13 870 BRT); *Antonio Delfino* (13 589 BRT); *Porte Allegre* (6 105 BRT); *Santos* (5 943 BRT); *Tijuca* (5 918 BRT); *Sao Paulo* (4 977 BRT); *Bahia Castillo* (8 580 BRT); *Bahia Laura* (8 561 BRT); *Rio de Janeiro* (5 621 BRT); dieses Schiff wurde beim Norwegenunternehmen als Truppentransporter verwandt und am 8. April gegen 14 Uhr östlich von Kristiansand von dem polnischen U-Boot *Orzel* torpediert. Die an Bord eingeschifften und von den Norwegern geretteten Landser verrieten durch ihre bloße Anwesenheit auf dem Frachter die deutschen Absichten.

Ferner die *Entrerios* (5 179 BRT); *Curityba* (5 179 BRT); *Cordoba* (4 611 BRT); *Pernambuco* (4 121 BRT); *Asuncion* (4 626 BRT); außerdem die *Cläre Hugo Stinnes* (5 295 BRT) der Reederei Hugo Stinnes Linien, Hamburg; und die NDL-*Schwaben* (7 773 BRT), die am 20. 9. mit einer Getreideladung aus Santos unter dem Kommando des Ersten Offiziers an dem englischen Kreuzer *Exeter* vorbei zum Durchbruch auslief. Kapitän Kretzer machte die Reise als Passagier mit. Er hatte sich angesichts der gegnerischen Blockadestreitkräfte vor Brasiliens Küste geweigert, Schiff und Besatzung dem Risiko einer ihm sicher erscheinenden Aufbringung auszuliefern. Der Erste Offizier hatte Glück, er brachte die *Schwaben* heim. Ein Kriegsgericht sprach Kapitän Kretzer frei. Rehabilitiert fuhr Kretzer bis 1943 als Begleitoffizier und machte dabei 150 Fahrten nach Holland, Belgien und Frankreich. Fahrten durch die Hölle, die der englische Kanal für alle deutschen Schiffe wurde, je länger der Krieg dauerte.

*

Einige Frachter mußten die Blockade sogar zweimal durchbrechen ... alle Schiffe nämlich, die in falscher Auslegung des „QWA 13"-Befehls Zuflucht in Murmansk suchten, obschon dieser Hafen ausschließlich für die *Bremen* vorgesehen war. Über die Durchbruchsfahrt des ehemaligen Märchenschiffes wurde während des Krieges und auch in den letzten Jahren ausführlich berichtet. Trotzdem wird hier ein bisher völlig unbekanntes Kapitel dieses

Unternehmens aufgeschlagen. Nach den Unterlagen des damaligen deutschen Marineattachés in Moskau, des Kapitäns zur See Norbert von Baumbach, sollen die ungeheuerlichen Anstrengungen deutlich werden, die der britische Geheimdienst machte, um den Schnelldampfer wenigstens noch auf der letzten Etappe zu stellen und zu vernichten. Auch der Hintergrund der diplomatischen Komplikationen, die durch den Aufenthalt der *Bremen* und der deutschen Frachter in Murmansk und ihre Rückführung entstanden, soll sichtbar werden.

In der Nacht zum 10. Dezember fauchte ein wütender Schneesturm über die Kola-Bucht und über Murmansk hinweg. Der dichte Vorhang der wild wirbelnden Flocken ließ die Polarnacht noch dunkler werden, als sie nun schon seit Wochen, seit dem Untertauchen der Sonne, war. Man konnte buchstäblich die Hand nicht vor den Augen sehen.

Morgens ließ das Schneetreiben nach.

Die Besatzung des neben der *Bremen* vor Anker liegenden Hapag-Liners *New York* hat sich eben aus den Kojen gewälzt, da stürzt der Wachmann der Frühwache in das behaglich warme Logis seiner Kameraden.

„Leute, die *Bremen* ist weg."

„Dir hat wohl der Smut was in den Morgenkaffee getan?"

„Geht doch raus und seht nach."

Die Matrosen werfen sich einen Mantel über, schlüpfen mit nackten Füßen in die Schuhe und stürzen an Deck. Langsam gewöhnen sich die Augen an die Dunkelheit.

„Tatsächlich, Fiete, die ist weg."

Die Beobachtung wird der Brücke gemeldet und der wachhabende Offizier überbringt sie dem Kapitän. Der setzt die eben erhobene Kaffeetasse ab, schiebt den Teller mit dem Frühstücksbrot zur Seite und eilt mit langen Schritten auf die Brücke.

„Verschwunden. Davongeflogen wie eine Wolke. Zum Teufel auch, Ahrens hat mir gestern abend kein Wort davon gesagt, daß er verholen will. Oder ist er etwa . . .?"

„Abgehauen, Herr Kapitän! Nach Hause gedampft!"

„Das ist dem alten Fuchs zuzutrauen."

Man sucht mit den Nachtgläsern die ganze Kola-Bucht ab. Umsonst. Nirgendwo ist der Riesenleib der *Bremen* auszumachen.

Der Schnelldampfer *Bremen*, das Spitzenschiff der deutschen Handelsflotte, hat sich tatsächlich in dieser Nacht in aller Heimlichkeit davongeschlichen, um den zweiten Blockadedurchbruch zu wagen . . .

Aber so heimlich wie es den Besatzungen der anderen deutschen Schiffe vor Murmansk erschien, vollzog sich das Auslaufen des Riesenschiffes nun doch nicht. Diplomatische Verhandlungen mit Moskau waren vorausgegangen. Und noch andere Maßnahmen . . .

Vor vier Monaten hatte es angefangen. Am 28. August. Zu einer Zeit also, da sich schon viele deutsche Handelsschiffe auf dem befohlenen Durchbruchsmarsch in die Heimat befanden.

Pünktlich wie ein Fernschnellzug hatte damals die *Bremen* um 18 Uhr am Pier des Norddeutschen Lloyds an der 42. Straße in New York festgemacht. Die 1700 Passagiere feiern Kommodore Ahrens wie einen Helden. Er hat sie trotz der kritischen Lage, der Sorgen um sein Schiff, sicher in den Bestimmungshafen gebracht. Aber kaum ist der letzte Fahrgast von Bord, da überbringt der deutsche Generalkonsul in New York dem Kommodore eine versiegelte Order. Die *Bremen* soll auslaufen. So schnell es nur geht.

Trotz der angespannten Lage liefert die Standard Oil noch in der Nacht die geforderte gewaltige Menge Treiböl von 5 850 Tonnen, ohne einen Schatten der Zurückhaltung. Geschäft ist Geschäft. Die Deutschen waren bisher gute Kunden. Sie haben stets prompt in harten Dollars bezahlt.

In der gleichen Zeit, da das Schiff seeklar macht, eilt der Erste Offizier an Land, um im Custom House die Ausklarierungspapiere in Ordnung bringen zu lassen.

Der Beamte bedauert. Er habe Anweisungen vom State Department bekommen, alle deutschen, englischen, französischen, italienischen und polnischen Schiffe nach Waffen zu durchsuchen.

„Es wird nicht länger als eine Stunde dauern", tröstet der Mann den Ersten.

„Aber wir haben doch keine Waffen an Bord. Wir sind ein Passagierschiff, mein Herr", wendet der Erste ärgerlich ein.

„I'm sorry, Sir."

Die Untersuchung dauert zwei volle Tage. Jede Kammer, jeder Raum wird durchwühlt. Eine einseitige Maßnahme. Eine Schikane! Nicht genug damit, zuletzt verlangen die Beamten noch Bootsmanöver, obwohl keine Passagiere mehr an Bord sind und auch keine an Bord genommen werden sollen. Man will sogar alle an Bord vorhandenen Schwimmwesten sehen und nachzählen.

Kommodore Ahrens fügt sich. Er ist ein real denkender Mann. Wasser einen Berg hinauf schicken zu wollen, widerspricht seiner Art. An Land aber bemühen sich der Generalkonsul und die Vertreter der deutschen Botschaft, die Auslauforder durchzusetzen.

Am 30. August, 18 Uhr, heißt es: „Sie können fahren."

In England hat Admiral Forbes seine Streitkräfte mobilisiert. Kommt es zum Kriege, dann soll ihm die *Bremen* nicht entwischen. Gleich hinter dem Nantucket Feuerschiff tarnt das Riesenschiff um. Über 200 Männer sind mit Pötten und Quasten aufgeboten, das Schiff grau zu pöhnen. Stewards, Musiker, Schneider, sogar die Kapellmeister schwingen die Pinsel. Zum Schluß ist das Pöhnkommando so grau wie das Schiff selbst. 2000 Bullaugen werden verdunkelt. Arbeit genug für die Seeleute und Stewards. Während die *Bremen* einerseits klar zur Versenkung gemacht wird, läßt sie Ahrens gleichzeitig gegen eine eventuelle Beschießung sichern. Alle Pumpen sind klar. Alle Feuerlöschgeräte liegen griffbereit. Die Brücke und die Maschinenoberlichter werden mit Sandsäcken gegen Splitterwirkung geschützt. Leckdichtungsmaterial liegt bereit, und die Boote werden zusätzlich mit Proviant und Rettungsmitteln ausgerüstet. Die gesamte Besatzung wohnt jetzt mittschiffs. Halle, Speisesaal und Rauchsalon gleichen Massenquartieren. Wo es einst nach exklusiven Parfums duftete, riecht es jetzt nach Schweiß, Farbe und dem Tran der Seestiefel.

Mit AK jagt die *Bremen* dem Eismeer zu.

Zu allem Kummer sind die Neufundlandbänke ohne Nebel. Aber kein Schiff kommt in Sicht, keiner verdächtigen Mastspitze braucht ausgewichen zu werden. In der Nacht vom 4. zum 5. September wird Reykjavik auf Island 100 Seemeilen westlich passiert.

Die Briten suchen die *Bremen* südlicher. Einen Durchbruch durch die eisberggefährdete Zone der Dänemarkstraße halten sie für ausgeschlossen. Mit AK durch die Straße? Unmöglich! Das wagt auch ein Kommodore Ahrens nicht!

Südlich an Jan Mayen vorbei stampft der Riese dem Nordkap entgegen. Ahrens richtet es ein, daß er den Raum zwischen Spitzbergen und dem Nordkap in der Nacht passiert. Bei diesem Wetter nähert sich das Schiff, nur 40 Seemeilen von der norwegischen Küste abstehend, der russischen Insel Rybatschi.

Der Toppausguck meldet ein Fahrzeug: „Torpedoboot oder Zerstörer!"

Kurz vor dem rettenden Hafen Murmansk noch ein britisches Kriegsschiff?

Der Zerstörer kommt auf. Am Heck weht eine rote Flagge mit Hammer und Sichel in der Ecke.

Ein Russe. Gott sei Dank!

„Sie befinden sich in russischen Hoheitsgewässern", morst er.

„Danke, da wollen wir hin."

Ein russischer Lotse kommt an Bord. Durch die große Eingangspforte an der Bordwand wird der Herr auf die Brücke gebeten. Der ihn empfangende Offizier geleitet ihn zum Lift, bittet ihn einzutreten. Der mißtrauische Russe will nicht. Es ist ihm einfach nicht klarzumachen, daß der enge kleine Kasten nur ein Fahrstuhl ist. Nur mit großer Mühe kann ihn der Dritte Offizier von der Harmlosigkeit dieses Unternehmens überzeugen.

Zwei Seemeilen vor der Stadt geht die *Bremen* vor Anker. Hier bleibt sie bis zum Dezember liegen. Wer von der Besatzung an Land geht, wird beschattet. Die Russen haben ihre eigenen Methoden der Gastfreundschaft. Aber unhöflich zeigen sie sich nicht.

Außer der *Bremen* suchten noch andere deutsche Schiffe in den ersten Septembertagen in der Kola-Bucht vor Murmansk bei den „befreundeten" Russen Schutz, nachdem die Engländer ein dichtes Überwachungsnetz über die Nordsee geworfen hatten. Bekannte Namen in der deutschen und internationalen Schiffahrt waren darunter: die *Iller*, die *New York*, die *St. Louis* und viele andere. Eine ganze deutsche Flotte war bei Nacht und Nebel im Schutze der immer länger werdenden Polarnächte in die russischen Hoheitsgewässer eingefallen. Die sowjetischen Wachschiffe ließen die deutschen Schiffe nach den letzten Geheimanweisungen des Kreml passieren.

*

In diesen Tagen in Moskau.

Die Nacht hat sich über die Riesenstadt gesenkt. Gegen neun Uhr abends läutet in der Deutschen Botschaft (in der Tschisty-Pereulok) bei Graf von der Schulenburg das Telefon. Eine Stimme mit stark russischem Akzent läßt sich vernehmen.

„Ist der Herr Botschafter wohl zu Hause? Der Herr Volkskommissar für auswärtige Angelegenheiten bittet ihn, in einer sehr dringenden Sache sofort in den Kreml zu kommen. Mit welchem Wagen fährt der Botschafter? Nummer MB 4507! Gut! Die Wachen werden unterrichtet sein."

Nur kurze Zeit später rollt eine schwere Sechssitzer-Limousine den Arbat zum Westtor des Kreml hinab. Ein kleiner, unauffälliger Wagen folgt diesem Fahrzeug. In ihm hockt, schwer bewaffnet, der GPU-Schutz, der jedem Botschafter dauernd gestellt wird. Die Torwache des Kreml tritt heraus. Ein Hauptmann der GPU salutiert. Der Wagen passiert, nachdem die Insassen genau gemustert worden sind.

Graf von der Schulenburg läßt sich bei Molotow melden. Der Volkskommissar steht ihm sofort zur Verfügung. Er empfängt ihn freundlich, beinahe herzlich. „Bitte, lesen Sie das, Herr Botschafter", sagt Molotow endlich. Er reicht Graf von der Schulenburg verschiedene Depeschen:

Deutsche Schiffe sind unangemeldet in Murmansk eingelaufen.

Das Kommando der NRWD-Grenzflottille wünscht Befehle, wie es sich verhalten soll.

Molotow wartet die Antwort des Deutschen Botschafters gar nicht erst ab. Er fährt fort, eindringlich und betont: „Sie wissen, Herr Botschafter, daß sowjetische Häfen nicht nach Belieben angelaufen werden dürfen. Unsere Streitkräfte haben jetzt, nachdem der Krieg ausgebrochen ist, Anweisung zur schärfsten Anwendung aller Kontrollbestimmungen erhalten. Es ist nicht ausgeschlossen, daß sich ein Zwischenfall ereignet, den wir von hier auch nicht voraussehen können, den wir natürlich" — Molotows Stimme wird verbindlich — „äußerst bedauern würden. Und hier ist noch ein Telegramm. Noch ein Schiff ist hinzugekommen. Der deutsche Luxusdampfer *Bremen* hat heute morgen den Kola-Fjord angesteuert. Wir hielten es für ratsam, unsere Wachschiffe bei Set Navolok anzuweisen, auch dieses Schiff passieren zu lassen. Aber was soll nun geschehen? Dieses Schiff ist viel zu groß für den Hafen von Murmansk. Auch die Reede der Bucht ist zu eng. Bitte, machen Sie mir Ihre Vorschläge, Herr Botschafter."

Ereignisse wie diese sind in der Tat für die Sowjetunion unangenehm. Denn hier ist alles, was nicht ausdrücklich erlaubt ist, verboten. Dieser Ansturm deutscher Schiffe auf den sowjetischen

Hafen, nicht fern von den Operationsgebieten der kriegführenden Mächte, dem Atlantischen Ozean und dem Nördlichen Eismeer, hält seit einigen Tagen das sowjetische Bewachungssystem in Atem. Der Botschafter, Graf von der Schulenburg, lächelt. Was bleibt ihm weiter übrig als diese verbindliche diplomatische Brücke, ehe er sich zu einer Antwort entschließt.

„Ich bedaure natürlich, Herr Kommissar, diesen unerwarteten Einbruch deutscher Schiffe in Ihr Hoheitsgebiet. Ich bringe Ihnen völliges Verständnis entgegen. Aber es ist eben eine Zwangslage. Ich werde alles versuchen, so schnell wie möglich eine Abhilfe zu schaffen. Und bedenken Sie bitte, das internationale Seekriegsrecht gestattet im Notfall auch Zufluchtshäfen in neutralen Staaten. Ich darf doch sehr hoffen, daß die Sowjetische Regierung diese Vergünstigung, die von allen neutralen Staaten der Erde gewährt wird, auch den Schiffen des befreundeten Deutschen Reiches nicht abschlagen wird."

Molotow hört sehr aufmerksam zu. Graf von der Schulenburg fährt besorgt fort: „Bitte bedenken Sie, daß es für solche Riesenschiffe wie die *Bremen* völlig unmöglich ist, die Nordsee in nächster Nähe der englischen Flotte ungefährdet zu passieren."

Im weiteren Gespräch versichert der deutsche Botschafter, daß der Sowjetischen Regierung keine diplomatischen Schwierigkeiten erwachsen würden, wenn sie die Haltung einnähme, die das Seekriegsrecht für diesen Fall ausdrücklich vorsähe.

Für Molotow scheint dieser Nachsatz Graf von der Schulenburgs das ersehnte erlösende Stichwort zu sein. Er atmet sichtlich erleichtert auf und begnügt sich mit der hingeworfenen Bemerkung, die Deutsche Regierung werde anerkennen, daß es für sie selbst von größtem Wert sei, wenn die Sowjetunion in strikter Neutralität verharre. Neutralität sei die Grundtendenz der sowjetischen Politik.

„Ich werde bei meiner Regierung dafür eintreten", fährt Molotow nach einer Pause fort, „daß sie ihr Einverständnis zum Verbleiben der deutschen Schiffe in Murmansk als Nothafen gibt. Ich hoffe aber, daß mich die Deutsche Regierung unterstützt, wenn ich um die Innehaltung strikter Neutralität und die Unterlassung jeglicher unneutraler Handlungen seitens der Schiffsführer bitten muß."

Graf von der Schulenburg verspricht es. Er drückt seine Zigarette aus — eine Geste mehr, die die Unterredung beendet.

*

Ein Kapitän nach dem anderen bringt sein Schiff glücklich in die schwierige, meist nebelige und felsige Einfahrt des Motowsky-Golfes und in die Kola-Bucht hinein. Mit erleichtertem Herzen lassen die Kapitäne bei Abram Korga vor dem Hafen von Murmansk die Anker aus der Klüse rauschen.

Über allen aber treibt wie eine düstere, unheilverkündende Wolke die schwere Sorge: Was geschieht nun?

Zweifellos ist diese Sorge bei der *Bremen* mit ihrer fast 1000 Mann starken Besatzung am größten. Der Proviantmeister zerbricht sich den Kopf. Die Verpflegung wird bestenfalls für drei bis vier Wochen ausreichen. Telegramme und Ferngespräche fliegen hin und her. Von Murmansk nach Moskau, von Moskau nach Berlin und wieder zurück nach Murmansk. Es muß schnell gehandelt und schnell entschieden werden.

Nach wenigen Tagen trifft die erste Entscheidung ein. Alle Schiffe, die vorerst nicht in die Heimat zurückkehren können, dürfen alle irgendwie nur entbehrlichen Leute der Besatzung über die Sowjetunion in die Heimat in Marsch setzen.

Welch ein Entgegenkommen!

Einige Tage später fahren dann auch die ersten Sonderzüge auf die Hafengleise der Murman-Bahn. Beladen mit deutschen Seeleuten setzen sie sich nach Süden in Bewegung.

Dann wird es wieder still in der Bucht mit ihrer so menschenfeindlichen Umgebung, ihren glattgeschliffenen Felsen, ihrer abweisenden Unfreundlichkeit. Die deutschen Handelsschiffe heben und senken sich in der schwach einfallenden Dünung. Am weitesten draußen liegt das Riesenschiff *Bremen* an der Kette. Die reduzierte Besatzung wartet der Dinge, die ihr bevorstehen.

Wegen Mannschaftsmangel ist keines der Schiffe mehr fahrbereit. Länger, immer länger werden die Abende.

Das Tageslicht wird fahl, und bald schwimmt über den felsigen Steilwänden der Murman-Küste nur noch der graue Dunst niedrig hängender Wolken und hereinbrechender Nebel, die sich von den glattpolierten Bergen zum Wasser hinuntertasten.

„Ich hatte nicht geringe Schwierigkeiten, mein Schiff bei der gestrigen Fallbö, die von Kola herüberbrauste, vor Anker zu halten", berichtet der Kapitän der *Phönizia* am folgenden Abend dem Kollegen von der *St. Louis*.

Sie sitzen beim Grog zusammen und hören gemeinsam die Rundfunknachrichten aus Deutschland. Sie sind ja immer noch Kapitäne, immer noch Verantwortliche auf wertvollen, ja unersetzlichen Schiffen.

„Endlich hatte ich eine der Maschinen warm genug, um die Schrauben mal ein bißchen mahlen zu lassen. Ich wollte vorbeugen, falls es noch schlimmer werden würde. Wie gut das tat, das Zittern der Maschinen wieder zu verspüren."

„Ahrens hat auch seine Sorgen mit der *Bremen*. Neulich ist sie schon ein paar Meter geschliert. Der Grund ist zu steinig und zu felsig. Die Anker finden keinen Halt. Er wird Kummer haben, wenn erst die richtigen Winterstürme einsetzen."

„Das Schlimmste ist ja, daß ein Schiff wie die *Bremen* gar nicht wieder zum Halten zu bringen ist, wenn es erst einmal anfängt zu treiben."

„Lange können die Brennstoffvorräte der *Bremen* auch nicht mehr reichen. Jeden Tag, den Ahrens die Maschinen in Bereitschaft hält, geht ihm das Öl tonnenweise durch den Schornstein."

Kommodore Ahrens, der Kapitän der *Bremen*, spricht nicht viel. Aber er übersieht die Lage. Die Russen hatten ihm die Saida-Bucht als Winterlageplatz vorgeschlagen. Er hatte nur ein herzliches Lachen als Antwort, dann aber sofort nach Berlin berichtet und nüchtern und sachlich ohne irgend eine Phrase die Lage geschildert. Er hatte klar zum Ausdruck gebracht, daß das Riesenschiff bei den heraufkommenden Winterstürmen in jeder Beziehung gefährdet wäre.

Aber der Weg nach Berlin ist weit. Ein Brief mit der sowjetischen Post läuft erst an die Botschaft in Moskau, wird dann auch noch über Schweden geleitet und endlich nach Berlin geschickt.

*

In Berlin findet Anfang Oktober ein kurzes, aber inhaltsschweres Gespräch statt.

Nachdem die verantwortlichen Referenten mit den Verhältnissen auf den Hauptkriegsschauplätzen fertig sind und berichtet haben, wo überall die zahlreichen deutschen Schiffe Nothäfen als Zuflucht fanden — in Afrika, in Amerika, in Japan oder Indien — kommen sie zu dem Schluß:

Unser größtes Sorgenkind liegt in Murmansk.

Die ersten Berichte über den Zustand der *Bremen* liegen jetzt vor. Das Schiff selbst befindet sich in einer geradezu unerträglichen Lage. Unmöglich kann die *Bremen* dort oben überwintern. Die Gefahr, sie in einem der gefürchteten Winterstürme zu verlieren, die Gefahr, daß sie an die Felsen treibt oder hinaus geweht wird und britischen U-Booten in die Torpedo-Schußbahn läuft, ist von Kommodore Ahrens ungeschminkt dargestellt worden.

Der Vertreter der Kriegsmarine hat Bedenken, das Schiff in die Heimat zu holen. Die *Bremen* sei viel zu groß, um ungesehen vor Norwegens Küste passieren zu können.

„Das ist richtig, aber dort oben geht uns die *Bremen* genau so sicher, wenn nicht noch sicherer verloren. Wir haben die Wahl zwischen einem wertlosen Wrack und der Hoffnung eines vielleicht doch glückenden Durchbruchs. Ich meine, es muß versucht werden! Obwohl nur noch hundert Mann an Bord sind und das Schiff mindestens noch einmal soviel Seeleute aus Deutschland zurückerhalten muß."

„Ist das aber möglich, ohne daß der feindliche Nachrichtendienst darüber erfährt? Derartige Vorbereitungen lassen sich nicht in der Westentasche verbergen; und ist es erst einmal bekannt, daß wir die Absicht haben, das Schiff auf die Reise zu schicken, werden die Engländer ihre U-Boote vor der Murman-Küste auf die Lauer legen. Die *Bremen* wird keine 200 Meilen von der Küste abgeknallt, und niemand sieht sie wieder."

Man bespricht alle Einzelheiten und entschließt sich dann doch, die Rückführung des Schiffes nach Deutschland vorzubereiten und einzuleiten. Zurücktreten könne man später ja immer noch von diesem Unternehmen.

Die erforderlichen Leute müssen in Deutschland zusammengeholt und nach Murmansk zurücktransportiert werden. Keiner dieser Männer darf aber über den eigentlichen Zweck seiner Reise unterrichtet werden.

Das Auslaufen aus Murmansk soll bei Neumond — entweder im

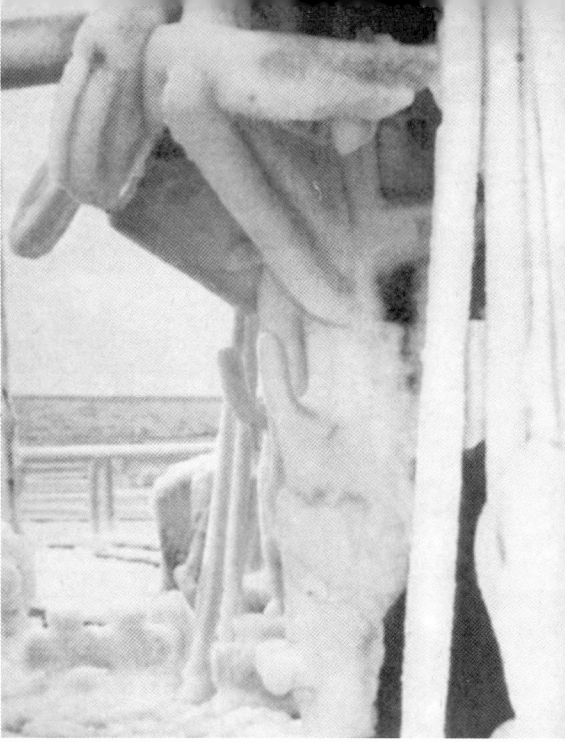

Zum Blockadebrecher-Alltag gehörte das ständige Umtarnen auf See (links). — Nach geglücktem Durchbruch in das Nordmeer begann der Kampf gegen das Eis, das die Schiffe mit einem dicken Panzer überzog (rechts). — Unten ein Blick in die sonst so elegante große Halle der *Bremen* während ihrer Durchbruchsfahrt. Decken und Schlafsäcke liegen für die Mannschaft griffbereit; denn im Ernstfall muß alles schnell gehen . . .

Oben: Die *Erlangen* in einer Bucht der einsamen Auklands. Die Mannschaft trägt Riesenberge Holz als Brennstoff für die lange Überfahrt nach Südamerika zusammen. — Unten: Schnelldampfer *Columbus*, von seiner Besatzung selbst in Brand gesteckt, um ihn dem Zugriff des britischen Prisenkommandos zu entziehen.

November oder im Dezember — erfolgen. Den Stichtag dafür solle Kommodore Ahrens selbst bestimmen.

Die Auslauferlaubnis aber soll erst 24 Stunden vorher von der Seekriegsleitung erteilt werden, dann also, wenn die Situation in der Nordsee und im Nordatlantik als günstig betrachtet werden kann. Die Erlaubnis soll mit einem nur für diesen Fall hergerichteten Chiffreschlüssel „HB" gegeben werden. Je einen sollen die Seekriegsleitung, die Botschaft in Moskau und Kommodore Ahrens erhalten.

Eine noch so sorgfältige Vorbereitung scheint aber nutzlos, wenn die Sowjetische Regierung nicht ihre volle Unterstützung zusagt. Nur durch ihre Hoheitsgewässer wird ja der auffällige und verräterische Rücktransport der deutschen Seeleute nach Murmansk möglich sein.

Dies ist die Geburtsstunde einer der glänzendsten Überraschungen dieses an Verrat und Spionage so reichen Krieges.

Glückliche Umstände kommen den deutschen Bemühungen zu Hilfe. Die Sowjetregierung sagt ihre Unterstützung zu, da dem Kreml offensichtlich daran gelegen ist, die Schiffe und vor allem die *Bremen* aus dem arktischen Küstengebiet wieder herauszubekommen. Sie sind ihnen — und das ist verständlich — auf die Dauer unerwünscht. Diesen Umständen ist es auch zu danken, daß die Sowjetregierung der 150köpfigen Verstärkung für die *Bremen* die Erlaubnis zur Durchreise von Leningrad nach Murmansk erteilt. Ungewöhnlich bleibt es, daß die Sowjetregierung nicht einmal die Personalien oder zumindest eine Namensliste der betreffenden Seeleute fordert. Sie gestattet die Durchreise der Seeleute, ohne formelle Visen durch das Außenkommissariat über die Konsularabteilung der Botschaft zu erteilen.

Ein außerordentlicher Fall.

Graf von der Schulenburg hat inzwischen in weiteren Gesprächen mit Molotow darum gebeten, den eingeweihten Personenkreis aus Geheimhaltungsgründen so klein wie nur irgend möglich zu halten. In den führenden Hotels in Leningrad und Moskau sitzen nach wie vor die Agenten der kriegführenden Mächte. Selbst die kleinsten Merkmale einer aus dem Rahmen fallenden Unternehmung würden schnell bekannt und ruchbar werden. Mittelpunkt der ausländischen Nachrichtenjäger ist das Hotel „Metropol" am Swerdlowsk-Platz in Moskau. In ihm werden vorwiegend fremde

Diplomaten und Journalisten, ausländische Prominente und insbesondere angebliche „Journalisten" untergebracht. Mehr als irgendwo sonst ist daher größte Vorsicht geboten.

Walter Feld ist als Vertreter des Reichsverkehrsministeriums in Moskau der einzige Deutsche, der von der geplanten Rückführung der *Bremen* Kenntnis erhält und in alle Einzelheiten eingeweiht wird. Als Mittelsmann zwischen Berlin und den sowjetischen Behörden obliegt ihm der Auftrag, die Aktion vorzubereiten und durchzuführen.

Der Volkskommissar kommt ihm bei einem seiner Besuche außerordentlich freundlich entgegen. Seine überraschend positive Antwort lautet:

„Sie werden von uns bei dem Vorhaben jede nur gewünschte Unterstützung erhalten."

Feld verabschiedet sich mit dem bestimmten Gefühl, daß die Russen diese Zusage unbedingt einhalten werden. Er kehrt in sein Quartier im Hotel „Metropol" zurück. Als er in die für sowjetische Verhältnisse viel zu modern und kostbar eingerichtete Halle tritt, sitzen wie gewöhnlich zahlreiche Agenten der NKWD in den Sesseln des Foyers. Mit unaufdringlicher Aufmerksamkeit, ohne sich ihr Interesse sonderlich anmerken zu lassen, betrachten sie die ein- und ausgehenden Hotelgäste. Sie beobachten deren Tun, sie verfolgen sie, wenn notwendig, auf Schritt und Tritt.

Feld betritt eine der Telefonzellen. Er wählt die Nummer der Deutschen Botschaft, um sich zu einem Besuch bei Graf von der Schulenburg anzumelden. Kaum hat er die Zelle betreten, als ein Schatten neben ihm in die Nachbarzelle huscht. Feld hört, wie sein Nachbar sich zu schaffen macht, ohne aber ein Gespräch zu führen. Nun unterläßt auch er das Gespräch mit der Botschaft und geht knurrend aus der Telefonzelle.

Als sich Feld schließlich auf sein Zimmer im vierten Stock, mit der schrägen Aussicht zum Kreml, zurückzieht, fallen ihm vor der Tür des Nachbarzimmers ein Paar kräftige braune Stiefel auf. Niemand in der Sowjetunion trägt derartige Schuhe, überlegt er. Noch gestern wurde das Nebenzimmer von dem hageren Angestellten der Baschkirischen Vertretung in Moskau bewohnt. Der Herr hatte stets schwarze Schaftstiefel an. Man kannte sich eben, und man beobachtete einander so genau, daß solche Einzelheiten nicht verlorengingen.

Feld ist erstaunt, welche Mühe sich die englischen Agenten machen, an ihn heranzukommen. Und es ist ein Glück, daß er durch diese Vorkommnisse gewarnt, zu noch größerer Vorsicht ermahnt wird. So sehr ihn diese Beschattung im Grunde belustigt, so sehr erfüllt sie ihn bei längerem Nachdenken auch mit Sorge. Wenn es dem Gegner nun doch gelingt, seinen Auftrag zu erkunden, dann ist es um 250 deutsche Menschenleben geschehen, und die *Bremen* geht zum Teufel . . .

An der Zuverlässigkeit der Sowjetbehörden zweifelt Feld nicht. Auch Graf von der Schulenburg hat eine ähnliche Meinung geäußert, jener Mann, der bis zur letzten Minute daran glaubt, daß seine Regierung ihre mit Rußland eingegangenen Verträge halten werde.

Auch in den nächsten Tagen versucht der feindliche Nachrichtendienst die ausgeworfenen Netze um Feld enger zu ziehen.

Feld hat sich im großen Speisesaal des „Metropol" in der Nähe des Fischbassins und des Springbrunnens — beide umrahmt mit frischen Blumen — zum Abendessen niedergesetzt. Es bleibt ihm nicht verborgen, daß sich einige ihm unbekannte Ausländer unmittelbar hinter ihm an den Nebentisch setzen, und er spürt es fast körperlich, wie sie ihn und jede seiner Bewegungen beobachten. Es entgeht ihm auch nicht, daß sein Tisch, nachdem er ihn verlassen hat, sofort von zwei Ausländern belegt wird, während ihm wieder andere scheinbar zufällig folgen.

Feld faßt einen schnellen Entschluß. Er wechselt das Quartier und siedelt in die Privatwohnung eines befreundeten Botschaftsmitglieds über. Dies ist um so dringender, als er bald — es ist inzwischen Ende Oktober geworden — eine Reise nach dem Norden antreten muß. Kommodore Ahrens muß über alles Geplante, Genehmigte und Angeordnete persönlich unterrichtet werden, denn bis zu diesem Tage konnte keinerlei Nachricht an Ahrens übermittelt werden, da die *Bremen* keine ausreichend sicheren Chiffremittel besitzt, und man daher für Nachrichten zwischen Moskau und Murmansk auf das öffentliche Telegrafennetz angewiesen ist.

Schließlich muß auch der Sonderschlüssel „HB" schnellstens auf die *Bremen* gebracht werden. Dieser hat den einzigen Zweck, die Auslaufgenehmigung am Tage vor dem Ankeraufgehen zu verschlüsseln und für den feindlichen Abhördienst unverständlich zu machen.

In der Kola-Bucht bietet sich Feld ein geradezu grandioser Anblick: eine Flotte von deutschen Schiffen!

Am weitesten draußen, aber immer noch überragend, der majestätische Riese, die *Bremen.* Wie eine Nußschale wirkt der kleine sowjetische Schlepper, als er an der haushohen Bordwand des deutschen Schiffes anlegt. Feld sieht aber auch andere Schiffe in der Bucht: lettische, finnische, norwegische, und zu seinem Mißfallen auch englische. Ein britisches Schiff ankert im inneren Teil der Reede. Es lädt Holz. Wer jemals Zeuge war, wie in russischen Häfen Holz in Schiffe geladen wird, weiß, daß dies ein recht umständliches und langwieriges Geschäft ist. Man kann es, wenn man will, auf Wochen hinauszögern, unauffällig und durchaus in Ordnung.

Das andere britische Schiff, die *Llandoveri Castle,* ist im Mittelteil der Reede zu Anker gegangen. Sie ruht etwas seitlich von den deutschen Schiffen an einem Platz, der nicht gerade den Eindruck nach einem Lade- oder Löschgeschäft macht.

Das ist deutlich.

Wie, wenn nun dieses Schiff . . .?

Kleinigkeit, eine unauffällige Sendeanlage an Bord zu führen!

Und dann . . .?

Ein paar schnelle Schläge auf die Tasten . . .

Gewiß, die sowjetischen Behörden überwachen den Funkverkehr. Sie werden es sofort bemerken. Aber wie wollen sie einen derartigen Funkspruch so schnell verhindern? Sie könnten stören. Aber dann müßten sie sich erst auf die Welle einspielen. In jedem Falle dürfte es dann schon zu spät sein. Der kleinste Alarm, ein Stichwort nur wird genügen, um Staffeln von Flugzeugen von den britischen Inseln aufsteigen zu lassen, die die ausgelaufene *Bremen* frühzeitig melden. Damit wäre ihr Schicksal durch U-Boote, Torpedos oder Bomben besiegelt.

Die *Llandoveri Castle* liegt schon seit sechs Wochen untätig vor Murmansk an der Kette. In Feld setzt sich der Verdacht fest, hier ein Nachrichtenschiff vor sich zu haben, betraut mit der Aufgabe, die deutschen Schiffe in der Kola-Bucht zu beobachten und ihre Maßnahmen zu verfolgen.

Wenn sich das verdächtige englische Schiff nach dem Auslaufen der

Bremen ebenfalls ausklarieren läßt, könnte es mit wenigen Stunden Abstand folgen und außerhalb der sowjetischen 12 Meilen-Hoheitsgrenze jede Einzelheit ausführlich nach England funken.

Die *Bremen* würde bei 28 Knoten Geschwindigkeit und der reduzierten Besatzung immerhin fast drei Tage benötigen, um die heimatlichen Gewässer zu erreichen.

Wenn es also nicht gelingt, diese Nachrichtenquelle unschädlich zu machen, bedeutet das fast sicher die Katastrophe. Kommodore Ahrens schüttelt diese Besorgnisse schließlich ab. Er hat Glück gehabt bei seinem Durchbruch von New York nach Murmansk, und er vertraut auch hier auf seinen guten Stern. Feld verläßt ihn nicht ohne Sorge, wenn auch mit etwas Optimismus, der die Voraussetzung des Erfolges aller gewagten Unternehmungen ist. Er vertraut auf den prachtvollen alten Kommodore und dessen Nase, den richtigen Wind zu riechen.

In Moskau können nun endlich auch Einzelheiten verabredet werden. Das deutsche Schiff mit der Ergänzungsbesatzung soll am 1. Dezember in Leningrad eintreffen. In der gleichen Nacht werde, das sichert der Volkskommissar ohne Umschweife zu, ein Sonderzug der Murman-Bahn bereitstehen, um die Leute mit ihrem gesamten Gepäck von Leningrad nach Murmansk zu bringen. Auch diesmal spricht der hohe sowjetische Beamte mit keinem Wort von den sonst für die Passage der Sowjetgrenzen erforderlichen Visen. Feld hütet sich natürlich, diese Frage bei irgendeinem Gespräch anzuschneiden. Auch die Sowjetische Regierung scheint diesen Punkt absichtlich zu übersehen. Nach all dem, was bislang von den Gepflogenheiten der Sowjetunion bekannt geworden war, ist diese Fairness oder zumindest ungewöhnliche Großzügigkeit erstaunlich. Das unkontrollierte Hereinlassen einer so großen Zahl von Ausländern war für den Sowjetischen Staat unglaublich.

Feld kommt es nun darauf an, das Eisen zu schmieden, solange es heiß ist, und die Hilfsbereitschaft der Sowjets zu nutzen, solange sie fortbesteht. Immer noch fürchtet er plötzliche Verwicklungen, die das Verabredete gefährden könnten. Dabei brauchen derartige Gefahren nicht einmal aus den Kreisen der Sowjetbehörden zu kommen. Sie können auch von außen provoziert werden. Die Anwesenheit der *Llandoveri Castle* hat Feld keineswegs vergessen …

In Deutschland sind die von Kommodore Ahrens angeforderten 150 Mann der *Bremen* mit ihren Offizieren zusammengeholt worden. Sie werden auf einem Dampfer eingeschifft und liegen wochenlang zur Abreise bereit. Die Nachrichtensperre ist auch auf sie in strengster Form ausgedehnt. Niemand darf an Land. Keiner weiß warum.

Endlich nähert sich der Tag der Abfahrt.

Inzwischen haben in Moskau im November diplomatische Verhandlungen mit Finnland stattgefunden und sich um Wochen hingezogen. Der Kreml wünscht eine Berichtigung der Grenzen und eine Reihe anderer territorialer Zugeständnisse, zu denen sich die finnische Regierung nicht entschließen kann. Ende November werden die Verhandlungen von den Russen kurzerhand abgebrochen. Die Gegensätze nehmen an Schärfe zu, und die Sprache der Sowjetpresse wird von Tag zu Tag drohender.

In diesen Tagen wird Feld zu ungewöhnlicher Stunde in das Schifffahrt-Kommissariat gerufen.

„Bitte, nehmen Sie Platz, Herr Feld", sagt der Volkskommissar, der bisher die Verhandlungen in der *Bremen*-Angelegenheit führte. „Ich muß mit Ihnen über den Transport der Besatzungsreserven für die *Bremen* dringend sprechen. Die sowjetische Regierung hat mich beauftragt, die Deutsche Regierung zu bitten, von der Ausführung dieses Planes noch einige Zeit Abstand zu nehmen."

Feld ist bestürzt. „Herr Volkskommissar, ich fürchte, das Transportschiff ist schon unterwegs. Das Einverständnis, das Sie mir damals gaben, nahm ich als endgültig. Ich meldete es in dieser Form nach Berlin. Sie selbst wünschten ja, das Schiff solle am 1. Dezember vor Leningrad eintreffen. Die Abfahrt wurde deshalb auf einen der letzten Novembertage festgesetzt, und es ist kaum daran zu zweifeln, daß . . ."

Erregt unterbricht ihn der russische Kommissar:

„Das ist aber sehr unangenehm, Herr Feld, was Sie da sagen. Mag sein, daß es damals fest verabredet war, aber Sie übersehen leider die politische Lage. Man kann nicht voraussehen, was sich ereignet. Es sind unerwartete Komplikationen mit Finnland eingetreten. Wir müssen deren Lösung erst abwarten.

Es ist einfach unmöglich, daß jetzt ein ausländisches Schiff die dortigen Gewässer befährt. Unsere Flieger haben Anweisung, jedes fremde Schiff zu beschießen, das sich Kronstadt oder Leningrad nähert. Wir müssen mit unerwarteten Überfällen rechnen. Jede Stunde kann die Sowjetunion von Finnland angegriffen werden. Es ist unmöglich, daß ein deutsches Schiff mit einer so wertvollen Besatzung an Bord in diesen Raum einläuft, der sich jeden Augenblick in einen Hexenkessel verwandeln kann — verwandeln wird, sobald sich ein ausländisches Schiff ihm nähert. Die deutsche Flagge", der Volkskommissar hebt abwehrend die Hände, „gerade sie ist verdächtig. Sie wird bestimmt von unseren Seeleuten und Küstenwachen für eine Kriegslist gehalten. Denken Sie an unsere Erfahrungen mit Port Arthur."

„Herr Volkskommissar", erwidert Feld, „Sie haben Recht. Es muß sofort etwas geschehen. Das Schiff muß zurückgerufen werden, koste es, was es wolle. Aber ich bitte Sie, befehlen Sie Ihren Leuten Vorsicht und Zurückhaltung. Vielleicht gelingt es uns nicht, das Schiff zurückzurufen. Für die Dauer der Unternehmung ist Funkstille befohlen. Es ist nicht sicher, ob wir das Schiff noch erreichen. In Ihrer Hand, Iwan Wassiljewitsch, liegt es, ein Unglück zu verhindern, das die Beziehungen zwischen unseren Staaten in krasser Weise trüben kann. Tun Sie das Ihre! Ich bitte Sie! Auch ich will mein Äußerstes versuchen!"

Feld jagt zur Botschaft zurück. An dem erstaunten Geheimpolizisten neben dem Botschaftseingang vorbei, springt er die Treppen in sein Büro hinauf. Aus dem Panzerschrank holt er die kleine Chiffriermaschine heraus, die im Frieden nicht benutzt werden darf. Jetzt ist sie für derartige dringliche Angelegenheiten freigegeben. Er prüft die Tabellen, nimmt die Walzen heraus und stellt Tag und Stunde ein. Dann tippt er den Text durch, den er auf einem Zettel hastig entworfen hat:

REICHSVERKEHRSMINISTERIUM BERLIN
BESATZUNGSTRANSPORT FÜR BREMEN MIT ÄUSSERSTER BESCHLEUNIGUNG FAHRT NACH LENINGRAD FORTSETZEN STOP JEDE AUFFÄLLIGE HANDLUNG VERMEIDEN STOP BEI ANNÄHERUNG SOWJETISCHEN HOHEITSGEBIETES ALLE LICHTER SETZEN STOP AUF ANRUF ODER SIGNAL STUR DURCHHALTEN STOP GRÖSSTE GEFAHR IM VERZUGE BEI VERSPÄTUNG STOP
FELD/ GRAF SCHULENBURG

Ohne die Unterschrift des Botschafters hätte das Moskauer Telegrafenamt eine chiffrierte Depesche nicht abgenommen. Der Botschafter hat aber in dieser Angelegenheit für eilige Nachrichten Vollmacht zur Benutzung seines Namens gegeben. Ihm genügt es, am nächsten Morgen unterrichtet zu werden.

Am nächsten Morgen meldet sich Feld wieder beim Volkskommissar. Es lägen noch keine Nachrichten aus Berlin vor. Er bäte aber dringend, seine Bitte um klare Anweisungen an den Küstenschutz nicht zu vergessen und nochmals zu unterstreichen. Ihm seien die Hände gebunden. Die Ereignisse seien jetzt im Rollen, ohne daß er weitere Möglichkeiten habe, einzugreifen. Es sei auch unmöglich gewesen, Berlin telefonisch zu erreichen.

Die Antwort, die Feld erhält, erschreckt ihn tief. Am heutigen Morgen seien finnische Flugzeuge über die sowjetische Grenze geflogen und hätten sowjetische Truppentransporte angegriffen.

„Auch unsere Ereignisse, Herr Feld, sind ins Rollen gekommen! Ein Konflikt ist unausbleiblich geworden! Die Lage im Finnischen Meerbusen ist äußerst ernst. Die Sowjetregierung kann für nichts die Verantwortung übernehmen, sie wird aber alles tun, einem Unglück vorzubeugen."

Als Feld dies eine Stunde später Graf von der Schulenburg mit allen vorausgegangenen Einzelheiten berichtet, lächelt dieser nachsichtig:

„Mein lieber Freund, Sie machen sich zu viele Sorgen. Nicht jede Kugel trifft, wieviel weniger jede Granate oder Bombe. Hat das Schiff klare und entschiedene Anweisungen?"

Feld antwortet: „Ja".

„Nun gut, dann ist doch alles in Ordnung. Bedenken Sie, was für einen Vorteil dieser Trubel für die Geheimhaltung des Ausbruchsunternehmens bedeutet. In dem Durcheinander, das der Beginn des Krieges mit Finnland bringt, wird niemand auf die deutschen Seeleute achten, wenn sie Leningrad passieren."

Als Feld sein Telegramm nach Berlin abschickte, war der Transport mit den Leuten der *Bremen* tatsächlich schon unterwegs. Er befand sich im Finnischen Meerbusen, passierte Reval und steuerte nun mit der Ruhe eines guten Gewissens ostwärts, ohne die turbulenten Geschehnisse zu beachten. Tiefe Dunkelheit herrscht, als sich das Schiff mit vollen Lichtern der abgeblendeten Festungsinsel Kronstadt nähert. Die mächtigen Geschütze starren den Deutschen drohend entgegen — aber sie schweigen.

Die Russen haben hervorragend gearbeitet. Ein Küstenboot nähert sich dem Schiff und signalisiert: „Bitte folgen Sie mir!"

Sie fahren durch die abgeblendete Zone zwischen Kronstadt und Leningrad in das Delta der Newa. Das deutsche Schiff macht zu mitternächtlicher Zeit am Kai des Handelshafens in Leningrad fest. Der Hafenkapitän ist selbst erschienen, in einer marineähnlichen, dunkelblauen Uniform mit zivilen Abzeichen. Er richtet einige freundliche Begrüßungsworte und Glückwünsche an die Deutschen, die den Gefahren der Kriegszone so erfolgreich entgangen sind. Bald rollt eine Kolonne von Autobussen vom Handelshafen durch die verdunkelte Newa-Stadt zum Moskauer Bahnhof. Ein Extrazug steht bereit, er soll die Deutschen in nördlicher Richtung wieder dahin bringen, woher sie vor wenigen Wochen gekommen waren.

Zwei Nächte und einen Tag, dann haben sie die unübersehbaren Schneefelder zwischen dem Ladoga- und Onega-See passiert, die Wälder und eisigen Schluchten der Kola-Halbinsel, die Ströme des Nordens, die Niva und Tuloma hinter sich. Der Zug hält vor den kleinen Holzhäusern des nördlichsten Bahnhofs Europas.

Auch hier haben die Russen alles sorgsam vorbereitet. Für die kurze Strecke zum Hafen stehen Autobusse bereit, und dort warten Hafenschlepper — es ist vier Uhr morgens — um den Transport unbemerkt und lautlos zu dem Riesenschiff überzusetzen. Auf den Schiffen schlafen die Besatzungen, auf den Letten, den Esten und Finnen — und auch auf dem Engländer *Llandoveri Castle* . . .

*

4. Dezember 1939.

Das Telegramm aus Berlin ist eingelaufen.

Ein Haufen wirrer Zahlen tanzt eine zeitlang durcheinander, bis er sich ordnet:

„An Kommodore Ahrens. Ausführung freigestellt."

Zur gleichen Stunde, in der dieser Funkspruch in Deutschland gesendet wird, geht sein Inhalt auch von Moskau als Posttelegramm nach Murmansk. Aber damit nicht genug. Die Laufzeit des Posttelegramms ist unkontrollierbar, sie kann erfahrungsgemäß bis zu 48 Stunden dauern. Deshalb wird die Nachricht außerdem zusätzlich als Ferngespräch in Chiffre nach Murmansk durchgegeben.

Von allen drei Wegen läuft das Funktelegramm am schnellsten.

Die Gefahr, den Auslauftermin, die Neumondnacht, zu verpassen, ist überstanden. Als die letzte Gruppe der Chiffre durchgesprochen und von Murmansk richtig wiederholt worden ist, meldet sich der dortige deutsche Vertreter zu Wort:

„Herr Feld, hier sind einige wichtige Notizen für Sie. Der britische Frachter *Llandoveri Castle* hat vor zwei Tagen Murmansk verlassen müssen und ist ausgelaufen."

Feld vermag einen Freudenschrei kaum zu unterdrücken. Ihm ist es gleich, auf welche Art die Russen den britischen Spion aus der Bucht hinauskomplimentiert haben.

Der deutsche Vertreter fährt fort: „Wir sind vertraulich informiert worden, daß nach dem ‚Termin' 24 Stunden lang kein anderes fremdes Schiff vom hiesigen Zoll ausklariert werden darf."

Der „Termin" war das Deckwort für das Auslaufen der *Bremen*, der also 24 Stunden lang kein Schiff folgen konnte.

Die Nacht zum 10. Dezember ist düster und wolkenschwer. Später brist es auf, beginnt es zu schneien. Kurz nach Mitternacht legt ein kleines abgedunkeltes Hafenboot von dem Schiffsriesen ab. Die Fallreepspforte schließt sich und leise hört man das Klick und Klack des Aufholens der Ankerkette. Ein Zittern durchläuft den Riesenrumpf. Am Heck wirbelt Wasser auf. Die Schraube dreht sich. Langsam wendet die *Bremen* den Bug zum Norden. Und dann schleicht sie hinaus. Meter um Meter.

Nach zwei Stunden hat Kommodore Ahrens die Mündung der Kola-Bucht verlassen. Alle Felsen wurden ohne Schwierigkeit passiert. Der Leuchtturm von der Fischerhalbinsel ist das letzte Licht, das die *Bremen*-Männer vom Festlande sehen.

Lautlos stößt das Luxusschiff in das unergründliche Dunkel der arktischen Polarnacht hinein.

Alle Welt weiß, daß die *Bremen* in Murmansk liegt. Ebenso leicht können die Engländer kombinieren, daß das Riesenschiff angesichts der zu erwartenden schweren Fallböen, des felsigen Untergrundes und der Enge des Fjordes nicht dort überwintern kann. Und welcher Tag hätte für den Durchbruch in die Heimat besser gepaßt als der Neumondtag mit der längsten Winternacht des Jahres!

Kann der Gegner dies nicht alles an seinen zehn Fingern abzählen? Der dritte Tag seit dem Verschwinden der *Bremen* neigt sich dem Ende zu. Die *Bremen* müßte nun schon von deutschen Stellen gemeldet werden.

Was ist geschehen?

Wo ist sie geblieben?

Ist die Katastrophe bereits eingetreten?

In den Abendstunden meldet sich der Deutsche Funk.

„Hier ist Radio Berlin: Das deutsche Passagierschiff *Bremen* ist soeben aus dem Ausland wohlbehalten zurückgekehrt und sicher in einen deutschen Hafen eingelaufen."

*

Mit der *Bremen* kam auch das 13 387 BRT große NDL-Schiff *Stuttgart* glücklich heim. Von der HAPAG durchbrachen von den Fahrgastschiffen die *Cordillera*, 13 055 BRT, die *St. Louis*, 16 732 BRT, und die *New York* die Blockade. Die *New York* war dasselbe Schiff, dem der *Bahia*-Kapitän im Nordatlantik auswich und von dem er annahm, es habe Kurs auf New York. Auf der KMD in Hamburg traf Kapitän Block zufällig den ebenfalls gerade zur Berichterstattung erschienenen Kapitän dieses von Murmansk eingelaufenen HAPAG-Schiffes.

„Ich hatte Sie für einen Briten gehalten!" sagte er.

„Und ich Sie auch", lachte Block . . .

Aus nordamerikanischen und westindischen Häfen kehrten heim: der Dampfer *Ulm,* 3 071 BRT, NDL Bremen; die *Sofia,* 4 446 BRT, Deutsche Levante Linie, Hamburg; die *Lübeck,* 3 703 BRT, HAPAG, Hamburg; die *Hamm,* 5 874 BRT, HAPAG, Hamburg; die *Konsul Horn,* Reederei Horn, Hamburg; ein Schiff, das einige Fahrgäste an Bord hatte, die zum Radrennen nach Curaçao wollten: die *Frida Horn.*

Als die Passagiere der *Frida Horn* am 26. August nach einem ausgiebigen Frühstück auf das Bootsdeck traten, fiel es einem auf:

„Sagen Sie bitte, Herr Kapitän, irre ich mich oder bin ich noch von den guten Getränken von gestern Abend benommen? Die Sonne geht auf der gleichen Seite auf, auf der sie unterging?"

„Ich bewundere Ihre scharfe Beobachtungsgabe. Wir liegen auf einem anderen Bug."

„Anderen Bug . . . ach so. Ja zum Teufel, dann fahren wir ja zurück!"

„So ist es . . . seit gestern abend schon. Ich wollte Ihnen nur Ihren Umtrunk auf das Radrennen nicht verwässern."

„Wir werden Sie haftbar machen. Wir werden Ihre Reederei verklagen!"

„Da müssen Sie sich schon höheren Orts bemühen. Wir fahren auf Regierungsbefehl nach Deutschland. Ohne Zwischenhafen. Ihre Schwimmwesten legen Sie bis dahin besser nicht aus der Hand ..."

*

Eine „süße Reise" machte die erwähnte *Konsul Horn*.
Da die Hafenbehörden in Aruba unter dem Druck der Engländer Schwierigkeiten über Schwierigkeiten erfanden, um dem Schiff keine Kohlen zu liefern, lief die *Konsul Horn* eben ohne genügend Reserven aus. Der Leitende Ingenieur hatte seinem Kapitän geraten, die Zwischenladungen mit zu verfeuern.
So geschah es. Es war kein leichter Entschluß.
Mit den vorhandenen 900 Tonnen Kohle wurden 1200 Tonnen Zucker auf die Feuerroste geschaufelt.
1200 Tonnen sprechen sich so leicht hin.
1200 Tonnen sind 24 000 Zentner. Und 24 000 Zentner sind zwei Millionen 400 000 Pfund ...
Aber das Schiff war gerettet. Es kam durch. Mitte Februar machte die *Konsul Horn* in Hamburg fest.

*

Der 19. November 1939.
„Haben Sie Ihr Schiff verloren? Was ist, um Himmelswillen, geschehen? Können wir Ihnen helfen? Wo kommen Sie her?"
Ein junger Mann bombardiert fünf bärtige Männer mit Fragen. Sie sind soeben mit einem noch unter Segel stehenden großen Motorkutter in die Bucht der kleinen portugiesischen Insel Annobon eingekommen. Der junge Mann ist der Sohn des Gouverneurs dieses winzigen, im Golf von Guinea unter tropisch heißer Sonne dahinbrütenden Eilands. Es ist seit Monaten ohne Postverbindung. Der einzige Radioapparat funktioniert nicht mehr.
„Schiffbrüchige sind wir nicht. Wir wollen nur nach Deutschland. Wir bitten um frisches Wasser und auch um etwas frischen Proviant."
„Aha, ich verstehe, Sie sind Sportsleute? Eine Wette, was?" sprudelt der junge Portugiese hervor und lacht erleichtert.
„Gewettet haben wir auch. Wenn Sie Krieg aber einen Sport nennen ..."

„Wieso Krieg? Was haben Sie denn mit Krieg zu tun?"

Der junge Mann ist augenscheinlich völlig ahnungslos. Sein Vater, der Herr Gouverneur, nicht minder. Von dem Deutschen Günther Trantow erfahren sie erst, daß im alten Europa die Waffen sprechen. Sie wollen es nicht glauben. Aber über das Rundfunkgerät im Boot der fünf deutschen Männer finden sie abends über eine portugiesische Sendung bestätigt, was diese Bärtigen behaupten.

Diese Fünf kommen von dem unter der Flagge der Deutschen Afrika-Linien fahrenden Turbinenschiff *Windhuk**, einem Fracht- und Passagierschiff von 16 662 BRT, das am 1. September 1939 zusammen mit dem Schwesterschiff *Pretoria* in der Bucht von Lobito von Portugiesisch Westafrika vor Anker lag. Kapitän Brauer erhielt Order, vorerst in diesem neutralen Hafen liegen zu bleiben. Aber einige seiner Offiziere wollten heim: Der Zwote Trantow, der Dritte Günther Albrecht, der Funkoffizier Leineweber, der Steurer Gramberger und der Dritte Ingenieur Ellerbrook. In aller Heimlichkeit rüsteten sie — ohne den Kapitän zu verständigen — das Rettungsboot MR 12 aus. Uhren, Fotoapparate, Kleidungsstücke wechselten ihre Besitzer, um auf dunklen Tauschwegen das Boot mit den notwendigsten Dingen ausrüsten zu können.

Am 5. November wurde das Boot in den ersten Abendstunden zu Wasser gebracht, der wachhabende Zöllner von Kameraden überlistet, sich eine auf diesen Abend gelegte Kinovorstellung an Bord anzusehen. Ohne aufzufallen kamen die fünf mit Motorkraft aus dem Hafen heraus.

Am 19. November erreichten sie Annobon . . .

Und der Gouverneur hilft . . .

Die Deutschen sind seine Gäste; ungeduldige Gäste, die die erste günstige Brise wahrnehmen, um weiter zu segeln . . .

Ihr Ziel sind die Kanarischen Inseln.

Noch einmal beweisen die Portugiesen ihre großherzige Hilfsbereitschaft, am 15. Dezember, als das Fluchtboot auf der Höhe von Dakar das portugiesische Segelschulschiff *Sagres* trifft. Der Kommandant spendet Kartoffeln, Reis, Zucker, Ölsardinen, Zi-

---

* Die „*Windhuk*" selbst brach später aus Lobito aus und suchte Schutz in Brasilien, wo sie am 29. 11. 1942 mit Kriegseintritt Brasiliens in Santos beschlagnahmt wurde.

garetten und ein Fäßchen Wein — er singt ein Loblied auf den Mut dieser tollkühnen Männer.

Weiter, weiter, weiter.

Der Wind läßt nach. Die Etmale, die zurückgelegten Tagesstrekken, werden immer geringer.

Die letzten Tage werden zur brennenden Qual. Der Wind ist fast ganz eingeschlafen. In den letzten sieben Tagen sind sie ganze 199 Seemeilen vorangekommen.

Der 12. Januar 1940 ist ein Sonntag.

Genau dort, wo der „Kapitän", der Zwote Trantow, den Pik de Tenerife erwartete, entschleiert sich aus den Wolkengebirgen über der Kimm ein leuchtend weißer Kegel.

Um Mitternacht laufen sie im Hafen La Lutz von Las Palmas ein und haben damit spanischen, neutralen Boden unter den Füßen.

4568 Seemeilen liegen hinter den fünf deutschen Seeleuten.

8468 Kilometer im offenen Boot unter tropischem Himmel!

Der einzige Wunsch der Verwegenen: Ein Bett.

*

Bis zum 5. April des Jahres 1940 gelang 82 deutschen Handelsschiffen mit 480 000 BRT der Durchbruch in heimatliche Gewässer. Bis zum Kriegsende kehrten aus Übersee insgesamt 109 Handelsschiffe mit 657 417 BRT zurück. Hinzu kamen noch 8 Frachter mit 62 417 BRT, die nach dem Frankreichfeldzug von Spanien in die französischen Biscaya-Häfen und von dort zum Teil direkt nach Deutschland weitergeleitet wurden. Manche in neutrale Häfen geflohenen Schiffe wurden später als Versorger oder als Blokkadebrecher anderer Art verwendet.

Diese Zahlen sprechen eine eindringliche Sprache.

PECH IM LETZTEN AUGENBLICK

Für die Heimfahrten der deutschen Handelsschiffe wirkte es sich erschwerend aus, daß sie in eine Jahreszeit fielen, in der im nördlichen Atlantik schwerste Stürme hausen. Das sturmreichste Gebiet beginnt nördlich des 40. Grads in der ganzen Ausdehnung des Ozeans. Eigentümlich für dieses Seegebiet sind die fortwährenden großen Schwankungen des Barometers, das Vorherrschen nördlicher Gradienten und somit westlicher Winde, und die überwiegende Fortpflanzung aller Depressionen von West nach Ost. Wo der kalte Labradorstrom mit dem Golfstrom zusammenfließt, kommt es außerdem sehr häufig zu dichten Nebelbildungen. Schließlich führt der Labradorstrom die ihm von der Westgrönlandströmung zugetragenen Eisberge mit sich, und unter den Grönlandküsten im Bereich der Dänemarkstraße bildet sich Neueis. Eisbarrieren und Treibeisfelder sind eine zusätzliche schwere Gefahr.

Da nach Kriegsbeginn der Eismeldedienst nicht mehr im erforderlichen Umfang aufrecht erhalten wurde, traten trotz des nautischen und seemännischen Könnens der Kapitäne, von denen die meisten nie vorher diese Gebiete befahren hatten und gar nicht oder nur behelfsmäßig mit Kartenmaterial ausgerüstet waren, unvorhersehbare Katastrophen ein. Davon kündet das Ende der auf dem Marsch in die Heimat stehenden „Bahia Blanca" von der Hamburg-Süd.

Zum anderen konnten und durften die noch nicht zurückgekehrten oder auf dem Rückmarsch stehenden Schiffe aus Geheimhaltungsgründen nicht über bevorstehende Operationen der Kriegsmarine oder, wie im Falle „Weserübung", aller drei Wehrmachtsteile unterrichtet werden, wie dies das tragische Schicksal des HAPAG-Dampfers „Seattle" zeigt . . .

Fünfzig Affen waren daran schuld, daß der Hamburger Kapitän Antonio Sohst mit seiner unter der Hamburg-Süd-Flagge fahrenden *Bahia Blanca* bereits vor der Kriegserklärung Frankreichs und Englands in ernsthafte Schwierigkeiten geriet. Hätte er die Anweisungen der Agentur befolgt, wäre er dem „wohlgemeinten Rat" des portugiesischen Hafenarztes gefolgt, mit Sicherheit wäre er gleich bei Ausbruch des Krieges eingekreist und aufgebracht worden.

Die *Bahia Blanca,* ein älterer, schon 1918 erbauter Dampfer von stattlichen 8 558 BRT, war Mitte August 1939 von Hamburg nach Rio de Janeiro und Santos geschickt worden. In ihren Laderäumen schlummerten 10 000 Tonnen wertvolles Stückgut und im warmen Stockraum über dem Mantel des außen weiß gepöhnten Schornsteins mit dem bekannten roten Abschlußring waren in kleinen Boxen 50 Affen untergebracht — verspielte, zierliche Rhesus-Affen und ausgewachsene, bösartige Paviane. Die Tiere kamen vom Hamburger Tropeninstitut, waren dort geimpft worden und sollten nun von einem Institut in Rio de Janeiro unter dem Einfluß echter tropischer Klimabedingungen weiter beobachtet werden.

Kurz vor dem Auslaufen ließ sich noch einmal ein Vertreter des Hamburger Tropeninstituts bei Kapitän Sohst melden. Er beschwor ihn, seine Leute noch einmal ernsthaft anzuweisen, jede, aber auch die geringste Verletzung durch die geimpften Affen zu vermeiden. Schon die kleinste Wunde könne für den Mann schwerste Folgen haben.

Sohst belehrte seinen Bootsmann und die als Affenwärter abgeteilten Seeleute nicht nur einmal, sondern immer wieder, wenn die im Schornsteinmantel untergebrachten Tiere gefüttert wurden.

Aber eines Tages passiert es doch.

Als der Bootsmann gerade das Futter in die Box stellt, springt einer der Paviane aus der Ecke hervor. Zwar kann der Bootsmann seine Hand noch rechtzeitig zurückziehen, ehe sich die Zähne des wütenden Affen fest verbeißen, aber eine Schramme hat der Mann doch abbekommen. Eigentlich ist es nur eine harmlose Verletzung der Haut, die Sohst aber sofort desinfizieren und verbinden läßt.

24 Stunden später schwellen erst die Hand und dann der Arm des Bootsmannes an. Die Haut färbt sich blau. Die Schmerzen

Oben: Die *Doggerbank* ex *Speybank*, die vor Kapstadt Minen legte und britische Kriegsschiffe mehrmals täuschen konnte. — Unten: Blockadebrecher *Tannenfels* trifft als Versorger mit dem Hilfskreuzer *Michel* zusammen.

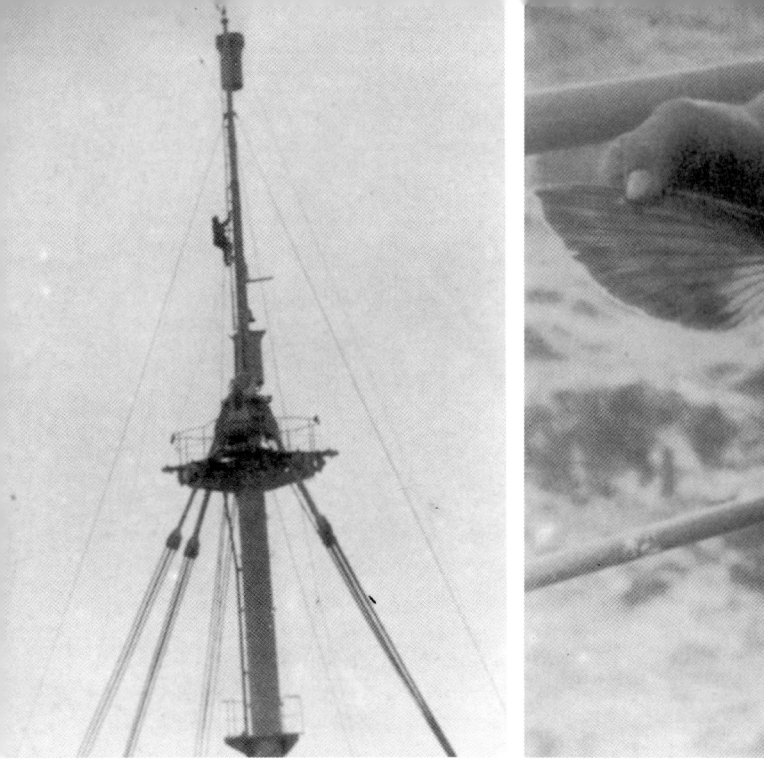

Wer ein anderes Schiff zuerst sah, hatte schon halb gewonnen. Links die Ausgucktonne an der höchsten Mastspitze der *Rio Grande*. — Rechts: Abwechslung auf langer Reise — ein fliegender Fisch wurde gefangen! — Unten: Blockadebrecher *Rio Grande* kämpft sich weit im Süden des Nadelkaps durch ununterbrochen anstürmende Westorkane der »brüllenden Vierziger« hindurch.

werden immer unerträglicher. Vorwürfe will der Kapitän seinem altbewährten Bootsmann nicht machen. In dem engen Unterkunftsraum der Boxen hätte das auch jedem anderen trotz aller Vorsichtsmaßnahmen passieren können.

Ein Arzt ist auf dem Frachter *Bahia Blanca* nicht an Bord. Aber nur ein Arzt könnte helfen.

Inzwischen hat Kapitän Sohst den Rückrufbefehl und kurze Zeit später den „Viertage"-Befehl an alle deutschen Schiffe erhalten. In die Heimat durchzubrechen ist ihm wegen der Brennstofflage beim besten Willen nicht möglich. Er muß also seine Fahrt nach Rio fortsetzen, ob er will oder nicht. Aber Rio ist noch weit.

Sohst will seinen Bootsmann nicht verlieren. So entschließt er sich, auf eigene Verantwortung den kleinen, zu den Kap Verden gehörenden portugiesischen Inselhafen St. Vincent anzusteuern. Es geht auf die Mittagsstunden des 3. September 1939 zu, als die *Bahia Blanca* auf der Reede des kleinen Ölplatzes die Anker wirft und den Agenten der Reederei bittet, sofort an Bord zu kommen.

Der Agentur-Vertreter kommt mit einer Barkasse längsseit. Der Mann, der gleichzeitig auf britische Rechnung die Bunkerstationen verwaltet, ist wie an vielen anderen neutralen Plätzen ein Engländer: Kaufmann, Agent und — geheimes Mitglied des britischen Intelligence Service in einer Person.

„Selbstverständlich wird alles getan, um dem Kranken zu helfen", erklärt er mit zugeknöpfter Förmlichkeit. „Wenn Sie einverstanden sind, nehme ich den Mann sofort mit an Land. Wir haben einen tüchtigen portugiesischen Arzt. Sie brauchen keine Sorgen zu haben, ich verwende mich für ihn, wenn unsere beiden Heimatländer auch jetzt im Kriege stehen. Das ist selbstverständliche Menschenpflicht."

„Aber ich möchte lieber, daß der Mann sofort hier an Bord behandelt wird."

„Bedaure, das wird sich nicht einrichten lassen. Sie werden solange warten müssen."

Was bleibt Kapitän Sohst weiter übrig? Er muß es im Interesse des Kranken geschehen lassen, daß der Bootsmann ausgeschifft und an Land behandelt wird. Seinen Wunsch, selbst mitgenommen zu werden, lehnt der Agent, der die Schiffspapiere an sich genommen hat, mit Ausreden ab.

„Es kann sich bei dem Mann ja auch um eine, durch die Affen

ausgelöste ansteckende Tropenkrankheit handeln, die die Hafenbehörden zwingt, Ihr Schiff unter Quarantäne zu legen. Sie verstehen, daß ich unter diesen Umständen Ihrer Mitfahrt an Land nicht zustimmen darf, bevor der Arzt gesprochen hat."

„Sie sehen doch, daß wir alle gesund, vergnügt und munter sind. Der Mann ist vom Affen gebissen worden, weiter nichts. Unsere Wissenschaftler am Tropeninstitut sind doch keine Trottel! Gefahr besteht nur bei Verletzungen durch die Affen."

„Eben", sagt der Engländer, verneigt sich steif und geht.

Kapitän Sohst gibt sich mit diesem Bescheid nicht zufrieden.

Er will und muß an Land. Doch alle Versuche, eine Verbindung mit dem Hafenamt zu erhalten, scheitern. Kein Anruf wird beantwortet. Hartnäckiges Schweigen.

Schließlich gelingt es, ein Fischerboot heranzuwinken. Aber auf die Frage, ob man den Kapitän des Frachters an Land bringen könne, hat der Fischer nur ein Kopfschütteln, wobei allerdings nicht klar ist, ob er nicht will oder nicht darf, oder ob er nur nicht verstanden hat. Als aber Kapitän Sohst mit einigen Päckchen Tabak winkt, wird der Mann im Fischerboot munter, denn Rauchwaren sind auf der kleinen Insel eine Kostbarkeit und für einen armen Fischer fast unerschwinglich.

Schnell kommt er längsseit, übernimmt Kapitän Sohst und schafft ihn an Land. Dessen erster Weg führt zum Arzt. Der Portugiese heißt Sohst mit überschäumender Herzlichkeit willkommen — ein etwas übertriebener Empfang, der den Kapitän von Anbeginn mißtrauisch stimmt.

„Ich komme, Doktor, um meinen Bootsmann abzuholen."

„Aber der Mann ist doch krank. Ich habe ihn noch nicht operiert."

„Aber Sie hatten doch den halben Tag Zeit dazu. Fehlen Ihnen irgendwelche Instrumente? Oder . . .?"

„Nein, nichts fehlt mir. Aber ich dachte, die Operation hätte noch Zeit", erklärt der Portugiese mit vielsagendem Lächeln.

„Warum haben Sie es denn so eilig, Kapitän?"

Der Portugiese beugt sich lauernd vor. „Sie sind unter den augenblicklichen Umständen doch ganz gut aufgehoben . . . Sie sind hier unter Freunden!"

Also so liegen die Dinge, denkt sich Sohst. Man will ihn hier festhalten! Laut sagt er: „Wann also wollen Sie den Mann operieren?"

„Es besteht doch keine Lebensgefahr, Kapitän."

„Das ist beruhigend", gibt Sohst zurück, ist sich aber darüber klar, daß eine solche Gefahr für sein Schiff besteht; denn morgen schon werden die Briten, von dem Agenten alarmiert, ein Kriegsschiff vor die Auslaufwege postieren. „Ich brauche den Mann, Doktor. Bitte, sorgen Sie dafür, daß ich ihn in ein paar Stunden so übernehmen kann, daß er die Reise nach Rio ohne Komplikationen übersteht. In Rio ist dann mehr Zeit, daß er sich auskurieren kann."

„Oh, Sie wollen wirklich auslaufen?" fährt der Portugiese auf.

„Ich wollte Ihnen helfen. Als Bruder, Kapitän. Ich dachte, auch Sie sind Mitglied einer internationalen Vereinigung."

Sohst winkt mühsam beherrscht ab. „Sehr liebenswürdig von Ihnen. Aber helfen Sie erst einmal meinem Bootsmann. Geht das klar?"

„Ich werde ihn sofort operieren, wenn Sie darauf drängen."

„Allright. Wenn Sie mich brauchen: ich bin in der Office."

Sohst eilt mit langen Schritten zur Agentur. Der Engländer ist gar nicht erstaunt über diesen Besuch, hatte er doch selbständige Maßnahmen der Schiffsführung erwartet. Er bietet dem Kapitän mit einladender Handbewegung Platz an. Doch Sohst lehnt höflich dankend ab.

„Ich bin gekommen, um meine Papiere zu holen. Ich laufe in zwei Stunden aus."

„You have to stay, Sir . . ."

„Geben Sie sich keine Mühe, mein Schiff zurückzuhalten. Wenn der Arzt nicht sofort operiert, beschwere ich mich bei der portugiesischen Regierung wegen Vernachlässigung in einem akuten Notfall. Ich laufe aus. Machen Sie jetzt sofort meine Papiere klar!"

Der Engländer tritt an seinen Schreibtisch.

„Wie Sie wünschen. Vielleicht werden Sie es einmal bedauern."

Stunden später läuft die *Bahia Blanca* aus. Ohne den Bootsmann. Befehlsgemäß tarnt Kapitän Sohst sein Schiff jetzt um. Er wählt die holländische Nationale. Der Schornstein wird schwarz gestrichen und oben durch zwei weiße Ringe belebt. Die *Bahia Blanca* stößt auf abseitigen Kursen auf die brasilianische Küste zu.

Kapitän Sohst versteht es so einzurichten, daß er das Seegebiet vor Brasilien unter dem südlichen 20. Breitengrad in der Nacht passiert. Mehr als 30 Seemeilen frei vom Cabo Frio pflügt die

Bahia Blanca ohne Landmarke unter der Küste entlang und läuft im Schutze der Nacht zunächst zehn Seemeilen an Rio de Janeiro vorbei. Südlich der Insel Grade geht Sohst auf Gegenkurs. Sollten tatsächlich britische Kreuzer vor der Einfahrt nach Rio lauern, so hofft der Kapitän auf diesem für ein deutsches Schiff ungewöhnlichen Kurs als getarnter Dutchmann nicht belästigt zu werden. Außerdem ist anzunehmen, daß die britischen Kriegsschiffe vornehmlich das Gebiet vor der östlichen Einfahrt kontrollieren, denn von dort nur dürfte die ihnen von der St. Vincent-Agentur prompt gemeldete *Bahia Blanca* zu erwarten sein.

Mit „Voll voraus" und ausgelegten Maschinen stampft die *Bahia Blanca* sozusagen hintenrum dem rettenden Hafen zu. Im Bereich der brasilianischen Hoheitsgewässer und in Sichtweite des Perlenkranzes von Rio meldet der Kapitän Sohst seine Ankunft durch einen Funkspruch. Das kann er sich schon der auf ihn lauernden Briten wegen nicht verkneifen . . .

Kurze Zeit später rauschen die Anker aus der Klüse. Die *Bahia Blanca* hat die Reede von Rio de Janeiro, ein Juwel unter den Häfen der Welt, erreicht. Die Uhr zeigt die dritte Morgenstunde des Sonntags nach Kriegsausbruch. Die Männer der Besatzung fühlen sich wirklich wie Sonntagskinder. Der gute Stern, von dem ihr Alter sprach, hat sie also nicht verlassen.

Wie ernst es um die *Bahia Blanca* stand, erfahren sie eine knappe Stunde später:

Der Posten an der Ankerlaterne meldet dem noch arbeitenden Kapitän ein einlaufendes Kriegsschiff. Sohst springt auf, greift das auf dem Tisch bereitliegende Handbuch *Janes Fighting Ships* und hetzt auf die Brücke. Das gesichtete Kriegsschiff steht jetzt fast querab zur *Bahia Blanca*. Seine Umrisse sind daher deutlich zu erkennen. Typisch und auffallend sind neben den vorlichen und achterlichen Geschütztürmen die niedrige Kommandobrücke und der niedrige, gedrungene, auffallend breite Schornstein.

„Leander-Klasse", murmelt Sohst, nachdem er die Silhouetten britischer Kreuzer im Handbuch studiert hat. Zur „Leander-Klasse" gehört die *Ajax*, die sich nach letzten Funkmeldungen in diesem Seegebiet herumtreiben soll. Es ist dieselbe *Ajax*, die später beim Gefecht vor dem Rio de la Plata noch eine Rolle spielen wird. Hier aber, daran besteht kein Zweifel, hatte sie sich in der Einfahrt vor Rio de Janeiro auf Warteposition gelegt. Die Engländer hatten ja das genaue Auslaufdatum der *Bahia Blanca,* kannten deren Höchstgeschwindigkeit und rechneten folglich in dieser Nacht mit ihrem Eintreffen.

Aber die Rechnung ging ohne den Wirt nicht auf.

Kaum hat die Sonne sich aus dem Meeresbett erhoben und den berühmten Zuckerhut Rios für einige Minuten mit einer goldenen, strahlenden Patina überworfen, da regt es sich im Hafen. Eine Motorbarkasse tuckert auf die *Bahia Blanca* zu. Es ist der deutsche Schiffshändler, dem man noch in der Nacht das Einlauftelegramm überbracht hat, und der sich verwundert die Augen reibt, als er sich den holländischen Frachter näher besieht.

Er formt die Hände zum Trichter: „Kapitän Sohst! Sind Sie's oder sind Sie's nicht?"

„Ich bin's."

Sohst zeigt sich breit und deutlich auf dem Bootsdeck.

„Bei Jowe, Sie sind's! Das gibt ein Fest. Kommen Sie nur erst an Land."

Der Schiffshändler darf die *Bahia Blanca* noch nicht betreten. Erst muß das Schiff vom Hafenkapitän und vom Hafenarzt freigegeben sein. Trotz des Sonntagsfriedens kommen beide Behördenvertreter kurz nach dem Schiffshändler auf die Reede gebraust. Voran, unter der gelben Flagge im Top, der Hafenarzt. Durch sein Megaphon brüllt ·er zur Brücke rauf:

„Was ist das für ein Schiff?"

„*Bahia Blanca*, Herr Doktor", ruft der Erste Offizier gelassen zurück.

„Das ist unmöglich. Erstens sehen Sie anders aus als die uns vertraute *Bahia Blanca,* und zweitens haben die Engländer noch vor vierundzwanzig Stunden in Rundfunk und Presse bekanntgegeben, kein deutsches Handelsschiff würde mehr auf den Ozeanen schwimmen."

„Wir sind aber die ,Bahia Blanca'. Kommen Sie nur erst mal an Bord."

„Wo ist Don Antonio?"

„Kommen Sie, er wird Sie in seinem Salon begrüßen! Die Flaschen mit Hamburger Elbschloß-Bier stehen schon bereit."

Inzwischen ist auch das Boot des Hafenkapitäns längsseit geschoren. Nach dem Arzt entert auch der Hafenkapitän schnaufend den Frachter.

„Glauben Sie ernstlich, daß es Don Antonio ist?" fragt der Arzt den Hafenkapitän, als beide über das Deck zum Brückenaufgang gehen.

„Dem ist alles zuzutrauen, aber . . ."

Auch der Hafenkapitän hegt Zweifel.

Oben auf der Brücke, vor der Tür zu den Kapitänsräumen erwartet Kapitän Sohst in makellos weißer Uniform die Vertreter der Behörden: vertraute Gesichter, alte Freunde seit vielen, vielen Reisen, die Sohst schon nach Rio machte.

Der Hafenkapitän bricht in lauten Jubel aus. Drei, vier Stufen nimmt er auf einmal und stürzt mit ausgebreiteten Armen auf Sohst zu.

„Don Antonio! Du bist's wirklich!" Er umarmt den Kapitän mit südländischem Temperament, schüttelt ihm die Hände, umarmt ihn wieder. Dann packt er seine Pranke auf Sohsts Brust: „Zeig mal Dein Herz, Antonio, laß fühlen, ob Du lebst . . ."

Und zum Doktor gewandt: „Er ist es, der alte Seeräuber! Das gibt ein Fest! Antonio, wie hast Du das gemacht, den da" — er zeigt auf die *Ajax* mit ihren jetzt in Nullstellung ruhenden Kanonen — „zu überlisten?"

„Kommt, ich erzähle es euch. Mit trockener Kehle geht euch das doch nicht runter."

Auf und ab wogt die Unterhaltung der alten Freunde. Da wird noch ein Besucher angemeldet. Es ist der deutsche Botschafter, Prinz Waldeck. Seine ausgestreckten Hände sind eine überzeugende Geste der Herzlichkeit, der Wiedersehensfreude. „Wir hatten Sie abgeschrieben, seitdem wir nichts mehr von Ihnen hörten. Willkommen in Ihrer zweiten Heimat, willkommen, Kapitän Don Antonio!"

Don Antonio! Unter diesem Namen ist Kapitän Sohst in den Häfen Brasiliens ein Begriff. Selbst der Botschafter nennt ihn so!

Antonio ist nicht etwa ein von den Brasilianern erfundener Rufname unter vertrauten Freunden.

Kapitän Sohsts Vorname heißt laut Hamburger Geburtsregister wirklich Antonio. Sohst entstammt einem uralten Hamburger Seefahrergeschlecht. Schon seine Ahnen fuhren als eiserne Kapitäne auf damals noch hölzernen Schiffen. Sohsts Vater wurde als neuntes Kind auf See geboren; damals war es vielfach üblich, daß die Frauen der Kapitäne die beschwerlichen, entsagungsreichen und meist sehr langen Reisen auf den Segelschiffen mitmachten. Als Sohsts Vater 1846 das Licht dieser Welt erblickte, schipperte sein Großvater mit seinem Windjammer *Bertha* gerade an der Kap-Verden-Insel Sankt Antonio vorbei. Bei der Vielzahl der schon vorhandenen Kinder machte die Wahl eines neuen Vornamens nun doch einiges Kopfzerbrechen. Bis schließlich der damalige Kapitän Sohst nach dem Mittagsbesteck und der Eintragung in die Seekarte kategorisch und unwiderruflich entschied, daß der neue Junge Antonio heißen und Kapitän werden sollte.

Unser Kapitän Sohst sollte den Namen des Vaters fortführen, auch ihn tauften sie Antonio.

Noch am gleichen Tage verholt die *Bahia Blanca* an die Pier, willkommen geheißen von allen Kaufleuten, die ihre Partie an den 10 000 Tonnen Stückgut schon abgeschrieben hatten.

An diesem und an den nächsten Abenden könnte sich Don Antonio vierteilen, so überhäuft wird er mit Einladungen, während die Ladung gelöscht wird.

Feste hin, Feste her. Sohsts allergrößte Sorge lautet: wie komme ich aus Rio wieder raus? Wie bringe ich mein Schiff gemäß der mir vertrauten Order in die Heimat?

Die *Bahia Blanca* wird neu beladen, mit Rohstoffen, die für Deutschland wichtig sind. Inzwischen verhandelt Kapitän Sohst mit dem Marineattaché, um den Ausbruch und Durchbruch vorzubereiten. Laut Anweisung soll das Schiff durch die Dänemarkstraße fahren. Wenn Sohst diesen Weg auch noch niemals befuhr, so ist ihm doch eines klar: daß die Straße während dieser Jahreszeit, also während des europäischen Winters, schmal, fast zu schmal ist, um, von britischen Kontrollschiffen unbehindert, durchzukommen.

Und dann: er hat keine Karten für diese Seegebiete an Bord, keine Unterlagen über diese Enge.

Die Botschaft bedauert und vertröstet den Kapitän, daß sich zu gegebener Zeit schon noch ein Weg finden werde. Sohst ist auch nicht der Mann, der vor solchen Problemen kapituliert. Er will klarsehen.

Der Zufall will es, daß im November ein norwegischer Frachter in Rio de Janeiro einläuft und seine Ladung löscht.

Sohst zieht sich seinen besten Anzug an, macht sich auf den Weg und stapft über das schwankende Fallreep des Norwegers.

Der Käptn, ein breitschultriger, bärenstarker Hüne mit gutmütigem Wesen, wahrt seinem deutschen Besucher gegenüber zwar die Form, läßt aber durchblicken, wie wenig er im Augenblick über diesen unerwarteten Gast erbaut ist. Kapitän Sohst steuert nach den üblichen seemännischen Vorreden über das Schiff, das Wetter und die letzten Reisen vierkant auf sein Anliegen los.

„Können Sie mir mit Seekarten von der Dänemarkstraße, vom Raum zwischen Island und Färöer und von norwegischen Küstengewässern helfen?"

„So was hatte ich mir gedacht", gibt der Norweger mit ungeschminkter Offenheit zurück. „Aber ich habe nur jeweils ein Exemplar an Bord, kann Ihnen also nicht dienen."

„Auch nicht dadurch, daß Sie mir die Karten leihen?"

„Kollege Sohst, wir wissen nicht, wie die Sache in Europa weiter geht. Es ist durchaus drin, daß ich morgen schon aus irgendwelchen Gründen auslaufen muß und dann diese Karten selbst dringend brauche."

„Sie wollen hier doch Ladung nehmen?"

„Natürlich. Aber ob ich sie morgen noch nehmen kann, wer weiß? Vielleicht besetzen deutsche Streitkräfte schon in der Nacht meine Heimat."

„Aber . . ."

Der Norweger läßt Sohst nicht zu Worte kommen. „Lassen Sie mich doch aussprechen. Vielleicht fällt es auch England ein, Truppen zu landen, um Narvik für die Deutschen zu blockieren."

„Das sind doch Hirngespinste!"

„May be, daß sie es zur Stunde noch sind. Aber als Seemann bin ich gewohnt, das Schlimmste zu erwarten und das Beste zu erhoffen."

In diesem Augenblick fliegt die Tür auf. Eine junge Frau wirbelt in den Salon, die Frau des Kapitäns. „Oh, wir haben Besuch? Wie schön! Und endlich eine Abwechslung für uns", sprudelt sie begeistert heraus. Sie ist gut zehn oder fünfzehn Jahre jünger als ihr Mann.

„Das ist Kapitän Sohst", brummt der vierschrötige Wikinger, von dem Sohst überzeugt ist, daß er trotz seiner Weigerung ein sauberer, anständiger Kerl ist. „Ein Deutscher!" fügt der Norweger mit gehobener Stimme hinzu. Man spürt das Ausrufungszeichen hinter diesem Wort wie eine Mahnung.

„Ja und? Bei uns ist er Gast. Du mußt nicht alles glauben, was in den britischen Zeitungen über die Deutschen steht. Was kann ich für Sie tun, Herr Sohst? Wie wäre es mit einem echten norwegischen Frühstück?" Und schon ist sie draußen, um Koch und Steward zu mobilisieren.

Dunnerlüchting, durchfährt es Sohst, und ihm ist ganz so, als habe ein Kontakt einen Stromkreis in ihm geschlossen. Diese Kapitänsmutti ist der Nagel, an dem ich das Bild meiner stillen Wünsche aufhängen kann! Der Norweger ist mit Leib und Seele Seemann, der so stark und intensiv in seinem Beruf aufgeht, daß er nur selten, wenn überhaupt, auf den Gedanken kommen dürfte, mit seiner Frau einen Bummel zu machen. Diese alten Seebären gehen im Ausland nur von Bord, wenn es der Dienst unbedingt erfordert. An dieser Einstellung kann gewiß auch das noch so lebensfrohe Temperament einer Frau nichts ändern.

Später, beim erlesenen norwegischen Frühstück, macht Sohst ganz nebenbei den Vorschlag: „Wie wäre es, wenn wir mal gemeinsam eine Autofahrt durch Rio und Umgebung unternähmen? Ihrer Frau wird ein solcher Trip bestimmt viel Freude machen. Erlauben Sie mir, daß ich das als bescheidenen Dank für Ihre Gastfreundschaft arrangiere?"

Ehe der Norweger den Mund öffnen kann, hat seine Frau schon ja gesagt.

Sohst ruft nachher seinen Freund Ernst Eppenstein an. Eppenstein, der in Brasilien eine große deutsche Stahlfirma vertritt, ist ein charmanter Plauderer und weltgewandter Mann. Außerdem verfügt er über einen eleganten Wagen. Er ist sofort mit von der Partie. Die wahren Gründe dieses Unternehmens behält Kapitän Sohst allerdings für sich.

Bei diesem Ausflug, der noch von einem köstlichen Essen in einem der ersten Hotels an Rios Copacabana-Beach beschlossen wird, gewinnt Sohst die Sympathien der Norwegerin vollends, und auch bei dem so wenig deutschfreundlichen Kapitän werden einige Schranken eingerissen.

Einen Tag später macht sich Don Antonio mit einem riesigen Blumenstrauß erneut auf den Weg zum norwegischen Frachter. Mit dem Strauß in der Hand fühlt er sich so unglücklich wie noch nie in seinem Leben.

Nicht mal seine eigene, jetzt in Hamburg sehnsüchtig auf seine

Heimkehr wartende Mutti hätte von ihm verlangen können, mit solch einem „Apparat" über die Straße zu gehen.

„Blumen für Deutschland", lacht er bittersüß vor sich hin . . .

Auf dem Norweger sagt er, er käme nur noch einmal, um sich nach dem Befinden der gnädigen Frau zu erkundigen und um zu hören, ob ihr die gestrige Fahrt auch gut bekommen wäre. Soviel Aufmerksamkeit läßt das letzte Eis wie unter der Frühlingssonne schmelzen.

Eine Stunde später hat Kapitän Sohst die gewünschten Karten unter dem Arm. Mit Hochdruck werden sie an Land fotokopiert. Abends schon hat der Norweger seine Seekarten zurück, und Sohst bekommt als nochmaligen Dank eine große Portion Klippfisch.

Eine Nachricht über das Schicksal der am 13. Oktober aus Rio de Janeiro ausgebrochenen 4 627 BRT großen *Santa Fé* von der Hamburg-Südamerikanischen Dampfschiffahrts-Gesellschaft löst bei Kapitän Sohst skeptische Überlegungen aus. Die *Santa Fé* war zwölf Tage später, also am 25. Oktober, von einem französischen Kriegsschiff angehalten und gekapert worden. Ihr Kapitän I. Zopff, war ein guter Freund von Sohst. Gewiß wird er alles versucht haben, sein Schiff der Wegnahme durch ein gegnerisches Prisenkommando zu entziehen. Darüber hatten sie sich in Rio noch eingehend unterhalten. Da Zopff keine Sprengpatronen an Bord hatte, blieb ihm nur die Möglichkeit, die Flutventile aufzureißen und sein Schiff dadurch zu versenken. Das wollte Zopff auch sofort tun, wenn sich ein Kriegsschiff an der Kimm zeigen würde. Da auf seinem Kurs nur britische und französische Kriegsschiffe zu erwarten waren, hatte er, das steht außer Frage (und wurde später von ihm auch bestätigt), sofort nach Insichtkommen des französischen Kreuzers die Selbstversenkung angeordnet, also rechtzeitig genug, um sein Schiff soweit zu fluten, daß es mit den besten Lenzpumpen nicht mehr zu retten gewesen wäre. In den britischen Presseberichten ist nun aber davon die Rede, das deutsche Schiff wäre in völlig seeklarem Zustand geentert worden.

Also ist an dem Gerücht, das unter einigen deutschen Kapitänen kreist, doch etwas Wahres! Danach sollen die Engländer über ihre in allen Häfen der Welt verstreuten Agenten oder über vorübergehend einlaufende Kriegsschiffe versuchen, die Seeventile durch Taucher unschädlich zu machen! Eisenplatten mit Gummibelag würden mit einem Ring am Unterwasserteil der Seeventile ange-hängt. Bei der Fahrt vorwärts würden diese gummierten Eisen-platten weder stören noch auffallen, da sie durch den Fahrtstrom nach hinten gedrückt werden. Beim Aufreißen der Seeventile aber würde die Eisenplatte durch das kraftvoll einströmende Wasser angesaugt und so vor die Ventilöffnung gepreßt, daß nur noch Tropfen statt dicker Strahlen hindurchkämen.

Einige Tage später machen sich tatsächlich Taucher in der Nähe der *Bahia Blanca* zu schaffen. Kapitän Sohst läßt deshalb in be-rechtigtem Mißtrauen die Wasserseite seines Schiffes beobachten, ohne aber etwas zu entdecken, was ein Einschreiten der Hafenbe-hörden notwendig machte. Bei den Tauchern handelt es sich um Hafenbauarbeiter, vielleicht völlig harmlose Leutchen. Vielleicht...

Für Geld kann man auch in Brasilien Affen tanzen lassen . . .

Endlich verläßt die *Bahia Blanca* Rio de Janeiro. Der Zeitpunkt des Auslaufens ist äußerst günstig gewählt. Der Marineattaché bei der deutschen Botschaft in Brasilien erhält ja über die Skl in Ber-lin laufend die den Südatlantik betreffenden Lageberichte und Meldungen über gegnerische Flottenbewegungen.

Die Lage im Südatlantik wurde um die fragliche Zeit durch das Auftreten des Panzerschiffs *Graf Spee* bestimmt. Der Gegner hatte Anfang Dezember die Kreuzer *Exeter* und *Cumberland* in Port Stanley auf den Falkland-Inseln stationiert, da die Südatlantik-Division am 8. Dezember 1939, dem Jahrestag der Schlacht bei den Falkland-Inseln im Jahre 1914, einen Angriff auf diesen so wichtigen Stützpunkt befürchtete; ein Unternehmen, das vom Kommandanten der *Graf Spee* freilich niemals in Erwägung ge-zogen worden ist. Der leichte Kreuzer *Achilles* kontrollierte um diese Zeit die Auslaufrouten vor Rio de Janeiro und der Leichte Kreuzer *Ajax* wurde von Port Stanley in die Gewässer vor dem Rio de la Plata geschickt.

Im östlichen Teil des Südatlantiks operierten die Forces H (be-stehend aus den schweren Kreuzern *Sussex* und *Shropshire*) und K (bestehend aus dem von der Home-Fleet entsandten Schlachtschiff *Renown* und dem Flugzeugträger *Ark Royal*), während der leichte Kreuzer *Neptune*, das U-Boot *Clyde* und vier Zerstörer im Raum zwischen Freetown und Natal patrouillierten. Nördlich davon standen die französischen Kreuzer *Dupleix* und *Foch*, unterstützt durch den britischen Flugzeugträger *Hermes*.

Aber die Forces H und K, die zwischen dem 28. November und 2. Dezember südlich des Kaps der Guten Hoffnung zur Jagd auf die aus dem Indischen Ozean zurückerwartete *Graf Spee* angesetzt waren, hatten kein Glück, denn *Graf Spee* hatte bereits lange vorher das Kap gerundet, hatte sich aus der *Altmark* versorgt und stand am 2. Dezember in jenem Jagdgebiet, in dem vor zwei Monaten zwei Gegnerschiffe (SS *Huntsman* und MS *Travanion*) gekapert worden waren, nämlich im mittleren Südatlantik.

An jenem 2. Dezember funkte die von *Graf Spee* angegriffene *Doric Star* von der Blue Star Linie auf 19.15 Grad Süd und 5 Grad Ost eine RRR-Meldung, die von sechs verschiedenen Stellen, darunter von einem Kriegsschiff, bestätigt und wiederholt wurde. Am gleichen Tage wurde übrigens südlich des Kaps der Guten Hoffnung die von der Deutschen Afrika-Linie bereederte 9 552 BRT große *Watussi* von Bombern der Südafrikanischen Union bei ihrem Blockadedurchbruch entdeckt.

Vizeadmiral G. H. d'Oyly Lyon, der in Sierra Leone (Freetown) stationierte *Commander-in-Chief South Atlantic,* änderte nach dem Notruf der *Doric Star* sofort seine Dispositionen. Die Force H wurde angewiesen, die Route zwischen Kapstadt und St. Helena zu schützen, die Force K wurde in den Raum nördlich des 28. Südgrades bis in die Höhe von Freetown auf Suchaktion geschickt. Wenn es dieser Gruppe auch nicht glückte, das gesuchte und gejagte „Pocket battleship" zu sichten, so war ihr doch ein anderer Erfolg beschieden. Am 9. Dezember, am gleichen Tage also, als Kapitän Sohst mit seiner *Bahia Blanca,* seiner Nase vertrauend, die freie See gewann, lief der kleine, nur 2990 BRT große Frachter *Adolf Leonhardt* dem schweren Kreuzer *Shropshire* auf der Höhe von Angola in die Arme. Der Kapitän konnte die Wegnahme des Schiffes gerade noch verhindern. Trotz der drohenden Geschütze versenkte er sein Schiff.

Auf der westlichen Seite des Südatlantik erwischten die Kreuzer *Ajax* und *Cumberland* am 5. Dezember auf der Höhe von Bahia die 7834 BRT große *Ussukuma* von den Deutschen Afrika-Linien. Auch hier gelang es den Engländern nicht, das Schiff zu kapern, weil der deutsche Kapitän es durch die rechtzeitig vorbereitete Versenkung dem gegnerischen Zugriff entziehen konnte. In der offiziellen britischen Erklärung hieß es später, der „tapfere deutsche Kapitän" habe trotz des Stoppschusses durch die beiden Kriegsschiffe und trotz der Drohung, sein Schiff bei einem Versenkungsversuch zu beschießen, die Versenkungsmaßnahmen nicht unterbrochen.

Die Versenkung der *Doric Star* hatte weiter zur Folge, daß der britische Commodore Harwood überlegte, *Graf Spee* könnte sich den stark befahrenen Schiffahrtswegen vor Rio de Janeiro oder vor dem Rio de la Plata zuwenden. Er kalkulierte — und seine Rechnung ging tatsächlich auf — daß *Graf Spee* am 12. oder 13. Dezember den einen oder den anderen Platz erreichen könnte. Harwood, der dem Rio de la Plata die größere Chance einräumte, die *Graf Spee* zu treffen, sammelte seine Kräfte. Am 9. Dezember wurde die *Exeter* aus Port Stanley in Marsch gesetzt, am gleichen Tage wurde auch die vor Rio de Janeiro stationierte *Achilles* abgezogen, um sich mit *Exeter* und *Ajax* vor dem Rio de la Plata zu vereinen. Der Abzug der *Achilles* blieb dem deutschen B-Dienst (Beobachtung des gegnerischen Funkverkehrs) nicht verborgen.

Und eben dieser 9. Dezember ist der Tag, an dem Kapitän Sohst beschleunigt seine Auslauforder bekommt . . .

Der Kurs für den Durchbruch wird Kapitän Sohst von der Marine genau vorgeschrieben. Er führt durch die um diese Zeit äußerst schmale und eisgefährdete Dänemarkstraße.

Bis auf die Höhe von Kap Farewell, Grönlands südlichstem Punkt, geht alles klar. Näher an Grönland herandrehend verläßt Sohst das Gebiet des Golfstroms und gerät in den Randbereich des Labradorstroms hinein.

Die bisher so milde Luft wird eisig, und den Männern, die die eisernen Leitern zum Mastausguck hinaufklettern, reißt es fast die Haut von den Händen. Sohst muß sie jede halbe Stunde ablösen lassen.

Gefahr droht jetzt nicht nur von britischen Streitkräften, die den Durchbruchsweg blockieren sollen; gleich groß, wenn nicht größer, ist die Bedrohung durch die hier um diese Jahreszeit zu erwartenden Eisbarrieren. Weder Sohst noch einer seiner Offiziere besitzen als Tropenfahrer irgendeine Erfahrung in Eismeerzonen. Aber der Befehl, diesen und keinen anderen Kurs zu fahren, ist unumstößlich. Nun, sie haben wenigstens Seekarten von der Straße an Bord. Das ist schon der halbe Weg nach Rom.

Es ist der 10. Januar.

Kapitän Sohst hat Befehl gegeben, „ruhig noch ein büschen mehr" nach Grönland abzudrehen. „Je näher wir dem Eis sind, um so weniger brauchen wir die britischen Blockade-Kreuzer zu fürchten." Die Polarnacht ist rabenschwarz, aber klarsichtig. Die Hoffnung, Nebel oder Schneesturm anzutreffen, erfüllt sich nicht.

Die *Bahia Blanca* hat jetzt direkten Kurs auf die Dänemarkstraße. Die See ist frei von Eis. Nirgendwo eine Scholle, die auf stärkeres Treibeis schließen läßt.

Kapitän Sohst steht auf der Brücke. Stunde um Stunde. Immer wieder treibt ihn die Sorge um sein Schiff an die Karte. Dann hält er wieder selbst Ausguck. Doch:

Kein Eis.

Keine Schollen.

Also weiter „Voll voraus!" Nur keine Zeit verlieren. Nur jede Minute nutzen, um mit Höchstfahrt die Enge zu passieren.

Plötzlich zeichnet sich vor dem Bug, eben über der Kimm, ein schwach leuchtender Strich ab. Aha, da kommt das erwartete Eis. Aber es ist viel näher, als sie auf der Brücke annehmen, und es ist auch nicht das Treibeis, das sie erwartet hatten.

Es ist eine massive Eisbarriere!

Die Männer auf der Brücke, die harmloses Scholleneis voraus vermuten, erkennen die Gefahr zu spät. Selbst wenn der Kapitän noch ein Rudermanöver befohlen hätte, wäre die *Bahia Blanca* nicht so schnell aus dem Kurs herausgedreht.

So prallt die *Bahia Blanca* mit der Festeisbarriere zusammen. Das Schiff erbebt in allen Verbänden. Wer in den Kojen liegt, wird herausgeschleudert. Auch Kapitän Sohst sackt in die Knie.

Die *Bahia Blanca* sitzt fest! Mit der Wucht ihrer 8000 Tonnen hat sie sich tief in das Eis hineingewühlt.

Sohst prangt das Schiff, das durch dieses Manöver übermäßig beansprucht wird. Und es gelingt ihm, die *Bahia Blanca* mit Hart Steuerbord-Ruder frei zu manövrieren und wieder freies Fahrwasser zu erreichen.

Das Eis hat aber das Vorschiff auf beiden Seiten aufgerissen.

„Erster, lassen Sie die Tanks und die Räume peilen", befiehlt Kapitän Sohst.

Er legt den Kurs auf das nächste Land, auf die Insel Island zu; denn viel gibt er nicht mehr für seine alte, brave *Bahia Blanca* . . . Die Meldungen sind niederschmetternd.

Die Vorpik ist abgesoffen.

Raum Eins läuft schnell voll.

Raum Zwei macht stark Wasser.

Die *Bahia Blanca* neigt sich vorn tiefer und tiefer in die See.

Die Pumpen kommen nicht mehr gegen die eindringenden Fluten an. Die Situation ist aussichtslos. Einen Hafen wird die *Bahia Blanca* mit diesen Schäden nie mehr erreichen können.

Kapitän Sohst läßt den Funker kommen.

„Geben Sie SOS und unsere Position."

Einmal soll dieser Funkspruch die Heimat unterrichten, zum anderen hofft Sohst auf Hilfe . . . Der Marineattaché in Rio hatte von deutschen Seestreitkräften und U-Booten in diesem Seegebiet gesprochen . . . Aber der Gedanke an solche Hilfe blieb nur ein Wunschtraum.

Ein auf der Heimreise stehender isländischer Fischdampfer fängt den Notruf auf. Er dreht sofort auf die Position der *Bahia Blanca* zu. Als er in Sicht kommt und die Rettung der Besatzung sicher ist, gibt Kapitän Sohst den Befehl, die Seeventile aufzureißen. Das Schiff ist zwar verloren, aber es interessiert ihn brennend, ob die Seeventile noch funktionieren. Wie in einem Film laufen die Gespräche mit seinem Freund Kapitän Zopff vor seinem geistigen Auge ab, sieht er wieder die Taucher in unmittelbarer Nähe seiner *Bahia Blanca* in Rio de Janeiro im Wasser arbeiten. Ob er heimkommen wird, weiß er noch nicht, wenn er es aber schafft, dann werden seine Beobachtungen von Bedeutung sein. Ein dem Tode geweihtes Schiff unter den Füßen, denkt Kapitän Sohst noch daran, seinen Freunden auf den anderen Schiffen einen Dienst zu erweisen. Während die Besatzung ruhig und besonnen in die Boote geht, warten sie auf der Brücke darauf, daß der Frachter schneller tiefer sackt. Aber nichts geschieht. Die aufgerissenen Seeventile zeigen keine Wirkung. Der Erste und der Zimmermann bestätigen: die Ventile sind vollkommen dicht, kein zusätzliches Wasser dringt durch sie ins Schiff.

„Also doch!" tobt Sohst verbittert. „Sie haben uns in Brasilien tatsächlich die Seeventile unschädlich gemacht."

Der Fischdampfer übernimmt die Männer. Die Boote läßt man treiben, als stumme Zeugen einer Eismeerkatastrophe.

Der Kapitän des Isländers drängt zur Heimreise.

„Ihr Schiff, Kapitän, kann niemand mehr einbringen. Das säuft ab. Prima, daß Sie der *Glasgow* nicht über den Weg gelaufen sind. Irgendwo hier in der Nähe treibt sich der Bursche herum."

Die Reise nach Reykjavik gleicht bei Windstärke sechs bis sieben eher einer U-Bootfahrt. Mit äußerster Kraft läuft der Fischdampfer ab, um der *Glasgow* zu entgehen. Bis zur Brücke hinauf toben sich die überkommenden Brecher aus.

Aber sie schaffen es. Sie kommen nach Reykjavik. Der deutsche Konsul, Professor Dr. Gerlach, nimmt die Überlebenden der *Bahia Blanca* in Empfang. Sie werden im ersten Hotel einquartiert.

Eine Möglichkeit, von Island nach Deutschland zu kommen, besteht vorerst nicht.

Eines Tages besetzen Engländer die Insel.

Die *Bahia Blanca*-Seeleute werden in den frühen Morgenstunden durch fremdartige Befehle geweckt. Das Hotel ist von Soldaten umstellt.

Im Hafen liegt die *Glasgow*.

Der Kommandant läßt Kapitän Sohst zu sich kommen.

„Ich war immer in Ihrer Nähe, Kapitän. Wie haben Sie Ihr Schiff nur so schnell versenken können?"

„Eis riß das Vorschiff auf."

„Und die Flutventile?"

„Die brauchten nicht mehr in Aktion zu treten. Die Anstrengungen Ihrer Landsleute waren umsonst, Sir! Das Eis hat besorgt, was sie verhindern wollten."

*

Auch dem Dampfer *Seattle,* einem 7369 BRT großen Schiff der HAPAG, spannte die launische Fortuna bei allem Glück in letzter Minute noch eine Pechsträhne über den Kurs.

Die Reise nach dem Ausbruch aus Curaçao verlief bis vor die norwegischen Gewässer glatt. Kein Gegner kam in der Dänemarkstraße in Sicht. Wie konnte der Kapitän auch ahnen, daß England seine Seestreitkräfte in diesen Tagen für ein anderes, viel wichtigeres Unternehmen brauchte. Man schrieb nämlich den 9. April 1940, als sich die *Seattle* in den ersten Morgenstunden in den Hafen von Kristiansand in Südnorwegen tastete.

Kapitän und Besatzung atmen auf. „Ein paar Tage noch, dann sind wir bei unseren Muttis." Alle haben sie in Curaçao noch ein paar Kleinigkeiten eingekauft. Erinnerungsstücke und nützliche Dinge, die daheim jetzt knapp sein dürften.

Es wird nur langsam hell. Immer noch herrscht strichweiser Nebel. Der Tag kämpft noch mit dem Schatten der Nacht. Das Licht ist blaß und farblos wie eine junge Pflanze. Und die Kälte läßt die an Oberdeck getretenen Männer erschauern.

Verwunderung erregen die von See her nachfolgenden Schiffe. Man kann nicht genau erkennen, um was für Typen es sich handelt. Der Kapitän tippt auf Kriegsschiffe, und er gibt sicherheitshalber den Befehl, das letzte aus den Maschinen herauszuholen.

„Es könnten Engländer sein", sorgt er sich. „Die Leimis pfeifen auf die Neutralität der norwegischen Gewässer."

Der *Altmark*-Fall ist nicht vergessen.

Es ist jetzt 06²³ Uhr.

Plötzlich fliegt der Nebel davon.

Der *Seattle* folgt eine ganze Armada. Der Kapitän zählt zwei Kreuzer, und abseits davon stehen einige Torpedoboote. Auch Schnellboote sind dabei . . .

In der Luft hören die deutschen Seeleute anschwellendes Brummen. Dann sehen sie Maschinen.

Die Ereignisse überschlagen sich.

Bei der norwegischen Landbatterie Odderöe klettern rote Signalsterne in die Luft. Minuten später blitzt es auf Odderöe auf.

Geschützfeuer auf den der *Seattle* folgenden Kreuzer!

Der Kreuzer schießt zurück. Er ist plötzlich in eine wabernde, rotglühende Lohe gehüllt. Dann ändert das Kriegsschiff den Kurs. Es nebelt, um sich dem Beschuß durch die Norweger zu entziehen.

„Was wird denn hier gespielt?!" tobt der *Seattle*-Kapitän.

„Sehen Sie die Flugzeuge . . . Das sind doch deutsche Maschinen!" brüllt einer.

„Achtung! Deckung!"

Dann krepieren die Bomben.

Die *Seattle* erbebt wie unter Titanenfäusten. Es riecht widerlichsüßlich nach Sprengstoff und beißend nach verbrannter Farbe und glühendem Eisen.

Der Kapitän rappelt sich hoch, wankt an die Reeling.

Und er sieht, wie nun auch noch ein im Hafen liegender norwegischer Zerstörer seine *Seattle* unter Beschuß nimmt. Irgendwo krepieren Granaten im Schiff. Brände brechen aus.

Der Kapitän legt den Kurs direkt auf die Felsenküste zu. Da, ein fürchterlicher Stoß. Die *Seattle* sitzt auf einem Felsen fest.

Die Brände weiten sich aus. Der Zerstörer hat sein Feuer eingestellt. Aber die *Seattle* ist verloren.

Sie war mitten in die deutsche Landeoperation der „Weserübung" geraten . . .

Weitere Einzelheiten entnehmen wir dem Bericht des Kommandanten des Kreuzers *Karlsruhe,* der die 4. Angriffsgruppe auf Norwegen befehligte. Kapitän zur See Rieve schreibt:

„Durch den davonziehenden Nebel war das Überraschungsmoment verloren gegangen. Es war bereits eine Stunde nach „Weserzeit", und die Morgendämmerung war weit vorgeschritten. Ein norwegisches Schwimmerflugzeug hatte den Verband gesichtet und mit Sicherheit Meldung erstattet. Bei der gegebenen Lage verzichtete ich auf die vorgesehene Umschiffung der Heeresstoßtrupps und der Marineartilleriezüge auf 6 Schnellbote, die in den Innenschären zwischen 4^{15} Uhr bis 5^{15} Uhr beabsichtigt war. Durch Ultrakurzwellen-Funkspruch wurde der Verband unterrichtet und der Befehl gegeben, mit den auf *Luchs* und *Seeadler* eingeschifften Truppen zunächst die Batterien auf Odderöe zu nehmen. Um 6^{23} Uhr stand der Verband auf Einlaufkurs; vor ihm suchte ein Dampfer Kristiansand zu erreichen. Es war, wie sich später zeigte, der deutsche Handelsdampfer *Seattle,* der soeben nach kühner Fahrt aus Curaçao (Westindien) durch norwegische Gewässer in die Heimat laufen wollte und annahm, von englischen Kreuzern gejagt zu werden. Nach Abfeuerung roter Signalsterne wurde die *Karlsruhe* um 06^{23} Uhr durch die Batterie Odderöe auf 70 hm beschossen. *Karlsruhe* erwiderte das Feuer, lief aber unter Nebeln ab. Der vorausfahrende deutsche Dampfer geriet in einen deutschen Bombenangriff und wurde durch den im Hafen liegenden norwegischen Zerstörer *Gyller* in Brand geschossen, so daß er sich auf die Felsen setzen mußte . . ."

So endete ein an Mühen und Hoffnungen reicher, fast geglückter Blockadedurchbruch eines deutschen Frachters, weil er im entscheidenden Moment ahnungslos in einen der Brennpunkte des Norwegen-Unternehmens hineinfuhr. In der Verwirrung der Stunde geriet er als wehrloses Opfer zwischen die Fronten. Im Hagel deutscher Bomben und norwegischer Granaten mußte die *Seattle* aufgegeben werden.

Viertes Kapitel

AUFGEBRACHT! GEKAPERT!

Zur Lage: Wer die Seefahrt im Kriege kennt, wird bestätigen, daß es Situationen gibt, die bei aller Aufmerksamkeit der Ausguckposten und des Brückenpersonals das rechtzeitige Sichten eines anderen Schiffes verhindern können. Zu Beginn des Krieges waren Funkmeßgeräte auf Handelsfrachtern selbst dem Namen nach völlig unbekannt. Nebel, diesiges Wetter, unklare Sicht bei Stürmen und Orkanen, und die Nächte behinderten die Ausguckposten, gegnerische Kriegsschiffe bei der Jagd nach deutschen Blockadebrechern rechtzeitig auszumachen. „Rechtzeitig" will besagen, daß der Schiffsführung genügend Spielraum verblieb, die befohlene Selbstversenkung einzuleiten. Ferner muß erwähnt werden, daß nur wenigen Kapitänen in den Wochen vor Kriegsausbruch Sprengmittel für den Fall einer Selbstvernichtung ausgeliefert wurden. Die Einweisung der Handelsschiffskapitäne für einen Mob-Fall begann zu spät. Die vorzeitige Ausgabe von Sprengpatronen sollte keine Beunruhigung auslösen.

Also blieb den meisten Kapitänen nach Kriegsausbruch nur die Möglichkeit, bei der Begegnung mit gegnerischen Kriegsschiffen die Seeventile aufzureißen oder das Schiff zusätzlich in Brand zu stecken, soweit die innere Struktur des betreffenden Frachters überhaupt Hoffnung auf Erfolg versprach. Da ein Schiff geraume Zeit benötigt, um durch Fluten über die Seeventile zu sinken, gelang es plötzlich und unerwartet in größter Nähe aufkommenden Kriegsschiffen bisweilen, ein Prisenkommando überzusetzen, das die Seeventile wieder schloß und Brände bekämpfte.

In der Zeit vom 1. September 1939 bis zum 31. Dezember 1940 gingen durch Aufbringen 26 deutsche Frachtschiffe mit 116 762 BRT verloren.

Diese niedrige Ziffer beweist, daß die deutschen Kapitäne ihre

Pflicht erfüllten, ohne Soldaten zu sein. Die Tatsache, daß sie und ihre Besatzungsmitglieder der einzige zivile Berufszweig waren, dem eine unmittelbare Begegnung mit militärischen Kräften drohte, zwang ihnen von Anbeginn des Krieges militärische Überlegungen auf.

Übrigens wurden alle 26 Schiffe bereits in den ersten sechs Kriegsmonaten gekapert! Drei Schiffe, die in britischen Häfen lagen, wurden schon vor Kriegsausbruch am Auslaufen gehindert.

Das war einmal der 5988 BRT große HAPAG-Dampfer „Hagen", der im südafrikanischen Durban in den letzten Augusttagen eine Maschinenhavarie hatte und am 5. September beschlagnahmt wurde. Die „Hagen" wurde zunächst unter dem Namen „Ixia" in Dienst gestellt und fuhr weiter.

Da war weiter der unter der Flagge der Reederei Fisser & van Doornum, Emden, fahrende 3751 BRT große Dampfer "Christoph van Doornum", der im kanadischen Hafen Botwood bereits vor Kriegsausbruch auf Betreiben britischer Hypothekengläubiger an die Kette gelegt und am 10. September von der kanadischen Regierung beschlagnahmt wurde.

Und da war ferner noch ein Motorschiff . . .

London, am 25. August 1939.

Im Hafen an der Themse hat die *Pomona* ihre Ladung gelöscht. In seiner für einen Frachter fast zu eleganten Form und in seinem peinlichst wie auf einem Musikdampfer gepflegten Anstrich hebt sich dieses Schiff auffallend aus dem Gros der anderen Handelsschiffe aller Nationen heraus. Sein Schornstein ist so gelb wie eine leuchtende Citrusfrucht. Und in der Reedereiflagge im Topp leuchten auf weißem Grund zwei Buchstaben: FL.

FL in flammendem Rot auf weißem Grund heißt „Ferdinand Laeisz".

„Wagen! Wissen! Können!" Das war des alten, 1887 verstorbenen Ferdinand Laeisz Devise. Sie führte ihn in die erste Reihe der Hamburger Reeder. Mit der Bark *Pudel* begann Laeisz die immer mit „P" beginnende Namenreihe seiner Schiffe, die unter dem Begriff „Flying-P-Liner" Weltruhm erwarben. Seine berühmten Tiefwassersegler, so zum Beispiel die *Preußen, Pamir, Pinnas,*

Pommern, Peking, Parma, Padua, Potosi oder *Passat* sind auch heute noch bei allen Seeleuten der Welt ein Begriff. Ferdinand Laeisz war es, der die Verwendung hölzerner Segelschiffe aufgab, der erstmalig Tiefwassersegler aus Eisen und später aus Stahl bauen ließ. Sein Sohn Carl setzte nach seinem Tode diesen in aller Welt bewunderten fortschrittlichen Segelschiffsbau fort. Er ließ seine Segelschiffe nur noch aus Stahl und mit stählernen Masten bauen.

Zwei Merkmale bestimmten den weiteren Weg dieser Reederei:

1. Carl Laeisz hat wie sein Vater seit 1865 mit nur zwei Ausnahmen alle Schiffe in Deutschland bauen lassen;

2. die Reederei Laeisz hatte mit ihrer Tiefwasser-Seglerflotte, die vornehmlich in der Salpeterfahrt um Kap Horn und in der Getreidefahrt nach Australien eingesetzt war, also außerordentlich risikoreiche Routen befuhr, die geringsten Verluste aufzuweisen. Im Durchschnitt gingen drei Prozent der Segelschiffe verloren; bei den „Flying-P-Linern" betrug die Verlustquote jedoch nur 0,9 Prozent.

Das war kein Zufallserfolg!

Alles bei Laeisz überragte den üblichen Durchschnitt; seine Schwerwetterschiffe, seine Kapitäne, die mit den geheimsten Launen der See vertraut waren, und seine Besatzungen; denn wie ein Magnet zog der Name Laeisz die besten Seeleute an, alle, die das Zeug und die Neigung zu Leistungen ungewöhnlicher Art in sich trugen. Ein Auszug aus den „Instruktionen", die Carl Laeisz damals für seine Schiffsführer zusammengestellt hat, spricht für sich:

„Meine Schiffe können und sollen schnelle Reisen machen; daraus folgt, daß auch alles, was hierzu an Bord notwendig ist, als Riggen, Segel, Tauwerk etc., vollständig und im allerbesten Zustand sein muß und etwa Fehlendes oder Schadhaftes bei der Rückkehr in Hamburg erneuert oder ausgebessert werden muß; auch sind die Vorschriften des Inventar- und Hafenbuches genau zu beachten. Ebenso muß alles an Bord den Vorschriften der Seeberufsgenossenschaft entsprechen.

Ich kann durchaus nicht zugeben, daß Ausrüstungsgegenstände oder Proviant (ausgenommen frisches Fleisch, Kartoffeln, Eier, frisches Gemüse, Wasser) im Auslande gekauft werden. Der Capitain ist dafür verantwortlich, daß er mit voller Ausrüstung von Hamburg

abgeht. Neben der Fähigkeit in der Navigation lege ich beson-
deren Wert auf Sparsamkeit, Achtsamkeit auf mögliche Verbesse-
rungen im Betriebe und vorzügliche Conservierung des Schiffes
und Inventars.

Unbedingte Nüchternheit im Dienst setze ich bei meinen Capitai-
nen als so selbstverständlich voraus, daß ich kaum zu erwähnen
brauche, daß ein einziger Fall, wo ein Capitain sich angetrunken
zeigen sollte, ihn für mich unwiderruflich unmöglich macht. Auch
verlange ich, daß der Capitain einen jeden Steuermann, welchen
er einmal angetrunken oder auf Wache schlafend antrifft, mir so-
fort meldet, damit er entlassen und nicht wieder in meinen Dien-
sten angestellt wird. Vom überseeischen Bestimmungsort aus hat
mir der Capitain brieflich zu berichten, wie er mit seinen Steuer-
leuten und der Mannschaft zufrieden ist; ebenso wieder alsbald
nach der Rückkehr in Hamburg mündlich . . .

Die ganze Mannschaft, vom zweiten Steuermann abwärts, muß
vor Antritt der Reise in Hamburg vom Arzt untersucht werden,
und dürfen nur gesunde Leute angenommen werden . . .

Schiffsjungen werden nur angenommen, wenn ich selbst sie an-
genommen habe . . .

Wenn von der Mannschaft Überstunden verdient sind, so muß
der Capitain, um spätere Differenzen zu vermeiden, dies wöchent-
lich oder bei Verlassen des Hafens mit ihnen schriftlich feststellen.
Die Disziplin an Bord muß unter allen Umständen aufrechterhal-
ten werden. Aber mit Takt und Ruhe geht das besser, als mit
roher Gewalt."

*

So wie Carl Laeisz dachten, planten und handelten auch alle anderen deutschen Reeder. Laeisz sei hier nur seiner großen Tradi-
tion in der Segelschiffahrt wegen besonders erwähnt, war es doch
diese Reederei, die fortschrittlich und konsequent zu modernen,
auch in ihrer Formgebung auffallenden Motorschiffen überging,
als um die dreißiger Jahre der Schwanengesang für die großen
Schwäne der Meere endgültig das Ende der Segelschiffszeit an-
kündigte.

Doch zurück zur *Pomona.*

In London mußte Kapitän H. Sievers einige wichtige Maschinenteile zur Reparatur an Land geben, da die Schäden mit Bordmitteln nicht zu beheben waren.

Als sich die politische Lage am 25. August zuspitzt und auch Kapitän Sievers den Rückruf empfängt, eilt er sofort in die Werft, um die Reparaturarbeiten zu beschleunigen.

„Wir haben viel zu tun, Kapitän. Bitte gedulden Sie sich. Oder haben Sie Angst vor einem Krieg Ihres Herrn Hitler?"

„Lassen Sie doch Hitler aus dem Spiel. Ich diene meiner Reederei und dem friedlichen Wettbewerb, aber keiner Partei, meine Herren."

„Well, well! Wir wollten Ihnen nicht zu nahe treten, Kapitän. Bitte sprechen Sie morgen wieder vor. Wir tun, was in unseren bescheidenen Kräften steht."

Am nächsten Tag empfängt der Werftdirektor den deutschen Kapitän wieder mit aalglattem Lächeln und bewundernswert geheucheltem Bedauern. Es ist offenkundig: Man will das deutsche Schiff, das mit modernsten Motoren ausgestattet ist, zurückhalten. Als am 1. September der Krieg mit Polen ausbricht und keine Chance mehr besteht, mit dem Schiff noch aus London herauszukommen, gibt Sievers den vorher mit seinen Offizieren und Maschinisten abgesprochenen Befehl:

„Sehen Sie zu, daß Sie soviel an den Motoren zerstören, wie es ohne Sprengung der Maschinenanlage möglich ist."

In das Rattern der Niethämmer auf der Werft mischen sich an Bord der *Pomona* an diesem Tage schwere Hammerschläge. Was sich zertrümmern und verbiegen läßt, wird zerstört. Auch auf der Brücke. Hier geht der Kreiselkompaß zu Bruch. Viele andere lebenswichtige Anlagen werden unbrauchbar gemacht.

Als die Engländer nach der Kriegserklärung die *Pomona* beschlagnahmen, finden sie ein völlig fahrunklares Motorschiff vor.

„Wie kommen Sie dazu?" tobt ein Vertreter der Werftdirektion.

„Hätten Sie mir die Reparaturteile rechtzeitig geliefert, dann wäre diese Szene Ihnen und mir erspart geblieben."

„Das wird Sie teuer zu stehen kommen."

Der britische Seeoffizier, der die Beschlagnahme vornimmt, winkt besänftigend ab. Er hätte an Sievers Stelle bestimmt nicht anders gehandelt.

Sechs Monate braucht die britische Werft, um die *Pomona* wieder fahrbereit zu machen. Diese Zeitspanne sagt deutlich aus, wie umfassend und schwer die von Hand angerichteten Schäden waren. Es gehört Mut dazu, viel Mut, so wie Kapitän Sievers zu handeln. Aber immer dort, wo Engländer rechtschaffene Männer und Seeleute treffen, ziehen sie in ehrlicher Anerkennung den Hut. Weder dem Kapitän noch der Besatzung geschieht etwas. Sie werden interniert und korrekt behandelt.

Die *Pomona* wird als *Empire Merchant* in Dienst gestellt.

Sie lebt nicht lange.

Am 16. August 1940, während einer Atlantikreise vollenden die Torpedos eines deutschen U-Bootes das Zerstörungswerk, das ein knappes Jahr zuvor im Londoner Hafen begonnen worden war.

*

Ebenso wie der Kapitän der *Pomona* handelte auch der Kapitän der *Borkum*. Der 3670 BRT große Lloydfrachter hatte sich im November 1939 bis an die Orkneyinseln herangearbeitet. Der Kapitän hoffte gerade in diesem Gebiet am allerwenigsten eine dichte britische Blockadebrecher-Sperre vorzufinden. Er wollte zwischen den Nordschottland vorgelagerten Felseneilanden und den Shetlands durchstoßen.

Bis zum 17. November schien ihm das Glück hold. Er hatte die Anmarschwege britischer Kriegsschiffe zur Dänemarkstraße und nach Island bereits hinter sich gebracht.

Da taucht über dem Horizont, wie schaumgeboren, plötzlich ein schneller britischer Kreuzer auf. Wohl mehr der Ordnung halber als aus berechtigtem Mißtrauen dreht er auf den kleinen, einsam dahintrottenden Frachter zu.

Hier Deutsche? Unmöglich!

Aber vielleicht ist es ein Neutraler, der Bannwaren für die Nazis an Bord hat. Und außerdem: ein bißchen Bewegung und Übung kann den eingerosteten Knochen nicht schaden.

Der Dampfer dreht ab . . .

Schlechtes Gewissen?

Dem *Borkum*-Kapitän ist klar, daß seines Schiffes Stunde geschlagen hat, und auch, daß er es ohne eine einzige Sprengpatrone an Bord nicht mehr schnell genug in die Tiefe schicken kann; denn dafür steht der Gegner bereits zu nahe.

Die Flutventile werden aufgerissen, aber das Wasser dringt nicht in solchen Mengen ein, um das Schiff noch vor dem Entern der Prisenbesatzung in eine tödliche Gefahr zu bringen.

Plötzlich ist das Prisenkommando der Engländer in einer Motorbarkasse neben dem Schiff. Pistolen in der Hand, klettern sie an Bord.

Während der Kapitän auf der Brücke mit dem britischen Prisenoffizier verhandelt, während dieser ihn ermahnt, bei der Überführung der Prise in einen englischen Hafen jeden Angriff gegen die Männer des britischen Prisenkommandos zu unterlassen, untersuchen die anderen Engländer das Schiff.

Der Kapitän hört sich den Vortrag des Offiziers gelassen an.

Du wirst dich gleich wundern, denkt er. Du kannst uns alle mal . . . Kreuzweise!

Da stürzt mit fliegendem Atem und hochrotem Kopf ein britischer Maat auf die Brücke.

„Sir", schnauft er, „die Maschinen sind zum Teufel. Zerschlagen! Kurz und klein gehauen!"

„Was sagen Sie als Maschinenfachmann dazu?"

„Mit eigener Kraft bringen wir den Eimer nicht wieder in Gang. Der muß in eine Werft. Und die wird Wochen und Monate brauchen, um da wieder Ordnung zu schaffen. Eine verdammt gründliche, wohl vorbereitete Arbeit."

Der britische Seeoffizier gibt einen erklärenden Morsespruch an seinen Kreuzer hinüber.

„Bleiben Sie an Bord. Schiff wird abgeschleppt. Sind die Flutventile dicht?" kommt es zurück.

„Sind dicht gemacht worden. Keine Gefahr. Schiff kann nicht weiter sinken."

Die *Borkum* wird also an die Leine genommen. Es ist ja nicht weit bis zum nächsten Werfthafen. Sie schaffen es aber trotzdem nicht, denn in den graugrünen Gewässern vor Schottlands Küsten lauern die U-Boote . . .

Plötzlich bäumt sich die *Borkum* unter einem furchtbaren Prankenschlag auf und verschwindet in einer grauweißen Wasserglocke. Aller Ohren sind taub von einer irrsinnigen Explosion. Dann legt sich das Schiff schnell auf die Seite.

Torpediert!

Im Rettungsboot, das mit knapper Not noch zu Wasser gelassen werden konnte, bietet der britische Offizier dem deutschen Kapitän eine Zigarette an.

„Das Spiel steht remis", lächelt er dünn.

*

Pech hatte auch die nur 619 BRT große *Phaedra* von der DSG-Neptun in Bremen. Sie war von Königsberg über Emden nach Rotterdam unterwegs, als man auf der Brücke in der Nacht zum 15. Januar 1940 den Schatten eines abgeblendeten Fischereifahrzeugs neben sich auflaufen sah. Die *Phaedra* stand zur Stunde genau auf der Grenze zu den holländischen Hoheitsgewässern, als der aufkommende Schatten das Schiff zum Stoppen aufforderte. Der Spruch war in englischer Sprache gegeben worden, was durchaus nicht bewies, einen Briten vor sich zu haben. Der Fremde konnte ebensogut ein deutsches Vorpostenboot sein. Viele ehemalige Fischdampfer waren ja zu Vorpostenbooten umgebaut worden. Über ein gültiges Erkennungssignal verfügten sie nicht an Bord. Die *Phaedra* war ein Frachtschiff und kein Mitglied der „grauen Dampfer-Kompanie", deren Kommandanten und Offizieren solche Geheimunterlagen an Bord gegeben wurden.

So stoppte das Schiff und der nachtschwarze Schatten kam näher und schob sich in der See auf und ab dümpelnd neben die Steuerbordseite. Sie setzten da drüben ein Boot aus, das sich durch die See arbeitete und neben der überhängenden Lotsentreppe die Fahrt stoppte.

Uniformierte Seeleute sprangen an die Leiter, enterten sie und schwangen sich an Deck.

Ihr Englisch war echt.

Die zwölf Mann des Prisenkommandos besetzten das Schiff.

Die *Phaedra* mußte dem Trawler zur Themse folgen.

In der Nacht sah sie noch ganz manierlich aus, aber am Tage . . . Übermäßig beglückwünscht wurden die Männer vom Prisenkommando für diesen Fang nicht. Die *Phaedra* war über die besten Jahre hinausgewachsen. Ihr Geburtsdatum lautete auf das Jahr 1898. Daß sie überhaupt noch schwamm, verdankte sie der Pflege der Besatzungen, die das kleine Schiff über Jahrzehnte hinweg instandgehalten hatten.

Trotz ihres biblischen Alters stellten die Engländer die *Phaedra* wieder in Dienst und gaben ihr den neuen Namen „Empire Sentinel" — „Schildwache des britischen Weltreichs" — womit sie wieder einmal Humor bewiesen.

Die unberechenbare See machte sich ebenfalls einen Spaß daraus, ausgerechnet die kleine, ehemalige *Phaedra* den Krieg überstehen zu lassen.

Honduras, als Staat so klein und unscheinbar wie die *Phaedra*, fand nach dem Krieg Gefallen an dem Veteranen.

Als *Raymond Oliver* wechselte das Schiffchen 1948 noch einmal die Flagge.

*

In Las Palmas hat der Lloyd-Dampfer *Chemnitz* Zuflucht gesucht. Der Krieg hat ihn auf der Heimfahrt überrascht. In den Laderäumen des 5522 BRT großen, 1929 erbauten Frachtschiffes sind wertvollste Rohstoffe verstaut: Blei in Barren, Kupfer, Baumwolle und Mehl, um nur einige der Güter zu nennen; und an Oberdeck ist Edelholz geladen.

Nachrichten über erfolgreiche Durchbruchsfahrten anderer deutscher Handelsschiffe, ermunternde Informationen der Reederei in Bremen und das Drängen der von Berlin laufend unterrichteten konsularischen Vertretung bestimmen Kapitän Knübel schließlich, den Heimmarsch zu wagen.

Keiner ist unter der Besatzung, der diesem Entschluß nicht zustimmt, obschon der Kapitän nicht bloß die mögliche Erfolgsseite eines solchen Unternehmens beleuchtet.

„Daß ich tüchtige Nautiker und tadellose Seeleute an Bord habe, weiß ich. Viele von Ihnen kenne ich ja seit Jahren, und ich möchte keinen missen. Aber Mut und Können allein werden nicht genügen. Wir brauchen Glück, sehr viel Glück, Männer. Wenn diese Sterne uns nicht leuchten, kann vieles passieren . . . Gefangenschaft, Verwundung oder . . . Schlimmeres für uns alle. Wer will, kann auf ein anderes Schiff umsteigen."

Keiner hebt die Hand.

„Fahren Sie, Herr Kapitän!"

„Ja, fahren Sie", echot der Chor, „je eher, desto besser."

Am 23. September schleicht sich die *Chemnitz* aus dem Hafen heraus. Aber das Auslaufen bleibt dem draußen lauernden Gegner nicht verborgen.

Bereits in der ersten Nacht ändert Kapitän Knübel seinen Kurs. Mit gut ausgerüsteten und ausgeschwungenen Booten dreht die *Chemnitz* aus den üblichen Schiffahrtsrouten heraus.

Die ersten beiden Tage verlaufen in Ruhe.

In der dritten Nacht passieren sie die erste französische U-Boot-Sperre. Nichts passiert. Nichts kommt in Sicht.

Am 27. September meldet der obere Ausguck, kaum daß die Sonne sich über die Kimm geschoben hat, an Backbord querab einen Dampfer, ein ziemlich großes Schiff, das plötzlich Kurs auf die *Chemnitz* nimmt und in nur 600 bis 700 Meter Abstand hinter dem Heck des deutschen, als neutral getarnten Frachtschiffes vorbeiläuft.

Der Fremde passiert, ohne sich um die *Chemnitz* zu kümmern. Unverkennbar ist er ein Engländer, vermutlich sogar ein britischer Hilfskreuzer.

Eine Welle des Aufatmens wogt durch das Schiff.

Die Sterne scheinen es gut zu meinen.

Am nächsten Morgen schreit der Ausguck ein Fahrzeug vier Strich an Steuerbord aus. Die Brücke vermag nichts zu entdecken. Bootsmann Klaus bietet sich an, mit einem Glas auf die Saling des vorderen Mastes zu steigen.

„Gut, tun Sie das", stimmt Kapitän Knübel zu.

Klaus entert den Mast. Unten warten sie in fiebernder Spannung.

„Fahrzeug ist klein. Sieht aus wie ein über Wasser fahrendes U-Boot."

Der Kapitän läßt die *Chemnitz* abfallen und befiehlt der Maschine, das Äußerste herauszuholen.

Mit 13 Knoten hofft er dem U-Boot davonlaufen zu können.

Der Erste flucht. „Die verdammten Miesmuscheln am Bauch unserer *Chemnitz*. Könnten 14 Knoten machen, wenn das Schiff von der Australfahrt nicht so bewachsen wäre."

Und 14 Knoten holt der Gegner mit aller Kraft heraus. Er ist trotz wechselnder Kurse nicht mehr abzuschütteln. Er schiebt sich Meter um Meter höher heran.

Der Erste sieht das Verhängnis kommen.

„Bootsmann machen Sie die Boote klar. Jeder Mann soll mit seiner Schwimmweste an Deck kommen, sofern er nicht im Schiff oder in der Maschine gebraucht wird. Sorgen Sie dafür, daß auch die Männer in der Maschine die Schwimmwesten klarlegen."

124

Gegen 11 Uhr morst das auf knapp tausend Meter aufgelaufene Boot: „Stoppen Sie sofort, oder Sie werden beschossen."

Kapitän Knübel tritt aus der Brückennock zurück. Seine Augen wandern über seine Offiziere, die wie festgenagelt auf ihrem Platz stehen und seine Entscheidung erwarten. Mit einem kurzen Ruck strafft er sich, ruft dem Wachhabenden zu: „Lassen Sie die deutsche Flagge setzen." Dann tritt er selbst an den Maschinentelegrafen. Seine Hand verharrt sekundenlang an dem Griff. Dann fliegt der Hebel nach oben und bleibt auf „Stop" stehen.

Mit tonloser Stimme weist er seinen Wachhabenden an: „Verständigen Sie die Maschine, sie soll sich klarmachen zum Aussteigen. Erster, Sie kümmern sich um die Besatzung."

„Herr Kapitän, die Befehle . . ."

„Welche Befehle?"

„Das Schiff muß versenkt werden."

„Der Leitende hat von mir grundsätzlichen Befehl, die Seeventile zu öffnen. Das genügt."

„Sollen wir das Schiff nicht besser in Brand stecken?"

„Nichts dergleichen."

„Aber man wird Sie und uns zur Rechenschaft ziehen, nicht die letzten Möglichkeiten erschöpft zu haben."

„Das lassen Sie meine Sorge sein. Die da", Kapitän Knübel wendet seinen ergrauten Kopf und weist mit der Hand auf das jetzt nur noch 300 Meter entfernt stehende U-Boot, „die da sind Franzosen und keine Engländer . . . Wissen Sie, was das heißt? Wenn denen in ihrem romanischen Eifer die Zügel durchgehen, wenn sie erkennen, daß wir Brände angelegt haben? Torpedos wären die Antwort — und wir bekämen kein heiles Boot mehr zu Wasser!"

„Ich würde es trotzdem versuchen, Herr Kapitän."

„Ich bin verantwortlich für das Leben meiner Männer! Schiffe kann man nachbauen, Menschen, wertvolle Nautiker und Seeleute, sind nicht mehr zu ersetzen."

Drei Stunden lang umkreist das U-Boot den deutschen Frachter, der nun gestoppt in der Dünung ruht. Das Boot hat getaucht. Sie sehen nur das ausgefahrene Seerohr.

Langsam sackt die *Chemnitz* auf ebenem Kiel tiefer. Es wird noch Stunden dauern, ehe die Räume vollgelaufen sind.

Plötzlich bricht an der Leeseite das U-Boot aus der See. Das Turmluk öffnet sich. Ein paar Gestalten erscheinen.

Mit der Morselampe geben sie die Aufforderung:
„Verlassen Sie sofort das Schiff."

Bootsmann Klaus kappt zusammen mit dem Zimmermann und zwei Matrosen die Beiholer, nachdem die Besatzung in die Rettungskutter geklettert ist. Die Boote werden mit größter Eile gefiert. Erneut setzt sich das U-Boot ab, wahrscheinlich in der Sorge, der deutsche Frachter würde gesprengt werden, und auch, um sich in den wirksamsten Bereich seiner Torpedos zurückzuziehen.

Als letzter verläßt Kapitän Knübel nach dem Bootsmann sein Schiff. Sie rutschen die Manntaue herab und haben kaum Platz genommen, da morst der Franzose den neuen Befehl, die Boote im Abstand von 300 Metern treiben zu lassen.

Inzwischen hat das U-Boot ein kleines Boot zu Wasser gebracht. Seine Insassen rudern zur *Chemnitz*. Nach einigen vergeblichen Versuchen werfen sie eine Hakenleine über die Reeling, entern das Schiff und nehmen nach und nach weitere Männer des Prisenkommandos über.

Die Männer der *Chemnitz* können beobachten, wie die Franzosen auf die Brücke hetzen, wie sie die Antenne fieren, den Funkraum untersuchen. Geschlossene Bullaugen gehen in Trümmer. Im Schiff zersplittert Holz, wohl Türen, die eingeschlagen werden. Und am Heck holen sie die deutsche Flagge nieder und setzen die Trikolore. Zwei U-Boot-Soldaten präsentieren dabei das Gewehr . . .

Auf dem Peildeck taucht plötzlich ein Maschinengewehr auf.

Endlich wendet man sich den Rettungsbooten zu.

Der Kapitän, der Erste und der Leitende Ingenieur werden auf das U-Boot geholt.

Auf dem Turm steht neben dem Kommandanten ein deutsch sprechender französischer Seemann. Er übersetzt, was der Kommandant zu sagen hat:

„Diese drei Offiziere bleiben bei mir auf dem Boot. Sie selbst werden auf Ihr Schiff zurückgebracht. Die Seeventile sind wieder geschlossen. Ich warne Sie, an Bord irgendetwas zu unternehmen, das Schiff doch noch zu versenken!"

An Deck wird jeder Einzelne gründlich untersucht. Streichhölzer und Taschenmesser werden abgenommen. Einzeln wird jeder nach vorn gebracht. Zu sechs Mann werden sie eingesperrt: in die Kammern, im Kettenkasten und im Kabelgatt.

Drei Heizer und zwei Trimmer werden in den Abendstunden in

den Heizraum geschafft, um die Kessel anzuheizen. Gegen 22 Uhr nimmt die *Chemnitz* wieder Fahrt auf.

Kurs Casablanca.

Lediglich der Koch genießt beschränkte Freiheiten, ein alter Mann, der den Franzosen ungefährlich scheint. Er darf weiter kochen. Aber jede von ihm zubereitete Speise müssen die restlichen deutschen Offiziere vorher proben. Auch das Wasser müssen sie zuerst trinken. Müssen doch gefährliche Burschen sein, diese Deutschen ...

Bootsmann Klaus sagt dazu:

„Die Vorsichtsmaßnahmen des Prisenkommandos waren einzigartig, ja erheiternd gründlich. Kein Mann von uns hätte nur einen Finger krümmen können."

Aber die fünf Tage waren nur ein kleiner Vorgeschmack dessen, was die Besatzung während ihrer zwölfmonatigen Gefangenschaft in Nordafrika erleben sollte ...

Erst lange nach dem Zusammenbruch Frankreichs werden die Überlebenden der *Chemnitz* zurückgeschafft. Die unglaubliche Odyssee einer Besatzung, die mit dem Verlust ihres Schiffes begonnen hat, findet ein Ende.

*

Wie manche seiner Kollegen glaubte auch Kapitän Wahnschaff vom 5537 BRT großen, erst 1939 in Dienst gestellten Lloydschiff *Hannover*, neben dem Aufreißen der Seeventile würden Brände an Bord sein Schiff im Falle einer Gefahr davor bewahren, dem Gegner in die Hand zu fallen. Als er bei seinem Versuch, die Heimreise durch die Dänemarkstraße anzutreten, in der Nacht vom 7. zum 8. März 1940 im Mona-Kanal zwischen San Domingo und Portorico durch den leichten Kreuzer *Dunedin* und den kanadischen Zerstörer *Assinibione* zum Stoppen aufgefordert wurde, gab er die Vernichtungsbefehle.

Aber die Engländer enterten trotzdem das von seiner Besatzung verlassene brennende Schiff. Sie schlossen die Seeventile und trafen Maßnahmen, um das Feuer zu ersticken.

Vier Tage kämpften sie gegen das Wüten der Brände.

Am Ende ihrer verzweifelten Anstrengungen stand der Erfolg.

Die *Hannover* wurde nach Jamaica geschleppt. Später sollte sie noch eine besondere Rolle in der Geschichte des Seekrieges spielen.

Sie wurde von der Britischen Admiralität als der erste Hilfsflugzeugträger zum Schutze der Konvois gegen die „grauen Wölfe
der Meere" in Dienst gestellt. Mit diesem und mit weiteren Geleitträgern gelang es den Engländern, das sogenannte „Black Pit",
das schwarze, bisher von Flugzeugen noch nicht erreichbare Loch
im Atlantik, auch aus der Luft zu kontrollieren.

Die *Hannover* wurde HMS *Audacity*, ein Hilfsflugzeugträger,
unter dem Kommando von Commander D. W. Mackendrick. Vornehmlich wurde er den Gibraltar-Geleitzügen beigegeben. Seine
Tätigkeit wurde für die deutschen U-Boote bald derartig unangenehm, daß Admiral Dönitz als Befehlshaber der Unterseeboote
seine Vernichtung als besonders vordringlich bezeichnete. So sollte
der Lebensweg der alten *Hannover* unter dem White Ensign der
Royal Navy nur von kurzer Dauer sein. Am 21. Dezember 1941
wurde sie bei U-Bootsangriffen auf den Geleitzug HG 76 von
einem U-Boot 500 Seemeilen westlich von Cap Finisterre versenkt.

Capitain Roskill schreibt im ersten Band des britischen Seekriegswerkes „The war at sea":

„Immerhin muß der ‚*Ex-Hannover*‘ der Ruhm und die Auszeichnung eingeräumt werden, als ehemaliges deutsches Schiff die erste
gewesen zu sein, die das Luftloch auf der Gibraltar-Route geschlossen hatte."

Und dieser Ruhm verbindet sich mit dem Namen einer deutschen
Stadt, und eines deutschen Adelsgeschlechtes, das ausgerechnet mit
dem britischen Königshaus eng verbunden ist . . .

*

Außer der *Chemnitz* und der *Hannover* gingen im Nord- und
Südatlantik noch durch Kaperung verloren:
Trifels (DSG. Hansa, Bremen, 6198 BRT, am 10. 9. 1939 von
französischem Kriegsschiff gekapert);
Cap Norte (HSDG, Hamburg, 13 615 BRT, am 9. 10. 1939 mit
Reservisten von Südamerika an Bord durch britisches Kriegsschiff
im Südatlantik);
Santa Fé (HSDG, Hamburg, 4627 BRT, im Oktober 1939);
Uhenfels (DSG. Hansa, Bremen, 7603 BRT, am 5. 11. 1939 durch
die *Ark Royal* und Zerstörer aufgebracht);

Leander (DSG. Neptun, Bremen, 989 BRT, am 9. 11. 1939);

Eilbeck (Knöhr & Burchard, Hamburg, 2185 BRT, am 18. 11. 1939 durch britischen Hilfskreuzer westlich von Schottland);

Konsul Hendrik Fisser (Fisser & van Doornum, Emden, 4458 BRT, am 22. 11. 1939);

Düsseldorf (NDL, Bremen, 4940 BRT, am 12. 12. 1939 vor Valparaiso/Chile durch den britischen leichten Kreuzer *Despatch*);

Wahehe (Deutsche Afrika Linien, Hamburg, 4709 BRT, am 21. 2. 1940);

Rostock (2542 BRT, am 11. 2. 1940 außerhalb der spanischen Gewässer); und die

Wesermünde (Union Handels- u. Schiffahrtsgesellschaft, Bremen, 5356 BRT, im April 1940).

Ferner wurden auf der den deutschen Frachtern befohlenen Nordroute vom Gegner gestellt und aufgebracht:

Hannah Böge (Johann M. K. Blumenthal, Hamburg, 2337 BRT, am 3. 9. 1939 30 sm südlich von Island);

Biscaya (John T. Essberger, Hamburg, 6396 BRT, am 15. 10. 1939 in der Dänemarkstraße durch britisches Kriegsschiff);

Gloria (Orion-Schiffahrts-Gesellschaft, Hamburg, 5896 BRT, am 21. 10. 1939 südlich von Island durch britischen leichten Kreuzer *Sheffield*);

Bianca (A. Kirsten, Hamburg, 1375 BRT, am 23. 10. 1939 nördlich von Island gekapert;)

Rheingold (H. Vogemann, Hamburg, 5055 BRT, am 25. 10. 1939 durch den britischen leichten Kreuzer *Delhi* südlich von Island);

Henning Oldendorff (Egon Oldendorff, Lübeck, 3986 BRT, am 7. 11. 1939 in der Dänemarkstraße durch britische Kriegsschiffe);

Morea (Deutsche Levante Linie, 1927 BRT, am 12. 2. 1940 östlich von Island durch britisches Kriegsschiff).

Ohne die noch vor ihrer Einbringung von einem deutschen U-Boot versenkte *Borkum* erhielt der Gegner durch diese Prisenschiffe einen Tonnagezuwachs von 109 422 BRT.

Aber nicht alle gekaperten deutschen Schiffe überlebten den Krieg unter der Gegnerflagge. Mehr als die Hälfte wurden das Opfer deutscher U-Boote, der Schlachtschiffe *Gneisenau* und *Scharnhorst* und der deutschen Luftwaffe.

*

Einen schweren Verlust durch Beschlagnahme von Schiffsraum mußte die deutsche Handelsflotte durch den Westfeldzug hinnehmen, an dessen Vorbereitung die Marine nur einen geringen, kaum nennenswerten Anteil hatte. Um den Westfeldzug als eine Überraschungsaktion zu beginnen, verbot das Oberkommando der Wehrmacht eine vorherige Warnung der in den Häfen der niederländischen Kolonien liegenden deutschen Handelsschiffe.

28 deutsche Schiffe wurden weitab vom europäischen Kriegsschauplatz von den plötzlichen Feindseligkeiten überrascht; ein Frachter, als er gerade in Antwerpen seine Ladung löschte. Da sich vier Schiffe noch vor der Beschlagnahme versenken konnten, fielen von diesen 29 Schiffen mit 159 408 BRT 25 Schiffe mit 141 211 BRT unversehrt in Feindeshand.

Umgekehrt gelang es nach der Besetzung Frankreichs 18 in den spanischen Häfen Santander und Bilbao internierten deutschen Frachtern mit 62 417 BRT, in nunmehr unter deutscher Kontrolle stehende Häfen der französischen Westküste einzulaufen.

Fünftes Kapitel

SELBSTVERSENKT

Zur Lage: Menschlich war es zu verstehen, daß nicht alle Kapitäne von Handelsschiffen die Vorbereitungen zur Selbstvernichtung ihres Schiffes mit großer Begeisterung betrieben. Jedem Kapitän mußte das Herz bluten, wenn er seine zweite Heimat vernichten sollte. Darüberhinaus müssen auch die sorgenschweren Überlegungen der Schiffsführer berücksichtigt werden, bei einer solchen Selbstversenkung Repressalien erwarten zu müssen. Der Gegner würde kein Mittel unversucht lassen, eine solche Selbstversenkung zu verhindern, erst recht, nachdem die deutschen U-Boote bereits im September 175 000 BRT des für die Versorgung Englands so wertvollen Schiffsraums vernichtet hatten. Dennoch haben sich, von einigen Ausnahmen abgesehen, alle Kapitäne entschlossen, ihr Schiff dem Zugriff des Gegners durch Selbstversenkung zu entziehen, wenn ihnen die Lage keine Möglichkeit zum Entkommen bot.

Während der Folgemonate bemühte sich das Oberkommando der Kriegsmarine, den in neutralen Häfen liegenden und auf eine Chance zum Ausbruch wartenden Kapitänen dadurch Mut zuzusprechen, daß es laufend über glücklich heimgekehrte Schiffe berichtete. Mit diesen Weitergabenachrichten wurden auch die zur Stunde besten Kurse und Positionen gegnerischer Streitkräfte, soweit durch den B-Dienst ermittelt, durchgegeben. Dennoch sickerte es bei den Kapitänen durch, daß der Gegner die Kapitäne angehaltener deutscher Schiffe in einigen Fällen bedroht hatte, um die Selbstversenkung zu verhindern. Das OKM nahm zu solchen Befürchtungen mit dem „QWA 18" Stellung, das am 24. Oktober 1939 ausgestrahlt wurde. Es lautete:

„Britische Kriegsschiffe haben Besatzungen von mehreren deutschen Dampfern mit Erschießen gedroht, im Falle der Versenkung ihrer

Schiffe. Durch Drohung nicht abhalten lassen, Dienstobliegenheiten zu erfüllen. Jeder britische Befehlshaber wird zurückschrecken vor Ausführung Völkerrecht widersprechender Verbrechen. Marineleitung."

Um die Kapitäne noch einmal energisch auf die Folgen hinzuweisen, falls die Vorbereitungen zur Selbstversenkung oberflächlich betrieben oder das Schiff sogar ohne einen Versuch zur Selbstversenkung übergeben würde, wurde am 30. Oktober nachstehendes FT gefunkt:

„1. Kapitäne, die entgegen den Bestimmungen der Sonderanweisung und der Kapitänslehrgänge ihre Schiffe durch Beschlagnahme oder Aufbringung unversehrt in Feindeshand haben fallen lassen, werden nach Rückkehr einem scharfen Verhör, gegebenenfalls einem Gerichtsverfahren unterworfen und zur Rechenschaft gezogen werden, auch wenn dies erst nach Beendigung des Krieges erfolgen kann. In allen diesen Fällen wird auch eine Vernehmung der Schiffsoffiziere erforderlich sein.

2. Die Kapitäne, die ihr Schiff durch Versenken oder Unbrauchbarmachen dem Zugriff oder der Infahrtsetzung durch den Feind entzogen, wie auch diejenigen, die ihr Schiff glücklich in die Heimat gebracht haben, werden für Ordensverleihungen vorgeschlagen . . ."

Für die meisten Kapitäne bedurfte es dieser Anweisung nicht. Sie haben, als sie von schnellen Seestreitkräften gestellt wurden, in selbstverständlicher Pflichterfüllung alles getan, um ihr Schiff nicht in Feindeshand fallen zu lassen. Wo es sich lohnte, wurden neben dem Öffnen der Seeventile und der Zerstörung der Ventilspindeln hier und dort auch die Kondensatoren zerschlagen, Maschinenteile unbrauchbar gemacht oder der Maschinenraum unter Dampf gesetzt, um das feindliche Prisenkommando am Betreten dieser lebenswichtigen Räume zu hindern.

Über den Äther erfuhr die Heimat zuerst von dem Drama. Am 21. Oktober drahtet der Marine-Nachrichtenoffizier in Norddeich an die Seekriegsleitung in Berlin:

„Offener Funkspruch von Dampfer *Poseidon:* Auf 67,42 Nord, 22,20 West von zwei Kriegsschiffen angehalten. Nachsatz 13⁰³ Uhr: Sind aufgefordert zu folgen. Nation englisch."

21. Oktober 13⁵⁰ Uhr: „MNO an Skl: *Poseidon* meldet auf Anfrage offen 13³⁰ Uhr: Fahrt acht Knoten. Kurs 180 Grad. Ich habe FT-Verbindung mit *Poseidon*."

14 Uhr: Skl weist MNO Norddeich an, nachfolgendes FT an *Poseidon* zu senden:

„Versuchen Sie zu entkommen! Sonst Schiff versenken."

20⁴⁵ Uhr: „MNO an Skl: *Poseidon* funkt: Stoppen auf 67,08 Nord, 21,18 West. Über Nacht noch keiner an Bord. Schlecht Wetter."

22. Oktober, 12⁰⁵ Uhr: „MNO an Skl: *Poseidon* funkt mit aller Energie: Sind aufgebracht Kap Nord, Island. Sind bereit für Boote."

12⁴⁹ Uhr: „MNO an Skl: Gegner droht mit Erschießen, wenn Schiff versenken. Begleitung zwei englische Hilfskreuzer."

12⁵⁸ Uhr: „MNO an Skl: *Poseidon* funkt: Wir stoppen."

13¹⁹ Uhr: „Feuer sind raus."

13⁴³ Uhr: „Machen Boote klar."

14⁰¹ Uhr: „Prisenkommando kommt an Bord."

Von dieser Stunde an herrscht Schweigen um den 5864 BRT großen, unter der Flagge der Reederei Laeisz fahrenden Dampfer *Poseidon*.

Was war mit dem Schiff geschehen? Konnte es sich noch selbst versenken? Haben die Engländer die Besatzung übernommen? Oder haben sie ihre gefunkte Drohung wahrgemacht?

Am 22. November meldete das isländische Pressekontor aus Reykjawik: „An der Westküste Islands, vor dem Patreks-Fjord, sind die Wracks von zwei Rettungbooten gefunden worden. Sie tragen den übermalten Namen ‚Poseidon'. Bis jetzt weiß man nicht, was vorgegangen ist, doch wird die Angelegenheit mit Schüssen in Verbindung gebracht, die vor mehreren Tagen von unserer Seeartillerie gehört worden sind, und denen Feuersäulen folgten."

Lebte noch ein Mann der *Poseidon*?

Die letzte Meldung ließ das Ernsteste befürchten.

Die Skl bat die Reederei, noch davon Abstand zu nehmen, die Angehörigen zu benachrichtigen.

Und das war gut so . . .

Kapitän Nielsen, bisher Erster Offizier auf der *Poseidon*, machte seine erste Fahrt als Kapitän. Am 4. August ging er mit dem Ziel Amerika-Westküste in See. Das Schiff war leer. An Bord befanden sich nur einige Auswanderer, jüdische Familien, denen die

Reederei die Chance bot, in Südamerika eine neue Heimat zu finden. Männer und Frauen. Und auch sorglos plappernde Kinder, die die Angst und die überstürzte Abreise noch nicht begriffen.

Auf der Höhe des La Plata erreichte das Schiff die Nachricht vom Krieg mit England und Frankreich. Am gleichen Tage beobachtete der Vierte Offizier, gleichzeitig Funkoffizier an Bord, Funkverkehr des britischen Kreuzers *Ajax* mit britischen Handelsschiffen. Der Funkverkehr des Kreuzers nahm beängstigend an Lautstärke zu. Beweis dafür, daß er sich mit seinen 32,5 Knoten Höchstfahrt der in der Stunde nur 11 Meilen schaffenden *Poseidon* näherte.

Es dunkelte gerade, als eine dürre Mastspitze über die Kimm kletterte.

Ein einziger Mast nur . . .

Das ist die *Ajax*.

Nielsen hält nach Einbruch der Nacht sofort vierkant auf die Küste zu und bleibt dort in den flachen Gewässern. Bis hierhin wird ihm der Kreuzer wegen seines größeren Tiefgangs nicht folgen. Als der Morgen die Schatten der Nacht verdrängt, ist von der *Ajax* nichts mehr zu sehen. Mittags wieder diese verdammte dünne Mastspitze, der nun schnell die Umrisse des Kreuzers folgen. Mit äußerster Kraft vermag die *Poseidon* in den argentinischen Hafen Mar del Plata zu schlüpfen. Nielsen schafft es ohne Lotsenhilfe, die Mole zu runden.

Doch was nun? Wer wird die Liegezeit bezahlen? Etwa dem Angebot folgen, sich unter den Schutz der argentinischen Marine zu stellen, um so im Marinehafen liegen zu können? Nein! Nielsen will sich bei der Deutschen Botschaft im nahen Buenos Aires Rat holen.

Er telefoniert mit dem Marineattaché der Botschaft, Kapitän zur See Niebuhr. Es wird ein endloses Gespräch, an dessen Ende die Weisung steht, den Versuch zu unternehmen, sich nach Buenos Aires durchzuschlagen.

„Aber die Passagiere an Bord? Was wird mit diesen Leuten geschehen?"

„Wir werden in Zusammenarbeit mit Ihrer Reederei alles tun, um die Passagiere an ihr Reiseziel weiterzuleiten."

Am 4. September läuft die *Poseidon*, von der draußen auf See lauernden *Ajax* unbehelligt, dicht unter der Küste nach Buenos Aires. Kapitän Nielsen lehnt entschieden ab, mit seinen Passagieren in die Heimat durchzubrechen. „Bevor das Schicksal dieser Menschen nicht geklärt ist, weigere ich mich, mit dem Schiff in See zu gehen. Ich muß darauf drängen, daß sie dorthin geflogen werden, wohin sie wollen."

Dieser Punkt wird am 20. September erfüllt.

Die Heimfahrt wird vorbereitet.

Warten. Warten. Warten.

Ajax kreuzt wie ein Spürhund vor dem Hafen auf und ab. Täglich erscheint er ein bis zweimal. Die Briten lassen sich die Blockierung von Buenos Aires etwas kosten. Die Flagge der *Ajax* ist schwarz und zerfetzt, kaum, daß man sie durch ein gutes Glas zu erkennen vermag.

Am 21. Oktober knistert es in allen Decks. Kapitän Nielsen hat den Hafenkapitän an Bord eingeladen. Und der Hafenkapitän hat so im Vorbeigehen den Lotsen mitgenommen. Die *Poseidon* macht sich zum Ausbruch klar. Die Deckslampen werden weggefiert und verlöschen.

Draußen ein Schatten: Immer wieder der englische Kreuzer . . .

Nielsen läßt die Lampen heißen und wieder aufblenden.

Sobald *Ajax* außer Sicht ist, verdunkelt das Schiff wieder. An Land ist alles bezahlt. Der Hafenkapitän wünscht gute Reise. Er meint es ehrlich. Langsam dreht die *Poseidon* auf die Ausfahrt zu. Es ist eine klare Nacht. Der Mond wirft eine Silberbahn, und der Himmel wölbt sich als blauschwarzer flitterdurchwirkter Baldachin. Bald wird es zur Gewißheit: Sie haben es geschafft, sie sind der *Ajax* entschlüpft!

Nielsen hatte über eine argentinische Landfunkstelle kurz vor dem Auslaufen noch einen offenen Funkspruch an die Adresse von Punta Arenas gerichtet:

„Eintreffen ca. 30. Oktober."

Die Engländer kriechen auf den Leim.

Die *Poseidon* tarnt in die dänische *København* um. Um Kohle zu sparen, wählt Kapitän Nielsen die ökonomischste Fahrtstufe. Sie sehen viele Schiffe, die meisten aus dem Vormast rechtzeitig.

Schließlich stehen sie vor der Dänemarkstraße. Das Wetter ist fürchterlich. Die See läuft in langen marmorierten Wellen auf. Im Gestrüpp der Takelage singt der Orkan sein schauriges Lied. Das Schiff selbst gleicht einer irrsinnig gewordenen Jahrmarktsschaukel. Im Heizraum schuften die Stoker mehr liegend als stehend.

Der Mann am Ruder hat sich am Rad festgekrallt, als wolle er das Holz zerquetschen.

Aber die Männer lachen. Das ist das richtige Wetter für den Durchbruch.

Sie jubeln zu früh.

Aus wütendem Schneetreiben heraus schälen sich die Umrisse eines riesigen Schiffes. Nielsen erkennt einen der Passagierdampfer der Anker-Linie. Ein Hilfskreuzer! Schwarz, wie üblich, die Flagge: das White Ensign!

Hinter diesem ein zweiter Brocken.

Der erste Hilfskreuzer gibt mit der Morselampe Kursbefehle an die *Poseidon.*

Nielsen befolgt sie nicht. Er schaltet auf stur, als habe er Dieselöl statt Blut in den Adern. Er gibt zurück, daß er das Schiff eines neutralen Staates führe. „Sie haben kein Recht, mich zu belästigen!"

Die *Poseidon* dreht auf den alten Kurs. Dabei hält sie immer mehr auf das nahe Island zu. Nielsen hofft, in der Nacht und im Schneetreiben zu entkommen. Vorher hatte er die Heimat über ein verschlüsseltes FT von der Lage unterrichtet.

Vielleicht stehen deutsche U-Boote in der Nähe?

Ahnungsloser Nielsen . . .

Er will vor allem Zeit gewinnen.

Nach vier Stunden läuft einer der beiden Hilfskreuzer wieder auf. Er versucht sich längsseit zu schieben. *Poseidon* dreht mit „Hart Steuerbord" ab. Noch näher an Island heran. Es wird Tag. Die Küste kommt in Sicht.

11²⁰ Uhr neuer Morsespruch des Hilfskreuzers: „Stoppen Sie. Wenn Sie nicht folgen, werden Sie beschossen und versenkt!"

Nielsen sieht keinen Weg des Entkommens mehr. Er läßt die Seeventile aufreißen und die Tankdeckel öffnen. Um Brände anzulegen, mangelt es an Benzin und Öl an Bord. Davon war in Buenos Aires nicht die Rede.

Der Heimat funkt er noch die Lage.

Ein Boot kämpft sich durch die wilde See. Denen, die da drin sitzen, kann Nielsen seine Hochachtung nicht versagen. Sich bei diesem Höllenwetter in eine solche Nußschale zu setzen! Was soll er tun? Er muß die Lotsentreppe über die Reeling werfen lassen. Er hat seine Leute angewiesen, dies langsam zu tun . . .

Die Prisenbesatzung entert das Schiff. Ein Offizier und ein paar

Mann stürzen sofort in den Maschinengang und wollen nach unten steigen. Unten brandet bereits das Wasser. Die Feuer hatte Nielsen vorher herausreißen lassen. „Beeilen Sie sich", warnt er den Prisenoffizier, „das Schiff sinkt."

Mit einer Handbewegung schickt der Engländer die deutschen Seeleute in die Boote. Auf dem Hilfskreuzer werden die Deutschen eingesperrt. Nachmittags befiehlt der britische Kommandant Kapitän Nielsen zu sich.

„Kapitän, Ihr Schiff schwimmt immer noch. Es hat zwar etwas Schlagseite. Aber ich bin überzeugt, daß Sie und Ihre Männer die Ventile schließen können, wenn Sie nur wollen."

Nielsen macht eine abwehrende Handbewegung. Der britische Kommandant verliert seine Beherrschung.

„Ich fordere Sie auf, meine Befehle zu befolgen. Wenn Sie das nicht tun, werden Sie und Ihre Leute erschossen!"

„Interessant, Sir."

„Wollen Sie das Ihren Leuten selbst sagen?"

„Jawohl, ich werde versuchen, sie zu überzeugen."

Unten in den Gefangenenräumen kauft sich Nielsen seine Männer. Er spricht deutsch mit ihnen, ein sehr offenes, unmißverständliches Deutsch. „Wenn sich einer von euch bereit erklärt, diesem Befehl nachzukommen, dann ist das eine Schweinerei."

Keiner will mitmachen. Nielsen steigt wieder zum Hilfskreuzerkommandanten auf die Brücke. „Meine Leute wollen nicht. Sie sind sich einig, daß das Schiff jeden Augenblick sinken wird. Sie meinen, da könnte man sie auch besser gleich hier erschießen, statt daß sie drüben absaufen sollen."

„Und Sie, Kapitän?"

„Auf mich brauchen Sie auch nicht zu zählen, Sir."

Der Kommandant schiebt die Hände hinter den Rücken und mustert Nielsen mit einem durchdringenden Blick. Erst ist Ärger, dann Erstaunen und schließlich Verständnis in diesen stahlgrauen Augen des Engländers. Plötzlich gibt er seinem Gegner die Hand. „Ich danke Ihnen. Bitte gehen Sie jetzt zu Ihren Leuten."

Die *Poseidon* sinkt. Die Seeleute werden zusammen mit den Kameraden von drei anderen selbstversenkten deutschen Frachtschiffen nach England geschafft. Greenack ist die erste Station, Edinburgh die nächste. Hier treffen sie unter anderem die Besatzungen der *Molkenbuhr,* der *Cap Norte,* der *Gloria* — kurzum: von neun deutschen Schiffen.

Am 30. Juni schifft man sie mit vielen anderen gefangenen deutschen Seeleuten in Liverpool auf die *Andora Star* ein, zusammen mit jüdischen Flüchtlingen, mit 800 Italienern und mit vielen britischen Soldaten . . .

Die Behandlung ist gut an Bord. Aber die nackte Angst fährt mit. Die Angst vor den lauernden deutschen U-Booten. Damals in der Dänemarkstraße waren sie nicht zur Stelle.

Hier aber . . .

Am 2. Juli wird der Leib der *Andora Star* von einem fürchterlichen Stoß gebeutelt.

06⁴⁵ Uhr trifft der erste Torpedo.

07¹² Uhr der zweite in Höhe des Maschinenraums.

Kapitän Nielsen berichtet: „Wir flogen in unseren Räumen bis unter die Decke. Und dann hörte es sich an, als ob riesige Spiegel zerrissen. Bei uns war das Schott verkantet. Trotz der Dunkelheit konnten wir es aber mit vereinten Kräften aufbrechen. An Oberdeck herrschte ein chaotischer Zustand. Nichts funktionierte. Alles schrie und lief durcheinander. Der deutsche Kapitän Buhrfein von der *Adolph Woermann* und Kapitän Schmidt kletterten, von niemandem behindert, auf die Brücke. ‚Können wir helfen?'

Nein, man wollte sich nicht helfen lassen.

Kapitän Buhrfein entdeckt britische Soldaten, die sich an den Fla-Waffen zu schaffen machen. Er sieht, wie sie die Rohre auf die See richten. Da springt er zwischen die britischen Soldaten: ‚Laßt den Unsinn sein, boys. Oder soll das Schiff noch einen Torpedo von dem U-Boot verpaßt kriegen?! Pfoten weg von den Kanonen. Das Schiff ist so oder so verloren.'

Die Briten weichen zurück. Ein deutscher Kapitän gibt ihnen Befehle! Erst Minuten später dämmert in ihnen die groteske Ungeheuerlichkeit . . .

Dann aber schreit ein britischer Unteroffizier dazwischen:

‚Der Nazi hat recht. Hände weg von den Waffen!'

Plötzlich ein Dröhnen im Schiff, und dann ein Ruck. Schotten sind gebrochen. Die *Andora Star* sackt nach achtern ab.

Jetzt wird es höchste Zeit, die Boote zu fieren. Die Besatzung tut nichts für die Gefangenen. Sie bringt ihre Motorboote ins Wasser, und sonst kümmert sie sich um nichts.

Ich selbst springe in die See, um von dem sinkenden Schiff möglichst weit wegzukommen. Schaurig die Hilferufe, die mit der Dünung anschwellen, verebben und wieder anschwellen. Irgendwie komme ich in ein Boot. Mittags sichtet uns eine Sunderland. 15³⁰ Uhr kommen zwei Zerstörer.

Sie haben uns ohne Unterschied sehr anständig aufgenommen und behandelt. Zurück nach Greenock. Hier sterben noch manche an Erschöpfung. Ein britischer Pastor hilft rührend. Er bringt warmes Wasser. Er schafft Kleidung heran. Britische Soldaten opfern ihre eisernen Rationen. Ich hatte drei Mann dabei verloren. Unter den Opfern, sie gingen in die hunderte, waren mit vielen braven deutschen Seeleuten auch die deutschen Kapitäne Gremme von der *Borkum*, Kapitän Buhrfein von der *Adolph Woermann* und Kapitän Schuldt von der *Uhenfels*."

Soweit Kapitän Nielsen.

Kurz nach dem Unglück wurde in englischen Zeitungsberichten die Zahl der an Bord befindlichen Männer mit 2330 angegeben, während ein Bordsteward sie sogar auf 3000 bezifferte und weitere Nachrichten davon sprachen, daß die *Andora Star* unter anderem über 500 Verwundete an Bord gehabt habe. Die *Red Cross Society* hat sich sofort nach der Katastrophe um ein möglichst genaues Bild der Verluste bemüht. Sie kommt auf die totale Summe von 1640 Mann an Bord. Sie sagt, daß die Anzahl der Besatzungsmitglieder und der Bewachung nur geschätzt werden konnte, daß die aufgestellten Listen aber mit den bekannten Zahlen der Internierten aus den Gefangenenlagern in Übereinstimmung gebracht wurden. Danach sind 968 von 1640 Mann ertrunken, unter diesen 48 Deutsche aus dem Lager Swanwick, 101 aus dem Lager Seaton, 18 aus dem Lager Paignton und 503 Italiener. Unter den ertrunkenen Deutschen befanden sich auch viele in England internierte Geschäftsleute.

Der Kommandant des U-Bootes, das die *Andora Star* versenkte, war der „Stier von Scapa Flow", Kapitänleutnant Günther Prien. So unerbittlich ist der Krieg. So verworren sind seine grausamen Wege.

*

In Verbindung mit der *Bahia Blanca* wurde bereits das Schicksal der *Watussi* erwähnt, eines Schiffes, das den Namen eines der tapfersten Kriegerstämme Afrikas trug, und das wie alle anderen Fracht- und Passagierschiffe der Deutschen Afrika-Linien während der Friedenszeit sogar von manchen Engländern bevorzugt wurde: wegen der minutiösen Pünktlichkeit, wegen der beruhigenden Sicherheit auf diesen Schiffen, und vor allem wegen des vollendeten Service an Bord, mit dem sich kaum eine andere Reederei in der Afrika-Fahrt messen konnte. Kurzum, wer mit diesen deutschen Afrika-Linern als Passagier fuhr, war König an Bord, er fühlte sich wohl und geborgen.

Unter Kapitän Wilhelm Stamer war die *Watussi* am 22. November 1939 aus Mozambique ausgebrochen. Der Zeitpunkt schien günstig. Auf den Titelseiten hatten die Zeitungen von Portugiesisch-Ostafrika und die englische Presse Südafrikas über die dicht unter der ostafrikanischen Küste am 15. November erfolgte Versenkung des allerdings nur 706 BRT großen britischen Küstentankers *Afrika Shell* durch das Panzerschiff *Graf Spee* berichtet.

Welch eine Frechheit! Nur 300 Seemeilen von dem britischen Flottenstützpunkt Durban und 150 Seemeilen vom Hafen Lourenco Marques entfernt, griff das „Pocketbattleship" an.

Von der trostlosen, nur mit etwas kümmerlichem Buschwerk bestandenen Flachküste hatten die Eingeborenen das erregende Schauspiel beobachtet, den letzten Versuch des Tankers, in die neutralen Gewässer zu entkommen . . . die Warnschüsse der *Graf Spee* . . . die Flucht der Besatzung in die überstürzt zu Wasser gebrachten Boote . . . die Übernahme des britischen Kapitäns, den Kapitän zur See Langsdorff aus den Rettungsbooten herauspicken ließ . . .

Dazu kommen die Berichte des am Tage vorher angehaltenen niederländischen Küstendampfers *Holland*.

Graf Spee hatte das von Beira nach Lourenco Marques marschierende Schiff kurz vor Mitternacht mit Scheinwerfern beleuchtet und nach Prüfung seiner Nationalität laufen lassen. Die Holländer hatten *Graf Spee* zwar als ein britisches Kontrollschiff angesprochen, aber die südafrikanische Presse dementierte.

„Zu dieser Zeit hat keine Einheit der Royal Navy in diesem Seegebiet gestanden. Es kann sich also nur um den verdammten deutschen Taschenpanzerkreuzer gehandelt haben."

Diese Nachrichten waren für Kapitän Stamer, dessen *Watussi* nicht wie Schills *Aller* Brennstoffschwierigkeiten hatte, die ersehnte

Backstagbrise in den Segeln seiner Pläne für die Wettfahrt mit vielen Unbekannten.

Der große, sonnengebräunte und gut aussehende Kapitän kam zu dem Schluß: „Die britische Marine wird jetzt alle in diesem Raum verfügbaren Kräfte aufbieten, um das einsam operierende deutsche Panzerschiff zu jagen. Den Kommandanten der Kriegsschiffe wird im Augenblick selbst ein verdächtig erscheinender Frachter uninteressant sein."

Eine mit dem Marineschlüssel „M" chiffrierte Mitteilung der Seekriegsleitung war für Kapitän Stamer leider wertlos, da er auf seinem Handelsschiff keine Schlüsselmaschine hatte. Gegen Ende Oktober hatte die Skl gemeldet, daß das Schlachtschiff *Renown* mit einigen Kreuzern nach Kapstadt ausgelaufen wäre. Das bedeutete, daß mit verstärktem Einsatz britischer Seestreitkräfte in den Gewässern um das Kap zu rechnen war. Als Stamer mit seiner *Watussi*, getrieben vom Stachel der Unruhe und Eile, glücklich auf der Höhe des Kaps der Guten Hoffnung stand, glaubte er, es würde vollauf genügen, die Südspitze Afrikas 100 Seemeilen nach Süden abgesetzt zu runden. 100 Seemeilen sind knapp 200 Kilometer.

So tief werden die Südafrikaner auf See und in der Luft wohl nicht aufklären. Das Wetter ist im Bereich der stürmischen Westwinde schlecht genug, um hier keine Feindaktionen fürchten zu brauchen, sagte sich der *Watussi*-Kapitän.

Aber Stamer irrte. Allein auf seinen oft erprobten Seemannsinstinkt konnte er sich bei dieser Fahrt nicht verlassen. Es drohten andere Feinde als Wetter und See.

So hatte er sich auch nicht, wie der militärisch geschulte und laufend von Berlin unterrichtete Kommandant der *Graf Spee*, mit den neuesten Typen der gegnerischen Luftwaffe befaßt. Er konnte daher nicht wissen, daß die Reichweite der neuen zweimotorigen Bomber bedeutend größer war, und auch nicht, daß sie das Seegebiet um das Kap bis zu einer Tiefe von 200 Seemeilen kontrollierten.

Kapitän zur See Langsdorff hatte seinen Kurs aus dieser Erkenntnis heraus beim Rückmarsch aus dem Indischen Ozean fast 300 Seemeilen südlich des Kaps abgesetzt.

Ganz im Gegensatz zur *Watussi* . . .

Dort sichten sie am 2. Dezember völlig unerwartet erst eins und dann mehrere Flugzeuge mit dem britischen Pfauenauge unter den Tragflächen. Das in der hochgehenden See auf Höchstfahrt schwer arbeitende Schiff ist von Aufklärungsflugzeugen erfaßt worden!

Kaum haben die ersten abgedreht, erscheinen neue Maschinen.

„Die lassen uns nicht mehr aus der Zange!" ist Stamers Erkenntnis.

„Warum greifen sie uns, wenn sie uns wirklich für einen Deutschen halten, dann aber nicht mit Bomben an?" wundert sich der Erste Offizier. Er steht mit dem Rücken am Ruderhaus, die Füße fest auf den Boden gestemmt, um bei dem Arbeiten des Schiffs einen Halt zu haben.

„Warum wohl? Sie wollen uns bis zum Eintreffen eines auf Kurs gedrehten Kriegsschiffes beschatten! Erster, ist alles klar zur Versenkung?"

Der Erste Offizier nickt nur statt einer Antwort. Allein der Gedanke daran vernagelt ihm den Mund. Dann tippt er in gespielter Wurstigkeit an seine Mütze und geht, um sich noch einmal von den Vorbereitungen zu überzeugen.

Der Zweite Ofizier ist mit hastigen Schritten neben seinen Kapitän getreten.

„Herr Kapitän, Sie wollen das Schiff hier versenken, wenn es keinen anderen Ausweg gibt?" Die Augen des noch jungen Zweiten wandern bang und vielsagend über die aufgewühlte grüngraue See.

„Natürlich! Sie sind doch Seemann. Sie werden sich doch zutrauen, mit einem seetüchtigen Rettungsboot aus dieser Sturmzone herauszusegeln?"

„Ich habe auf großen Barken Kap Horn als Junge und Leichtmatrose abgeritten, aber ein Rettungsboot aus dieser Wildsee herauszusegeln, das zweifelhafte Vergnügen hatte ich noch nicht. Da fehlt mir die Praxis — und Ihnen wahrscheinlich und hoffentlich auch."

„Sie sind ein tüchtiger Nautiker und ein feiner Kerl", gibt Stamer ruhig zurück. „Und Sie werden auch ein tüchtiger Segler sein. Angst um das bißchen Leben in Not und Gefahr verdoppeln Kräfte und Mut."

„Aber die Frauen und Kinder unter den Passagieren?"

„Sind unserem Schutz anbefohlen! Hier an Bord und erst recht in Booten! Ein Grund mehr, bestes seemännisches Können einzusetzen! Oder wollen Sie lieber in britischer Internierung herumgammeln, statt den Versuch zu wagen, mit den Booten einen neutralen Hafen zu erreichen, um sich Ihre Freiheit zu erhalten?"

„Die eine Verantwortung wiegt so schwer wie die andere."

„Da gibt es kein Entweder-Oder. Lesen Sie nach in Schillers Tell: Wer gar zu viel bedenkt, wird wenig leisten."

Vorerst behält die *Watussi* stur ihren Kurs bei. Was aber nützt der beste Tarnname in einem Seegebiet, das von keinem neutralen Frachter befahren wird? Kein vernünftiger Kapitän würde ohne zwingenden Grund das Kap der Guten Hoffnung auf soweit südlichem Kurs zu umrunden versuchen, um dadurch eine noch längere Wegstrecke über den holprigen Acker der gefürchteten „Brüllenden Vierziger" abzureiten.

Daß der Frachter ein deutsches Schiff ist, ist für die britischen Flugzeugbesatzungen unzweifelhaft klar. Die Größe des Fremden stimmt auch mit der vor Tagen aus Mozambique ausgelaufenen *Watussi* überein.

Mag der deutsche Kapitän sich alle Mühe geben, er wird nicht mehr entkommen.

Kapitän Stamer wird von den britischen Flugzeugen durch mehrfache Morsesprüche angewiesen, sofort den Kurs zu ändern und den Hafen Simonstown anzusteuern.

Die Anrufe werden nicht beachtet. Auf Stamers Befehl sind die Flugzeuge für sein Schiff einfach Luft. Man ignoriert sie, wie es ein sturer Brite oder ein norwegischer Wikinger im umgekehrten Fall genau so tun würde.

Die einzige Antwort, die dem deutschen Kapitän jetzt noch bleibt, ist die Versenkung seines Schiffes. Die Sorge, daß der Gegner mit einer Drohung Ernst macht und das Schiff mit Bomben angreift, wenn es weiter auf dem alten Kurs bleibt, ist berechtigt.

Diese Überlegung ist der kritische Punkt. Aber alles bäumt sich in Stamer auf, dem britischen Befehl zu folgen.

Für ihn gilt nur der Befehl aus der Heimat.

„Boote klarmachen!" ordnet er an.

Während die Passagiere und der größte Teil der Besatzung in die bereits ausgeschwungenen Rettungsboote klettern, toben sich die britischen Flieger weiter optisch aus.

„Nehmen Sie sofort Kurs auf Simonstown — oder Sie werden gebombt . . ."

„Antworten Sie . . .!"

„Bestätigen Sie . . .!"

In niedriger Höhe überfliegen die Maschinen die *Watussi*. Das Donnern der Motoren überdröhnt das Heulen des Windes. Jeder meint, ihren Propellersog wie einen eiskalten Hauch im Nacken zu spüren.

Jeder Anflug ist eine Drohung.

Aber es fallen keine Bomben.

„Versenken!"

Nur das eine Wort richtet Kapitän Stamer an seine Offiziere. Der Befehl springt wie ein Funke auf sie über. Was nun kommt, rollt blitzschnell nach dem oft geübten Plan ab.

Die *Watussi* verfügt als Passagier-Frachtschiff über viele holzgetäfelte Aufenthaltsräume und Kammern. Überall brennt mit Benzin getränktes, schon vorher bereit gelegtes Werg auf . . . Im luxuriösen Speiseraum, in der intimen Bar, in dem mit erlesenem Geschmack eingerichteten Rauchsalon, in den behaglichen Kammern, auf den Gängen und in den Logis der Mannschaft. Das Holz ist in der tropischen Hitze afrikanischer Häfen und Seegebiete ausgedörrt.

Es brennt auf wie Zunder.

Unten im Schiff braust das Wasser durch die aufgerissenen Flutventile in die Räume.

Oben ist man noch mit dem Ausbooten beschäftigt, da eröffnen die britischen Flugzeuge das Feuer aus ihren Bordkanonen. Es ist, wie Stamer und seine Männer beruhigend erkennen, kein gezieltes Feuer. Die Engländer schießen knapp über das Schiff hinweg.

Sie wollen die Versenkung durch diese letzte Warnung und Drohung verhindern.

Sie wollen die Deutschen zwingen, an Bord zu bleiben.

Sie morsen: „Zurück an Bord."

Stamer läßt sich nicht einschüchtern.

Weder von den Passagieren noch von einem Mann der Besatzung bekommt er einen Vorwurf zu hören.

Für sie ist er ein Mann mit der glücklichen Hand, im richtigen Augenblick stets das Richtige zu tun. Das ist einer seiner markantesten Wesenszüge, den seine Besatzung von vielen Reisen her an ihm gewöhnt ist. In ihrer Sprache bringen sie es auf einen einfachen Nenner:

„Der Mann hat Glück!"

Er wird es auch jetzt haben, da er und sein Schiff, schicksalhaft miteinander verbunden, an der unwiderstehlichen Gewalt der Verhältnisse zu scheitern scheinen.

Stamer hat gute, vieljährig erfahrene Seeleute an Bord. Sie lassen sich durch den nervösen Beschuß der Briten nicht aus der Ruhe bringen. Die Kerls haben Salzwasser im Blut. Sie arbeiten besonnen, ohne sichtbare Hast — und dennoch schnell.

Alle Boote setzen glatt und ohne Zwischenfall in die auf- und abrollende See auf. Das ist eine großartige seemännische Leistung. Die Dünung packt die Kutter und reißt sie mit sich weg, fort von dem langsam sterbenden Schiff, aus dem der Westwind schwarze Qualmbündel in Fetzen herausreißt und in Lee davonträgt.

Altbefahrenen Seeleuten wird in den auf und ab torkelnden Booten speiübel. Die Frauen beißen die Zähne aufeinander. Einige sind weiß wie Leichen, andere haben ihre schreienden Kinder an sich gepreßt. Aber sie halten sich tapfer. Ihre Augen hängen an den Seeleuten. Der Offizier, der im Boot den Befehl führt, tut die Schießübungen der Flieger mit einer kaltschnäuzigen Geste ab.

„Keine Angst! Das Letzte wagen sie nicht. Sie wollen uns nur einschüchtern."

Aber der Gedanke, Tage und Wochen in dieser verrückten See mit offenem Boot umherschwabbern zu müssen, stimmt nicht viel tröstlicher.

Stunden später schiebt sich erst ein dürrer Mast über die Kimm heraus. Ihm folgen vierkante Brückenaufbauten und zwei Schornsteine.

Und dann sehen sie in den Booten auch Geschütze.

Die *Renown* ist da!

Ein riesiger Koloss von 32 000 Tonnen, ein Schlachtschiff.

Die Boote werden von der geschickt und fast spielerisch manövrierenden *Renown* eingeholt und an Bord genommen.

Die britischen Seeleute behandeln die Überlebenden fast kameradschaftlich. Der Kommandant spricht Kapitän Stamer sein Bedauern aus, daß Kriegszustände ihn zwangen, sein schönes Schiff selbst versenken zu müssen.

Kein Wort der Verärgerung wird laut. Im Gegenteil, mancher britische Offizier verhehlt nicht seine Hochachtung vor dem Mut der Deutschen, angesichts der drohenden Kanonen der Bomber

Feuer angelegt und die Flutventile aufgerissen zu haben. Sie bewundern auch die gekonnten Bootsmanöver.

„Wenn wir euch nun in dieser verrückten Wasserwüste hätten treiben lassen? Schließlich hat sich euer Kapitän ja unseren Befehlen widersetzt!"

„Dann wären wir auch ohne eure Hilfe irgendwo an Land gekommen", geben die deutschen Seeleute zurück.

In Kapstadt wird Kapitän Stamer an Land gebracht und von einem Journalisten des „Rhodesischen Herald" gefragt, warum er nicht nur die Seeventile geöffnet, sondern sein Schiff auch noch in Brand gesteckt habe.

Kapitän Stamer erklärt, daß das Anlegen von Feuer in den holzverkleideten Kabinen und Korridoren des Fahrgastdecks die sicherste Art sei, ein Schiff zu vernichten. Und er fügt noch hinzu:

„It's an unwritten law of the sea that the captain never allows his command to fall in ennemy's hands. I was determined that my ship should not be captured."

Klarer, kürzer und knapper konnte Kapitän Stamer diese für ihn selbstverständliche Haltung, niemals sein Schiff in Feindeshand fallen zu lassen, nicht zum Ausdruck bringen.

*

Bestand wirklich die Gefahr, daß gegnerische Streitkräfte die Überlebenden nach einer Selbstversenkung ihrem Schicksal überließen?

Hierüber gibt das britische Seekriegswerk „The War at Sea" wohl die beste Auskunft. Captain R. N. Roskill schreibt:

„Vor Ausbruch des Krieges war den deutschen Handelsschiffen zur Auflage gemacht worden, sich durch Selbstversenkung dem drohenden Aufbringen zu entziehen. Hierdurch wurde der britischen Handelsmarine manche wertvolle Prise entzogen. Sobald diese Feindpraxis erkannt war, genehmigte das Kabinett den Vorschlag, daß die stoppenden Kriegsschiffe dem feindlichen Handelsschiff den Befehl geben sollten, die Boote zu Wasser zu lassen und vom Schiff fortzufahren. Ferner sollten sie warnen und drohen, daß die Besatzung ihrem Schicksal überlassen würde, falls sie das Schiff selbst versenkte. Wenn dieses Signal jedoch mißachtet wurde, sollte die Besatzung dennoch aufgenommen werden.

Der erste sichtbare, aber ziemlich späte Erfolg in dieser Hinsicht wurde erzielt, als die *Wahehe* diesem Befehl nachkam. (Die *Wahehe*, ebenfalls ein Schiff der Deutschen Afrika-Linien, wurde am 21. 2. 1940 im Atlantik durch ein britisches Kriegsschiff gekapert, als *Empire Citizen* wieder in Dienst gestellt und am 3. Februar 1941 durch ein deutsches U-Boot im Atlantik versenkt).

Aber grundsätzlich wurde die Selbstversenkung damit nicht verhindert; die Sprengladungen waren meist schon gezündet worden, bevor das Schiff die Warnung unserer Einheiten erhalten und verstanden hatte."

Soweit Captain Roskill. Es ist kein Fall bekannt geworden, in dem britische Kriegsschiffe die Selbstversenkung deutscher Frachtschiffe mit gezieltem Geschützfeuer zu stören versucht hätten.

Daß die deutsche Presse der Kriegsjahre sich bemühte, den Untergang der *Watussi* zu einem „Fall" zu erheben, um nachhaltig zu unterstreichen, britische Flieger hätten Frauen und Kinder in Rettungsbooten beschossen, lag in der Natur der Presseführung in Kriegszeiten. In Wirklichkeit ist keiner der Bootsinsassen verletzt oder getötet worden. Mag sein, daß die damals in deutschen Zeitungen erwähnten „Augenzeugenberichte über britische Greueltaten" von den Betroffenen nicht einmal bewußt gefärbt worden sind. In ihrer Erregung und Angst mögen sie die Warnschüsse anders gedeutet haben, als sie gemeint waren. In einem Punkte setzten sich die Engländer allerdings über internationales Recht hinweg: Nicht immer achteten sie die Hoheitsgewässer neutraler Staaten. Selbstbewußt packten sie überall dort zu, wo ihnen die Vernichtung eines Gegnerschiffes wichtiger erschien als die sich daraus ergebenden diplomatischen Verwicklungen. Hier galt offenbar der alte britische Spruch: Recht oder Unrecht — mein Vaterland!

Bei dem in der Nacht vom 16. zum 17. Februar 1940 im norwegischen Jössing-Fjord auf die *Altmark* verübten Überfall, den Churchill als „eine wundervoll durchgeführte Operation" bezeichnete, wurden, um einen angeblichen Widerstand zu brechen, sieben deutsche Handelsschiffsseeleute getötet und sechs weitere schwer verwundet.

Womöglich glaubte das Kommando des britischen Zerstörers *Cossack*, es handele sich bei der *Altmark*-Besatzung um ausgesuchte, schwer bewaffnete Angehörige der Kriegsmarine, die sich einer Befreiung der englischen Gefangenen mit Waffengewalt widersetzen würden. So mag es zu der wilden und planlosen Schießerei des Enterkommandos, das auf jeden Mann der *Altmark* schoß, der sich nur an Oberdeck zeigte, gekommen sein. Doch dieser Fall ist ein Kapitel für sich, da die *Altmark* als Versorgungsschiff der Kriegsmarine nicht unter der Handelsflagge fuhr.

Von anderen Neutralitätsverletzungen wurden indessen auch einige deutsche Handelsschiffe betroffen.

*

Es ging auf die neunte Morgenstunde des 6. September 1939, als der 7789 BRT große Lloyd-Frachter *Franken* knapp anderthalb Seemeilen unter der Westküste Sumatras zwischen den Inseln Betoe und Sibaroe angeflogen wurde.

Es war heiß an diesem Tage. Die Luft lastete auf den Männern wie eine fiebernde Glut, vollgesogen vom Dunst des Meeres.

Die Erwartung, es werde sich bei der Maschine um einen niederländischen Küstenaufklärer handeln, erfüllte sich nicht. Das Flugzeug, das sich der *Franken* von Land aus näherte, trug die britischen Hoheitszeichen.

„Was kann uns schon passieren", besänftigt der Wachoffizier die erregten Gemüter seiner Männer, „wir schwimmen in niederländisch-indischen Hoheitsgewässern."

„Und was hat das britische Flugzeug hier zu suchen? Mit welchem Recht kommt es von Land auf uns zugebrummt?" gibt der Kapitän zu bedenken, klemmt sich seine zerkaute Stummelpfeife zwischen die Zähne und pafft heftig drauf los.

Die nun folgenden britischen Maßnahmen entheben ihn weiterer Zweifel. Die Flieger werden deutlicher. Mit einer Morselampe fordern sie den Frachter zum sofortigen Stoppen auf.

Der *Franken*-Kapitän findet in seinem Wortschatz nur eine einzige, auf diese Unverschämtheit passende Antwort, allenfalls dadurch gemildert, daß er Götz von Berlichingens drastische Aufforderung im Hamburger Platt durch die Zähne preßt.

Wer auf der Brücke steht, fühlt seinen Pulsschlag hämmern. Was wird der Alte tun?

Der Alte bleibt gleichmütig. Er ruft dem Rudergänger der Ordnung halber zu: „Kurs halten!"

Die *Franken* stoppt nicht.

148

09^{05} Uhr und 09^{16} Uhr wirft das Flugzeug zwei Rauchbomben vor den Bug des mit hoher Fahrt weiter dahinpflügenden Frachters. Diese Signale können nicht übersehen werden.

Aber der Kapitän ignoriert sie genauso wie die Aufforderung zum Stoppen. Er manövriert sein Schiff zwischen den beiden Rauchfahnen hindurch. Sie passieren die Signale in einem Abstand von knapp einer Schiffsbreite. Der Wind weht beißenden Qualm über die Brücke hinweg. Einige husten. Andere fluchen. Dann sind sie vorbei.

Die Briten lassen nicht locker. Hartnäckig umkreisen sie das deutsche Schiff.

09^{27} Uhr: Auf der *Franken* wird beobachtet, wie auf dem voraus liegenden Kurs nacheinander vier kugelähnliche Körper aus dem Flugzeugrumpf heraustorkeln und aufklatschend in der See verschwinden. Kapitän und Wachoffiziere haben den Abwurf genau durch ihre Gläser verfolgen können.

„Dem Aussehen nach waren das wahrscheinlich Minen", knurrt der WO.

„Wahrscheinlich? Es waren Minen! Sie sollen uns auf unserem Weitermarsch behindern. Entweder brummen wir auf ein solches Teufelsei auf, dann werden die Briten von einer ‚unerklärlichen Unterwasserexplosion' sprechen, denn von Land aus wird keiner die Minen beobachtet haben. Die andere Möglichkeit ist, daß wir aus den neutralen Gewässern herausdrehen, da sie einen direkten Angriff auf uns hier nicht zu wagen scheinen."

„Und draußen packen sie zu, Herr Kapitän."

„Aber wir tun den Burschen nicht den Gefallen, wir werden noch dichter unter die Küste gehen."

Trotz der schwierigen Gewässer gelingt es dem *Franken*-Kapitän, sein Schiff dicht unter Land an der Minensperre vorbeizuschieben. Der Peilung nach wird die dem Land am nächsten liegende Mine in einem Abstand von nur 100 Meter passiert. Unter dem Schiffsboden bleibt knapp eine Handbreit Wasser . . .

Kurze Zeit später jagt ein Zerstörer mit weißem Bart auf die *Franken* zu, ein Brite, herbeigerufen durch das Flugzeug. Die *Franken* weicht noch dichter unter Land aus. Keine 500 Meter steht der Frachter von der mit üppigem Tropenwald überwucherten Küste ab. Man glaubt das Rauschen der Brandung an Bord zu hören . . .

Ein paar Meter weiter zum Strand hin, und sie sitzen fest. Der Zerstörer fährt ebenfalls innerhalb der holländischen Hoheitsgewässer und fordert die *Franken* unbekümmert durch Morse- und Flaggensignale zum Stoppen auf. Er droht mit direktem Beschuß, wenn der Befehl nicht befolgt wird.

Eine verdammt kritische Situation.

Die *Franken* stoppt aber weder sofort noch später, als sich die Rohre der Geschütze des britischen Kriegsschiffes drohend auf sie richten. Erst beim Insichtkommen von Padang schwenken die Kanonen wieder auf Nullstellung zurück, läßt der Zerstörer von der *Franken* ab.

Im Emmahafen Padangs geht der deutsche Frachter vor Anker.

Der britische Bluff hat bei dem deutschen Kapitän nicht gezogen.

Das Klima in Padang selbst ist mörderisch, die Verpflegung mit europäischer Kost völlig unzulänglich. Die einheimischen Nahrungsmittel sind ungewohnt. Eine Aussicht, aus diesem Hafen unbemerkt nach Japan auszubrechen, bietet sich weder der *Franken* noch anderen, nach Niederländisch-Indien geflohenen deutschen Handelsschiffen. Entgegenkommenderweise haben die holländischen Hafenbehörden keinen Landgangstop verhängt. Ansässige Auslandsdeutsche, bei den Holländern gut beleumdet, bieten sich an und stellen den deutschen Seeleuten ihre auf den Höhenzügen des Marapi-Berges und des Bavisan-Gebirges in über 1000 Meter Höhe gelegenen Ferienheime zur Verfügung.

Am 10. Mai 1940, als sich mit dem begonnenen Westfeldzug der graue Heerwurm der deutschen Landser über die Grenzen von Belgien, Luxemburg und Holland wälzt, am gleichen Tage, an dem die Briten die für ihre seestrategischen Operationen so wichtige Insel Island im Handstreich besetzen, geschieht im fernen Padang das, was der *Franken*-Kapitän bei Kriegsausbruch mit knapper Not verhindern konnte: der deutsche Frachter wird von einem Kommando des niederländischen Kreuzers *Java* besetzt und unter dem Namen „Wangi Wangu" wieder in Dienst gestellt. Fast genau ein Jahr später, am 25. Mai 1941, läuft er im Atlantik einem deutschen U-Boot vor die Rohre.

*

Da ist der Fall der *Bertha Fisser*.

Dieser 4110 BRT große Frachter stand auf dem Durchbruchsweg

in die Heimat, als er am 20. November 1939, genau 14³⁰ Uhr, unter der isländischen Küste laufend, westlich von Stocknaes von einem britischen Hilfskreuzer angenommen wurde.

Die *Bertha Fisser* befand sich innerhalb der isländischen Hoheitsgewässer. Die Küste war nur knapp anderthalb Seemeilen entfernt. Das hinderte den Kommandanten der *Chitral* aber nicht, seinen gemorsten Stop-Befehl noch durch einen Warnungsschuß vor den Bug zu unterstreichen.

Auch der *Bertha Fisser*-Kapitän verfügt über keine Praxis im Kriegshandwerk. Auch er tastet im Ungewissen, wie sich der um seine Beute betrogene Gegner bei einer Selbstversenkung verhalten wird. Auch ihn springt die schwere Sorge an, daß die Briten eine solche Maßnahme notfalls mit Gewalt verhindern werden.

Als die Granate vor dem Bug der *Bertha Fisser* zerplatzt, als die gezackten Eisen der Sprengsplitter durch die Luft singen und einige von ihnen schrill klirrend an Deck fallen und gegen den Rumpf und die Brückenaufbauten prallen, sieht sich der deutsche Kapitän vor den schwersten Entschluß seines Lebens gestellt.

Der angsterfüllte Ausdruck in den Gesichtern seiner Männer entgeht ihm nicht. Er überhört auch nicht die zur Vernunft mahnenden Rufe einiger Seeleute an Deck.

Er läßt den Maschinentelegrafen auf Stop werfen. Das ist kaum geschehen, da bringt der nächste Befehl seine Männer in Bewegung: Der Versenkungsbefehl.

„Klar bei den Booten!"

Die *Bertha Fisser* sackt schnell tiefer und tiefer in die See.

Die Besatzung versucht in den Rettungskuttern, die nahe Küste zu erreichen. Nur weg von dem absaufenden Schiff, auf dem vieles blieb, was ihnen persönlich wert und heilig war. So wie sie gingen und standen, mußten die meisten aussteigen. Es kam alles zu schnell, zu unerwartet.

Da blitzt es auf dem britischen Hilfskreuzer wieder auf. Über die eingezogenen Köpfe der Bootsbesatzungen orgelt es heulend und pfeifend hinweg. Knappe hundert Meter vor dem ersten Boot bricht eine Wassersäule aus der See.

Dem Schuß folgt wieder ein Morsebefehl:

„Kehren Sie sofort um und kommen Sie mit den Booten längsseit. Im Weigerungsfalle werden Sie beschossen."

Der Kapitän brüllt über das Wasser zu seinen anderen Booten hin:

„Männer, unsere *Bertha Fisser* läuft ihnen auf den Meeresgrund davon. Wir haben damit unsere Pflicht erfüllt. Alle Boote nehmen Kurs auf den Hilfskreuzer."

Die gesamte Besatzung wird gefangengenommen und in England interniert.

*

„By Jove, sie kriegen sie nicht!" schrie der Kapitän der *Glücksburg* von der Hamburger Reederei Harald Schuld. Er springt selbst an das Ruder und legt den Kurs seines 2680 BRT großen Schiffes auf den nahen Strand der flachen Küste zu.

Mit voller Fahrt wühlt sich der Kiel in den Grund. Beim Aufprall brechen die oberen Stengen der Masten weg. Ein wildes Aufstöhnen ächzt durch den kleinen Frachter, reißende Geräusche folgen. Irgendwo zerspringt Glas.

Die *Glücksburg* sitzt fest.

Ihr Schiffsboden ist aufgespalten.

Der Frachter ist verloren. Er wird sich tiefer und tiefer in den Sand einwühlen. Den Rest besorgen Rasmus und seine Trabanten.

Das geschah am 26. Dezember 1939, 17 Uhr, in der Nähe von Cadiz, an der Südküste Spaniens.

Die *Glücksburg*, die anderthalb Seemeilen vor der Küste in neutralen Gewässern schwamm, war erst von britischen Flugzeugen zum Stoppen aufgefordert, dann von einem aus Gibraltar herbeigerufenen Zerstörer verfolgt worden. Ohne Rücksicht auf die spanischen Hoheitsgewässer näherte sich das Kriegsschiff dem jetzt näher unter Land ausweichenden deutschen Frachter. Bis auf dreihundert Meter drängte sich der Zerstörer heran.

Als eine Motorbarkasse mit einem englischen Enterkommando nur noch wenige Meter von der *Glücksburg* abstand, befahl der Kapitän volle Fahrt und legte den Kurs des Schiffes auf den Strand zu.

Nun ließen die Briten die deutsche Besatzung endlich zufrieden. Die Männer kamen an Land. Die spanische Regierung erhob scharfen Protest gegen diese Neutralitätsverletzung. Es blieb ein Protest auf dem Papier. Die *Glücksburg* wurde dadurch nicht wieder flott.

*

117 Schiffe, Passagier-Liner mit Namen von internationalem Klang und Frachter aller Größenordnungen, fuhren im Jahre 1939 unter den Symbolen des Norddeutschen Lloyd: schneeweiße Flagge mit dem gekreuzten Schlüssel und Anker im Eichenlaubkranz, und ein schlichter gelber Schornstein ohne Marke. Unter diesen die 5522 BRT große *Frankfurt*, ein Schwesterschiff der gleich großen und im gleichen Jahre erbauten *Chemnitz*.

Bei Kriegsausbruch war die *Frankfurt* in einen Hafen des neutralen und deutschfreundlichen Chile ausgewichen. Kapitän Frese wollte zunächst die Ereignisse in Europa abwarten, ehe er weitere Entschlüsse faßte. Aber schon bald wurde es ihm zur Gewißheit, daß mit einer Beendigung des Krieges in absehbarer Zeit nicht zu rechnen sei . . .

Die Stimmung unter der Besatzung ist explosiv. Die Männer wollen heim. Sie schämen sich, hier untätig herumzugammeln. Sie wollen nicht abseits stehen.

Kapitän Frese bleiben die Symptome der Verbitterung und der Gereiztheit seiner Leute nicht verborgen. An Land fließt der chilenische Rotwein in Strömen durch die Kehlen. Beste Freunde geraten sich in die Haare. Um nichts.

Also Durchbruch. Koste es, was es wolle.

Ein Vertreter der Botschaft tippt vorsichtig an, ob man gegebenenfalls einige Deutsche aus Brasilien und Chile mitnehmen könne.

Kapitän Frese hat seine Wohnung in Deutschland und auch seine Familie. Seine Besatzung nicht minder. Daß sich aber in Chile ansässige Deutsche aus sicheren Positionen heraus zum Dienst auf das blutige Schlachtfeld Europa melden und auch noch das Risiko einer so ungewissen und gefahrvollen Reise auf sich zu nehmen bereit sind, bestimmt ihn erst recht, energische Vorbereitungen für den Rückmarsch zu treffen.

Die *Frankfurt* nimmt außer den Brasilien- und Chiledeutschen auch Besatzungsmitglieder des bei Beginn des Krieges in Chile aufgelegten P-Liners *Priwall*, einer der letzten stählernen Viermastbarken, mit an Bord. Auch diese Männer meldeten sich freiwillig, so wie im Ersten Weltkrieg die Besatzungsmitglieder des Lloyd-Schulschiffes *Herzogin Cäcilie* auf die Bark *Tinto*.

Die Ausfahrt ist von keiner akuten Gefahr überschattet. Die Engländer sind im Augenblick im Atlantik, im Mittelmeer und im nördlichen Eismeer derart stark engagiert, daß sie nur mit Mühe einige Einheiten für die Jagd auf die Gespensterschiffe, die noch in der Indischen See und im mittleren und südlichen Atlantik operierenden deutschen Hilfskreuzer, abziehen können.

Sie runden Kap Horn. In der Harenbespannung der Wanten, Stage und Pardunen heult der Sturm. Und eines Tages stehen sie im Südatlantik. Nun geht es der Kompaßnadel nach auf nördlichen Kurs.

Die bisher steten Westwinde schlafen ein. Mit den ersten fliegenden Fischen geraten sie in die südliche Zone der veränderlichen Stillen. Plötzlich ist der Südostpassat da, sanft und weich wie eine Frauenhand. Sonne und schneeweiße Wolkengebirge am Himmel und eine gleichbleibende Dünung.

Jeder Sonnenaufgang ist eine erhebende Feier. Die Tage sind blau und goldgetränkt. Abends, wenn die Sonne sinkt, ein Andante in flammendem Gold, ein Feuer, das plötzlich erlischt. Um sie herum die ewige Dünung wie ein mahnender Herzschlag.

Die gefährliche Enge zwischen Pernambuco und Freetown, vom Gegner, wie bekannt, stark überwacht, bringt nicht einmal eine Rauchfahne in Sicht. Eine der mit klopfendem Herzen erwarteten Hürden ist damit genommen.

Windstille am Äquator und eine erregend blaue, majestätisch dünende See. In ihrem leuchtenden Kristall schwarze Blitze. Haie!

Nordwärts, nordwärts hummeln die Maschinen. Unten vor den Kesseln schuften Stoker und Heizer im Gluthauch der Feuer, den auch die Ventilatoren nicht zu mildern vermögen. Das Reservepersonal steht auf Abruf klar, bereit, sofort einzuspringen, wenn es gilt, mit ausgelegten Maschinen und über dem roten Strich zitternden Manometern einer Mastspitze, einem Fremden, einem Gegner, auszuweichen. Die Passagiere an Bord sind keine Passagiere mehr. Sie sind, so gut es geht, in den Ausguckdienst mit eingespannt worden, und die Kameraden vom Segelschiff *Priwall* packen an Deck und in der Maschine mit an.

Besatzung und Passagiere sind in der Not zu einer Gemeinschaft zusammengeschmolzen.

Am 3. August 1941 sind es nach dem Mittagsbesteck noch gute 600 Seemeilen bis zur Höhe der Azoren. Wenn diese Inselgruppe erst einmal erreicht ist, will Kapitän Frese auf Ostkurs drehen, der Biscaya entgegen. Tröstlich ist es zu wissen, daß die deutsche Luftwaffe zur Zeit noch den Seeraum vor der Biscaya kontrolliert, daß ihnen die heranstampfende *Frankfurt* angekündigt worden ist, und daß auch die deutschen U-Boote Nachricht erhielten.

Am nächsten Abend, als sich wieder einmal die Sonnenscheibe purpurn flammend auf die scharfgeschnittene Kimm zuwälzt, steht das Schiff noch 540 Meilen von den Azoren ab. Der Himmel bezieht sich mit regenschweren, jetzt violettfarbenen Wolken.

Die *Frankfurt* hat das Grenzgebiet der Mallungen und des Nordpassats erreicht.

Sie atmen auf an Bord, denn in den nächsten Tagen darf mit Regen gerechnet werden. Regen bedeutet schlechte Sicht und eine Chance mehr, den Jägern zu entkommen. Doch bevor die Nacht ihre Schleier über den Atlantik zieht, schiebt sich ein mächtiger Brocken über die Kimm, ein Passagierschiffstyp.

Kapitän Frese ist zwar kein Seeoffizier mit Hilfskreuzerpraxis, aber auch ihm ist sofort klar, wen er da vor sich hat, denn der direkte Kurs des mit hoher Fahrt herausgelaufenen Schiffes sagt ihm alles.

Die *Frankfurt* hat sofort abgedreht. Als die Nacht ihre dunklen Schwingen ausbreitet, ist der Gegner auch mit den guten Nachtgläsern nicht mehr zu erkennen.

„Wenn die da drüben nicht ganz besonders gute optische Geräte an Bord haben, sind wir ihrer Sicht entzogen", meint der Erste Offizier Reiners.

„Ja", sagt Frese, „aber . . ." Und er betrachtet den Himmel, über den die Schatten dunkler Wolkenbänke ziehen. „Wir haben Vollmond, Reiners. Ausgerechnet jetzt Vollmond." Frese greift zum Sprachrohr, das die Brücke mit der Maschine verbindet. „Maschine, können wir noch mehr herausholen?"

„Unmöglich! Wir fahren bereits einige Strich über der Sicherheitsgrenze."

„In Ordnung. Sehen Sie zu, daß wir vorerst die Höchstfahrt beibehalten können. Ein feindlicher Hilfskreuzer hat uns entdeckt. Wir versuchen, ihm mit ablaufendem Kurs zu entkommen."

Um die Männer der Brücke ist das Rauschen des Fahrtwindes, und vom Bug her rauscht die hoch aufgeworfene See.

Plötzlich bricht der Mond durch eine Wolkenlücke. Vollmond! Die Nacht wird durchsichtig . . .

„Schatten an Backbord!" schreit ein Ausguckposten. „Dreht auf uns zu!"

„Silhouette wird schmaler!"

Aller Augen hängen am Himmel. Sie kleben an einer neuen, sich nur langsam heranschiebenden Wolkenbank. Kapitän Frese wartet. Er will den Kurs erst ändern, wenn das ekelhafte Mondlicht wieder erlischt.

Da, jetzt ist es soweit. Die *Frankfurt* legt sich unter dem Druck des Ruders hart nach Steuerbord über.

Wieder wird es dunkel. Wieder bietet der Himmel eine Chance. Aber nur für zehn Minuten, nicht lange genug, um aus der Sicht des Gegners herauslaufen zu können.

Eine Lücke in den Wolken.

Neuer Mondschein.

Sie sehen den Gegner wieder und erkennen, daß er ihnen auf dem Ausweichkurs folgt.

So geht es Stunden. Ein Katz- und Mausspiel.

Mit jeder Mondhelligkeit holt der Gegner auf. Bei jeder neuen Sichtung staffelt er sich näher an die *Frankfurt* heran.

Acht helle Schläge hallen über das gehetzte Schiff. Mitternachtsglasen.

Eine halbe Stunde später hat der britische Hilfskreuzer soweit aufgeholt, daß auch der größte Optimist auf der *Frankfurt* nicht mehr an ein Entkommen glaubt.

Kapitän Frese bleibt keine andere Wahl. Er muß, will er sein Schiff nicht kapern lassen, die *Frankfurt* versenken. Er gibt Befehl, die bereitgestellten Brandkanister anzuzünden und klar bei den Sprengladungen zu stehen.

Er selbst übernimmt mit 25 Mann das eine Boot, das zweite steht unter dem Befehl des Ersten Offiziers.

Als die Rettungskutter zu Wasser gebracht sind, reißen die letzten Männer an Bord die Sprengladungen ab. Sie krepieren neun Minuten später mit einem erdbebenhaften Grollen. Die Ladungen im Maschinenraum waren so stark, daß die Skylights in die Luft geschleudert werden, gefolgt von einer grellen Stichflamme.

Flammen breiten sich jetzt auch auf der Brücke und auf dem Vor- und Achterschiff aus.

Die *Frankfurt* treibt wie eine riesige Fackel auf der nachtschwarzen See. Gegen diese lodernde Feuerwand heben sich die beiden Rettungsboote mit den Überlebenden so klar wie ein Scherenschnitt ab.

Aber noch bleiben sie in den Booten unbehelligt.

Eine Stunde lang schwimmt die *Frankfurt*. Dann frißt sie die See. Über das Heck fährt sie in die Tiefe. Wie sich nach dem letzten Akt eines Dramas ein dunkler Bühnenvorhang schließt, so erlischt das Feuer unter dem sternenübersäten Baldachin des Tropenhimmels. Eine steingraue Wasserdampfwolke, vermischt mit braunschwarzem Brandrauch, steht für Sekunden über dem Sterbebett des deutschen Frachters. Dann verweht sie der Wind.

Erst jetzt kümmern sich die Engländer um die Boote.

Aber sie finden nur das eine, das Kapitän Frese führt, während sich das zweite Boot unter Führung des Ersten Offiziers im Schutze der Dunkelheit dem Sichtkreis des Hilfskreuzers entziehen konnte. Reiners hatte seine Bootsinsassen vor die Wahl gestellt, ob sie in britische Gefangenschaft gehen oder lieber eine ungewisse Bootsfahrt auf sich nehmen wollten.

Alle zogen die Fahrt im Rettungsboot vor.

Reiners warnt: „Euer Entschluß in Ehren. Aber ich mache noch einmal darauf aufmerksam: eine solche Fahrt läßt uns schwerste Entbehrungen und größte Gefahren erwarten. Prüfe sich jeder noch einmal, ob er auch die Kraft in sich spürt, dem Hunger, dem Durst und der Angst zu trotzen. Wenn einer die Hand hebt, ich werde es ihm nicht verargen. Nur eines einzigen Mannes wegen drehen wir um . . .“

Schweigen im Boot, das auf den wandernden Zügen der Dünungswogen auf und niederschwebt, unter dem Druck der Segel leicht nach Backbord übergeneigt.

„Keine Antwort. Gut. Ich mache die Gegenprobe. Wer dafür ist, hebt die Hand.“

Alle strecken die Hand in die Nacht.

„Gut. Dann laßt uns Proviant und Wasser einteilen.“ Sie machen sich an die Arbeit. Am Ende bleiben pro Kopf und pro Tag:

ein Stück Hartbrot,

40 Gramm Boiled Beef und

10 ccm Wasser.

10 Kubikzentimeter Wasser sind ein hundertstel Liter. Das ist nicht mehr als ein halber Eierbecher voll . . .

Noch einmal appelliert Reiners an seine Kameraden.

„Die Rationen sprechen Bände. Noch ist Zeit, uns dem Hilfskreuzer durch ein Blaulicht bemerkbar zu machen.“

„Wir fahren. Wir wollen lieber hungern, als uns gefangen zu geben!"

Reiners legt den Kurs auf die Azoren. Die Inseln sind noch 540 Seemeilen entfernt.

An Bord befindet sich auch der Erste Offizier Günther von der Viermastbark *Priwall*, ein hervorragender Segelexperte und erstklassiger Praktiker. Er unterstützt Reiners in der Navigation, und er hat gleich am nächsten Morgen die Idee, der vorhandenen Besegelung noch ein Notsegel hinzuzufügen, um schneller vorwärts zu kommen. Ein weiterer Mast wird aus überzähligen Riemen gerichtet. Es geht tatsächlich hurtiger voran. Solange der Wind sich gnädig erweist. Bleibt er weg, greifen die wachweise abgeteilten Kameraden zu den Riemen. Sie wollen keine einzige Minute auf ihrem Marsch verlieren, über den die Zeitungen in Friedenszeiten ganze Seiten berichten würden.

Sorgen macht ihnen zunächst nur der bereits auf der *Frankfurt* schwer erkrankte Bäcker. Er wird im Wind- und Sonnenschutz unter der Bootsback untergebracht. Selbstverständlich, daß man ihm größere Rationen und vor allem mehr Wasser zubilligt.

Die ersten vier Tage gehen ohne Belastung dahin, mal segelnd, mal pullend. Man kommt recht gut voran. Täglich sind es um die 50 Seemeilen, und man hat Hoffnung, früher als berechnet die Azoren zu erreichen, zumal sich um diese Jahreszeit die Gebiete hohen Luftdrucks ziemlich weit nach Norden ausdehnen.

In der Nacht vom 8. zum 9. August wandern die Lichter eines neutralen Schiffes über die Kimm, das den Kurs des Rettungsbootes kreuzt.

Reiners läßt Blaufeuer anzünden. Sie werden bemerkt.

Der Dampfer geht längsseit. Reiners entert die Lotsentreppe und wird von dem inzwischen geweckten Kapitän mit großer Herzlichkeit empfangen. Bei dem Schiff handelt es sich um den unter der Panama-Flagge nach Lissabon segelnden Dampfer *Norden*.

„Warum kommen Sie allein? Wo bleiben Ihre Leute?" wünscht der Kapitän, ein Norweger, zu wissen.

„Ich muß zuvor einiges klären."

„Was gibt es zu klären? Sie sind Schiffbrüchige. Das genügt doch."

„An sich ja. Aber wir sind deutsche Schiffbrüchige."

„Oh", sagt der Panamese aufstöhnend und läßt sich in den Sessel fallen. „Oh, that makes things bad . . . Das macht die Dinge schlechter."

Plötzlich springt er auf, öffnet die Tür eines eingebauten Schranks, holt eine Flasche Gin hervor und schenkt zwei Gläser voll. Er hebt das seine und prostet Reiners zu. Während der Kapitän das Glas in einem Zug leert, nippt Reiners nur daran, denn nach der dürftigen Kost der letzten Tage hätte ihn schon das Wenige im Glas umgeworfen. Er muß aber nüchtern bleiben.

Der Kapitän schüttet noch ein Glas in seine Kehle.

Erst dann geht er schwer schnaufend auf die Lage ein.

„Ja", beginnt er zögernd, „an Bord nehmen will ich Sie und Ihre Männer . . ."

„Aber?"

„Ja, aber . . . Sie müssen sich damit einverstanden erklären, daß ich Sie und Ihre boys in einem verschließbaren Raum unter Bewachung halte."

„Haben Sie etwa Angst, meine Leute könnten Ihnen Ihr Schiff wegnehmen?"

„Genau das", grinst der Kapitän aufatmend, froh, daß der andere ihm die Antwort abgenommen hat. „Bei euch Germans ist man nie sicher. Ich fürchte, daß ihr die Besatzung überrumpelt und das Schiff zur Prise macht."

„Ich könnte Ihnen ja mein und meiner Leute Ehrenwort geben."

„Ich habe einfach Angst, verstehen Sie?" weicht der andere mißtrauisch aus.

„Dann werden wir auf eigene Faust versuchen, in einen Hafen zu kommen. Nur eins noch, Kapitän: geben Sie mir Ihr Ehrenwort, daß Sie nicht durch Funk unseren Standort verraten und uns so in die Hände der Engländer spielen?"

Der „Panamese" fährt sich mit seiner Hand über das Kinn.

„Hm", sagt er ausweichend, „ich bin aber eigentlich verpflichtet, einen Funkspruch abzugeben."

„Sie wollen also nicht?"

„Mit Wollen hat das nichts zu tun, ich kann und ich darf es vor mir selbst nicht." Und mit zunehmender Lebhaftigkeit fährt er fort: „Sehen Sie, es ist doch immer noch besser, in englische Gefangenschaft zu geraten, als in Lissabon interniert zu werden. In England gibt es doch wenigstens noch etwas zu essen."

Reiners lacht ihm ins Gesicht: „Tut mir leid, ich muß auf Ihre Hilfe und Ratschläge verzichten. Nur eine Bitte habe ich noch: Nehmen Sie uns den erkrankten Bäcker ab, und verständigen Sie in Lissabon die deutsche Vertretung."

„Das will ich gern tun." Sichtlich beeindruckt von der Haltung des deutschen Handelsschiffsoffiziers bietet er darüber hinaus plötzlich von sich aus noch Wasser und Proviant für die Schiffbrüchigen an.

„Nehmen Sie ruhig, wir haben genug davon."

So geschieht es: der Bäcker wird von der *Norden* übernommen, und die *Norden* gibt den Deutschen Proviant und Wasser ab.

Der Kapitän geleitet Reiners bis an die Lotsentreppe. Er reicht ihm die Hand und in seinen Worten schwingt jetzt ehrliche Anteilnahme am weiteren Schicksal der Restbesatzung der *Frankfurt*.

„Machen Sie es gut. Meine besten Wünsche begleiten Sie. Was ich sonst noch für Sie tun kann, soll geschehen. Genügt Ihnen diese Zusicherung?"

„Ich danke Ihnen. Sie genügt."

„May God bless you!" sind des Norwegers letzte Worte.

Das Boot legt ab.

Alle Insassen sind mit der Entscheidung ihres „Kapitäns" einverstanden. Keiner murrt. Kurze Zeit später fahren die Positionslichter der *Norden* unter die Kimm.

Sie waren der Rettung so nahe . . .

Die Reise im Rettungsboot geht weiter.

Zwei Tage später wird wieder ein Schiff gesichtet. Reiners befürchtet, einen Engländer vor sich zu haben, und läßt alle Aufzeichnungen und Papiere vernichten. Erst dann fiert er die Segel weg und wartet auf das mächtig heranrauschende Schiff.

Es ist gottlob ein Neutraler. Der Kapitän erklärt sich sofort bereit, die deutschen Seeleute nach Lissabon mitzunehmen. Niemand wird eingesperrt. Im Gegenteil, die Deutschen werden wie gut zahlende Passagiere betreut und behandelt.

In Lissabon nimmt sich das deutsche Konsulat der Restbesatzung an und organisiert ihre Heimreise nach Deutschland. Ihnen folgt, einige Wochen später, auch der von der *Norden* in Lissabon prompt abgelieferte und im Krankenhaus gesundgepflegte Bäcker.

Staatssekretär Königs würdigte diese Fahrt im *Nauticus 1942*, dem Jahrbuch für Deutschlands Seeinteressen, mit folgenden Worten:

„Diese Männer zeigten ein Verhalten, das dem Geist der deutschen Handelsmarine erneut ein erhebendes Zeugnis ausstellt."

Das war einer der wenigen Fälle, in denen die deutsche Öffentlichkeit, freilich auch hier nur in einem von fachlich interessierten Kreisen gelesenen Buch, etwas über die Leistungen der Handelsmarine erfuhr.

Ein anderes, noch weniger verbreitetes Fachorgan, die *Hansische Warte*, die sich ausschließlich mit den Fragen der Handelsschiffahrt befaßte, schrieb im Dezemberheft 1942 unter anderem:

„Deutschland spricht in dieser Zeit von seinen Grenadieren, seinen U-Bootsmännern . . . (es folgt eine ganze Reihe von Waffengattungen, Verbänden und Organisationen, bei denen auch das Rote Kreuz und der Luftschutz, die Bauern, Handwerker und Arbeiter nicht vergessen werden) . . . Und das ist ja auch gut. Um einen aber in der kämpfenden Front ist Schweigen. Weit über die Notwendigkeit hinaus!

Einen Mann im Volk scheint das Volk zu vergessen. Einen, der selbst schweigsam ist und still, dessen Arbeit nur wenige sehen, aber Millionen spüren, dessen Einsatz von Gefahren umwittert ist wie jeder andere Kriegseinsatz, und dessen Sterben hart ist wie jedes Sterben: den deutschen Seemann der Handelsmarine. Wo wäre wohl in einer größeren Öffentlichkeit gesagt, was um der Gerechtigkeit willen gesagt werden muß? Es ist ein seltsames Schweigen um den Seemann.

Wo vor Europas Toren Wasser ist, fahren die deutschen Schiffe, und wo deutsche Schiffe fahren, da versucht der Feind aktiv zu werden, da ist Kampf in seiner ganzen Härte. Ihn müssen die deutschen Handelsschiffe und ihre Männer bestehen, tagaus, tagein. Das Volk hat die Pflicht, den Seemann als einen seiner tapfersten Söhne anzuerkennen . . ."

Weit über die Notwendigkeit hinaus würde um den deutschen Handelsschiffsseemann geschwiegen . . . schrieb der Verfasser.

Und die Seeleute selbst sind von Natur aus schweigsam. Sie machen kein Aufhebens um ihre Leistungen. Diese stille, hoch anzuerkennende Bescheidenheit mag dazu beigetragen haben, daß ihre Taten in Dunkel gehüllt blieben. Hinzu kam, daß in vielen Fällen nur strikte Geheimhaltung weitere Operationen möglich machte.

*

SS *Columbus* war mit ihren 32 565 BRT das drittgrößte Schiff des Norddeutschen Lloyd und in aller Welt so bekannt wie der berühmte Christophorus, der diesem Riesen seinen Namen gab. Im allgemeinen in der Passagierfahrt zwischen Bremerhaven und New York eingesetzt, diente das Schiff in letzter Zeit zu ausgesprochenen Gesellschaftsreisen: Polarfahrten, Mittelmeerreisen, Südamerikafahrten oder Westindienreisen. Alle mit sehr viel Zwischenlandungen und Landausflügen, um gutzahlende Passagiere ein Stück der bunten Welt aus der gepflegten und luxuriösen Perspektive dieses schwimmenden Palastes erleben zu lassen.

Am 15. August hatte die *Columbus* wieder einmal am Pier 84 der 42. Straße in Manhattan festgemacht. Ziel der nächsten Reise sollte die Caribic mit ihren paradiesischen Inseln und malerischen Häfen sein. Barbados, La Guyara, Curaçao, Kingston waren solche Häfen, die für vermögende Amerikaner viel Verlockendes boten.

16 Tage sollte die Reise dauern.

Was da an Passagieren an Bord kam, war unbeschwert. Menschen ohne Sorgen, ohne quälende Zweifel. Weniger unbeschwert aber war Kapitän Dähne, der Führer des Schiffsriesen. Er, seine Offiziere und Besatzungsmitglieder lebten seit Wochen in der begründeten Furcht vor einer militärischen Auseinandersetzung in der fernen Heimat und deren Folgen für deutsche Handelsschiffe. Diese Sorgen werden nicht geringer, als die *Columbus* vor Barbados weitere beunruhigende Telegramme erhält.

Angehörige der Passagiere raten in einer sich stündlich mehrenden Zahl von Telegrammen, das deutsche Schiff zu verlassen und auf einem amerikanischen oder britischen Schiff zurückzufahren. Aber die an Bord befindlichen Amerikaner tun die Bedenken ihrer Lieben daheim mit einem Lächeln ab. „Was interessiert uns schon der Konflikt in Europa?"

Die *Columbus* setzt ihren Trip fort. Außerhalb der Dreimeilenzone taucht der britische Kreuzer *Orion* auf. Rein zufällig natürlich. Sie laufen Curaçao an, Hauptstadt der holländischen Kolonie.

Kapitän Dähne will für den Fall aller Fälle vorsorgen und seine Bunker bis zur Halskrause auffüllen. Aber die Holländer sprechen von drohenden Unannehmlichkeiten, falls sie ein solches Schiff in dieser Zeit mit den geforderten 2500 Tonnen Öl versorgten. Sie befürchten Repressalien von Seiten Englands, und sie sind auch nicht geneigt, die Amerikaner an Land unterzubringen, wenn es die Lage in Europa während der Hafenliegezeit plötzlich erfordern sollte.

Offen sagen die Holländer: sie dächten nicht daran, der *Columbus* die Chance einzuräumen, eventuell als Hilfskreuzer die Meere unsicher zu machen . . .

„Aber reden Sie doch keinen Unfug", wehrt Kapitän Dähne ärgerlich ab. „Um als Hilfskreuzer zu fahren, brauche ich Kanonen an Bord. Durchsuchen Sie meinethalben das ganze Schiff."

Der holländische Hafenkapitän lächelt durchsichtig. „Ich kenne die Deutschen gut genug. Wenn Sie, Kapitän, Kanonen an Bord haben, werde ich sie bestimmt nicht finden."

Inzwischen jagen, von allen in See befindlichen deutschen Handelsschiffen weitergefunkt, die „QWA"-Sprüche durch den Äther.

Kapitän Dähne ist plötzlich dem Reichsverkehrsministerium und nicht mehr dem NDL unterstellt und muß versuchen, die Passagiere los zu werden. Aber die Passagiere pfeifen auf seine Sorgen. Sie wollen sich auf diesem herrlichen Schiff amüsieren. Ein Fest hetzt das andere. Während in den Abendstunden aus dem Ballsaal der Ersten Klasse Tanzmusik erklingt, brütet Kapitän Dähne mit seinem Leitenden Ingenieur über den „QWA"-Befehlen und den zu treffenden Maßnahmen, um das Schiff zu retten.

In Havanna werden die Amerikaner hellwach. Plötzlich ernüchtert, verlassen sie das bedrohte Schiff. Havanna ist amerikanisches Interessengebiet.

Die *Columbus* braucht Öl, viel Öl, um das Wagnis eines Durchbruchs zu unternehmen.

Kapitän Dähne manövriert sein Schiff noch in der Nacht aus dem Hafen, dreht unter die kubanische und dann unter die mexikanische Küste.

Am 4. September fallen vor Vera Cruz die Anker.

Hier liegen sie Wochen.

Ende Oktober übermittelt Konsul Ewersbusch die Anweisungen der deutschen Gesandtschaft in Mexiko.

„Kapitän, Sie sollen unverzüglich auslaufen und versuchen, Ihr Schiff durch die Dänemarkstraße nach Deutschland zu fahren."

Dähne ist entsetzt. Er erklärt dem Konsul, daß er sein Schiff dann besser gleich vor Vera Cruz versenken könne, da der Golf von Mexiko praktisch nur einen neutralen Ausgang habe, die Straße von Florida.

Der Konsul weiß mit ehrlich bekümmertem Gesicht nur eins darauf zu erwidern: „Sie mögen recht haben, Kapitän, aber der Auslaufbefehl ist unwiderruflich."

Dähne macht erneut seinen Vorschlag, die *Columbus* zu verkaufen. Er weist darauf hin, Berlin schon mehrfach von dieser Überlegung unterrichtet zu haben.

Der Konsul ist offenbar genauestens im Bilde. Er argumentiert, daß dieser Weg an sich schon gangbar wäre, daß es aber durchaus nicht sicher sei, ob zum Beispiel Argentinien, das sich tatsächlich für die *Columbus* interessiert, neutral bleiben werde.

„Wenn der Krieg länger dauert, könnten solche Staaten unter Druck durchaus auf die Seite der Feindmächte treten."

„Wenn es soweit kommt, wird die *Columbus* auch keine Bedeutung mehr für uns haben. Verkaufen wir sie jetzt aber, bekommen wir wenigstens noch Devisen."

„Alles richtig. Aber wie gesagt, Sie müssen fahren. Sie müssen!"

„Wenn es keinen anderen Weg gibt, dann mache ich sofort seeklar! Ich werde morgen auslaufen."

Aber Kapitän Dähne hatte die Rechnung ohne den mexikanischen Wirt gemacht. Es gehen Wochen ins Land, ehe das Schiff die fehlenden Tonnen Heizöl bekommt.

Inzwischen bleiben Kapitän Dähne und sein Leitender Ingenieur Reichstein nicht untätig. *Columbus* wird für den Durchbruch klargemacht.

Farben werden für den Tarnanstrich bereit gestellt, der aber erst nach dem Inseegehen vorgenommen werden soll. Alle Mann der Besatzung werden in Arbeitsgruppen eingeteilt. Auch die Stewards, auch die Köche sollen die Pinsel schwingen.

Die gesamte Besatzung wird in den Räumen des Mittelschiffs untergebracht, denn mittschiffs befinden sich die Rettungsboote.

Und was muß getan werden, um die *Columbus* in einem Notfall zu vernichten?

Das Aufreißen der Ventile genügt Kapitän Dähne nicht. Allerdings läßt der LI zusätzlich dafür sorgen, daß der Gegner, sollte er das riesige Schiff wirklich noch vor seinem Absaufen entern, die Ventile nicht wieder schließen kann. Auf des Leitenden Anweisung werden von den Rückschlagventilen die Kegel entfernt.

Die Aufdrehräder werden abmontiert und durch handliche Raspeln ersetzt. Alle Schotten werden so gedreht, daß das Schiff beim Eindringen der Wassermassen — in der Stunde werden es 6000 Tonnen sein — keine Schlagseite bekommt. Es wird dafür gesorgt, daß die Kesselräume möglichst lange vom Wassereinbruch isoliert bleiben, damit die Lichtmaschinen weiter arbeiten können. Licht wird man brauchen, wenn die *Columbus* in der Nacht selbstversenkt werden muß, Strom für das reibungslose Aussetzen der Boote.

Der letzte Mann, der die Maschine verlassen wird, hat die Aufgabe, von der halben Höhe des Maschinenraumschachts die Dampfventile zu öffnen. Der kochende Dampf wird verhindern, daß auch nur ein einziger Mann eines Prisenkommandos in die Maschinenräume eindringen kann.

Und da ist noch der Feuerstoßtrupp. Kapitän Dähne hat seine gewandtesten und geschicktesten Seeleute ausgesucht. Sie erhalten den Befehl, sich bei jedem Alarm, mit Benzinkanistern bewaffnet, auf dem Sonnendeck aufzuhalten. Auf des Kapitäns Befehl sollen sie im Ernstfall das Benzin in die Luftschächte gießen. So wird die feuergefährliche Flüssigkeit in die Gänge der unteren Decks fließen. Ein Streichholz wird genügen, um neben den Luftschächten eine Feuersglut im Schiff zu entfachen. Die *Columbus* ist ein Luxusschiff. Holz ist genug an Bord.

Tag für Tag läßt Kapitän Dähne die Versenkungsrolle durchexerzieren und auch das reibungslose Aussetzen der Rettungsboote. Dähne will bei dieser Aktion keinen Mann verlieren. Jeder soll sicher und schnell in die Boote kommen. Proviant und Frischwasser kommen in ausreichenden Mengen an Bord. Die Mexikaner nehmen gern Devisen ein.

Größten Kummer macht dem Kapitän und seinem LI der Bodenbewuchs des Schiffes. Während der Liegezeit hat er erschreckend zugenommen. Statt 22 dürfte die *Columbus* höchstens noch 18 bis 19 Knoten Höchstfahrt herausholen. Das ist zwar genug, um feindlichen Hilfskreuzern davonzulaufen, nicht aber, um gegnerische Kriegsschiffe auszumanövrieren.

Während die *Columbus* sich auf ihren nicht geheim zu haltenden Ausbruch vorbereitet, patrouillieren draußen auf See ständig zwei amerikanische Zerstörer auf und ab.

Der Konsul beruhigt den Kapitän:

„Die Amerikaner werden nicht eingreifen."

„Das befürchte ich ja auch gar nicht. Aber sie werden uns beschatten. Passen Sie auf."

„Vielleicht bis nach Florida. Sie sind zu Ihrem Schutz innerhalb der panamerikanischen Sicherheitszone bestellt."

„Warten wir ab."

Am 12. Dezember bringt der mexikanische Tanker *Cuauthemoc* die letzten 1000 Tonnen Heizöl.

Am 14. Dezember übergeben die mexikanischen Hafenbehörden dem Kapitän die Ausklarierungspapiere.

11^{30} Uhr werden die Anker gelichtet.

Das Wetter ist „gut": Es herrscht ausnahmsweise schlechte Sicht.

Zuversichtlich ist kaum einer an Bord. Die Kaperung des deutschen Tankers *Emmy Friedrich,* der bald nach seinem Auslaufen aus Tampico aufgebracht wurde, hat sich schnell herumgesprochen. Die Briten werden wach sein. Schon aus Prestigegründen. Die Aufbringung der *Columbus* wäre ein fettes Weihnachtsgeschenk …

Als das Schiff die Vera-Cruz-Riffe passiert, ist kein amerikanischer Zerstörer auszumachen. Haben sie ihre Aufgabe erfüllt?

Doch kaum hat die *Columbus* die freie See gewonnen, da taucht noch in Sichtweite des mexikanischen Festlandes der US-Zerstörer 399 auf. Mit nur einer halben Seemeile Abstand folgt er dem deutschen Passagierschiff.

Kapitän Dähne bleibt innerhalb der mexikanischen Hoheitsgewässer. Der vorgesehene Weg läuft von Vera Cruz zur Mitte des Golfs, von da bis vor Cap Hattaras, dann nordöstlich, um möglichst schnell die Schlechtwetterzonen zu erreichen.

Bis nach Norwegen sind 6000 Seemeilen zu bewältigen …

Auf der Höhe von Punta Gorda schnauft ein zweiter US-Zerstörer heran. Beide Kriegsschiffe folgen der *Columbus* brav wie Hunde an der Leine. Nachts staffeln sie sich bis auf 200 Meter heran.

Solange die Zerstörer in der Nähe sind, hat es keinen Zweck, das Schiff umzutarnen. Kapitän Dähne muß abwarten, bis die lästigen Fahrtgenossen auf Gegenkurs drehen.

Nachts um drei Uhr wird die Florida südlich vorgelagerte Insel Key West passiert.

Der Atlantik breitet seine offenen Arme aus.

Kapitän Dähne funkt Norddeich seine Position.

Erst einen Tag später geht die Antwort ein. Sie ist niederschmetternd und fegt auch die letzte Hoffnung auf einen glückhaften Durchbruch hinweg.

Der Spruch lautet: „Es wird befürchtet, Gegner hat ein Exemplar des Geheimschlüssels ‚H' erbeutet. Gefahr besteht, letzter Columbus-Funkspruch vom Feind entschlüsselt."

Der einzige Weg, das Schiff noch zu retten, ist umzukehren. Aber der Befehl aus der Heimat wirkt wie ein Magnet.

Weiter, weiter, weiter. Jetzt mit nördlichem Generalkurs.

Und achteraus, Tag und Nacht, die beiden Zerstörer. Nachts fahren sie mit vollen Lichtern.

Durch die verminderte Höchstgeschwindigkeit geht die Rechnung „Ölverbrauch bei AK und zu durchlaufender Strecke" nicht auf. Bei einem Ölverbrauch von 450 Tonnen pro Tag und einer verminderten Fahrt von nur 18 Knoten wird die *Columbus* nie die norwegischen Gewässer erreichen.

Kapitän Dähne läßt nach einer Unterhaltung mit seinem LI die Fahrt auf 16 Knoten vermindern. Der Ölverbrauch beträgt jetzt nur noch 350 Tonnen pro Tag. Das könnte hinkommen.

Am Montag abend schneidet das Schiff die Linie Bermuda-Halifax. Bis in die Schlechtwetterbereiche des Nordatlantik ist es nur noch ein Sprung.

Die Zerstörer werden durch den amerikanischen Kreuzer *Tuscaloosa* abgelöst.

Als sie abdrehen, dippen sie höflich die Flagge.

Über einen Morsespruch wünschen sie dem Schiff eine gute Reise und guten Erfolg.

„Was zum Teufel soll das alles bedeuten", erregt sich Kapitän Dähne. „Beschützen sie uns oder überwachen sie uns?"

„Wenn sie britische Kriegsschiffe herbeirufen sollen, dann hätten sie das ja auch schon früher tun können und nicht erst hier oben im Nordatlantik, wo mit deutschen U-Booten gerechnet werden muß."

„Ich fürchte eine Falle. Das Auftauchen eines britischen Kriegsschiffes gleich in den ersten Tagen dürfte zu auffällig sein. Die haben Zeit."

„Aber wir schwimmen doch hier noch in der panamerikanischen Sicherheitszone."

„Glauben Sie mir, nur zu unserem Schutz beschatten die uns nicht."

Dienstag, der 19. Dezember, ist ein sonnenklarer Tag. Kurz nach

15 Uhr meldet der Ausguck im Top erst Mastspitzen und dann die Aufbauten eines kleineren Schiffes. Bald ist der Fremde, dem wie üblich sofort ausgewichen wurde, ganz über der Kimm zu sehen. Ein schnelles Schiff, ein Kriegsschiff. Es strebt mit hoher Fahrt auf die *Columbus* zu. Eine weitere USA-Einheit?

Weder Kapitän Dähne noch seine Offiziere kennen sich in den Unterschieden der Kriegsschiffstypen einzelner Nationen genau aus. Erst, als der inzwischen als Zerstörer angesprochene Fremde die britische Kriegsflagge setzt, wissen sie an Bord, daß für die *Columbus* die letzte Stunde geschlagen hat.

Trotz der Sicherheitszone, die Kriegshandlungen angeblich verbieten soll, bleibt auf dem amerikanischen Kreuzer alles ruhig. Die Geschütze verharren in Nullstellung.

Kapitän Dähne funkt. Dreimal meldet die *Columbus* ihre Position und die Tatsache, daß ein britischer Zerstörer aufgelaufen wäre.

„Die *Columbus* ist klar zur Selbstversenkung", endet das FT.

15⁵⁷ Uhr weht ein Flaggensignal auf dem Zerstörer aus.

„Stoppen Sie sofort."

Die *Tuscaloosa* vermindert die Fahrt und sackt achteraus.

Auf der *Columbus* ignorieren sie den Stoppbefehl. Das Schiff geht auf Höchstfahrt und dreht ab.

Zwei Blitze auf dem Briten und zwei in den Himmel steigende Wassersäulen vor dem Bug der *Columbus*!

Kapitän Dähne legt den Maschinentelegrafen erst auf „Halbe Fahrt", dann auf „Langsame" . . . dann auf „Stop."

Die Briten morsen: „Wir schicken ein Boot."

Auf der Brücke fällt gleichzeitig mit dieser Ankündigung der letzte Befehl:

„Versenken!"

Die Zeiger der peinlich blankgeputzten Messinguhr auf der Brücke stehen auf 16⁰⁶ Uhr.

Wenige Minuten später braust das Seewasser in die unteren Räume, wälzen sich aus dem Achter- und dem Mittelschiff schwarzbraune Rauchwolken heraus. Unten im Maschinenraum fauchen die aufgerissenen Dampfventile. Das grelle Zeichen des entweichenden Heißdampfes macht die Szene auf der Bühne der Vernichtung noch gespenstischer. Nur noch die zehn Mann vom Feuerstoßtrupp und die neun Mann des Versenkungskommandos, der Funker und drei Offiziere bleiben zusammen mit Kapitän Dähne an Bord. Alle anderen Besatzungsmitglieder steigen aus. Das Schiff sinkt langsam und auf ebenem Kiel. Das Ausbootungsmanöver vollzieht sich ohne Schwierigkeiten.

16²⁹ Uhr gehen auch die Männer vom Versenkungskommando von Bord.

Kapitän Dähne bleibt noch auf seiner vertrauten Brücke. Er beobachtet den Zerstörer. Von hier oben hat er noch den besten Überblick.

Aus dem Achterschiff und den Mittelschiffsaufbauten brechen Flammen heraus. Die Hitze wird immer stärker.

Die *Columbus* ist verloren. Nicht einmal Feuerlöschboote könnten den Brand noch eindämmen. Und die Ventile wird auch kein noch so mutiges Enterkommando mehr schließen können.

Auf dem britischen Zerstörer geschieht nichts. Die Rohre auf die *Columbus* gerichtet, dümpelt er in der See. Das angekündigte Boot hat immer noch nicht von der Bordwand abgelegt.

16⁵⁵ Uhr fressen sich die Flammen bis auf die Brücke hinauf.

Kapitän Dähne wirft die Geheimunterlagen über Bord. Er hat sie in einen vorbereiteten, mit Eisen beschwerten Sack getan. Für Sekunden blickt er dem in der kristallklaren See absaufenden Bündel nach.

Dann richtet er sich auf. Als er die Innenräume der Brücke verläßt, schließt er die Tür hinter sich.

An einem Manntau klettert er in das letzte Boot hinab.

Die brennende *Columbus* versinkt auf ebenem Kiel.

Abseits, nur zwei Seemeilen entfernt, hebt und senkt sich der amerikanische Kreuzer in der Dünung. Sein Kommandant rührt keine Hand, um die Aufbringung innerhalb der „panamerikanischen Sicherheitszone" zu verhindern.

Auf diese Fragen gibt es keine Antwort:

Was wäre geschehen, wenn man das britische Untersuchungskommando an Bord gelassen hätte,

wenn es zwischen der deutschen Besatzung und den Engländern zu einem Kampf gekommen wäre,

wenn daraufhin der britische Zerstörer das gezielte Feuer eröffnet hätte . . .?

Hätten die Amerikaner innerhalb der von Roosevelt ausgerufenen Sicherheitszone auch dann noch untätig zugesehen?

Vielleicht nicht.

Aber ihr anfangs beobachtetes Desinteresse bei den Stopmanövern ließ keinen Schutz erhoffen.

Kapitän Dähne mußte den sichersten Weg beschreiten. Er mußte Opfer unter seinen Männern vermeiden, da ihm ein Widerstand an Bord bei dem Verhalten des amerikanischen Kreuzers sinnlos erschien.

Die 555 Mann seiner Besatzung kamen so sicher und ohne Verluste in die Boote. Das ist des Kapitäns Verdienst.

*

Außer den schon genannten Schiffen gingen durch Selbstversenkung verloren:

In der Dänemarkstraße die

Mimi Horn (Reederei H. C. Horn, Hamburg), 29. 3. 1940, 4007 BRT,

Teneriffe (HSDG, Hamburg), 21. 11. 1939, 4996 BRT,

Carl Fritzen (Johannes Fritzen, Emden), 4. 9. 1939, 6582 BRT, durch Artilleriebeschuß britischer Kreuzer südöstlich von Island versenkt,

Wolfsburg (Hansa, Bremen), 2. 3. 1940, 6201 BRT, südlich Island,

Uruguay (HSDG, Hamburg), 6. 3. 1940, 5846 BRT, vor Island,

Parana (HSDG, Hamburg), 12. 11. 1939, 5986 BRT, südlich von Island,

Minden (NDL, Bremen), 24. 9. 1939, 4318 BRT,

Mecklenburg (HAPAG, Hamburg), 12. 11. 1939, 7892 BRT, östlich Island,

Adolph Woermann (Deutsche Afrika-Linien, Hamburg), 22.11.39, 8577 BRT, im Atlantik versenkt, als britischer Kreuzer *Ajax* zum Stoppen aufgefordert,

Johannes Molkenbuhr (Hugo Stinnes Linien, Hamburg), 3. 9. 39, 5294 BRT, vor den Orkney-Inseln,

Antiochia (HAPAG, Hamburg), 23. 11. 1939, 3106 BRT, südöstlich von Island,

Bertha Fisser (Fisser & van Doornum, Emden), 20. 11. 1939, 4110 BRT, südlich von Island.

In der Nordsee, im Atlantik, vor Afrikas und Südamerikas Küsten sanken in das nasse Grab die

Ussukuma (Deutsche Afrika Linien, Hamburg), 6. 12. 1939, 7834 BRT, vor Bahia,

Troja (HAPAG, Hamburg), 1. 3. 1940, 2390 BRT, vor Aruba,

Inn (NDL, Bremen), 5. 9. 1939, 2867 BRT, bei den Kanarischen Inseln,

Heddernheim (Unterweser Reederei, Bremen), 21. 3. 1940, 4947 BRT, im Kattegatt,

Heidelberg (HAPAG, Hamburg), 2. 3. 1940, 6530 BRT, südlich von Haiti,

Halle (HAPAG, Hamburg), 16. 10. 1939, 5889 BRT, westlich von Dakar,

Gonzenheim (Unterweser Reederei, Bremen), 19. 10. 1939, 4574 BRT, vor dem La Plata,

Adolf Leonhard (Leonhard & Blumberg, Hamburg), 8. 12. 1939, 2990 BRT, auf Höhe von Angola,

Wakama (Deutsche Afrika-Linien, Hamburg), 13. 2. 1940, 3771 BRT, vor Rio de Janeiro,

Albert Janus (Seereederei Frigga, Hamburg), 18. 1. 1940, 1598 BRT, 80 sm westlich Vigo,

Baldur (Seereederei Frigga, Hamburg), 16. 2. 1940, 5805 BRT, auf der Höhe von Lister.

Das sind zusammen mit dem NDL-Dampfer *Arucas* 28 Schiffe mit 171 822 BRT.

Die 3359 BRT große *Arucas* kam von Vigo. Die Schiffsführung versuchte, auf dem vorgeschriebenen Wege in die Heimat durchzubrechen. Am 3. März 1940 stand die *Arucas* bereits östlich von Island. Es herrschte Windstärke 8 bis 9, in den Böen darüber. Eine lange, schwere See beutelte das Schiff. Trotzdem waren sie auf dem kleinen NDL-Frachter glücklich über dieses Hundewetter, das die Sicht reduzierte und die Aussichten auf eine glückliche Heimkehr vergrößerte. Es war ausgesprochenes Pech, daß sie dennoch einem britischen Kreuzer direkt vor die Rohre liefen.

Keinen Herzschlag lang hatte der Kapitän der *Arucas* gezögert, sein Schiff zu versenken. Was er dachte, bevor er den Versenkungsbefehl gab und seiner Besatzung das Wegfieren der Boote befahl, las der Erste nur zu gut aus seinen zusammengekniffenen Augen ab . . . als er sich mit beiden Händen auf die Brückenreeling stützte . . . als er die brechenden, riesigen Wellenberge betrachtete. Wie rasende Schimmel schoben sie sich heran.

„Wenn die uns nicht aus dem Bach rausholen, gebe ich nicht viel für uns", brüllte der Kapitän seinem Ersten zu, der sich die Schwimmweste über den dicken Mantel knüpfte.

Sollte man unter diesen Umständen das Schiff nicht doch übergeben? War die Fahrt in den Rettungsbooten nicht glatter Selbstmord bei diesem Wüten und dieser schneidenden Kälte?

Der Kapitän scheint diese Gedanken nicht zu kennen. Er gibt dem Ersten letzte Befehle: „Kümmern Sie sich um Ihr Boot und um Ihre Leute. Ich bleibe an Bord, bis die Sprengladungen abgerissen sind. Unsere *Arucas* kriegen diese Burschen nicht."

Nein, die *Arucas* bekamen sie nicht ...

Die Engländer machten auch gar keinen Versuch, das langsam sinkende deutsche Schiff zu entern. Die Menschen in den Booten und im Wasser zu retten, war ihnen wichtiger. Unter persönlichem Einsatz und unter Lebensgefahr übernahmen sie 43 Mann. Das Zeug der deutschen Überlebenden, die sie mühsam an Deck zerrten, war steinhart gefroren. Die britischen Matrosen mußten es den deutschen Seeleuten mit Messern vom Leibe schneiden.

Trotz aller Hilfsbereitschaft und ärztlicher Fürsorge an Bord des britischen Kreuzers verstarben drei der 43 Überlebenden aus Erschöpfung.

Zehn weitere deutsche Seeleute fehlten. Unter diesen der Kapitän und der Leitende Ingenieur.

Die See gab ihre Opfer nicht mehr frei.

*

Wie sagte man in Berlin bei der Diskussion über die in Frage kommenden Auszeichnungen der Blockadebrecher-Besatzungen:

Diese Männer sind doch Zivilisten. Sie sind den tödlichen Gefahren eines Soldaten doch nicht ausgesetzt ...

Wer zwang denn die Männer in die Boote, wenn nicht der militärische Befehl, das Schiff bei Feindberührung zu versenken? Selbst Granatbeschuß hätte die Besatzung wahrscheinlich weniger Opfer gekostet als dieses Trommelfeuer der Elemente und dieser tödliche Frost.

Sechstes Kapitel

FLUCHT IN NEUTRALE HÄFEN

Zur Lage: Ein großer Teil der deutschen Handelsflotte befand sich in den kritischen Tagen Ende August 1939 in entfernten überseeischen Gewässern. Fast alle Handelsschiffe, die gerade den Indischen Ozean oder den Pazifik befuhren, waren daher gezwungen, zunächst einen neutralen Hafen anzulaufen. Das hört sich sehr einfach an, war aber, wie zwei Beispiele zeigen, oft von vielen Gefahren und Problemen überschattet.

In diesem Zusammenhang ist interessant, wo sich die 858 deutschen Schiffe mit jeweils über 1600 BRT und zusammen 3 888 000 BRT am 1. September 1939 überhaupt aufhielten.

Danach standen in der Heimat und in der Nordostseefahrt 452, in überseeischen Häfen 230 Schiffe. Von diesen lagen in: Italien und dessen kolonialen Besitzungen 42, in Spanien und seinen Besitzungen 58, bei den Kanarischen Inseln 9, in Niederländisch Ostindien 10, in Niederländisch Westindien 11, in Japan und Ostasien 14, in Portugal und Kolonien 18, in den Balkanstaaten 4, in USA und Philippinen 2, in Mittelamerika, Westindien und im nordöstlichen Südamerika 15, in Brasilien 19, in Argentinien und Uruguay 11, in Chile und Peru 9, in Persien 5, in England, Frankreich und Besitzungen 3 Schiffe.

Auf See befanden sich: Im Atlantischen Ozean 79, im Indischen Ozean 10, im Stillen Ozean 5, auf unbekannten Positionen 82 Schiffe, also zusammen 176. Vielen gelang es, neutrale Häfen zu erreichen, sogar in die Heimat durchzubrechen. Manche brachen erst später durch, vornehmlich jene, die ihre Zuflucht in Häfen neutraler Staaten des Atlantiks gesucht hatten. Ein Teil vermochte sich, wie noch später gesondert behandelt wird, nach Japan abzusetzen, andere aber wurden vor ihren Zufluchthäfen derart durch Kriegsschiffe beschattet, daß ein Ausbruchsversuch bei aller

Einsatzbereitschaft der Kapitäne und ihrer Besatzungen illusorisch schien. Er wurde daher von den Heimatdienststellen auch nicht gefordert, sondern nach Lage der Dinge in das Ermessen der Kapitäne gestellt.

Die Flucht in neutrale Häfen und das Schicksal einiger deutscher Handelsschiffe, die sich dort geborgen glaubten, sei in den drei folgenden Beispielen dargestellt. Es handelt sich um den dramatischen Fluchtweg der „Erlangen", um den Dampfer „Aller", dessen Kapitän es glückte, die auf ihn wartenden Gegner zu überlisten, und um die „Ehrenfels", die von einem Commando-raid überfallen wurde . . .

Ohne genügend Kohlen können wir doch nicht auslaufen!" bedrängt Chief Heinrich Wehrmeyer den *Erlangen*-Kapitän Alfred Grams, als dieser nach der ersten Warnmeldung über die drohende Kriegsgefahr den neuseeländischen Hafen Dunedin sofort verlassen wollte.

„Unsere vorgesehene Bunkerstation ist Port Kembla in Australien. Wenn Sie die neuseeländische Presse und die australischen Rundfunknachrichten aufmerksam verfolgt haben, sieht es auch hier an der Stimmungsbörse um den deutschen Namen bitterböse aus. Glaube kaum, daß man uns während dieser Krisenzeit mit offenen Armen empfangen und mit Kohlen versorgen wird."

„Schon richtig, aber was soll geschehen . . .? Was?"

„Dem ‚QWA'-Befehl Folge leisten. Wir setzen uns zunächst erst einmal ab. Das Ganze ist wahrscheinlich nur eine Vorsichtsmaßnahme."

„Sie denken an die Tschechenkrise? Ich habe das ungute Gefühl, daß das so eine Art Vorschlußrunde war."

„Vielleicht reißt der dünne Faden auch diesmal nicht."

„Sieht nicht danach aus."

„Nach der hiesigen Presse bestimmt nicht. Also warten wir draußen auf See ab, wie sich das drohende Gewitter weiter entwickelt."

„Und wenn es Krieg gibt, wie kommen wir dann ohne Kohlen weiter? Und wohin sollen wir ausweichen?"

„Das wird sich finden, Chief. Machen Sie bitte Ihre Maschinen klar. Ich will das Schiff schnellstens seeklar haben."

174

Der Chief schluckt runter, was sich ihm auf der Zunge staut. Ein Kapitän ist noch immer, wie es in den alten Seefrachtbriefen heißt, der „Master nächst Gott".

Grams will raus. Die „QWA"-Befehle sind unmißverständlich.

Die *Erlangen*, ein 6101 BRT großes Schiff des Norddeutschen Lloyd, das in Dunedin seine Ladung gelöscht hat, steuert nach dem überstürzten Auslaufen zunächst Nordostkurs. Kapitän Grams plant, die Neuseeländer auf den Leim kriechen zu lassen. Er tut so, als wolle er durch die Cookstraße zwischen der Süd- und der Nordinsel Neuseelands hindurchdampfen, ändert den Kurs aber außerhalb der Sichtweite des Landes sofort und dreht auf die südlich gelegenen Aukland-Inseln zu.

Die Auklands sind unbewohnte Inseln in der sturmübersäten Zone des südlichen Weltmeeres, jener riesigen Wasserfläche, in der ohne trennende Landfronten der Stille, der Atlantische und der Indische Ozean verschmelzen.

Sie hatten gutes Wetter, als sie Dunedin verließen. Strahlenden Sonnenschein und eine fast ruhige See. Tage später ist der Himmel mit schweren düsteren Wolken bedeckt. Eiskalte Stürme und himmelhoher Seegang springen das Schiff an.

Dieser wahre Weltozean, in den sie jetzt eindringen, ist die Heimat gewaltiger Wellenberge, die im Gefolge der unaufhörlich hintereinander herjagenden Sturmtiefs diese von der Schiffahrt gemiedenen Seegebiete kennzeichnen. Die *Old-Timer* unter den Seeleuten, die früher auf Windjammern in der Weizenfahrt von Australien ausgehend mit Ostkurs und Rückenwind Kurs auf Kap Horn nahmen, oder die um das Kap der Guten Hoffnung im Bereich der steten, aber fürchterlich stürmischen Westwinde eine schnelle Reise zum australischen Zielhafen erknüppelten, können ein Lied von dieser „Landschaft" singen und von Sturmperioden, die oft 100, 150, ja 200 und mehr Stunden anhielten, rasch gefolgt von einer neuen Schlechtwetterfront.

Hier unten schließen sich die Seen, von keinem Land behindert, zu weit ausgedehnten gleichmäßigen Kämmen zusammen. In breit ausladender Front rollen sie heran. Wie schneebedeckte Berge, die mit D-Zuggeschwindigkeit den Ozean durcheilen. Zwischen dem Kap der Guten Hoffnung und Südaustralien wurden die längsten Wellen beobachtet. Kapitän Ch. Le Mult von der Bark *Oskar* schrieb in sein Journal, daß er im Bereich der *Roaring Forties*

Wellen bis zu 15 Meter Höhe und 250 Meter Länge maß. „Ich füge hinzu, daß ich während meiner 35jährigen Fahrenszeit auf See, davon 18 Jahre als Kapitän, niemals solche hohen Wellenberge beobachtet habe, obwohl ich wiederholt in der China-See Taifune und viele schwere Stürme bei meinen Umsegelungen von Kap Horn erlebt habe."

Was Mult beobachtete, bestätigen alle, die jemals diese Sturmzone durchfuhren.

Durch dieses Gebiet der tobenden und brüllenden Westorkane muß Kapitän Grams mit Südkurs kreuzen; denn die Auklands liegen direkt südlich von Neuseeland. Er kann aus Zeitmangel und aus der Sorge heraus, unter Umständen gesichtet zu werden, nicht in einem weiten Bogen ausholen, um das Fegefeuer aller Ozeane nicht quer zur Windrichtung schneiden zu müssen.

Die 1929 erbaute *Erlangen* torkelt wild und hält sich doch wakker wie ein echter Bajuware nach ergiebigem Bockbiergenuß.

Sie kämpft sich ohne Zwischenfall zu den Auklands durch und wirft in einer sturmgeschützten, wohltuend ruhigen Bucht dieser menschenfeindlichen Inseln die Anker.

Hier hören sie über den Bordrundfunk „War broke out with Germany", die Kriegserklärung Englands und damit auch Australiens und Neuseelands.

Der seidene Faden der letzten Hoffnung ist zerrissen!

Genügend Kohlen, um einen neutralen Hafen Südamerikas zu erreichen, sind nicht an Bord. An eine Reise nach Japan ist schon gar nicht zu denken.

Was tun?

Den Kopf läßt dennoch keiner hängen. Jetzt wird die Sache ja erst spannend!

„Töw man, mal seien, wat de Ohl für ne Lösung in sin klauken Poller hat."

Der Alte wird schon einen Rat finden . . .

Der Kapitän und sein Chief hatten, als sie in die Bucht einliefen und die mit verkrüppelten, dürren Bäumen bewachsene Insel sahen, beide den gleichen Gedanken. Wenn es in Europa wirklich knallen sollte, könnte man doch Holz an Land schlagen . . .

„Aber womit?" sorgt sich Grams, als er mit seinem Chief über diese Brennstoffergänzung spricht. „Mit den paar Beilen dauert das ja bis Pfingsten oder noch länger, ehe wir eine nur einigermaßen ausreichende Menge abgeholzt haben. Sägen haben wir nicht."

Der Chief antwortet mit einem geistigen Pistolenschuß.

„Noch nicht, Kapitän, aber aus den Reserveschutzblechen für die Winschen-Kammräder lassen sich mit Bordmitteln gut und leicht welche herstellen. Ich habe bereits einen Versuch gemacht. Wollen Sie das Ding sehen? Ich hole . . ."

„Lassen Sie", unterbricht Grams begeistert seinen famosen Chief, „ich komme gleich mit . . ."

Die Säge ist so gut wie jede andere, die man an Land kaufen kann. Der Chief verspricht, eine genügende Zahl herzustellen.

Kapitän Grams setzt die *Erlangen* mit dem Bauch auf den muschelsandigen Boden auf. Da kann nicht viel passieren. Er sichert das Schiff so gut es nur eben geht gegen ein Herumschwojen.

Dann machen sie sich an eine Arbeit, vor der bärenstarke kanadische Holzfäller respektvoll den Hut gezogen hätten. Eine an der guten Stimmung nagende Langeweile braucht der Kapitän weder unter seinen Offizieren noch unter seiner seemännischen und technischen Besatzung zu fürchten.

Grams teilt die Besatzung, unter der sich viele Chinesen befinden, in Arbeitsgruppen ein. Er bringt System in die Sache. Das Maschinenpersonal wird abgestellt, an Land die Bäume zu fällen, das nautische Personal soll die Stämme in den vier Rettungsbooten 120 Meter weit über die Bucht an Bord schaffen, und die restliche Besatzung bekommt den Befehl, die dünnen Stämme mit kleinen Spannsägen und Fuchsschwänzen in Klötze bis zu 30 cm Länge zu zersägen und mit der Axt so zu spalten, daß sie in den Bunkern gestapelt werden können.

Es liegt in der Natur des seemännischen Berufs, daß er viele Handfertigkeiten erfordert. So nimmt es nicht wunder, daß sich alle Beteiligten an dieser Notlösung recht schnell und auch mit sehr viel Eifer in die schwere und ungewohnte Arbeit hineinfinden. In den ersten Tagen werden kaum 10 bis 15 Tonnen Holz geschlagen und an Bord geschafft. Bald sind es schon über 20 Tonnen täglich! Drei Tonnen Holz ersetzen eine Tonne Kohle. Und mit jeder Tonne „Heizholz" wachsen bei Hein Seemann Kraft und Glaube, daß die abenteuerliche Reise ein gutes Ende finden werde. Ein Glück, daß es kalt ist. In tropischen Zonen hätten sie sicherlich bald schlapp gemacht. Hier aber schafft Bewegung Wärme.

Die seemännischen „Fofftein" schrumpfen auf Minuten zusammen. So schuften sie unverdrossen von morgens sieben bis abends sieben Uhr. Von Sonnenaufgang bis Sonnenuntergang. Selbst die Chinesen packen willig mit an.

Aus Lukenpersennigen und imprägnierten Kleidern läßt Kapitän Grams von seinem seemännischen Personal zwei Rahsegel und vier Stagsegel anfertigen. Wie gut, daß seine Offiziere einmal als Jantjes vor dem Mast auf Tiefwasserseglern gefahren sind! Die Segelnadel flutscht nur so. Zwei Ladebäume sollen als Rahen dienen. Bei den westlichen Winden werden diese Notsegel das kostbare Brennmaterial sparen helfen.

Aber auch der Proviant ist knapp.

Alles darf die christliche, manchmal sehr unchristliche Seefahrt dem Seemann anbieten: Sturm, Seegang, wenig Schlaf und selbst kurze Hafenliegezeiten — aber seinen Schlag muß der Jan Maat zu stauen haben.

„Ob die Wildgänse schmecken?" hatte ein waidlustiger Seemann seinen Kapitän mutig angesprochen.

„Mann, ja, das ist ein Gedanke! Auf, auf zum fröhlichen Jagen!"

An Bord befindet sich zufällig eine Kleinkaliberbüchse. Der Bootsmann und zwei Matrosen melden sich ab „auf Pirsch".

Die Büchse knallt.

„Daneben!" stellen die Zuschauer fest.

Neuer Schuß.

„Daneben! Nu lot mi mol, sonst verballerste unsere ganze scheune Munition", grollt der Bootsmann.

Aber auch des Bootsmanns Schießkunst scheint trotz der kurzen Entfernung nicht weit her zu sein.

Des Rätsels Lösung geht den Männern bald auf. Die schwachen Kugeln prallen an dem dicken Gefieder der Wildgänse wirkungslos ab. Die Vögel sehen sich bei den Schüssen nur erstaunt um, bleiben aber ohne ein Zeichen der Angst sitzen.

Was keiner zu hoffen gewagt hat, läßt sich bewerkstelligen. Die Vögel kennen keine Menschen, sie sind überhaupt nicht scheu. Sie lassen — welch ein paradiesischer Flecken Erde! — die Zweibeiner ganz dicht herankommen, so nahe oft, daß sie mit der Hand gegriffen oder mit einem Stock erschlagen werden können. Das Fleisch der Tiere schmeckt tranig. Aber in der Not frißt der Teufel Fliegen. Daß diese Notstunde kommen sollte, ahnt noch keiner an

Bord. Im Augenblick verspürt niemand Verlangen nach einem Wildgansbraten mit Fischgeschmack. Schon wollen sie diese Proviantergänzung einstellen ... aber Kapitän Grams drängt darauf, weiterzumachen und zu fangen, was sich nur fangen läßt.

Am 6. Oktober trägt der Kapitän in das Journal ein, daß die *Erlangen* die Reise nach Chile angetreten habe.

Die Distanz beträgt 4800 Seemeilen, etwas mehr als 9000 Kilometer. Und 9000 Kilometer entsprechen, um diese Entfernung deutlicher zu machen, dreizehnmal der Luftlinie von Hamburg nach München ... oder einer Strecke vom Nordkap Norwegens bis nach Casablanca in Nordafrika ...

Es wird eine Reise auf Leben und Tod.

Grams glaubte die Strecke mit seiner *Erlangen* bei zehn Seemeilen Fahrt in der Stunde in rund 20 Tagen abgeritten zu haben.

Schon bald stellt sich heraus, daß die vorhandenen Kohlen- und Holzvorräte nicht ausreichen werden, das Schiff allein mit Maschinenkraft voranzubringen. Obgleich die Heizung trotz der kühlen und ekelhaft feuchten und darum um so kälter empfundenen Witterung nur an zwei Stunden des Tages angestellt wird, und alles Fleisch eingesalzen ist, um auch die Kühlmaschinen nicht in Betrieb nehmen zu brauchen, muß der stetige Westwind als Bundesgenosse herangezogen werden.

Das ist der Schiffsführung klar: wird zuviel Brennmaterial verfeuert, so besteht die Gefahr, daß das Schiff bei einer längeren Flaute im Süden des Stillen Ozeans liegen bleibt. Dann wird der Proviant nicht reichen, und der Hunger wird das Schiff doch noch dem Feind in die Arme treiben.

Verläßt man sich aber zu stark auf den Wind, so macht das Schiff zu wenig Fahrt; wenn der Proviant erschöpft ist, werden dann auch keine Kohlen und kein Holz mehr nutzen. Es gilt also, die verschiedenen Engpässe aufeinander abzustimmen, damit das Schiff unter höchstmöglicher Ausnutzung der Windkraft die berechneten zehn Knoten auch herunterackert.

Die ersten vierzehn Tage geht alles gut. Dann aber weht sie zum ersten Male der Hauch des Todes an.

Es beginnt völlig harmlos. Mit blutendem Zahnfleisch.

Der Dritte, „Doktor" an Bord, beruhigt den Mann: „Nicht so schlimm, min Jung", und pinselt Jod darauf. Dann aber stürzt er zum Kapitän. Er vergißt um ein Haar das Anklopfen.

„Es geht los, Herr Kapitän."

„Wat denn, Sie sind ja so aufgeregt."

„Grund genug: der erste Fall von Beriberi."

„Verdammt, das fehlt uns noch. Und wir haben keine Vitaminpräparate an Bord, geschweige denn Frischgemüse."

Tags darauf mehren sich die Fälle. Einige Leute verspüren Schmerzen in den Schienbeinen.

Die zwanzig Tage sind um. Chile ist noch weit entfernt. Die Lasten sind fast leer. Kartoffeln kennt man nur noch dem Namen nach. Bei jeder kargen Mahlzeit spinnen sich die Gespräche um einfache dumme Kartoffeln, als sehne man die edelsten Früchte herbei. Frischgemüse haben sie seit vielen Wochen nicht mehr gesehen, und das letzte Mehl ist auch vertan.

Bei einigen steigern sich die Schmerzen im Schienbein bis zur Unerträglichkeit. Magen und Darm rebellieren. Bei vielen will das Herz nicht mehr mitmachen.

25 Tage . . ., 26 Tage . . ., 30 Tage . . .

Einer der Kranken ist so ermattet, daß sie das Schlimmste befürchten.

Kapitän Grams liest in den Mienen seiner Offiziere, daß sie den Zeitpunkt für gekommen halten, einen Notruf zu senden und das Schiff aufzugeben.

32 Tage: Der kranke Seemann verabschiedet sich in den Seemannshimmel. Kapitän Grams ringt mit dem Entschluß, einen Funkspruch aufzugeben. Er trommelt seine Offiziere zusammen. Der Dritte berichtet über den Gesundheitszustand. Er ist erschreckend, aber für die anderen Kranken besteht noch keine Lebensgefahr.

Nach dem letzten Mittagsbesteck schwimmen sie noch zweihundert Seemeilen von Südamerikas Küste ab.

Also weiter. Mit den letzten Kohlen, zusammengekratzt und zusammengefegt wie Goldstaub.

Was sonst noch brennbar ist, fliegt unter die Kessel. Lukendeckel, Türen, Verschalungen . . .

Der 33. Tag, der 11. November 1939.

Der oberste Ausguck schreit jubelnd auf:

„Laaaand . . . Laaaand . . . recht voraus!"

Auf der *Santa Maria* des Christoph Columbus werden sie kaum lauter gebetet haben als auf diesem deutschen, schon verloren gegebenen Schiff.

Voraus zeichnen sich die schneebedeckten Bergriesen der Anden ab. Abends schwingt die *Erlangen* in die Bucht von Punta Corona ein. Am 12. November fallen die Anker auf der Reede des chilenischen Hafens Puerto Monti.

Der Vertreter der Hafenkommandantur läßt Einklarierung Einklarierung sein, als er die abgemagerten, ausgezehrten Gestalten auf der Brücke und an der Reeling sieht, und der Hafenarzt kehrt auf der Stelle um, um Medikamente und kollegiale Unterstützung zu holen.

Die Chilenen übertreffen sich gegenseitig in ihrer Hilfsbereitschaft. Frisches Obst kommt an Bord . . . Gemüse . . . Kartoffeln und tausend gute Wünsche.

Bei soviel überschäumender Herzlichkeit genesen die Kranken bald. Im Sommer 1941 versucht die *Erlangen* in die Heimat durchzubrechen. Auf dieser Reise stehen die Sterne ungünstig. Der Südatlantik wird zum Grab des braven Schiffes. Seine Besatzung schickt es selbst in die Tiefe, um es vor dem Zugriff des britischen Kreuzers *Newcastle* zu bewahren.

*

Die *Aller* pflügt durch den Indischen Ozean. Auf ihrer Brücke schwingen erregte Worte. Die Wachmänner erkennen deutlich die dröhnende Stimme ihres Alten.

„Damals, ja damals waren die Kohlen unser Glück, jetzt aber mein Lieber, jetzt . . ."

Im Kartenhaus hat sich Kapitän M. Schill neben seinem Ersten Offizier vor dem aus solidem Holz angefertigten Kartentisch aufgebaut. Schill, der Führer der 7627 BRT großen, unter der blauweißen Flagge des Norddeutschen Lloyd fahrenden *Aller* spricht plötzlich nicht weiter, als habe die Erinnerung an „damals" eine Bremse in ihm ausgelöst. Schill hat seine Hände auf die an den Ecken mit Blei beschwerte Seekarte gestützt, als brauchten sie einen Halt. Er atmet schwer. Mit einer kurzen, unwirschen Bewegung fegt er den Funkspruch zur Seite, jenes FT, das ihn anweist, sofort und unter Ausnutzung aller Mittel in die Heimat zu marschieren oder in einem neutralen Hafen Zuflucht zu suchen.

Schill ist ein besonnener, friedfertiger, beinahe gemütvoll-heiterer Mann. Aber er läßt sich nicht gern von dem gewohnten Kurs abdrängen. Seine kräftige, fast etwas korpulente Gestalt, die auch tropische Hitze nicht auszuzehren vermochte, läßt darauf schließen, daß er Gleichmaß und Ordnung liebt.

An sich hat er dieses Telegramm nach den letzten Rundfunkberichten und den Pressekommentaren schon seit Tagen erwartet, um nicht zu sagen: befürchtet. Nun aber, da es soweit ist, muß er erst auf eine andere, in seinem Beruf ungewohnte Welle umschalten: auf Krieg, der durch diesen nüchternen Funkspruch nunmehr als offizielle Drohung über ihnen schwebt.

„Krieg" ist Kapitän Schill gewohnt; nicht jenen mit berstenden Granaten und Bomben, sondern den Kampf mit den tausendfältigen Gefahren der christlichen Seefahrt. Sieben Jahre seiner Jugend verbrachte er in seiner Ausbildungzeit als Schiffsjunge, Leichtmatrose und Matrose vor dem Mast auf Segelschiffen.

Sieben Jahre, eine lange, lange Zeit, fuhr er auf Tiefwasserseglern. Sie ließen Schill zu einem furchtlosen, mit Wind und Wetter und allen Tücken der Seefahrt vertrauten Seemann reifen.

Auf dem ranken Vollschiff *Roland* hat er manches schwere Wetter abgeritten. Auf der schwerfälligen Viermastbark *Equador* beutelte ihn mancher Orkan. Seine Reisen auf dem Vollmastschiff *Siam* könnten Stoff für einen realistisch harten Roman hergeben, und was er als deutscher Matrose auf dem britischen Vollschiff *Jola* erlebte, braucht nicht noch durch Seemannsgarn gewürzt zu werden. Damals kam es fast jeden Monat vor, daß ein Windjammer seinen Bestimmungshafen nicht erreichte, und daß das Schiff als verschollen erklärt werden mußte. Wer auf einem Tiefwassersegler anmusterte, mußte damit rechnen, daß diese Reise die letzte werden könnte. Und wie oft fiel einer aus der kirchturmhohen Takelage — auf Deck oder über Bord . . .

Damals waren funktelegrafische Sturm- und Orkanwarnungen noch unbekannt.

Damals vertraute ein Kapitän nur auf Gott, auf seine Segelkunst und seine glückliche Hand, und natürlich auf seine Crew an Bord, eiserne Männer auf hölzernen Schiffen.

Aus diesem wettererprobten Edelholz ist Kapitän Schill geschnitzt. Keiner ist an Bord seiner *Aller*, der ihm etwas vormachen kann, weder in der Seemannschaft an Deck, noch in nautischen Fragen auf der Brücke.

Abmusterungen unter seiner Besatzung sind selten. Seit er das Schiff als Kapitän übernahm, ist der alte eingefahrene Stamm an

Bord. Das ist wohl das beste Zeugnis, das einem Kapitän ausgestellt werden kann.

Hier liegt einer der deutlichsten Unterschiede zwischen einer Kriegsmarine und der Handelsschiffahrt. An Bord eines Kriegsschiffes ist jeder Mann, ob Offizier, Unteroffizier oder Soldat, durch Befehle gebunden. Er hat sich damit abzufinden, auch wenn ihm dies oder jenes mißfällt oder seinen Vorstellungen und Wünschen zuwiderläuft. An Bord eines Handelsschiffes aber bleibt der Seemann bei aller Einordnung in die auch hier unumgängliche Borddisziplin, deren Fäden von der Autorität des Kapitäns ausgehen, immer ein freier Mann: er kann gehen, wenn ihm das Schiff, die befahrenen Routen oder gar seine Vorgesetzten nicht passen. In jedem Hafen der Welt kann er seine Seekiste packen, aussteigen und abmustern.

Jeder Kapitän aber legt Wert darauf, sich seine eingefahrene Besatzung zu erhalten, soweit ihre Glieder den menschlichen und fachlichen Ansprüchen genügen. Der Kapitän eines Handelsschiffes ist also gehalten, das Bordklima in Bahnen zu lenken, daß jeder Mann ausgeglichen und freudig seine schwere Arbeit tut. Das setzt eine Persönlichkeit mit ausgereiften Erfahrungen und hohen menschlichen Qualitäten voraus.

Der Fracht- und Passagierdampfer *Aller* war Ende Juli 1939 in Adelaide in Südaustralien eingelaufen, für Schill und seine Crew kein unbekannter Platz. Aus Adelaide hatten sie auf früheren Reisen Erz geholt. Aber die Krisenstimmung der letzten Monate hat auch das spärliche australische Erz in den Schmelztiegel der Politik geschaufelt. England, einmal der „Block aus Kohle auf einem Sockel von Eisen", hat auch für diesen kriegswichtigen australischen Rohstoff rechtzeitig eine Ausfuhrsperre verhängt. Deutschland kontert, indem es den Australiern keine Buntbleche mehr liefert.

Aber gute australische Merino- und neuseeländische Crossbreed-Wolle gibt man noch bereitwillig ab, denn mit 995 Millionen Pfund ist Australien noch immer der größte Produzent dieser aristokratischen Fasern. Auch blütenweißes First-Class-Mehl verstaute die *Aller* in Zweizentnersäcken in ihren gefräßigen Bauch.

Als der „QWA 8"-Befehl vom Funker aufgenommen wird, steht das Schiff im östlichen Teil des Indischen Ozeans, etwas südwestlich von Australien.

Das ist des Kapitäns Ursache zum Verdruß:

Wo kann er unter den gegebenen Umständen im Verlauf seiner Heimreise neue Bunkerkohle fassen? Normalerweise tat er das in Durban, in Südafrika. Wie aber werden sich die Engländer verhalten? Schwierigkeiten werden sie in jedem Falle machen, um die Auffrischung der Kohlenbestände zu verzögern, bis eine Entscheidung über Krieg oder Frieden fällt.

Kapitän Schill hat den Stechzirkel zur Hand genommen und greift die Seekarte ab.

„Nach Durban kommen wir nicht mehr rechtzeitig, wenn man den ausländischen Nachrichten glauben darf. Morgen oder übermorgen knallt es mit Polen."

„Aber Kohlen müssen her, Herr Kapitän."

„Zur Not können wir einen Hafen von Portugiesisch-Ostafrika ansteuern. Wir setzen uns aus den üblichen, stark befahrenen Routen heraus und laufen weiter Generalkurs West."

„Und was meinten Sie mit dem *Damals*, Kapitän?"

„Ach, das ist eine lange Geschichte. Spielt in den Krieg 14/18 rein. Sie wissen ja, ich mag von Krieg nichts wissen. Er reicht mir jetzt schon, ohne daß er da ist."

„Ist es die Sache mit der *Ulifant*?" bohrt der Erste hartnäckig weiter.

„Ja, zum Teufel. Woher wissen Sie das denn?"

„Sie waren doch selbst mal Schiffsoffizier und Matrose . . . Wenn man als Neuer an Bord klettert, will man ja schließlich wissen, verzeihen Sie meine Ausdrucksweise, was der Alte für ein Kerl ist. Und dabei ergab es sich so, daß einer über die *Ulifant* berichtete . . ."

Schill lehnt sich mit dem Rücken an das Kartenschott. Er versenkt gemächlich beide Hände in die Hosentaschen. Über sein braungebranntes Gesicht huscht der Abglanz einer Erinnerung.

„Jaja, damals, da haben uns die schwarzen Diamanten wirklich Glück gebracht. War III. Offizier auf diesem Untersatz der Roland-Linie . . . standen auf dem Weg von Antwerpen nach Kuba und hatten, da kein FT an Bord, nicht die geringste Ahnung, daß sich Kaiser Wilhelms bunte Heerscharen inzwischen mit den Franzosen und den Landsleuten seines honorablen Vetters auf der britischen Insel herumkloppten. Wir hatten die Bunkerkohle an Deck geladen und trimmten in der Nacht bei weithin strahlenden

Sonnenbrennern. Da meldete in einer dieser Nächte, als die Heizerleins beim Trimmen schufteten, der Backbord-Ausguck zwei Schatten voraus. Positionslichter hatten sie nicht gesetzt. Der eine drehte etwas nach Backbord ab, der andere schob sich an unsere Steuerbordseite.

Unser Erster wurde schließlich böse. Er verlangte mit der Morselampe Auskunft, wer da, ohne Beachtung der internationalen Lichterführung laut Seestraßenordnung, gespensterhaft über den Atlantik kurvte.

,What ship . . . what ship' gaben wir mehrmals.

Keine Antwort.

Die Schatten drehten weiter ab und verschwanden so unheimlich, wie sie gekommen waren. Wir trösteten uns damit, daß es Kriegsschiffe gewesen sein könnten, die hier Manöver fuhren. Die Luft stank ja seit einiger Zeit nach Pulver. Daß es britisch-französische Blockadeschiffe waren, ging uns erst später auf.

Aber die Herren Kommandanten auf den Bewachungsschiffen ließen uns zufrieden. Sie werden sich mit der Überlegung beruhigt haben: Wenn hier einer so hell und frech erleuchtet durch die atlantische Nachtlandschaft schippert, dann muß der ja harmlos sein und ein reines Gewissen haben.

Die Kohlen hatten uns jedenfalls vor der frühzeitigen Gefangenschaft bewahrt.

Als wird endlich im paradiesischen Havanna einliefen, fielen wir aus allen Wolken, als wir hörten, daß im alten Europa seit Wochen der Krieg ausgebrochen war. Unser rühriger Alter machte im Einvernehmen mit der Reederei gute Geschäfte mit der Ladung, denn die Preise hatten nach dem Kriegsausbruch schlagartig und gewaltig angezogen. Es ging uns daher gar nicht mal so schlecht, denn Geld hatte die Schiffsführung genug, um allen Bedürfnissen gerecht zu werden und um uns auch die Heuer in harten Devisen auszuzahlen. Als die Amis dann 1916 in den Krieg eintraten, sperrten sie uns in Havanna unter fadenscheinigen Vorwänden erst den Landgang und plötzlich, zwölf Stunden bevor auch Kuba Deutschland den Krieg erklärte, wurden wir unter subtropisch lärmendem militärischen Aufwand verhaftet und im Marco-Castle interniert.

Kein angenehmer Aufenthalt, wenn auch, zugegeben, manche kubanische Sonnensöhne bemüht waren, unser Los zu erleichtern.

Erst im Dezember 1918, zwei Monate nach Kriegsende, tat sich etwas. Man schaffte uns auf einen klapprigen Spanier, den nur noch die Angst, der gute Wille und die dicke Farbschicht zusammenhielten, und lud uns wie Stückgut in Long Island aus, wo man uns erst erneut einsperrte. Naja, und dann verfrachtete man uns eines Tages auf die *Pocahontos,* für mich eine alte Bekannte, denn dieses Schiff war die ehemalige *Prinzess Alice* vom NDL, die sich die Herren Sieger unter den Nagel gerissen hatten. In Wesel entließ man uns.

Die *Nixe* von der Neptun war mein erstes Bordkommando nach dem Weltkrieg, ein kleines, aber gutes Schiff . . .

Ja, so war das damals. Wer weiß, was uns jetzt in den nächsten Monaten und Jahren bevorsteht. Wait and see. Kommen Sie, in einer halben Stunde gibt es Mittagessen. Es ist Donnerstag. Seemannssonntag mit vollem Schlag."

Die *Aller* stampft weiter auf westlichen Kursen. Durch eine saphierblaue See. Die nächsten Tage bringen immer alarmierendere Meldungen. Man kann zwar die heimatlichen Richtwellen nur von Fall zu Fall empfangen, aber die Rundfunknachrichten der Länder des britischen Weltreichs sagen ohnehin genug.

Als am 1. September eintritt, was die ganze Welt befürchtet, wählt Kapitän Schill den Hafen Lourenzo Marques in portugiesisch Mozambique.

Südlich von Madagaskar hat die *Aller* gerade noch für zwei Tage Bunkerkohle an Bord. Einem großen, schnell laufenden Schiff mit Passagierdeckaufbauten kann nicht mehr ausgewichen werden. Der andere, ein Brite, läuft dicht bei der *Aller* auf. Seine Neugierde verhehlt er nicht.

Das bedeutet, daß auch die *Aller* Freiwild geworden ist.

Schills Funkoffizier verläßt die Funkbude nicht mehr. Er dreht die Wellenbereiche ab und sucht und sucht. Plötzlich zuckt er zusammen. Er hat die Welle erwischt, auf der englische Handelsschiffe Positionsmeldungen über deutsche Frachter funken. Der britische Passagierdampfer meldet, das deutsche Frachtschiff *Aller* gesichtet zu haben. Er funkt den genauen letzten Standort, eine Position, aus der klar hervorgeht, daß das deutsche Schiff jetzt Kurs auf die portugiesische Küste Ostafrikas genommen habe.

„Und hier ist noch etwas", sagt der Funkoffizier. „Hier ist die Antwort."

Kapitän Schill liest.

Zwei britische Kreuzer sind zur Jagd auf die *Aller* angesetzt. Einer sei aus Durban, der andere aus Kapstadt ausgelaufen.

Schill bespricht sich mit seinen Offizieren.

„Wenn die Briten wirklich zwei Kreuzer auf uns hetzen, dann erwarten sie uns auf dem normalen Weg . . . dann werden sie sich südöstlich von der Delagoa-Bucht auf die Lauer legen", argumentiert er.

„Könnten sie nicht doch auf den Gedanken kommen, daß wir weiter nördlich ausholen?" wirft der II. Offizier ein.

„Glaube ich nicht. Sie werden inzwischen herausbekommen haben, wieviel Bunkerkohle wir in Adelaide gefaßt haben. Die rechnen sich an fünf Fingern aus, daß wir mit unserem Bestand nur auf dem kürzesten Wege die afrikanische Ostküste erreichen. Daß unsere Heizerleins bisher so sparsam fuhren, steht auf einem anderen Blatt. Wir halten jetzt unter die Küste von Madagaskar, laufen ungefähr ein Drittel der Insel rauf und drehen dann im Bogen auf Mozambique zu."

Noch in den Abendstunden schält sich Steuerbord voraus der violette Streifen der französischen Insel aus dem Dunst des schnell verdämmernden Tages. Ohne ein Schiff zu sichten, marschiert die *Aller* erst nordwärts unter der Küste entlang. Der Wind weht vom nahen Land den aromatischen Duft von Erde und Gewürzen herüber. Einige bilden sich ein, den süßlichen Geruch von Vanille in der Nase zu spüren. Ist doch Madagaskar eines der Hauptausfuhrländer der Schotenfrüchte dieser begehrten Kletterorchideen.

In den Morgenstunden dreht der Frachter nach Westen ab. Auch beim Durchqueren der Mozambique-Straße kommt es zu keiner Begegnung mit einem anderen Fahrzeug.

Die Ausguckposten sind verdreifacht worden, und selbst die Männer, die gerade keine Wache haben, helfen unaufgefordert mit, die Kimm zu kontrollieren.

Alle sind sich einig: „Mit unserem Alten kommen wir durch! Mit Käpten Schill schlagen wir den Leimis ein Schnippchen."

Unter Ostafrika rundet die *Aller* eben in Sichtweite des Inhambane-Landes, jener bogenförmigen Ausbuchtung der Küste. Dann schwingt sie mit südwestlichem Kurs noch näher unter Land, auf die Delagoa-Bucht zu.

Alle Gläser und Augen suchen den von der feuchtheißen Tropenluft diesigen Backbord-Horizont ab, denn dort vermutet der Kapitän die beiden britischen Kreuzer.

Im Heizraum steht die Luft wie eine mit Händen greifbare, glühende Masse. Zur tropischen Außenhitze kommt noch die Glut aus den Feuerschlünden. Halbnackt schuften Heizer und Stoker. Die Männer sind schweißüberströmt, wie aus dem Wasser gezogen. Und schwarz vom Kohlenstaub. Nur das Weiße der Augen leuchtet aus den negerhaften Gesichtern heraus. In diesem Weiß spiegelt sich wildflackernd das Feuer, wenn sie neue Nahrung unter die Kessel schaufeln, wenn die Stoker die zusammenbackende Kohle aufbrechen, damit sie schneller, noch schneller verbrennt und das Feuer unter den Kesseln bis zur Weißglut gesteigert wird. Kohlen her!

Die letzten schwarzen Diamanten werden aus den äußersten Ecken der Bunker herangeschleppt.

Diese Beanspruchungen überschreiten die Grenze menschlicher Leistungsfähigkeit. Unter normalen Umständen würde einer nach dem anderen zusammenklappen. Aber der verbissene Wille, das letzte aus der Maschine herauszuholen, triumphiert über die körperliche Schwäche.

Die überlasteten Kessel singen unter dem Druck des Dampfes. Die Manometer zittern bereits daumenbreit über dem roten Warnungsstrich. In Hemdsärmeln verfolgt der Leitende Ingenieur den Dampfdruck und die Skalen für die ausgelegten Maschinen. Mancher besorgte Blick der Assis wandert zu ihrem Chief. Doch der ist die Ruhe in Person. Langsam wischt er sich von Zeit zu Zeit mit dem Handrücken den Schweiß aus dem Gesicht, schiebt die triefenden Haare zurück.

Oben wälzt sich dichtes Gewölk aus dem leicht bebenden Schornstein wie dicke, flockige, schwarze Watte. Aber der Himmel ist gnädig. Ein süßlicher Wind verweht den verräterischen Rauch nach dem Lande zu.

Fast ohne Übergang bricht die Nacht herein. Kapitän Schill hat es so eingerichtet, daß er das letzte und gefährlichste Stück im Schutz der Dunkelheit zurücklegen kann.

Endlich zeigen sich dort, wo der rettende Hafen liegen muß, Lichter voraus.

Und dazwischen sind plötzlich die Positionslichter eines Lotsenbootes. Es nimmt Kurs auf die heranschnaubende *Aller* und manövriert sich an die Steuerbordseite des abstoppenden Frachters.

Mit einem gewandten Sprung packt der Lotse, ein schmächtiger Portugiese, die über die Reeling herunterhängende Lotsentreppe. Zwei Seeleute wollen ihm helfen, als er über die Bordwand steigen will. Aber der Hagere wehrt mit einer gebieterischen Geste ab. Den Weg zur Brücke findet er alleine.

Händedruck mit dem Kapitän.

Alles andere spielt sich routinemäßig ab. Der Lotse übernimmt ohne weitere Formalitäten das Kommando über das Ruder.

Bisher fiel kein deutsches Wort. Die Unterhaltung wird, wie üblich, im seemännischen Esperanto, in englischer Sprache, geführt.

Aber Kapitän Schill entgeht es nicht, daß der Lotse aufgeregt ist und Erregung in seinen Befehlen mitschwingt, daß er zur Eile treibt und seine Kommandos hart und knapp sind.

Immer wieder tritt er mit schnellen kurzen Schritten in die Brükkennock und beobachtet den Bereich hinter der dahinstampfenden *Aller*.

Achteraus kommt ein Frachter auf. Er führt alle Positionslichter. Sein Licht strömt durch die Nacht. Plötzlich blitzt es hinter dem nachfolgenden, noch gut einige Seemeilen abstehenden Schiff an der Backbordseite auf. Dicht neben dem anderen bricht einige Sekunden später eine weiße Fontäne aus dem Wasser. Dumpfes Grollen rollt über die See. Von der *Aller*-Brücke aus sehen sie, wie durch die Nacht ein Morsespruch hinter dem ihnen folgenden Schiff aufzuckt.

„Stop at once! Stop at once!"

Der Lotse wirft erregt die Arme in die Luft. Die Finger seiner Hände sind beschwörend gespreizt.

„Jetzt haben sie sie! Passen sie auf, Master, da drüben halten britische Kreuzer den deutschen Dampfer *Alleeer* an! Direkt vor dem rettenden Hafen!"

„Sie sympathisieren mit den Deutschen?" fragt Schill, dem plötzlich der tragikomische Irrtum des Lotsen aufdämmert.

Der Portugiese macht eine wegwerfende Handbewegung.

„Sollen sie doch das Nazischiff schnappen, mir ist's recht!" sagt er.

„Und wenn es nicht die deutsche *Alleeer* ist?" fragt Schill und blinzelt vergnügt mit den Augen.

„Es ist die *Alleeer*, verlassen Sie sich darauf. Die Briten haben sie ja hier erwartet. Ein britischer Passagierdampfer hat ihren letzten Standort gefunkt."

„Wissen Sie eigentlich, auf welchem Schiff Sie sich hier befinden?"

„Auf dem angekündigten, aus der Mozambique-Straße kommenden Norweger."

„Sehen Sie sich doch ein bißchen genauer um."

Des Lotsen Augen wandern durch den Ruderraum. Er kann nichts Ungewöhnliches entdecken. Aber das unverschämte Grinsen des Mannes am Ruder und das aufgestaute Lächeln des Wachoffiziers beginnen ihn zu irritieren.

„Was soll schon sein?" wehrt er ab. „Sieht hier aus wie auf jedem anderen Schiff. Oder sind Sie ein Brite?"

„Halten Sie sich fest, Sir. Sie stehen auf deutschen Planken. Sie befinden sich an Bord der von Ihnen offenbar so sehr geschätzten *Alleeer!*"

Der Lotse tritt einen Schritt zurück. Er greift mit den Fingern zwischen Hals und Kragen, als würde ihm die Luft zu knapp. Kapitän Schill geht auf den völlig verdatterten Mann zu und legt ihm, der etwas zurückweicht, die Hand auf die Schulter.

„Kommen Sie bitte ins Kartenhaus."

Nach einem prüfenden Blick auf Kompaß und Ruder folgt der Portugiese voller Mißtrauen.

Lachend schiebt ihm Kapitän Schill im hellerleuchteten Kartenhaus das Journal hin. Auf der inneren Titelseite steht groß und breit der Name *Aller.*

Sekundenlang herrscht Schweigen. Der Portugiese schluckt ein paar Mal. Dann aber wird er lebendig, als habe er sich in einen Ameisenhaufen gesetzt.

„Amigo, oh Amigo! Bravio! Bravio!" brüllt er plötzlich begeistert. Er packt die Rechte des Kapitäns und schüttelt sie mit beiden Händen. „Welch ein Streich! Was werden die Engländer für dumme Gesichter machen!"

„Fast so dumme wie deins, alter Freund", liegt es Schill auf der Zunge, aber er will den Lotsen nicht verletzen.

„Wie haben Sie das gemacht? Wie?" will der wie umgewandelte Portugiese wissen.

Inzwischen gleitet die *Aller* in den Hafen von Lourenzo Marques hinein. An Steuerbordseite zucken die Leuchtfeuer einer vorspringenden Landzunge. Ihr Name lautet „Bella vista" — zur Schönen Aussicht.

Hinter ihnen bleibt der gestoppte Frachter zurück. Es war, wie sich später herausstellte, ein Holländer, dessen Kapitän es Mühe kostete, das mißtrauische und siegessichere Prisenkommando von seiner echten Nationalität zu überzeugen. Meinten die Engländer doch, die *Aller* habe sich in einen Dutchman getarnt!

Schill legt sich mit seinem Schiff auf Reede.

Seine ersten Maßnahmen am nächsten Tage gelten der Wassertiefe unter dem Kiel. Nach der Seekarte ist es hier flach. Sicherheitshalber läßt Schill die Tiefen um sein Schiff ausloten. Überall ist es nur knapp einen Fuß tiefer, als der Tiefgang der *Aller* beträgt.

„Schiet, meine Herren, versenken können wir unseren Untersatz hier nicht, wenn es dicke Luft geben sollte."

„Bei Gefahr unbedingt versenken!" lautet aber der Befehl aus der fernen Heimat.

Es gibt nur eine Möglichkeit, das Schiff einem feindlichen Zugriff zu entziehen: das Kentern!

Vorerst aber bleibt alles ruhig. Die Portugiesen behandeln die Deutschen als Gäste, drängen nicht auf ein Auslaufen des Schiffes und versorgen die *Aller* pünktlich und ausreichend mit allem, was die Schiffsführung anfordert. Sie verwehren der Besatzung auch den Landgang nicht. Nicht zuletzt haben diese stillen Sympathien ihre Ursache in dem Streich, den der prächtige Handelsschiffskapitän denen spielte, die ihm vergebens auflauerten.

An einen Ausbruchsversuch ist freilich nicht zu denken. Durch die intensive Tätigkeit deutscher Hilfskreuzer und Überseekreuzer werden die Gewässer des westlichen Indischen Ozeans und vornehmlich der Raum um Madagaskar immer stärker von britischen Kriegsschiffen überwacht.

Später lösen U-Boote die deutschen Überwasserstreitkräfte ab.

Am 1. Mai 1942 geht ein britisches Geschwader im Hafen vor Anker.

Schill wittert sofort Unheil.

Nach der *Altmark*-Affäre in Norwegen und anderen drastischen Fällen ist es dem Gegner durchaus zuzutrauen, daß er einen deutschen Frachter auch in neutralen Gewässern kapert. Er trommelt seine Offiziere zusammen.

„Meine Herren, wir sind hier nur ein paar Männekens an Bord.

Wir haben weder Waffen, um uns zu wehren, noch haben wir Sprengmittel an Bord, um unsere *Aller* zu versenken. Die Anwesenheit der britischen Kriegsschiffe schmeckt mir nicht. Es muß etwas geschehen!"

„Aber was, Kapitän?"

„Habe mir überlegt, daß wir das Schiff zum Kentern vorbereiten. Wenn die Brüder heute Nacht, was durchaus drin ist, mit Schlauchbooten kommen sollten, brauchen wir nur die Seeventile der schon mit Schlagseite liegenden *Aller* einzuschlagen. Dann kentert sie gewiß."

„Angenommen, es passiert aber nichts in der Nacht, was werden die Portugiesen zu unserem übergekrängten Schiff sagen?"

„Sie Spaßvogel, wenn's hell wird, pumpen wir und liegen, ehe die Portugiesen sich aus der Koje wälzen, wieder schön brav auf ebenem Kiel. Tagsüber sind wir ja wohl sicher."

Doch so einfach, wie sich das alles anhört, ist es nicht.

An Bord ist alles verplombt. Neben der Funkbude auch die Luken und die Zugänge zu den Laderäumen. Der IO und der Funker haben sich schon lange vorher Gedanken gemacht, wie man die Siegel entfernen könne, ohne sie zu beschädigen.

Fachmännisch — und wie in aller Stille geübt — lösen die beiden jetzt die Plomben. Der Erste steigt mit einigen Seeleuten in die Steuerbord-Doppelböden und öffnet die Ventile. Schnell dringt das Wasser ein. Immer mehr, immer schneller neigt sich die *Aller* nach der Steuerbordseite über, so schnell, daß Schill besorgt hinunterschreit: „Ausscheiden, sonst kentern wir gleich!"

Mit 15 Grad Schlagseite bleibt die *Aller* liegen. Sie muß ständig gelenzt werden.

Kapitän Schill schläft diese Nacht nicht. Er bleibt auf der Brücke.

Die Nacht vergeht ohne Zwischenfall, obwohl der deutsche Frachter von den in nächster Nähe liegenden Kriegsschiffen nicht aus den Augen gelassen wurde.

Mit der ersten schwachen Dämmerung gibt Schill den Befehl, die gefluteten Räume zu lenzen und, um die *Aller* schneller auf ebenen Kiel zu legen, die Backbord-Tanks zu fluten. Die Engländer reißen die Anker aus dem Grund und steuern nacheinander seewärts. Als die Verantwortlichen bei den Hafenbehörden wie gewohnt den Blick über den Hafen schicken, bietet der deutsche Frachter ein Bild wie an jedem anderen Tage auch. Kein Portugiese hatte etwas gemerkt — oder wollte etwas beobachtet haben. Der Erste plagt sich die nächsten Wochen mit der Sorge herum, daß durch die Flutmanöver die Ladung naß geworden sein könnte. „Herr Kapitän, nasse Wolle ist in abgeschlossenen Räumen reiner Sprengstoff. Das Zeug brennt uns eines Tages wie Zunder auf."

Schill nickt und gibt sein stilles Einverständnis, daß die Luken wieder mal abgesiegelt werden. Die Befürchtung des Ersten besteht zu Recht. Die Temperatur in den Laderäumen verhindert fast schon den Zutritt.

„Bleibt nichts anderes übrig, als die Hafenbehörden zu verständigen." Der Zoll erscheint, entsiegelt die Räume, ohne daß die Plomben beanstandet werden. Die Ladung wird an Deck geholt und die Wolle getrocknet.

Und da ist noch eine Begebenheit.

Die *Aller* hat gleich nach ihrem Einlaufen den ebenfalls im Hafen liegenden Frachter *Uhenfels* von der Dampfschiffahrtsgesellschaft Hansa, Bremen, versorgt. Der *Uhenfels*-Kapitän wollte schon Ende 1939 den Ausbruch wagen, ein Gedanke, der auch zwischen Kapitän Schill und seinen Offizieren immer wieder durchgesprochen wurde. Er scheiterte aber an der Überlegung, daß die Ausrüstung des Schiffes bei allem Entgegenkommen der Portugiesen britischen Agenten im Hafen nicht verborgen bleiben würde. Die *Uhenfels* dagegen hatte noch genügend Kohlenreserven an Bord. Sie brauchte die Restbestände der *Aller* auch nur als zusätzliche Reserven.

Schweren Herzens ließ Kapitän Schill seinem Kollegen von der *Uhenfels* den Vortritt. In aller Heimlichkeit wurde der Hansa-Frachter mit Kohlen, Proviant und anderen notwendigen Dingen so gut versorgt, daß die *Uhenfels* die Hafenbehörden nicht zu bemühen brauchte.

Der Ausbruch glückte.

Die *Uhenfels* rundete das Kap der Guten Hoffnung, wurde aber am 5. November durch den Flugzeugträger *Ark Royal* und ein paar schnelle Zerstörer aufgebracht und von den Engländern später als *Empire Ability* wieder in Dienst gestellt. Am 6. Dezember 1941 versenkte ein deutsches U-Boot den ehemaligen deutschen, nun unter britischer Flagge fahrenden Frachter 300 Seemeilen querab von Freetown.

Am gleichen Tage ging übrigens die 8577 BRT große *Adolf Woer-*

mann verloren, als sie von dem britischen Kreuzer *Neptune* zum Stoppen aufgefordert wurde. Der deutsche Kapitän fand aber noch Mittel und Wege, sein Schiff vor dem Anbordkommen eines Prisenkommandos zu versenken.

Am 23. November erwischte es die *Emmy Friedrich* im Golf von Mexiko. Die *Emmy Friedrich*, ein 4372 BRT großer Tanker der Reederei Eugen Friedrich in Bremen, war am 20. November aus Tampico ausgelaufen und sollte vor ihrem Durchbruch in die Heimat das im Südatlantik operierende Panzerschiff *Graf Spee* beölen. Kurz nach ihrem Auslaufen gelang es dem deutschen B-Dienst, einen französischen Funkspruch aus Port de France zu entschlüsseln, der den Standort des Tankers meldete. Offenbar hatte der Gegner das Schiff bei seinem Auslaufen beobachtet und ein U-Boot angesetzt, das aber nur den Standort melden, nicht aber anzugreifen vermochte. Was der Kommandant der *Graf Spee*, Kapitän zur See Langsdorff befürchtete, als er den Tanker als Versorgungsschiff abschrieb, trat am 23. November ein, als der Leichte Kreuzer *Caradoc* den Tanker sichtete. Das Schiff konnte ebenfalls noch gerade von seiner Besatzung versenkt werden.

Doch wenden wir uns wieder der *Aller* zu.

Sie wird schließlich, da später auch ein noch so geheim gehaltener Ausbruchsversuch unmöglich geworden war, von Lothar Bohlen, dem Treuhänder für den Verkauf deutscher Schiffe in Afrika, an die portugiesische Reederei Compania Nacional verkauft und 1943 unter dem Namen *Sofala* in Dienst gestellt.

Kapitän Schill und seine Besatzung gelangen bei einem mit den Engländern abgesprochenen Gefangenenaustausch mit der *Monsinho* nach Lissabon und von dort über Paris nach Stuttgart.

Schill wird Kapitän der *Gotha*, eines in Holland bei Kriegsausbruch beschlagnahmten Neubaues, der im Transportverkehr mit Norwegen eingesetzt wird.

Dieses Schiff fährt heute wieder unter holländischer Flagge als *Mervede*, weil es die trotz aller See- und Luftsicherung so gefährlichen Norwegenfahrten überlebte.

Im Juli 1944 übernimmt Kapitän Schill die *Potsdam*. Der ehemalige Ostasienschnelldampfer wird erst als Wohnschiff und später als Flüchtlingstransporter eingesetzt. Auch er übersteht den Krieg.

Kapitän Schill hatte die traurige Aufgabe, die 17 528 BRT große

Potsdam, eines der schönsten und modernsten Schiffe des NDL, dem bei Kriegsausbruch die Fahrt in die Heimat gelang, nach der Kapitulation nach England zu überführen.

*

Jedes Ding hat auch seine gute Seite.

Ausgerechnet den Roten im Lande der goldenen Pagoden verdankt der Verfasser die Begegnung mit einer Persönlichkeit, die im Kriegsschutt der Erinnerungen eine der härtesten Episoden verbirgt, die Männer der Handelsmarine während des Krieges erleben konnten.

Es war auf dem rostbraunen Irrawaddy, als gute zehn Jahre nach dem Kriege hinter der in allen Häfen Südostasiens bewunderten *Hohenfels* noch ein zweiter Schwergutfrachter der DFG Hansa den Fluß heraufschwamm. Vor Rangoon, der Hauptstadt des heute freien Burma und dem zugleich bedeutendsten Hafen im Lande, warf er die Anker: die *Kandelfels,* der Nachkriegsneubau für das im Kriege als Hilfskreuzer *Pinguin* verlorengegangene Schiff gleichen Namens.

Ich wollte gern ein Foto von diesen beiden deutschen Schiffen zusammen auf einem Bilde haben. Elegant in ihrer Form und makellos in ihrer Farbe wirkten sie eher wie Passagier-Liner, denn als ausgesprochene Schwergutschiffe. Nur die massiven Masten und der Schwergutbaum sagen dem Fachmann mehr über ihre eigentliche Aufgabe.

Der beste Blick auf die beiden hintereinander auf dem Fluß liegenden Motorschiffe bot sich von der gegenüberliegenden Seite Rangoons: An diesem Ufer lagen ein paar kleine Werften, dahinter Reisfelder und kleine Dörfer zwischen dem satten Grün tropischer Bäume. Aber keiner der Sampanfahrer, die den Verkehr mit den Landungsbrücken Rangoons aufrechterhielten, war zu bewegen, mich an das andere Ufer zu rudern. Weder für Geld noch für gute Worte. Da drüben wohnen in der Mehrzahl burmesische Kommunisten. Jeder Weiße im Land ist ihr Todfeind. „Selbst wenn Dir nichts passiert, Sahib", jammerten sie, „uns packen sie hinterher, weil wir einen Weißen in ihr Revier gebracht haben. Sie schlagen bestimmt einen von uns tot."

Mit dem Totschlagen der Weißen sind die Roten in Burma schnell bei der Hand. Während meiner Zeit wurden drei Engländer ermordet, als sie über die 25 Meilen außerhalb der Stadt aufgestellten Warnschilder der nichtkommunistischen Regierung hinausfuhren:

„Für Weiße übernimmt die Regierung ab hier keinen Schutz mehr."
Schließlich vermochte ich einen der Burmesen doch zu bewegen, mich wenigstens auf einen am anderen Ufer vertäuten indischen Frachter zu fahren . . .

Ich machte meine Bilder und wollte gerade wieder den unter dem Swastika, dem indischen Hakenkreuz, fahrenden Inder verlassen, da hielt mich der indische Erste Offizier zurück.

„Bitte warten Sie. Der Kapitän kommt gleich."
Ich sah keinen Grund, noch länger zu bleiben. Aber der Inder bat so herzlich, daß ich nachgab. In dem herantuckernden Motorboot entdeckte ich, recht verwundert, einen großen, stämmigen Weißen. Als er an Bord kletterte, fiel mir auf, daß er das rechte Bein nachzog.

Der Kapitän hieß Möller . . .

Ein Deutscher!

Ein alter Hansa-Fahrer.

Es war vormittags, als ich auf den Skindia-Liner *Jalavoti* aus Bombay stieg . . . Es wurde Abend und Nacht . . . und wir saßen noch immer zusammen. Draußen jagte ein Monsunschauer den anderen. Mit jedem Wolkenbruch schwemmte der Wind eine Welle feuchtheißer Luft in die mit dunklen Hölzern getäfelte Kajüte des Kapitäns herein.

Die Freude über den Besuch eines Landsmannes hatte Kapitän Möller die Zunge gelöst. Erst sprach er nur zögernd über sein Schicksal, das ihn veranlaßt hatte, bei den Indern als Kapitän zu fahren.

„Brauche Ihnen ja nicht zu erzählen, wie es nach dem Kriegsende in unserem Deutschland aussah . . . Kein Schiff mehr . . . Keine Hoffnung, auch nur einen berufsverwandten Job zu finden. Die Zukunft düster und trostlos . . . Die Inder boten mir eine Chance, wieder fahren zu können. Man kommt ja nicht los von der See, wenn sie einen einmal gepackt hat. Soll ich die Inder heute im Stich lassen? Nein!

Gern würde ich so einen neuen Hansa-Liner fahren", und Möllers Hand bewegt sich in die Richtung, wo draußen die *Hohenfels* und die *Kandelfels* auf dem Irrawaddy liegen, „aber ich möchte trotzdem nicht tauschen. Sie verstehen mich doch . . .“

„Sie waren also in Indien, als der Krieg ausbrach?“

„Ich fuhr als Zwoter auf dem Hansa-Frachter *Ehrenfels*. Wir hatten Anfang Juli 1939 mit dem noch fast nietenneuen Achttausendtonner die Heimat verlassen. Kapitän Röver führte das schmucke Schiff mit seiner 48 Mann starken Besatzung. Als die Lage in Europa immer kritischer wurde, liefen wir Mormogoa in Portugiesisch-Indien an. Das war am 26. August. Die *Braunfels* und die *Drachenfels* folgten später . . . ältere, aber gute Schiffe.

„Und Sie blieben dort liegen?“

„Wir mußten. Wo sollten wir hin? Draußen patrouillierten feindliche Kriegsschiffe. Wir waren der einzige der drei deutschen Frachter, der Brennstoff genug hatte und an sich seeklar war, aber es war uns klar, daß unser Auslaufen über die in Goa sitzenden Agenten sofort gemeldet werden würde. Ein Druck auf die Taste . . . und vor dem Hafen hätten uns die Kriegsschiffe in Empfang genommen. Bis nach Bombay ist's von Goa ja nur ein Katzensprung. Vielleicht hätte man es in der Nacht riskieren sollen, einfach ohne Ausklarierung auszubrechen . . . Kapitän Röver war ein feiner Kerl. Er fürchtete Verluste, bangte um sein Schiff. Er wollte seiner Reederei diesen Neubau erhalten. Er wollte ein sinnloses Opfer vermeiden . . .

Das Leben in Goa war alles andere als angenehm. Das Klima machte uns auf die Dauer schwer zu schaffen. Und an Land mochte bald keiner mehr gehen. Nur das weiter entfernte Vasco da Gama bot etwas Abwechslung — ein Kino und ein paar Lokalitäten mit kühlen Getränken. Aber auch diese Flucht aus der Langeweile hatte ihre Grenzen. Wir bekamen ohne Unterschied monatlich nur 40 Rupien an Devisen zugebilligt.

Was sind 40 Rupien in einem Lande, in dem jeder Weiße schon morgens mit Durst in der Kehle aus der Koje fällt? Nein, nein, wir hatten in den Tropen keine große Meinung von starken alkoholischen Getränken, so wohltuend es auch manchmal war, zu vergessen . . . Aber auch die nichtalkoholischen Tropfen kosteten harte Valuta. Einmal riß der Devisenstrom für acht Monate voll ends ab. Schlimme Wochen. Schlimme Monate.

Aber wir waren wenigstens in Freiheit, wälzten jeden Tag neue

Fluchtpläne mit unserem Schiff, verwarfen sie wieder und griffen sie wieder auf.

Mit den britischen Seeleuten, die mit ihren Schiffen Goa anliefen, hatten wir sogar ein gutes Verhältnis.

Es waren durchweg prima Boys. Wir haben trotz des Krieges mehrfach mit ihnen Fußball gespielt und auf dem sportlichen Rasen um Siegeslorbeeren gerungen. Vielleicht hofften sie auch auf ein unbedachtes Wort von uns . . .

Im Dezember 1942 wurde das Ehepaar Koch, in Goa lebende Deutsche, gewaltsam entführt. Mitten in der Nacht brach ein Kommandotrupp in das Haus dieser Deutschen ein. Sie hielten den Kochs Pistolen unter die Nase: ‚Kommen Sie mit und machen Sie keinen Lärm.‘ Als man den Überfall am nächsten Morgen entdeckte, war von dem Kommandotrupp nichts mehr zu sehen. Die Briten waren mit ihrer ‚Beute‘ über die Grenze nach Indien entkommen.“

„Warum entführten die Engländer denn die Kochs?“

„Warum? Ja, warum? Sie vermuteten Kontaktleute in ihnen. Warnposten für die drei deutschen Schiffe, die vielleicht doch noch fliehen könnten. Uns war die Affäre Koch eine Warnung, unter der portugiesischen Flagge in Goa kaum auf Schutz hoffen zu dürfen. Alle drei Schiffe wurden daher schon zur Versenkung klar gemacht. Und dann kam die Nacht zum 7. März 1943 . . .

Der *Ehrenfels* näherte sich ein kleiner abgeblendeter Frachter. Er hatte so an die 300 Tonnen, und fuhr seine Maschine achtern.

Es war dunkel, aber nicht so dunkel, daß man ihn nicht sah. Der Dritte hatte gerade Wache. Ihm kamen die Manöver des kleinen Schiffes spanisch vor. Warum fuhr der hier in neutralen Gewässern ohne Lichter? Der Dritte sagte sich, entweder haben sich die Kerls da drüben vollaufen lassen oder . . .

Er hetzte nach achtern, als er sah, daß der Fremde bei der *Ehrenfels* plötzlich längsseit schor. In Englisch, der hier zu Lande üblichen Sprache fragte er, was dieses unsinnige Manöver zu bedeuten habe . . .

Als Antwort prasselten ihm Maschinenpistolengarben entgegen. Der Dritte hatte noch eben Zeit, sich an Deck zu werfen und zurückzurobben. Schüsse peitschten hinter ihm her.

Vom Frachter aus konnten sie ihn nicht beschießen. Das Schiff war geentert.

Der Dritte floh auf die Brücke und gab Alarm mit dem Typhon. Dann brach er tot zusammen.

Kapitän Röver war schon wach. Ich weckte die anderen Kameraden. Den Lärm der Schüsse übertönte Rövers Befehl, das Schiff zu versenken . . .!

Jeder Mann tat, was seine einexerzierte Rolle von ihm verlangte. Die Flutventile wurden nur an einer Seite geöffnet. Das Schiff durfte nicht auf ebenen Kiel absaufen. Es sollte und mußte kentern. Überall flackerten Brände auf. Bereitgestellte Benzinkanister explodierten. Mit Öl getränktes Werg brannte auf.

Inzwischen tobte sich das Raid-Kommando an Bord aus. Es waren große Gestalten mit schwarz gefärbten Gesichtern, Händen und Armen.

Neger waren es nicht!

Inder schon gar nicht!

Das waren als Neger verkleidete Weiße!

Sie schossen auf jeden, der ihnen in die Quere kam. Sie zersiebten die geschlossenen Türen mit MP-Geschoßgarben. Wo sich ein Deutscher blicken ließ, wurde er sofort unter Feuer genommen. Den Obersteward fesselten sie.

Der Überfall konzentrierte sich auf den Maschinenraum. Die Zugänge zur Maschine waren nach dem Aufreißen der Flutventile und dem Anlegen der Brände verschlossen worden. Mit einer geballten Ladung sprengten sie das Schott.

Zu spät.

Die Maschinenräume waren nicht mehr zu betreten . . ."

Kapitän Möller macht eine Atempause. Der kleine Raum ist heiß wie eine Sauna. Die Nacht bringt keine Erfrischung. Die Temperatur sinkt zur Monsunzeit nur um ein bis zwei Grade ab.

„Aber Sie hatten doch Waffen an Bord?" nutzte ich die Pause.

„Kein Stück. Nicht mal der Kapitän verfügte über eine Pistole. Wozu denn auch? Die Männer der Besatzung waren saubere Kerls, arbeitswillig und pflichtbewußt. Mit denen gab es keine Schwierigkeiten. Bei der Hansa fuhr nicht jeder. Das fing schon beim Schiffsjungen an. Und in den indischen Häfen hatten wir nichts zu befürchten, seitens der Inder schon gar nicht. Ihr religiöser Mythos verbietet jedwede Gewaltanwendung. Ja, so war das."

„Aber wie ging es weiter?"

„Ich kam gerade um die Ecke des Betriebsganges, als es mich erwischte. Plötzlich stand ich vor diesen negerhaften Kerls, aus deren Gesichtern das Weiße der Augen herausloderte. Sie schossen sofort. Ich fühlte einen stechenden Schmerz im Bein und brach zusammen. Da das Schiff jetzt schon Schlagseite bekommen hatte, warf es mich an die Bordwand. Das war wohl mein Glück, denn die von den Burschen nicht einkalkulierte Bewegung ließ die MP-Salve ins Leere gehen.

Nie mehr werde ich vergessen, wie zwei dieser Kerle, die schußbereiten Maschinenpistolen in der Hand, auf mich zutraten. Langsam und schleichend.

Da gellten laute Rufe durch das Schiff. Befehle in englischer Sprache. Fluchtartig stürzten sie aus dem Betriebsgang heraus.

Wie sich später herausstellte, hatte das Raid-Kommando den Befehl erhalten, das Schiff wegen der zunehmenden Kentergefahr schleunigst zu verlassen.

Viele von uns waren schwer-, viele leichtverletzt.

Vier waren erschossen.

Fünf andere vermißten wir nachher in den Booten.

Auch Kapitän Röver, von dem wir nie wieder etwas sahen und hörten."

„Aber Sie lagen doch nicht weit von Land vor Anker?"

„I wo, knappe tausend Meter."

„Dann muß doch den portugiesischen Hafenbehörden die Schießerei aufgefallen sein."

„Und ob! Hören Sie jetzt gut zu. Auch das ist bitterste Wahrheit: Als wir uns dem Land näherten, standen dort vor einem Haufen Menschen bereits der britische Konsul und Seine Exellenz, der Herr Gouverneur von Goa.

‚Was ist los bei euch?‘, schrieen sie beide wie auf Kommando. ‚Veranstaltet ihr einen Karneval?‘

‚Fahren Sie rüber, wenn Sie Mut haben, die kenternde *Ehrenfels* noch zu betreten. Sehen Sie sich dieses Verbrechen an. Zählen Sie die Toten. Dann wissen Sie, was los gewesen ist.‘

Kaum an Land, nahm uns eine Kompanie schwarzer Soldaten wahr. Sie standen unter Gewehr bereit. Komisch, dachte ich so bei mir, um das Schiff und die Schießereien an Bord kümmert sich keiner, nur um uns. Sieht nach einer abgekarteten Sache aus.

An Land lag seit Wochen ein britischer Tanker. Er war bis zur Halskrause mit Heizöl beladen. Als wir an Land kamen, sahen wir, daß dieser Tanker abgelegt hatte. Er schwamm in unmittelbarer Nähe der sinkenden *Ehrenfels*. Der Fall war klar. Er sollte unser Schiff auf See versorgen, wäre es dem Kommando gelungen, es herauszufahren.

Die Verwundeten wurden ins Hospital gebracht. Ich kam zusammen mit dem Koch in ein gesondertes Zimmer. Mir war der rechte Wadenbeinknochen zersplittert worden. Der Koch hatte einen Lungenschuß."

„Und Sie wurden gesund?"

„Ich verlor mein Bein. Sonst traten keine Komplikationen ein, Gott sei Dank, denn in den Tropen kann so etwas leichter als in der kühlen Heimat passieren.

Der Koch wurde später über Portugal nach Hause geschickt. Ich glaube, er ist durchgekommen."

„Und was wurde aus der *Ehrenfels*?"

„Sie kenterte. Auch die beiden Schwesterschiffe wurden Invaliden. Wenn ich daran denke, dann haben es die Burschen zu blöde angestellt, uns die *Ehrenfels* wegzunehmen. Hätten sie eine Dhau statt des Motorschiffes benutzt, dann wären sie unauffällig und lautlos längsseit gekommen. Dann hätte es geklappt . . .

Uns beförderte man nach Panjim. Das Wort Aguada, der Name der Festung in diesem Ort, wird zeitlebens im Gedächtnis aller meiner Kameraden eingebrannt bleiben. Wir lebten wie Verbrecher in einem Zuchthaus. Von portugiesischen Negersoldaten bewacht, gestattete man uns jeden Tag nur einen kurzen Spaziergang innerhalb des Festungsgürtels.

Arbeitsmöglichkeiten gab es nicht . . .

Geld bekamen wir keins mehr . . .

Dabei hatte der Verwalter die Schiffskasse mit 90 000 Rupien mit an Land gebracht. Sie verschwand spurlos. Unser portugiesischer Provianthändler hat mir später — nach dem Kriege — zugeflüstert, wer sich das Geld unter den Nagel gerissen hatte . . ."

„Und die nächtlichen Schießereien wurden nicht untersucht?"

„Doch, aber erst nach dem Kriege. Vor dem Gericht in Goa machten wir unsere Aussagen. Sie verlangten dort Beweise. Wir hatten keine, nur meinen und meiner Kameraden Eid vor Gott. Die Kugel, die in meinem Fuß stecken geblieben war und die sie herausoperiert hatten, hatte man mir trotz aller Einwände abgenommen. Und nun halten Sie sich fest . . . kommen Sie, nehmen Sie vorher noch einen Black and White . . . empfehle Ihnen, den pur hinunterzuschütten, um nicht umzukippen . . .

Das Hohe Gericht entschied mit dem Spruch:

‚Auf dem deutschen Schiff *Ehrenfels* hatte sich die Besatzung in zwei Lager gespalten. Die eine Partei, meist Offiziere, waren fanatische Nazis, die andere hatte sich aus Kommunisten zusammengesetzt. In der fraglichen Nacht waren beide Gruppen handgreiflich geworden und hatten einander beschossen . . .!‘

Die Presse posaunte diese Urteilsbegründung in die Welt hinaus.

Uns legten sie nahe: Wer von den Deutschen wolle, könne daraus noch einen Nutzen ziehen. Er brauche sich nur zu der ‚Roten Front‘ an Bord zu bekennen, dann sei er ein ehrenwerter und freier Mann.

Gebrauch machte keiner davon.

Der Urteilsspruch des Gerichts endete mit der Feststellung:

‚Die Strafe für die Versenkung der Schiffe gilt durch die Internierung als verbüßt.‘"

Siebtes Kapitel

BLOCKADEBRECHER ALS VERSORGER UND PRISEN ALS BLOCKADEBRECHER

Zur Lage: Ein besonderes Kapitel unter den Blockadebrechern bilden alle jene Frachtschiffe, die sich nach Kriegsausbruch in einen neutralen Hafen durchschlugen und von der deutschen Seekriegsleitung zunächst als Versorger der in überseeischen Gewässern operierenden Handelsstörer angesetzt wurden. Einige dieser provisorischen Versorgungsschiffe fuhren später als Blockadebrecher auf der Route Japan—Europa. Vorbereitet war eine solche Versorgungsschiffahrt für deutsche Hilfskreuzer und Überseekreuzer vorher nicht. Die Ausrüstung der Schiffe in neutralen Häfen stieß naturgemäß auf große Schwierigkeiten.

Auch die Prisen der in Übersee operierenden deutschen Kriegsschiffe sollen hier erwähnt werden. Fast alle Prisen unterstanden dem Kommando von Handelsschiffskapitänen. Nur die wenigsten dieser Patentinhaber waren Reserveoffiziere. Die meisten hatten nicht eimal eine militärische Übung absolviert. Sie mußten als Sonderführer auf die Handelsstörer kommandiert werden. Ihre Aufgaben konnten von aktiven Seeoffizieren kaum wahrgenommen werden, weil diesen die Erfahrung auf Handelsschiffen fehlte. Fast alle Kommandanten der in Übersee operierenden Kreuzer und Hilfskreuzer zogen diese Prisenoffiziere während der Unternehmung auch zur Lösung nautischer Probleme heran, und sie erkannten diese äußerst wertvolle Hilfe während der Operationen hoch an. Es sei hier nur an den Leutnant (S) und Lloyd-Kapitän Warning erinnert, der vom Kommandanten des Hilfskreuzers „Pinguin", Kapitän zur See Krüder, den Befehl erhielt, die norwegische Prise „Storstad" als Hilfsminenschiff „Passat" in die Bass-Straße zwischen Tasmanien und Südaustralien und bis in die Gewässer vor den Häfen Adelaide und Melbourne zu steuern, dieweilen HSK „Pinguin" selbst Minen vor Sidney, vor Port Ho-

bart (Tasmanien) und vor die Westeinfahrt von Adelaide legte. Warning führte diese nautisch sehr schwierige Unternehmung glänzend durch.

Zunächst sei ein Beispiel aus der Versorgertätigkeit eines Handelsschiffes ausführlich geschildert. Unter den verschiedenen Blokkadebrechern mit dieser Sonderaufgabe ragt das Motorschiff „Rio Grande" hervor. Unter seinem Kapitän J. Heins konnte es, wie viele andere Schiffe der Hamburg—Süd, kurz vor Kriegsausbruch in einem brasilianischen Hafen Zuflucht suchen.

In den ersten Oktoberwochen des Jahres 1940 liegt im Hafen von Rio Grande de Sul noch immer das 6062 BRT große Motorschiff *Rio Grande* am Kai.

In Brasilien beginnt jetzt die Sommerzeit. Für Europäer wird die Hitze langsam unerträglich. Die Mittagspause auf den Frachtschiffen ist daher länger als in der kühleren Heimat. Auf der *Rio Grande* ruht heute aber keiner nach dem Essen aus. Sie stehen auf der Pier. Alle. In der Brückennock, von seinen Seeleuten vor dem Schiff nicht gesehen, Kapitän Heins.

Rufe, Schreie klingen auf und stören die Arbeitsruhe.

„Gib es ihm!"

„Hol di fast! Hol di bloß fast!"

„Hart Stürbord! Hart Stürbord müssen se!"

„Macht ein Boot klar. Hei schmiet em in'n Bach! Rettet unseren Zwoten!"

„Fietje kiek! Kiek doch. Hei schafft es!"

Um die Ecke des letzten Güterschuppens am Kai galoppiert ein Pferd. Darauf hockt eine weißgekleidete Gestalt. Gekrümmt wie ein Jockey, bloß nicht so sicher: Willem Ehrhardt. Zweiter Offizier auf der *Rio Grande*.

„Bravo! Bravissimo!" brüllen einige Seeleute. Ein solches Happy-End hatten sie nicht erwartet. Einige andere dagegen machen enttäuschte Gesichter, als habe einer bei einem Witz die Pointe vermasselt.

In der souveränen Haltung eines erfahrenen Reiters folgt dem hinter dem Schuppen verschwundenen Zwoten ein Brasilianer. Er sitzt auf einem rassigen Rappen. Ganz ein Herr.

Dieser Herr ist der Capitano de Reis, Kommandant des Militär-
flughafens in Rio Grande de Sul. Er hatte Ehrhardt, als sie sich
in einem Club angefreundet hatten, von seinem Hobby erzählt,
vom Reitsport, dem er in seiner Freizeit fröhne. Und Ehrhardt
war vermessen genug, dem Capitano Seemannsgarn aufzutischen,
daß auch er gerne reite, daß ihm nur das leidige Fahren bei der
honorigen Hamburg—Süd keine Zeit und keine Gelegenheit mehr
biete, sich wenigstens hin und wieder auf ein edles Pferd zu
schwingen.

„Oh, amigo Ehrhardt, das wir können haben. Ich werden besorgen ein Pferd für dich. Morgen, ich komme dich abholen zum Ritt
in Pampa."

Ehrhardt wollte die Freundschaft zu dem Pferdenarren de Reis
vertiefen. Und dazu war ihm kein Opfer zu groß. Er hoffte damit einen ganz realen Plan verknüpfen zu können, einen Freund-
schaftsdienst des Brasilianers. Capitano de Reis könnte nämlich
unter Umständen das Seegebiet vor Rio Grande de Sul aufklären
lassen . . . Manchmal stehen freundschaftliche Bande höher im
Kurs als amtliche Bedenken.

Pünktlich, wie verabredet, trabte der Capitano, eine braune Stute
am Halfter, am nächsten Mittag vor die *Rio Grande.* Kapitän
Heins hatte seinem Zwoten mit unverhohlenem Vergnügen Urlaub bewilligt.

„Man los. Ich gucke nicht hin. Sie haben doch hoffentlich den
Dritten verständigt?"

„Was hat denn der mit der Sache zu tun?"

„Direkt nichts, mein Lieber. Aber er ist ja unser Medicus an Bord.
Er verwaltet die Apotheke. Bandagen, Morphium und Jod sollten bereit liegen. Na, dann Hals- und Schotbruch! Mein's ehrlich,
Ehrhardt. Ist ja sozusagen ein nationales Opfer, was Sie da
bringen."

„Auf Wiedersehen, Herr Kapitän."

„Das will ich hoffen."

Auf so einer schwimmenden Insel von knapp 200 Meter Länge
und 15 Meter Breite bleibt nichts, aber auch gar nichts verborgen.
Der Alte hatte dicht gehalten. Aber raus war die Sache irgendwie
doch gekommen. Seeleute und Heizer schaufelten sich hastig das
heiße Essen in den Hals. Dann nichts wie raus, denn der Capitano war eben vorgeritten . . .

„Sie ist ein bißchen nervös. Aber du werden damit fertig. Du sein großer Mann und ein Deutscher. Deutsche großartige Reiter auf letzte Olympiade", waren die Begrüßungsworte des Flugplatzkommandanten.

Daß der Braune nervös war, brauchte de Reis Ehrhardt nicht erst zu sagen. Das Pferd vibrierte am ganzen Leibe und keilte unaufhörlich aus.

Ehrhardt hatte kaum „Platz genommen", da haute die Stute mit dreimal AK ab, als habe sie Benzin statt Wasser zum Frühstück gesoffen. Von Stop direkt auf AK hochzufahren ist bei der Seefahrt nicht üblich. Es endet meist mit Motorschaden . . .

Ehrhardt reißt es ruckartig nach achtern. Er fängt sich aber. Sie galoppieren am Kai entlang. Die eisenbeschlagenen Hufe klappern über das holprige Steinpflaster. Der Lärm bricht sich an den hölzernen Schuppen. Funken stieben. Links grinst den Zwoten ölig schwarzes Wasser an. Immer näher gerät die Stute an die Kaimauer. Nur zwei Schritte trennen sie vom Wasser.

Voraus endet die Pier an einer Wand.

„Hart Steuerbord! Hart Steuerbord!" dröhnt es in Ehrhardts Kopf. Bloß nicht in den Bach. Dann saufen alle schönen Pläne ab. Das Prestige wäre damit zum Teufel. Das ist so schlimm wie ein verlorenes Gesicht im Fernen Osten.

Ehrhardt zwingt die Stute um den Schuppen herum. Mit schmerzenden Schenkeln. Und mit Gewalt.

Sie hetzt in den Eukalyptus-Wald. Manchmal dicht an den Stämmen entlang. Wohl, um den lästigen Reiter abzuschütteln. Aber Ehrhardt preßt ihr die Sporen in die Seite.

Sie galoppieren hin und her.

Endlich, schnaufend und schweißüberströmt, bleibt die Stute stehen. Sie ist völlig erschöpft. Und bezwungen.

Aufrecht im Sattel naht der Capitano.

„Du bezwungen Pferd, was nicht einmal ich wagte zu reiten. Oh amigo, ich gratuliere."

Und er hebt die Hand an die Mütze. Das ist soviel wie eine Achtungsbezeigung.

Nachher beim Tee bringt Ehrhardt das Gespräch vorsichtig auf die Focke-Wulf-Maschinen der Brasilianer. Es müsse doch schön sein, mit diesen Vögeln über die Küste und das Vorfeld von Rio Grande de Sul zu fliegen. Wie winzig müsse doch ein großer

Frachter aussehen, und wie wenig gefährlich die britischen Kreuzer, die draußen lauern . . .

„In den letzten drei Tagen sahen wir keinen Engländer."

„Ja, ja, wenn man das immer so genau wüßte . . ."

de Reis beugt sich ein wenig vor. „Du wirst es wissen. Gib mir Stichwort. Wir klären auf. Du mich verstanden?"

Ehrhardt hat Mühe, seine Zigarette ruhig zu halten.

„Aber . . ."

„Nix aber. Du bist sehr mutig gewesen."

„Nanu, wann denn?"

„Bei deinem ersten Ritt auf Pferd. Du bezwungen schwieriges Pferd. Du bezwingen auch bösen Feind."

„Du weißt, daß ich noch nie . . .?"

„Ich wußte es, bevor du drauf saßest", lacht de Reis schallend und schlägt sich auf die Schenkel. Ehrhardt malt mit dem Finger ein paar Kringel auf die Tischplatte, er hätte den Capitano umarmen mögen. Aber die Freundschaft so öffentlich zu zeigen, wäre zu gefährlich gewesen.

„Dank, herzlichen Dank. Wenn ich sage, ich habe Nachricht von Ingeborg bekommen, genügt das als Stichwort? Ingeborg ist meine Braut."

„Sehr gut. Und sehr harmlos!"

*

Kapitän Heins hockt im bequemen Sessel auf der luftigen Veranda im Hause des deutschen Konsuls. Es geht auf den Abend zu. Der glühende Himmelsstern neigt sich in stiller Abwärtskurve dem Ende seines Tageslaufes zu.

„Was wir an Bord vermuteten, ist wahr, Herr Konsul", nimmt Heins das Gespräch wieder auf. „Ein bei den Engländern beschäftigter Brasilianer hat sich gestern unauffällig an einen meiner Offiziere herangemacht. Er berichtete, daß der Feind durch Agenten über alle mein Schiff betreffenden Vorkommnisse unterrichtet wird."

„Bekannt, Kapitän. Ich wollte Sie nur nicht beunruhigen. Die Engländer beobachten jede Kleinigkeit, die unsere Schiffe betreffen . . . wann und wieviel Trinkwasser sie übernehmen . . . wieviel Proviant an Bord gefahren wird . . . wann und wohin das

Schiff verholt . . . Sie haben ein Signalement von jedem Mann der Besatzung, den sie beim Landgang selber bis in die obskurste Hafenkneipe beschatten."

„Wissen Sie, was das heißt? Wenn die Engländer Proviant- und Brennstoffübernahme registrieren, wenn sie wissen, daß wir mehr an Bord genommen haben, als wir für eine doppelte, ja fast dreifache Hin- und Rückreise nach Germany brauchen?"

Der Konsul nickt schweigend vor sich hin. Der Kapitän fährt fort: „Das alles dürfte es den Briten nicht sehr schwer machen, unsere Aufgabe richtig einzuschätzen, nämlich, daß wir zunächst als Versorgungsschiff eingesetzt werden sollen. Und das bedeutet . . ."

„. . . daß man gerade Ihrem Schiff ganz besondere Aufmerksamkeit schenken wird, daß man mit allen Mitteln versuchen wird, die *Rio Grande* aufzubringen oder zu vernichten, wenn sie den Hafen verläßt."

„Genau das, Herr Konsul, und noch mehr. Wenn es ihnen nämlich gelingt, mein Schiff unauffällig auf der Fahrt zum Treffpunkt zu beschatten, dann ist auch der Hilfskreuzer in Gefahr."

„Vielleicht sehen wir zu schwarz, Kapitän."

Kapitän Heins schüttelt energisch den Kopf.

„Was halten Sie davon", sagt er plötzlich, „wenn wir das Gerücht ausstreuen, daß die *Rio Grande* morgen oder übermorgen in See gehen wird?"

„Guter Einfall. Einigen wir uns auf übermorgen früh. Ich werde von mir aus dafür sorgen, daß dieser Termin gewissen Kreisen bekannt wird."

Zwei Tage später berichten Kapitäne einkommender Schiffe, einen britischen Kreuzer und einen Zerstörer außerhalb der Sichtweite des Hafens gesehen zu haben.

Der Kapitän und der Konsul wiederholen das Experiment.

Der gleiche Erfolg. Wieder sind, an den unsichtbaren Fäden der Gerüchte wie von einem geheimnisvollen Magier herbeigezogen, britische Kriegsschiffe zur Stelle.

Das Ergebnis dieser Beobachtungen führt zu der Übereinkunft zwischen Kapitän Heins und dem Konsul, das Ausklarieren des Schiffes erst in allerletzter Stunde vorzunehmen. Da der Hafenkommandant den Deutschen wohlgesonnen ist, darf damit gerechnet werden, daß er seine Hilfe nicht versagt, das Schiff kurzfristig auslaufen zu lassen.

Am 22. Oktober 1940 besucht ein Vertrauensmann der Botschaft Kapitän Heins. Er überbringt den Befehl, die *Rio Grande* habe am 25. Oktober den Hafen zu verlassen. Sie solle, wie schon angedeutet, vor dem Marsch in die Heimat einen im Südatlantik operierenden deutschen Hilfskreuzer mit Brennstoff und Lebensmitteln versorgen.

Der Termin des Auslaufens paßt Kapitän Heins absolut nicht. Im Augenblick befinden sich drei britische Frachtschiffe im Hafen. Zwei davon sind Neubauten, typische Schnelläufer, die mindestens ihre 14 bis 15 Knoten schaffen. Es liegt nahe, daß mit der *Rio Grande* auch eines der britischen Handelsschiffe in See gehen und dem Deutschen wie sein Schatten folgen wird. Einem der schnellen Briten davonzusegeln, besteht wenig Aussicht. Der Bauch der *Rio Grande* ist inzwischen so dick mit Muscheln bewachsen, daß das Schiff kaum schneller als zehn Knoten laufen wird.

Soviel kann über die Hintertür zum Hafenkapitän ermittelt werden: der letzte der drei britischen Frachter wird erst am 29. oder 30. Oktober Rio Grande de Sul verlassen.

Kapitän Heins kabelt seine Bedenken umgehend der Deutschen Botschaft. Außerdem weist er darauf hin, daß auf Grund einer unlängst herausgekommenen brasilianischen Regierungsverordnung die Ausfahrt eines seit Kriegsbeginn in Brasilien liegenden Frachtschiffes nur mit Genehmigung der brasilianischen Admiralität erfolgen dürfe. Das verschlüsselte Telegramm endet:

„Vorschlage, Ausreisegenehmigung durch hiesigen Hafenkommandanten einholen lassen."

Die Botschaft ist einverstanden.

Der Ausreisetermin wird am 30. Oktober, nachdem der letzte britische Frachter den Hafen verlassen hat, auf den 31. Oktober verlegt.

Dabei hing das Auslaufen der *Rio Grande* schon lange vorher an einem seidenen Faden. Nicht viel hätte gefehlt, und die brasilianischen Behörden hätten die Ladungsarbeiten stoppen lassen und jeden Verkehr mit dem deutschen Schiff gesperrt.

Ursache dafür war ein Kurzwellensender, den Kapitän Heins für einen sichereren Funkverkehr mit der Heimat erbeten hatte.

Die Botschaft beschaffte ein solches Gerät, einen starken, in Deutschland hergestellten Flugzeug-KW-Sender. Er wurde stückweise, als

Proviantkisten getarnt, an Bord genommen. Der Monteur folgte ein paar Tage später und baute das Gerät fachmännisch ein.

„Hoffentlich funktioniert die Kiste auch?" mißtraut Heins.

„Probieren Sie sie doch aus. Die Anlage haut hin."

„Hm, ausprobieren . . .? Sie wissen ja, wir haben strengstes Funkverbot im Hafen."

„Ooch, Herr Kapitän, so mal kurz auf die Taste gedrückt, das kriegen die so schnell gar nicht mit."

Der Funker der gleichfalls im Hafen liegenden *Montevideo** wird verständigt. Der sonst gar nicht so ängstliche Berliner runzelt die Stirn. „Wenn dat man jut jeht. Wenn Sie wünschen, bin ick natürlich dabei, aber . . . die brasilianischen Kollegen hören die Flöhe husten, wenn sie nur wollen."

Auf der *Rio Grande* funken sie zur verabredeten Zeit ein paar kurze Morsezeichen in den Äther. Fünf, sechs Sekunden nur betätigen sie die Taste.

Eine halbe Stunde später braust der *Montevideo*-Funker mit einer Taxe vor.

„Klappt. Alle vereinbarten Buchstaben einwandfrei aufgenommen."

„Prima", sagt Heins beruhigt. „Und nun takelt den Kram man schnell wieder ab und verstaut die Teile unter die Mehlsäcke in der Postkammer."

48 Stunden danach stürmt ein brasilianischer Polizeioffizier mit acht bieneneifrigen Untergebenen über das Fallreep.

Heins, der das Kommando mit Beklemmung vorfahren sah, hat eben noch Zeit, sich auf ein Sofa fallen zu lassen und ein schnell gegriffenes Buch aufzuschlagen. Das Bild, das er den Polizeioffizieren bietet, ist das eines von Harmlosigkeit und Frieden besonnten Mannes.

„Ich? Eine Kurzwellen-Funkanlage? Hier an Bord?" tut Heins höchst verwundert auf des Polizeioffiziers Frage.

„Machen Sie mir keine Schwierigkeiten, Kapitän", bittet der Brasilianer. „Ich muß das Ding finden."

„Ich habe nichts dagegen, wenn Sie das ganze Schiff von oben bis

---

* Die *Montevideo* war wie die *Rio Grande* ein modernes Hamburg-Süd-Schiff von 6075 BRT (Baujahr 1936). Am 27. Januar 1942 mußte der Frachter an Brasilien zwangsverkauft werden. Als *Braziloide* fiel er am 8. März 1943 vor Brasiliens Küste einem deutschen U-Boot zum Opfer.

unten durchsuchen." Und zum Steward sagt Heins: „Bitten Sie sofort den Ersten zu mir."

Als dieser sich meldet, gibt der Kapitän ihm die Anweisung, der Polizei alles zu öffnen, was sie an Bord nur zu sehen wünscht.

Aber die Polizei findet nichts.

Abgespannt, erschöpft und verbittert vom vergeblichen Suchen verlassen die Beamten die *Rio Grande.* Ihre Uniformen sind reif zur Reinigung.

Die Polizei ist gerade von Bord, da hetzt der Reederei-Agent Wilkens über das Fallreep. Ohne anzuklopfen stürzt er bei Kapitän Heins in die Kammer.

„Sie haben mich wegen des KW-Senders heute morgen verhaftet und eben erst wieder freigelassen! Der Monteur, den sie in Porto Alegre schon seit gestern eingesperrt haben, hat heute alles gestanden!"

„Schiet", schnauft Heins.

„Wenn die Funkanlage nicht sofort herausgegeben wird, stoppen die Brasilianer die Ladungsarbeiten und sperren jeden Verkehr mit der *Rio Grande.*"

„Das heißt, daß wir unser Auslaufen in den Schornstein schreiben dürfen. Nee, das ist nicht zu verantworten. Erst versorgen wir den Hilfskreuzer, dann werden wir weiter sehen. Also geben wir ihnen das Gerät . . ."

„Hoffentlich kommt nichts danach!"

Der Hafenkommandant verhindert die befürchteten Komplikationen. Wieder zeigt er sich als stiller Freund im Schatten des Tauziehens zwischen der britischen Weltmacht und der brasilianischen Regierung.

Und noch einmal erweist er den Deutschen einen unschätzbaren Dienst.

Als die *Rio Grande,* inzwischen mit einem anderen, nicht ausprobierten KW-Sender ausgerüstet, am 31. Oktober die Auslauforder erhält, ist es wieder der Hafenkommandant, der am Nachmittag des gleichen Tages die verschiedenen Behörden persönlich aufsucht.

„Lassen Sie mich das nur machen. Ich habe zwar tadellose Leute in meinem Amt, ob sie aber alle verläßlich sind und nicht der eine oder andere von den Briten gekauft ist, weiß ich nicht."

Die Angestellten erfahren nichts von dem Auslaufplan. Alle Formalitäten erledigt der Hafenkapitän selbst. Auch die beiden notwendigen Schlepper und der Oberlotse werden von ihm persönlich angewiesen: „Sie haben sich 17³⁰ Uhr auf der Hafenkommandantur einzufinden." Mehr erfahren diese Männer nicht.

Und dann fällt noch das Stichwort „Ingeborg", das dem Kommandanten des Flugplatzes zugespielt wird.

Die Focke-Wulf-Maschinen des Capitano de Reis klären tatsächlich in 200 Seemeilen Distanz das Seegebiet auf. Nach zweieinhalbstündigem Flug schwingen sie in ihre Nester zurück. Kein britisches Kriegsschiff wurde gesichtet.

Kapitän Heins notiert:

„Wir verließen Rio Grande am 31. Oktober, 18⁰³ Uhr mit einer Ladung von 6948 Tonnen. Infolge des stark auflaufenden Stromes und des unsachgemäßen Arbeitens der beiden Schlepper hatte das Schiff in der engen Fahrwasserrinne Grundberührung. Es gelang erst nach zweieinhalbstündigem Manövrieren, von dem Schlick wieder freizukommen.

22⁰⁷ Uhr: die beiden Schlepper entlassen,

23⁰⁷ Uhr: Lotsen abgesetzt.

Der befohlene Treffpunkt lag 1680 Seemeilen von Rio Grande-Ansteuerungstonne entfernt. Bei einer Durchschnittsfahrt von 10 Knoten werden wir mithin den Punkt in der Nacht vom 7. zum 8. November erreichen. Um den längs der Küste führenden Dampferweg so schnell wie möglich zu kreuzen, fuhren wir die ersten 490 sm mit Kurs 90 Grad und mit Höchstgeschwindigkeit. Mit Ausnahme eines auf kreuzendem Kurs liegenden größeren Dampfers sahen wir keine Schiffe. Es herrschte eine sehr sichtige Luft, Winde aus NNO in 1 bis 3, See entsprechend, leichte nördliche Dünung. Nach 490 sm Fahrt 16 Stunden 42 Minuten wegen Motorschadens gestoppt. Durchschnittsfahrt bis dahin 10,4 kn . . . Der Motorschaden kann behoben werden. Der beschädigte Kolben wird ausgewechselt."

Die Reise fängt heiter an. Erst auf Dreck gesessen, als wollten überirdische Mächte das Schiff in Rio Grande zurückhalten, nun durch AK-Fahrt dieser Motorschaden. Aller guten und auch schlechten Dinge sind drei . . . Was spinnen des Schicksals unberechenbare Mächte für ein neues Garn?

Kapitän Heins läßt zunächst die Fahrt drosseln. Er will die Motoren nicht übermäßig beanspruchen. 9,7 kn scheinen ihm, auch wenn er Zeit verliert, genug. Sie müssen auch für die spätere Heimreise genügen.

Drei Funksprüche von der Skl gehen während des Weitermarsches ein:

1. „Haben Aussehen sowie Abgangszeit dem Hilfskreuzer gemeldet. Ändern Sie nach Möglichkeit Ladegeschirr";

2. Dieser Funkspruch meldet die Größe und das Aussehen des HSK und die beim Sichten erforderlichen Erkennungssignale;

3. Im Wortlaut: „Bereiten Sie Schiff auf Mitnahme von Gefangenen vor. Gegner kann durch Aufstellen einer Holzkanone getäuscht werden."

Die Änderung des Ladegeschirrs hatte Heins bereits vornehmen lassen, an das Aufstellen einer Holzkanone hatte er nicht gedacht. Alle Leute der Decksbesatzung sind gemeinsam mit freiwilligen Helfern vom Maschinen- und Wirtschaftspersonal vollauf beschäftigt. Die *Rio Grande* soll als Brite fahren.

Heins hatte sich alle wichtigen Einzelheiten, die er auf Engländern in Rio Grande beobachtete, notiert: außenbords schwarz oder grau, Aufbauten durchweg dunkelgelb. Die vier getoppt gefahrenen 10-Tonnen-Bäume wurden heruntergenommen. Der 80-Tonnen-Baum war schon früher an Deck gelegt worden.

Die Forderung nach Gefangenenräumen beantwortet Heins mit hier nicht wiederzugebenden Attributen. „Das hätten die mir auch früher ins Ohr flüstern können, als das Schiff noch im Hafen lag. Wir haben keinen auch nur halbwegs freien Raum mehr an Bord."

Zweiter Ehrhardt mischt sich ein.

„Wenn wir den Hilfskreuzer treffen, bekommen wir doch freien Raum durch die Proviantabgabe."

„Stimmt. Das wird schon klargehen. Der Hilfskreuzerkommandant heißt Otto Kähler und ist Kapitän zur See. War lange genug Kommandant bei der KM, auch auf einem Segelschulschiff. Soll ein vollendeter Seemann sein. Nee, der knurrt nicht, der paßt sich wie ein Fahrensmann den gegebenen Umständen an." Und nach wenigen Zügen aus der Pfeife fügt Heins noch hinzu: „Wir werden die Postkammer und einen Teil des Zwischendecks der Luke III dafür vorsehen. Den Proviant und die Post löschen wir ja zuerst."

„Im Kabelgatt wäre auch noch Platz."

„Na, mehr als 90 bis 100 Gefangene werden es wohl nicht werden. Nichts gehört, daß Hilfskreuzer viele Schiffe versenkten . . ."

Der 9. November. Die Sonne erhebt sich in prahlerischer Pracht aus ihrem azurblauen Bett. Ohne Übergang wird es Tag.

Auf dem befohlenen Treffpunkt ist kein Schiff zu entdecken. Befehlsgemäß legt Heins den Kurs 20 sm ostwärts, danach auf 20 sm westwärts.

9³⁰ Uhr kräht der Posten im Ausguck wie ein Hahn beim ersten Sonnenstrahl: „Steuerbord voraus ein Schiff! Steuerbord voraus ein Schiff . . ."

Da die Brücke noch nichts erkennen kann, schickt Heins den Vierten Offizier in den Mast.

Der Vierte beschreibt den Fremden, sein Aussehen und seine Größe.

„Das ist er! Erster, geben Sie das vereinbarte FT."

„Darf ich vorher noch gratulieren?"

„Daß wir den Hilfskreuzer so prompt trafen?"

„Zu Ihrem Geburtstagsgeschenk, Herr Kapitän. Heute ist doch der 9. November."

„Mann ja, ich habe ja Geburtstag! Na, wir haben ja genug gute Dinge an Bord, um unseren Gästen vom Hilfskreuzer ordentlich was vorzusetzen!"

Kapitän zur See Kähler begrüßt Kapitän Heins als Kameraden. Alle Gespräche verlaufen in herzlicher Atmosphäre und in der Sprache erfahrener Seeleute.

„Wissen Sie, Herr Kapitän, ich habe mir Gedanken über Ihre Tarnung gemacht. Sie ist an sich gut durchdacht, aber ich würde an Ihrer Stelle noch den zwischen Luke II und III befindlichen Pfahlmast abbrennen."

„Das halte ich eigentlich nicht für notwendig", brummt Kapitän Heins.

„So? Meinen Sie?" lacht Kähler und zupft sich an seinem Feindmarschbart, der wie eine Spitztüte unter seinem Kinn hängt. Er schlägt einen Aktendeckel auf und reicht Heins einen Funkspruch.

„Da, lesen Sie das bitte."

„Funkspruch von Oxford an GBMS — geschlüsselt aufgenommen, 20¹⁵ Uhr, 1. 11. 50, Uhrzeitgruppe 0754/1.

From Commander in Chief South Atlantic.

German ship *Rio Grande* left Rio Grande de Sul 22¹⁰ local time Thursday 31st October. Ship is to be reported by W/T if sighted.

214

Description: One funnel abaft midship line and 2 masts, no rakes. Maier bow cruiser stern short forecastle raised poop 2 rows of portholes aft. Samson post with derricks between foremast and bridge and 2 abaft funnels. 3 tall derricks stowed vertically on each mast other horizontally, 80 tons derricks and gear on fore-mast. Speed 13,5 knots. Vessel is not armed."

Heins fällt vor Schreck die Pfeife aus dem Mund.

„Woher . . . woher haben Sie dieses FT?"

Kähler zeigt durch das Bullauge in die Luft. „Aus dem Äther herausgefischt und von meinem Funkoffizier entschlüsselt. Der britische Handelsfunkschlüssel ist gar nicht kompliziert."

„Oha", stöhnt Heins, „dann werden sie wohl unseren auch schon geknackt haben."

„In diesem Falle, den ich jedoch bezweifle, hätten sie noch keine Positionsangaben. Die suchen mich nach meinem Gefecht mit dem britischen Hilfskreuzer *Alcantara* sowieso wie eine Stecknadel im Heuhaufen. Aber nicht hier."

„Tschä, wenn dat ssso iss, dann muß hei woll dran glauben . . . de Mast."

„Das will ich meinen", gibt Kähler im Hamburger Platt zurück.

Das typische Zeichen der Belgrano-Klasse muß verschwinden.

Noch ein Schock läßt Kapitän Heins' Pulsschlag schneller gehen. Kähler eröffnet ihm, daß er 350 Gefangene mitzunehmen habe. Das sind fast dreimal soviel, wie er erwartet hatte.

Er braucht also mehr Raum, und den kann er nur durch Umstauen der Ladung schaffen. Mit Winkspruch unterbreitet er Kapitän z. S. Kähler seinen Vorschlag, das in Luke III lagernde Schnittholz an Deck zu nehmen.

„Man könnte das in 30 Arbeitsstunden schaffen . . ."

Kapitän Heins schreibt in sein Tagebuch:

„Nach erfolgter Brennstoffabgabe wurde mit dem Umstauen begonnen. Da dies von den Matrosen des Hilfskreuzers vorgenommen wurde, die zu 90 Prozent mit solchen Stauarbeiten nicht vertraut waren und dazu noch ein Arbeitstempo entwickelten, das weit unter der von uns zugrunde gelegten, gerade nicht sehr hohen südamerikanischen Norm lag, und da außerdem während der zwar mondhellen Nächte in der Luke kein Licht benutzt werden durfte, reichte die veranschlagte Zeit bei weitem nicht aus. Um die Arbeiten so schnell wie möglich zu beenden, wurde beschlossen, nur soviel Holz an Deck zu nehmen, bis in dem drei Meter hohen Zwischendeck eine lichte Höhe von 2,25 Meter hergestellt war.

Damit nicht genug. Es mußte auch noch eine Abortanlage für 20 Personen in dem Raum eingebaut werden.

Um im Falle der Aufbringung durch ein britisches Kriegsschiff alle Verwicklungen zwischen England und Brasilien zu vermeiden — die *Rio Grande* war ja, wenn auch in aller Heimlichkeit und ohne offizielles Wissen der Brasilianer in einem neutralen Hafen als Hilfskreuzer-Versorgungsschiff ausgerüstet worden — wurde schon im Hinblick auf die anderen noch in Brasilien liegenden deutschen Schiffe der Name des Schiffes in *Belgrano* geändert. Die *Belgrano,* unser Schwesterschiff, befand sich bei Kriegsausbruch in Hamburg. Abgesehen von der Außentarnung wurde im Schiff selbst, wo auch nur der Name *Rio Grande* auftauchte, dieser in *Belgrano* umgeändert. Jedes Besatzungsmitglied mußte sich schriftlich verpflichten, im Falle einer Gefangennahme über das Woher und Wohin und den wirklichen Namen strengstes Schweigen zu wahren . . .“

Aber die Welt ist klein für einen Seemann.

Aller guten Dinge sind drei — und aller schlechten auch, hatte Kapitän Heins gesagt.

Der nächste Kurzschluß läßt nicht lange auf sich warten . . .

Es ist Freitag. Natürlich ein Freitag!

Die Gefangenen werden übernommen. Wer nichts zu tun hat, gammelt an der Reeling herum und bestaunt die unfreiwilligen Gäste:

350 Mann, die Besatzungen von sieben versenkten Schiffen: 200 Engländer, 80 Norweger und je 35 Holländer und Belgier.

Im dritten Boot, das an die Bordwand heranschwingt, hocken wieder Engländer. Die personifizierte Wurstigkeit. Die Männer des Begleitkommandos werden von ihnen wie Luft behandelt. Mit gelassenen Bewegungen klettern sie die Lotsentreppe hoch. Einer nach dem andern schwingt den Fuß über die Reeling und mustert mit fachmännischem Blick das Deck und die Aufbauten der neuen Zwangsunterkunft.

Einer von den *Rio Grande*-Seeleuten glaubt plötzlich an eine Halluzination. Er ist erschrocken einen Schritt vorwärts getreten, näher an den ersten Tommy heran. Und dessen Fuß stockt auch, als müsse er ein unerwartetes Hindernis überwinden. Sein Mund klappt auf wie eine aus den Angeln gehobene Kellertür. Der zweite Engländer macht ein genau so dummes Gesicht. Der Vordermann wendet den Kopf und sagt etwas zu seinem Kameraden, was die andern nicht verstehen. Dann breiten die beiden Briten, bisher in ihren Bewegungen stur und steif wie eine Holzpütz, plötzlich die Arme aus und springen auf den deutschen Seemann zu.

Ein Aufschrei! Ein jubelnder Ruf!

„Hälloh, Hein . . . hälloh, Hein!"

Zwei Engländer umarmen den deutschen Seemann. Sie klopfen ihm knallend die Schultern.

„Johnny. Conny . . ." brüllt der Deutsche vor Vergnügen. „Ich dachte, ich sehe Gespenster . . . ich fürchtete, mein Poller hätte in der Hitze zuviel abbekommen! Aber wahrhaftig, Ihr seids . . ."

„Wir sind's. Er", — der eine der beiden Engländer, hager wie eine Hopfenstange, zeigt mit dem Daumen rückwärts auf den Hilfskreuzer hin — „er hat unsere *Delambre* erwischt. Wie geht es euch auf der *Rio Grande*? Habt den Eimer ganz hübsch verändert, Boys. Saubere Arbeit. Kam uns doch gleich ein bißchen bekannt vor . . . Aber keiner dachte, daß es die *Rio Grande* sein könnte . . ."

„Wir sind . . . wir sind inzwischen umgestiegen auf die *Belgrano*", kommt es dem deutschen Seemann stockend über die Lippen.

„Guter Witz . . . haha! Wir haben doch kurz vor dem Krieg noch zusammen Fußball gespielt, nicht wahr, und dann haben wir während des Krieges zweimal beinahe Bord an Bord zusammen gelegen . . . nicht wahr?" Er blickt sich suchend um. „Sieh da, der 80 Tonnen-Schwergutbaum. Umgelegt . . .! Der *Rio Grande*-Baum. Die *Belgrano* hat doch gar keinen . . ."

„Hier, rauch erst mal 'ne Zigarette. Die *Belgrano* hat neuerdings auch einen. Das könnt ihr natürlich nicht wissen!"

„Wenn du Dir damit einen Gefallen tue: ich glaub's."

Kapitän Heins ist vor die Gruppe getreten. Er hat das Gefühl, Sodbrennen in den Knien zu haben. Wer Pech hat, dem bricht der Mast auch bei Flaute, denkt er und gibt dem Posten einen Wink, die Engländer unter Deck zu schaffen.

Noch ein Problem taucht auf.

„Nach dem internationalen Recht darf kein Handelsschiffskapitän

Gefangene befördern", bringt Heins vor, als er wieder einmal bei Kapitän Kähler in der Kajüte sitzt.

„Gut, daß Sie mich daran erinnern. Ich werde Sie zum Leutnant (S) ernennen."

„Und den Gefangenenoffizier, meinen Ersten, zum Bootsmann (S)? Das geht wohl schlecht, Herr Kapitän."

„Allerdings! Dann ernenne ich Sie zum Kapitänleutnant (S) und Ihren Ersten als Gefangenenoffizier zum Leutnant (S). Außerdem erhalten Sie von mir persönlich die volle militärische Befehlsgewalt auch über die Ihnen mitgegebenen Soldaten des Sprengkommandos. Das steht zwar nicht im Einklang mit den Bestimmungen über die Vollmacht der Sonderführer. Bin von Anfang an gegen eine solche Zwitterregelung gewesen, die nur ein Born des Unfriedens ist und Kriegsmarineoffiziere und Handelsschiffsoffiziere eher trennt als zusammenschweißt."

Kähler schiebt Heins einen mit der Hand geschriebenen Zettel hin. „Ein Entwurf. Schlage vor, diese Bekanntmachung in den Gefangenenräumen auszuhängen. Sie sind der Kapitän des Schiffes, was halten Sie davon?"

Der Entwurf sieht vor, daß alle Gefangenen unter deutschem Kriegsrecht stehen, und daß seitens des deutschen Kommandos scharf durchgegriffen würde, sollten die Gefangenen Schwierigkeiten machen oder den Versuch unternehmen, die deutsche Besatzung zu überwältigen.

„Einverstanden", atmet Heins auf. „Mit Ihrem Sprengmaaten, den 12 Matrosen und dem zusätzlichen Koch werden wir schon Reinschiff unter den Brüdern halten. Schönen Dank auch für die Waffen: Es waren zwei MG's, 60 Handgranaten und 15 Pistolen. Das stimmt doch?"

„Lassen Sie mich mal nachsehen . . . Ja, stimmt. Kommen Sie damit aus?"

„Zusammen mit den gesunden Armen meiner Männer: ja. Es braucht ja nicht gleich zu knallen."

„Ach richtig: knallen . . . Sie erhalten aus unseren Beständen 300 Flaschen Haake-Beck-Bier . . ."

„Dunnerlüchting . . ." fährt Heins auf.

„Und ein Faß mit 90 Liter Rum!"

„Das ist ein Knall, der meine Männer wie bei einem Feuerwerk erfreuen wird. Herzlichen Dank!"

Doch lassen wir nun das Tagebuch von Kapitän Heins berichten.

„Am 16. November ist die *Rio Grande* klar zum Durchbruch. Das versierte und erfinderische Maschinenpersonal des Hilfskreuzers hat sich auch um unsere Motoren gekümmert. Mein und des Hilfskreuzers LI sind der Meinung, daß das Schiff jetzt wieder höheren Fahrtbeanspruchungen gewachsen ist. Um die späten Morgenstunden bin ich, während die *Rio Grande* von 10 bis 13³⁰ Uhr mit gestoppten Maschinen in der See trieb, noch einmal auf HSK *Thor* gefahren. Kapitän Kähler übergab mir die letzten Nachrichten über die Feindlage. Außerordentlich wertvoll die Unterlagen verschiedener mißglückter Prisenheimfahrten, aus denen ich die gegnerische Praxis wie auch die möglichen Pannen im Einlaufgebiet entnehmen konnte.

Der Abschied war kurz und ohne Pathos. Auf mein ‚Hals- und Schotbruch‘ antwortete Kapitän Kähler herzlich: ‚Das Einzige, was Sie auf dieser Reise, und zwar an ihrem glücklichen Ende brechen sollten, sei dieser golden verzierte Hals.‘ — Und damit drückte er mir als persönliches Abschiedsgeschenk eine Flasche Sekt in die Hand. Diese Geste berührte mich tief, war sie doch Beweis der kameradschaftlichen Anerkennung eines Seeoffiziers, der einen ungedienten Frachtschiffkapitän über alle trennenden militärischen Dienstgrade hinweg als gleichgestellten Kameraden würdigte. Diese Geste ließ vergessen, was manche Schreibtischoffiziere an Mißklängen zwischen Kriegsmarine und Handelsmarine hier und dort heraufbeschworen hatten.

Ab 13⁴⁰ Uhr steuerten wir nordwärts. Das große Abenteuer hatte begonnen. ‚Sie brauchen Glück, sehr viel Glück, Herr Kapitän‘, hatte Kähler zum Abschied gesagt. ‚Launisches, unberechenbares Glück . . .‘

18 Uhr, kurz vor Sonnenuntergang.

Hilfskreuzer *Thor* dreht auf uns zu. Letzte herzliche Grüße von Bord zu Bord. Die Typhone heulen. An beiden Reelingen stehen, wie Perlschnüre aufgereiht, die Besatzungsmitglieder beider Schiffe und winken . . . winken, bis der mit Westkurs ablaufende Hilfskreuzer in die Nacht entschwindet.

17. November: Auf Nordkurs. Ich habe heute noch einmal die Gefangenenräume kontrolliert. Sie sind ein Behelf, aber es ist mir dennoch ein Anliegen, den Leuten ihr Los so weit zu erleichtern, wie es unsere eigene Sicherheit erlaubt.

Jedem Gefangenen stehen, auf die Gesamtfläche umgerechnet, 0,74 Quadratmeter Bodenfläche zu. Das ist entsetzlich wenig. Nur gut, daß die Männer Seeleute sind und Verständnis für unser ehrliches Bemühen zeigen, wissen sie doch, daß das Schiff tief beladen ist und diese Unterkunft nur ein Notbehelf sein kann. Niemand klagt. Niemand meutert.

Die Leute schlafen entweder auf Matratzen oder in Hängematten. Diese werden in der Nacht an Drähten aufgehängt, die unter Deck entlang gezogen sind. Ich habe veranlaßt, daß genügend Tische und Bänke angefertigt wurden. So sind bei den Mahlzeiten wenigstens ausreichend Sitzgelegenheiten vorhanden.

Der Erste war es, der auf den Gedanken kam, über eine in seiner Kammer angeschlossene Frischwasserleitung den Waschraum der Gefangenen zu versorgen. Welch ein Glück, daß wir genügend Frischwasser an Bord haben. Die aufgestellten Baljen können in den tropisch heißen Zonen so wenigstens viermal am Tage gefüllt werden.

Von den vier Komparten der Oberdecksluken sind drei durch Herausnehmen von zwei Lukendeckeln zum zusätzlichen Lüften des Raumes hergerichtet worden, und ein längsschiffs über der Luke ausgebrachtes Segel gestattet es, daß diese Durchlüftung auch bei Regenfällen nicht unterbrochen zu werden braucht.

Die Verpflegung der Gefangenen ist nicht schlechter als die der deutschen Besatzung. Sie ist allerdings etwas knapper bemessen, da sich schon in den ersten Tagen zeigte, daß die zur Untätigkeit verurteilten Leute viel weniger essen als meine Männer. Obschon meiner Kombüse drei Gefangenenköche, zwei Holländer und ein Belgier, beigegeben wurden, ist es bei der Masse der Gefangenen ein Unding, in der nur für 50 Mann eingerichteten Kombüse mehrgängige Gerichte zu kochen. Die Gefangenen wie auch wir müssen uns mit Eintopf bescheiden, mit einem Dinner aus Dörrkartoffeln und Gemüsen oder Hülsenfrüchten und Fleisch, das auf den Kopf mit 60 Gramm berechnet wird.

Während die Gefangenen auf dem Hilfskreuzer täglich eine Stunde an Deck gelassen wurden, um einen Smoke zu nehmen und sich die Beine zu vertreten, ist dies bei uns nicht möglich. Das aus 12 Mann bestehende Wachpersonal hat ohnehin während vierundzwanzig Stunden acht Stunden Wache und acht Stunden Bereitschaft. Aber alle zwei Tage darf jeder Gefangene für eine halbe

Stunde an Deck, und zwar in Trupps zu 20 Mann. Sollte es heißer werden, sollen sie täglich an die frische Luft geführt werden. Für ein Salzwasserbad ist gesorgt. Die Leute führen sich gut. Die meisten gefangenen Seeleute sind heilfroh, von dem Hilfskreuzer herunter zu sein. Schon die Erinnerung an das Gefecht mit dem britischen Hilfskreuzer *Alcantara,* das sie in ihren Gefangenenräumen erlebten, läßt sie auch heute noch erblassen.

Der 18. November: Die Reise verläuft auf nördlichem Kurs unter derart günstigen Wetterbedingungen, wie sie nur ganz selten um diese Jahreszeit angetroffen werden. Kein Schiff kommt in Sicht. Der Ozean scheint leergefegt.

Die Gefangenen haben sich in zwei Lager gespalten. Da ist einmal die aus 150 Köpfen bestehende ‚Gruppe der Neutralen‘. Ihr heißer Wunsch ist, sicher und ohne Komplikationen einen Hafen zu erreichen. Daß man sie sofort in ihre Heimat entlassen wird, wage ich nicht zu versprechen, wohl aber, daß ich mich für ihre Rückführung verwenden werde, wenn sie Ruhe halten.

Die andere Gruppe sind die zähen, selbstbewußten Engländer. Wenn sie nur mit einem Deutschen ins Gespräch kommen, lassen sie diesen wissen, daß der Tag nicht fern sei, an dem dieses Schiff von britischen Kriegsschiffen gestellt und aufgebracht werden würde.

‚Und wenn unser Kapitän zu fliehen versucht und dabei beschossen wird?‘

Einmütig die Antwort: ‚Dieser Kapitän wagt viel, aber er nimmt keine unschuldigen Opfer auf sein Gewissen.‘

Das ist für mich als Kapitän zwar eine dankbar empfundene Bescheinigung der Menschlichkeit und Kameradschaft unter allen Seeleuten der Welt, aber schließlich auch keine Schlaftablette für meine Sorgen vor unberechenbaren Zwischenfällen.

Der 19. November: Wir fühlen uns alle erleichtert. Für die Gefangenen stehen endlich ausreichende Rettungsmittel zur Verfügung. Meine Männer haben sich Rettungsflöße aus Biertonnen gezimmert. Dann habe ich den Gefangenen schiffsweise auf den Flößen Platz zugewiesen. Eine eingefahrene Besatzung wird sich in der Not besser vertragen als zusammengemixte Crew-Überlebende. Die Flöße sind an Deck so aufgestellt, daß sie sich in jedem Falle bei einem Absaufen vom Schiff lösen werden. Meine Wachmannschaften sind angewiesen, im Falle einer ernsten Gefahr auf Befehl die Gefangenenräume freizugeben.

Der 20. November: Die Nachtwachen sind so eingeteilt, daß sie jeweils von zwei Offizieren besetzt sind. Von 20 bis 24 Uhr bin ich mit dem Vierten auf der Brücke. Von Mitternacht bis 04 Uhr versehen der Erste und Zwote den Brückendienst und von 04 bis 08 Uhr bin ich, diesmal mit dem Dritten wieder an der Reihe . . ." Mit nur vier Stunden Schlaf versieht der Kapitän in den Nächten den Wachdienst auf der Brücke. Gefehlt, daß er sich am Tage dann ausruhen kann oder darf. Er muß immer bereit sein, muß sich um die Schiffsführung kümmern. Kapitän Heins ist erster Mann an Bord. Er ist auch erstes Vorbild. Das Ungewisse, das Unbekannte ist zu seinem Tagesinhalt geworden.

Die Sorge um sein Schiff raubt ihm den Schlaf.

Seine Offiziere sehen ihn gelassen, ja, fast gleichgültig. Die, die ihn näher kennen, wissen, daß in seinem Wortschatz die Vokabel Angst nicht existiert. Er ist zwar keine Draufgängernatur. Er überlegt gründlich, bevor er befiehlt. Seinem Naturell entsprechend wird er um so ruhiger, je kritischer sich die Lage zeigt.

Sein kameradschaftliches Denken und seine saubere Bescheidenheit sprechen auch aus folgender Tagebuchnotiz: „Immerhin habe ich gerade in meinem derzeitigen I. Offizier, von Allwörden, einen Mann, der sich um alles kümmert — um das Schiff und um jeden einzelnen Mann — und dem nichts zuviel wird . . ."

Das Tagebuch von Kapitän Heins vermerkt auch ein überraschendes Erlebnis:

„Der 21. November: Ein norwegischer Gefangener bat mich um eine Unterredung. Erst sorgte ich mich, der Mann wolle sich über irgendetwas beschweren. Stattdessen gab er mir ein 12 mal 40 Zeiss-Glas mit den mich verblüffenden Worten: ‚Wir möchten gern, daß Sie mit Ihrem Schiff ungefährdet in die Heimat kommen. Ich dachte, Sie könnten mit diesem ausgezeichneten deutschen Glas einen weiteren Ausguckposten ausrüsten.‘

Selbstverständlich nahm ich dieses Anerbieten mit Dank an, wies aber den Norweger darauf hin, daß er auch unter diesen Umständen keine Bevorzugung an Bord genießen könne. Nein, das wolle er auch nicht. Würden die Gefangenen aber durch eine Begegnung mit britischen Kriegsschiffen befreit, so argumentierte er, dann hieße das auch für ihn weiter für England fahren, dann könne er die Hoffnung abschreiben, seine Heimat und seine Familie vor Kriegsschluß zu sehen. Diesem Beispiel schloß sich tags darauf ein norwegischer Kapitän an."

Aus diesen Zeilen spricht die Tatsache, daß der Kommandant des Hilfskreuzers wie auch der Kapitän des Gefangenenschiffes Privateigentum der gefangenen Seeleute — Waffen ausgenommen — unangetastet ließen, auch dann, wenn es sich um so ausgezeichnete Gläser handelte, von denen ein Hilfskreuzer nicht genug an Bord haben kann.

„Der 25. November: Wenn wir jedoch glaubten, weiterhin keine Schiffe anzutreffen, so sollten wir uns getäuscht haben. Wie sich später herausstellte, fuhren auch die Schiffe der Ersten Seemacht der Welt und auch die für England fahrenden Verbündeten aus Angst vor deutschen Hilfskreuzern genau die gleichen Routen, die auch wir für sicher hielten. An diesem Tage kam 21³⁰ Uhr ein auf SO-Kurs liegender Frachter in Sicht. Er fuhr unter allen Positionslichtern. Kein Bullauge war verdunkelt. Er passierte mit drei Seemeilen Abstand . . .

Der 28. November: 400 Seemeilen westlich der Cap-Verden-Insel San Antao kommt ein Südkurs steuernder Dampfer in Sicht. Trotz unserer guten Gläser und trotz guter Sicht wurde das Schiff erst entdeckt, als bereits die Aufbauten über der Kimm standen. Wir drehten nach Backbord ab, während der Entgegenkommer vorerst eisern seinen Kurs beibehielt. Nach einer Viertelstunde war der Fremde ganz aus der Kimm heraus. Seine Kanone auf der Poop war selbst mit schwächeren Gläsern auszumachen. Also ein Engländer. Wir hatten nur eine Holzkanone an Bord. Nach Abbrennen des Pfahlmastes und durch die über der Luke II auffallend gestaute Holzladung glaubte ich mein Schiff gut genug getarnt, auch durch den bei den Briten üblichen Außenanstrich, und nicht zuletzt durch die auf Anregung von Kähler auf beiden Seiten der Bordwand aufgemalten gelben Balkenkreuze, das Kennzeichen für britische Schiffe, die mit Geräten zum Abweisen von Magnetminen ausgerüstet waren.

Kähler hatte gesagt: ‚Selbst wenn Sie einmal in die Lage kommen sollten, ein Schiff nicht rechtzeitig genug zu sehen, dann ist dies nicht weiter schlimm. Die britischen Kapitäne haben Anweisung abzudrehen, sobald ein Schiff gesichtet wird.'

Es war also kein Grund, sich aufzuregen. Ich gebe aber zu, daß die Situation ganz und gar nicht angenehm war. Es verstrichen weitere bange fünf Minuten. Endlich drehte der bewaffnete Gegner hart nach Backbord ab. Hatte unsere Tarnkanone geholfen . . .? Ich weiß es nicht. Wir beobachteten den anderen, bis er unter die Kimm gedampft war, dann erst atmeten wir auf.

Für uns war dieses Erlebnis eine Lehre und Mahnung: Wer zuerst sieht, hat so gut wie gewonnen.

Um ganz sicher zu gehen, daß wir von dem Briten nicht doch erkannt worden waren, ließ ich in der Funkbude die in Frage kommende Welle sofort kontrollieren. Nichts wurde gehört."

Die nächsten Tage verlaufen in quälender Unruhe. Am 30. November: wieder ein Schiff.

Am 2. Dezember ein äußerst kritischer Fall. In der ersten Morgendämmerung kommt ein SSO steuernder Frachter in Sicht. Heins ändert den Kurs auf 50 Grad, also auf Südengland zu. Der Fremde steht kaum mehr als drei Seemeilen ab. Er führt eine Kanone auf der Poop und zwei Flakgeschütze auf dem Peildeck, er ist unzweifelhaft ein Engländer. Wenn es dem britischen Kapitän einfallen sollte, in dem Entgegenkommer die gesuchte *Rio Grande* zu vermuten, dann wird er ein leichtes Spiel mit dem unbewaffneten Frachter haben. Aber auf dem anderen Schiff scheinen sie zu schlafen. Erst nach 20 Minuten dreht er hart ab. Beweis genug, daß der Ausguck trotz der latenten Gefahr durch deutsche Hilfskreuzer ausgesprochen schlecht ist, stand doch die *Rio Grande* als sich scharf abzeichnender Schatten gegen den wolkenlosen Osthimmel, während der Engländer sozusagen aus der Nacht heraus kam.

In der folgenden Nacht wieder ein Schiff, ein mindestens 12 000 Tonnen großer, abgeblendet fahrender Tanker. Die Nacht ist mondlos, aber klar. Die *Rio Grande* passiert den tief beladenen Gegner in nur 500 Meter Abstand. Nichts geschieht.

Am 4. Dezember ein Dampfer.

Am 5. Dezember ein Dampfer.

„Soviele Schiffe bekommt man ja fast in Friedenszeiten nicht zu sehen", schreibt Kapitän Heins verbittert in sein Tagebuch.

Am 7. Dezember muß er sich in den Abendstunden wieder mit einem abgeblendeten Frachter befassen.

Am 8. Dezember läuft der *Rio Grande* in der Morgendämmerung ein Zweischornsteiner über den Weg. Die *Rio Grande* liegt auf Ostkurs und ist damit verdächtig genug. Der Fremde, es handelt sich vermutlich um einen britischen Hilfskreuzer, wird nach zwei Minuten von einer Regenböe geschluckt und kommt danach nochmals für eine Minute achteraus im Abstand von zwei Seemeilen in Sicht. Die *Rio Grande* läßt er zufrieden.

Da Kapitän Heins vom 5. bis 6. Dezember von dem vorgeschriebenen Kurs abgewichen war und die Strecke dadurch um 70 Seemeilen abgekürzt hatte, gelingt es ihm, den von 20° bis 15° West führenden Nord-Süd Geleitweg im Schutze der Nacht vom 8. zum 9. Dezember zu durchlaufen. Bei zunehmendem Mond bleibt die Nacht dunkel und unsichtig. Der Himmel ist mit einer dichten Wolkendecke überzogen. Auch am Tage herrscht nur mäßige Sicht. Das Glück ist mit der *Rio Grande*.

Am 9. Dezember geht ein Skl-Funkspruch ein: „Anlaufen Sie Bordeaux — ansteuern über Punkt X — hier erwarten Sie Begleitfahrzeuge zwecks Geleit zum Punkt Y, wo Minensuchgeleit zur Verfügung steht — auf Punkt Y morgens neun Uhr stehen — rechnen mit Ihrer Ankunft ab 14. Dezember."

Das ist dumm, denn die *Rio Grande* hatte infolge der günstigen Witterungsbedingungen die errechnete Durchschnittsfahrt von neun Knoten überschritten. Sie war im Schnitt zehn kn gelaufen. Sie könnte bereits am 11. Dezember auf Punkt X stehen; und weil Punkt Y von X nur 58 sm entfernt liegt, also in sechs Stunden erreicht werden kann, schickt Kapitän Heins am 9. Dezember einen Funkspruch an die Gruppe West: „Stehe bereits Punkt Y 12. Dezember 01 Uhr, bitte bestätigen."

Die Bestätigung bleibt aus. Auch auf das am 10. Dezember wiederholte FT geht keine Antwort ein. Der KW-Sender funktioniert nicht.

Heins hatte inzwischen am 9. Dezember den Kurs direkt auf Bordeaux gelegt und passiert nun am 10. jene Position, auf der die vom Hilfskreuzer *Orion* im Pazifik in Marsch gesetzte und mit Gefangenen beladene Prise *Tropic Sea* nach mehreren tausend Seemeilen Fahrt dem britischen U-Boot *Truant* vor die Rohre lief. Der Prisenoffizier, der als „Käpten Allright" bekannt gewordene Handelsschiffskapitän Steinkraus, versenkte sein Schiff selbst und erreichte in Booten die spanische Küste, während die britischen Gefangenen von dem U-Boot aufgenommen wurden.

Nach Erreichen der Biscaya wird diese Gefahr für Kapitän Heins indessen gegenstandslos.

Ein anderer Vorfall strapaziert Kapitän Heins bei seinen Überlegungen. Es scheint ihm am Ende doch zu riskant, vor dem ihm genannten 14. Dezember auf Punkt X zu stehen. Er möchte nicht das Schicksal der vom Hilfskreuzer *Atlantis* in die Heimat entlassenen Prise *Tiranna* teilen. Dieses im mittleren Indischen Ozean aufgebrachte, ehemals norwegische Schiff war unter der Führung von Leutnant zur See (S) Kapitän Waldmann glücklich bis in die Biscaya durchgestoßen. Ursprünglich für St. Nazaire bestimmt, steuerte Waldmann aber die Gironde an, nachdem er über den britischen Rundfunk gehört hatte, daß sämtliche französischen Nordhäfen der Biscaya von den Briten vermint worden seien. Auch die Schiffsführung der *Tiranna* bekam auf drei die bevorstehende Ankunft anmeldende Funksprüche keine Antwort. Wie sich später herausstellte, hatte der auf der Prise eingeschiffte Funkmaat auf der falschen Wellenlänge gearbeitet.

Jedenfalls lief die *Tiranna* ohne Ankündigung die Küste an, die sich ihr 60 Seemeilen südlich der Gironde-Mündung in Gestalt des Leuchtturms von Cap Ferret präsentierte.

Prisenkommandant Waldmann schickte Leutnant zur See (S) Mund, der frühere Erste auf der zum Hilfskreuzer *Atlantis* umgebauten *Goldenfels,* in einem herbeigewinkten Fischerboot an Land. Mund telefoniert mit dem Marinebefehlshaber in Royan, um Geleit zu erbitten. Der zuständige Offizier in Royan bestimmt, die *Tiranna* möge sich am nächsten Tage 14 Uhr wieder auf Punkt X einfinden, dort würde das Geleit die Prise erwarten. Mund bat, dann doch wenigstens vor der Gironde U-Bootjagd zu fahren. Am anderen Ende hörte er Heiterkeit: „U-Boote vor der Gironde? Wo denken Sie hin?"

Am nächsten Tage trafen fast unmittelbar an der Ansteuerungstonne britische U-Bootstorpedos die Prise. Sechzig Gefangene fanden den Tod. Die Überlebenden wurden von dem aus Royan auch noch verspätet ausgelaufenen Geleit an Bord genommen.

Einzelheiten dieser Katastrophe waren Heins von Kapitän Kähler geschildert worden.

Was nun?

Die *Rio Grande* schwimmt vor der rettenden Haustür . . .

Am Mittag des 11. Dezember steht das Schiff bei stürmischem NW-Wind und hoher See 30 Seemeilen außerhalb der von den Briten erklärten Gefahrenzone.

In der Hoffnung, vielleicht von einem deutschen Aufklärer gesichtet zu werden, dampft Heins am Vormittag des 12. Dezember bis auf zehn Seemeilen an die Grenze dieses Gebiets heran und steht mit NNW und SSO Kurs auf und ab.

Wie lang eine Stunde, ein Tag, doch dauern kann! Gegen 16 Uhr kreuzt ein Flugzeug, eine Schwimmermaschine, den Kurs der *Rio Grande*. Heins läßt sein Schiff mit der Nase auf die Gironde legen. Dieses Manöver erregt die Aufmerksamkeit der deutschen Flieger. Sie drehen auf den Frachter zu. Einige Seeleute legen die schon bereitgehaltene Reichsdienstflagge auf der Luke V aus. Heins stoppt und macht ein Boot zum Aussetzen klar . . . Das Flugzeug, jubelnd und winkend von der *Rio Grande*-Besatzung begrüßt, umfliegt den Frachter mehrere Male. Sie sehen, wie der Beobachter Aufnahmen von allen Seiten macht und auch, daß die Begeisterungskundgebung der Seeleute kaum einen Widerhall da oben findet. Nur der Pilot hebt ein paar Mal grüßend die Hand.

Vermuten die da oben eine List?

Im Tiefflug rast die Maschine über die *Rio Grande* hinweg. Das Donnern der Motore ist den deutschen Seeleuten Musik in den Ohren. Unten in den Gefangenenräumen aber verstummen die erregten Debatten. Keine Bomben oder Warnschüsse! Es kann also nur ein deutsches Flugzeug sein.

Kapitän Heins überlegt, daß das Flugzeug noch eine halbe Stunde vor Sonnenuntergang seinen Basishafen erreichen muß.

„Sie werden den Film entwickeln . . . Sie werden die Fotos der Kriegsmarine vorlegen . . . Und die KM wird handeln . . . Sie wird das erst zum 14. Dezember zugesagte Geleit schon heute schicken", sagt Heins zu seinen Offizieren. Keiner widerspricht. Der heiße Wunsch, daß sich das Kommende so und nicht anders abspielen werde, ist stärker als irgendwelche Bedenken.

„Also richten wir unsere Fahrt so ein, daß wir um 03 Uhr morgens beim Punkt X stehen."

Der Himmel zeigt sich von der besten Seite. Er ist bedeckt. Ein Glück, denn in vier Tagen ist Vollmond. Die Sicht ist, von einigen Regenschauern abgesehen, gut.

Auf Punkt X steht kein Geleitschiff.

Die *Rio Grande* stößt auf den Punkt Y vor. Sie muß zwölf vor ihren Netzen liegende Fischdampfer ausmanövrieren. Kapitän Heins hofft, nicht gesehen worden zu sein.

Als sich am 13. Dezember mit zarten Lichtern die Dämmerung heraufbastet, ist auch auf dieser Position weder ein Flugzeug noch ein Geleitfahrzeug zu entdecken.

Die See ist so glatt wie ein Billardtisch. Ein Wetter für feindliche U-Boote, wie es im Buche steht! Die Männer haben das ungute Gefühl, auf einem Pulverfaß zu sitzen, dessen Lunte bereits knisternd brennt. Nicht wenige haben ihr Aussteigepäckchen klargelegt, haben Dinge, die ihnen wert und heilig sind, in die Tasche gestopft. Wer nicht unbedingt unten im Schiff zu tun hat, hält sich an Oberdeck auf. Die tropengewöhnten Seeleute bibbern am ganzen Leibe. Doppeltes, dreifaches Unterzeug und dicke Mäntel schützen sie kaum vor der Winterkälte.

In Kapitän Heins bohrt die Erinnerung an den *Tiranna*-Fall. Er vermag das Bild nicht wegzuwischen. Es kommt immer wieder auf ihn zu.

Da ein astronomisches Besteck am Tage zuvor wegen des bedeckten Himmels nicht möglich war, versucht Heins den Schiffsort durch Lotungen festzustellen. Die ermittelten Werte werden mit der Tiefenangabe in der Seekarte verglichen. Danach steht die *Rio Grande* westlicher als angenommen.

„Hier bleiben wir nicht", wettert Kapitän Heins. Er gibt Befehl, auf die Küste zuzuhalten. Er will dann eben ohne Sicherung einlaufen. Nur eine Stunde später als berechnet, kriechen die beiden hohen Leuchttürme von La Coubre und Cordouan über die Kimm. Die *Rio Grande* hält auf die Gironde-Mündung zu, vor der zwei kleine Sperrfahrzeuge kreuzen. Beide Sicherungsschiffe drehen auf den einkommenden Frachter zu. Es entspinnt sich ein lebhafter Morseverkehr. Fragen nach dem Wohin und Woher.

Heins geht mit der Fahrt nicht herunter. Er beobachtet, wie auf dem einen Sperrboot die Geschütze klar gemacht werden. Durch einen erneuten Morsespruch kann er eben noch verhindern, daß er einen Stoppschuß vor den Bug bekommt. Schließlich lassen sich die Kommandanten der Sperrboote bewegen, U-Bootssicherung zu fahren. Heins hat den Kommandanten des Führerbootes unmißverständlich wissen lassen:

„Wenn Sie uns Ihren Schutz versagen, tragen Sie die volle Verantwortung, wenn etwas passiert. Heins, Kapitänleutnant."

Der Kapitänleutnant war der Hebel, daß der Oberleutnant auf dem Vorpostenboot schaltete. Das ominöse, strittige, wie auch in

228

der Sache unkluge „S" hinter dem Dienstgrad, hatte Heins unterschlagen.

So wurde aus der Warnung ein Befehl.

12⁴⁰ Uhr bis 16⁵⁰ liegt die *Rio Grande* bei der Tonne sieben. Viel kann nicht mehr passieren.

Dann ackern sie die Gironde hinauf.

18²⁰ Uhr rauschen die Anker aus der Klüse. Eine rostig braune Wolke stiebt über dem Vorschiff auf und wird von einer nach Erde duftenden Brise verweht . . .

Heins bittet seine Offiziere in den Salon. Ein Knall: Sekt ergießt sich schäumend in profane Wassergläser . . .

„Ich trinke auf das Wohl von Kapitän zur See Kähler! Daß ihm und seinen prächtigen Kameraden das gleiche Glück widerfahren möge! Bei uns hat der Herrgott mit Regie geführt. Prost, meine Herren."

Es geht auf 22 Uhr zu. Kapitän Heins hat eben den Vertreter der Hafenkommandantur verabschiedet. Er fühlt sich unsagbar müde. Er hat nur den einen Wunsch, endlich wieder einmal in seiner Koje zu liegen und beide Augen auf Null zu stellen. Es klopft beharrlich. Der Funker hat noch einen Spruch der Gruppe West aus dem Äther geangelt.

Das FT lautet:

„Sie sind am 12. Dezember von einem deutschen Aufklärer umflogen worden, stehen sie am 14. Dezember 18⁰⁰ Uhr auf Punkt X — sie erhalten dort drei Minensuchfahrzeuge als Geleit . . ."

Kapitän Heins lacht schallend heraus, so heftig, daß es verdächtig in den Wandverkleidungen knistert. Er gießt sich ein Wasserglas voll Whisky ein.

„So langsam könnte es sich herumgesprochen haben, daß wir schon da sind", macht er sich betont sanft Luft und schickt den Funkmaaten schnell aus seiner Kammer.

Der Kapitänsbericht schließt in aller Sachlichkeit:

„Nun, mit etwas Glück haben wir es allein geschafft. Vom 11. bis zum 14. Dezember in der Biscaya treiben zu müssen, hätte fürwahr nicht viel Freude gemacht. Erreichten Bordeaux am 14. Dezember, 19²⁵ Uhr, und machten das Schiff am Schuppen 2 gut fest. Reisedauer Rio Grande—Bordeaux: 42 Tage 7,2 Stunden. Distanz 8374 Sm. Durchschnittsfahrt 10,02 kn."

*

Nicht allen Hilfskreuzern bot sich eine gleichgünstige Gelegenheit, ihre Gefangenen an einen Blockadebrecher abzugeben. Oft genug mußten die Gefangenen auf erbeuteten Schiffen untergebracht werden, die von den Hilfskreuzerkommandanten als Prisen auf den ebenso ungewissen wie auch gefahrvollen Weg in die ferne Heimat geschickt wurden. Selbstverständlich kamen als Prisenschiffe nur solche Gegnerfrachter in Frage, die unbeschädigt, also vollkommen betriebsklar aufgebracht wurden, und die zum anderen neben einer wertvollen Ladung auch über genügend Brennstoffreserven verfügten.

Während beim Beispiel der *Rio Grande* zur vollzähligen Betriebsmannschaft des Schiffes noch zusätzlich Wachpersonal zur Gefangenenbetreuung an Bord geschickt wurde, hatten die Prisenkommandanten mit ihrer Handvoll Männer auch noch diese Aufgabe mit zu übernehmen.

Sie hatten es also doppelt schwer, waren sie doch noch größeren Gefahren ausgesetzt:

Gegnerischen Kriegsschiffen, U-Booten oder Flugzeugen, und der täglich und stündlich drohenden Überwältigung durch die Gefangenen.

Manchmal reichte das deutsche Prisenkommando zahlenmäßig nicht einmal aus, um neben dem so wichtigen, kriegsbedingten Ausguckdienst alle innerbetrieblichen Arbeiten selbst durchzuführen. Greifen wir nur ein Schiff heraus, die bereits erwähnte *Pinguin*-Prise *Storstad*. Der norwegische Tanker wurde, nachdem er als Hilfsminenschiff *Passat* vor Australien mit HSK *Pinguin* zusammen Minen gelegt und vorübergehend noch als „zweites Auge" gedient hatte, im Indischen Ozean im November 1940 als Prise nach Bordeaux entlassen. Das Schiff hatte noch ca. 10 000 Tonnen bestes Heizöl an Bord. Es beförderte Gefangene der Hilfskreuzer *Pinguin* und *Atlantis* sowie des Schweren Kreuzers *Admiral Scheer,* insgesamt 530 Mann, darunter über 300 Engländer, neben Norwegern, Chinesen, Indern, Malaien, Negern, Singhalesen, Burmesen und Philippinos. Nur die Eskimos fehlten in dieser Völkerschau . . .

Das deutsche Prisenkommando bestand aus sage und schreibe 22 Mann, aus zwei Offizieren — einem Handelsschiffskapitän als Kommandanten und einem Wachoffizier — und 20 Feldwebeln, Unteroffizieren und Mannschaften. Ein großer Teil dieser Männer

waren ehemalige Handelsschiffsfahrer, die anderen aktive Soldaten der Kriegsmarine; einige von diesen mußten wegen Tropen-
dienstuntauglichkeit nach Hause geschickt werden, waren also in
den heißen Zonen ohnehin nicht als vollwertige Kräfte anzusprechen. Das deutsche Prisenkommando konnte sich also lediglich
darauf konzentrieren, die nautischen Belange und den Ausguck
wahrzunehmen. Ansonsten mußte es bemüht bleiben, die in den
eigentlichen Fahrbetrieb eingespannten wie auch die übrigen Gefangenen zu überwachen und in Schach zu halten.

Soweit es sich um Norweger, Holländer oder Franzosen handelte,
also um Angehörige der von Deutschland besetzten Länder, waren auch hier an Bord kaum Schwierigkeiten zu erwarten, hatten
doch diese Männer nur den einen heißen Wunsch, mit dem Schiff
heil nach Hause und zu ihren Familien zu kommen. Anders lagen
die Dinge bei den Engländern oder allen anderen zum britischen
Weltreich gehörenden weißen Gefangenen. Ihr geheimes und höch-
stes Anliegen blieb es, das deutsche Prisenkommando bei einer
sich bietenden Gelegenheit zu überwältigen und die Rollen zu
vertauschen.

Das Wort Schlaf wurde auf dieser wie auch auf anderen Prisen
ganz klein geschrieben. Schlaf gab es für das Häuflein der Deutschen kaum noch.

Diese Prisenfahrten waren aber nicht nur wegen des doppelt an-
strengenden Wach- und Überwachungsdienstes so aufreizend und
voller Strapazen. Auch die Verpflegung trug dazu bei, daß sie von
keinem, der dabei war, jemals vergessen werden. Die normalerweise nur für eine Schiffsbesatzung von 35 bis 50 Mann eingerichtete Kombüse bedeutete Verzicht auf jeden Sonderwunsch. Für
alle mußte gleichzeitig gekocht werden.

Man empfehle heute einem ehemaligen Prisenbesatzungsmitglied
nur einmal einen Eintopf . . . Der Mann wird rot sehen. Er hat
ihn damals wochen- und monatelang genossen. Nein, nichts gegen
den Eintopf an sich, nichts gegen ein Gericht aus Hühnerfleisch,
Reis und frischem Gemüse. Was die Prisenmänner aber vorgesetzt
bekamen, bestand aus Dörrkartoffeln und Dörrgemüse. Fleisch
lieferte der abgelagerte Reis gleich mit: Maden und Käfer in jeder
Menge.

Auf dem Hilfskreuzer *Orion,* der ja aus seinen Beständen auch
die eine oder andere Prise zusätzlich versorgte, machte ein Scherz

die Runde: Der Mitternachtssmut, ein humorvoller Rheinländer aus Neuss bei Düsseldorf, hatte einmal in einer Nacht, als er Backobst für das nächste Mittagessen einweichen sollte, stur und beharrlich den Niedergang zum Proviantraum herunter gerufen: „Drei Kisten Backobst . . . raufkommen!" Er soll es schließlich mit der Bemerkung aufgegeben haben, die Maden und Käfer verstünden ja gar kein Deutsch, denn dieser Proviant und seine krabbelnden Beigaben stammten aus britischen Beutebeständen . . .

Leider bleibt im Zusammenhang mit den eigentlichen Blockadebrechern hier kein Raum, auf diese abenteuerlichen Prisenfahrten näher einzugehen. Diese teilweise höchst dramatisch verlaufenen Unternehmen verdienen eine ausführlichere Würdigung.

Nur eins sei erwähnt: die Prisen, die nicht wie die Blockadebrecher von Landdienststellen im In- und Ausland gesteuert wurden, und deren Ankunft daher auch nicht im Terminkalender der zuständigen Hafenkommandanten vermerkt war, schlichen sich meist heimlich wie Diebe durch die Biscaya. Wohl wußte man, daß in diesen Tagen eine Prise zu erwarten sei, ein nur annähernd genauer Termin aber stand in den Sternen.

Der Empfang war dementsprechend.

Hier ein Brief des Kommandanten der Prise *British Advocate*, die vom Schweren Kreuzer *Admiral Scheer* aufgebracht wurde, des Sonderführers Leutnant zur See J. Engels, eines der qualifiziertesten Kapitäne der Flotte des NDL.

Er schrieb damals dem Verfasser am 16. Mai 1941:

„Ihr Briefchen zu meiner Begrüßung in der Heimat bedarf meines besonders herzlichen Dankes, besonders deshalb, weil er von all den vielen Menschen, die man während der *Admiral Scheer*-Unternehmung um sich hatte, das einzige kameradschaftliche Lebenszeichen war — und bis heute blieb. Den Kommandanten ausgenommen.

Ja, wir sind mit unserem Benzindampfer glücklich eingelaufen. Wir erfuhren gleich nach der Ankunft, daß man bereits acht Tage höchsten Orts um uns in Sorge war.

Ich mußte vergangene Woche nach Berlin. Hier kletterte ich im OKM eine Sprosse nach der anderen höher. Schließlich überreichte mir der Oberbefehlshaber das EK I. Er fand sehr nette, ja herzliche Worte für unseren Durchbruch, und er bewilligte für alle meine Männer das EK II . . ."

Engels hatte schon im Ersten Weltkrieg unter abenteuerlichen Umständen die Blockade durchbrochen. Er war im August 1914 mit dem Lloydsegelschulschiff *Herzogin Cäcilie* als Schiffsjunge und Offiziersanwärter nach Chile gekommen und befand sich unter der kleinen, ausgesuchten Schar von Freiwilligen, die später mit der Bark *Tinto* aus Chile ausbrachen und nach einer abenteuerlichen Fahrt und der gelungenen Überlistung des britischen Panzerkreuzers *Minotaur* erst Norwegen und dann Deutschland erreichten. 122 Tage auf einem 65 Jahre alten, abwrackreifen Segelschiffchen, dessen Seetüchtigkeit keine noch so großzügige Versicherungsgesellschaft anerkannt haben würde.

Engels setzte sich damals sofort auf die Eisenbahn und fuhr nach Wilhelmshaven. Dort landete er nach einigem Hin und Her bei der Kaiserlichen Marine, bei der Torpedowaffe . . .

Engels über diese Zeit:

„Ich wurde zur 14. Torpedoboots-Halbflottille kommandiert und ging mit G 92 in See. Am Karfreitag 1917 erlebte ich den schwarzen Tag unserer Halbflottille. Alle Boote, außer G 92, liefen auf Minen und sanken . . ."

25 Jahre später stieg Kapitänleutnant Engels auf dem Hilfskreuzer *Komet* als Navigationsoffizier ein.

Am 14. November 1942 läuft der Hilfskreuzer zu seiner zweiten Reise aus. Im Kanal, auf der Höhe von Cap de la Hague, greifen britische Kriegsschiffe an. Die Torpedos des britischen MTB 236 treffen *Komet* vernichtend.

Kein Mann überlebt die Katastrophe.

*

Greifen wir noch ein anderes Beispiel heraus. Es beweist, daß die Frontoffiziere der Kriegsmarine die Leistungen der Männer der deutschen Handelsmarine sehr wohl zu schätzen wußten. Schon der im ersten Weltkrieg berühmt gewordene, mit dem Pour le mérite ausgezeichnete U-Boot-Kommandant und spätere Kapitän zur See Rose hatte gesagt: „Mein bester Offizier, den ich während meiner Feindfahrten jemals an Bord gehabt hatte, kam aus der Handelsmarine . . ."

Das Beispiel betrifft die vom Hilfskreuzer *Pinguin* am 16. September 1940 im Indischen Ozean zwischen Australien und Südafrika aufgebrachte *Nordvard*, einen 4111 BRT großen norwegischen Frachter mit 7511 Tonnen Getreide an Bord . . .

Im Frühjahr 1941:

Im D-Zug zwischen Stettin und Gotenhafen sitzen sich ein Kapitän zur See und ein Leutnant zur See gegenüber. Das Abteil ist sonst leer. Der Kapitän trägt den Pour le mérite. Der Prisenoffizier das EK II und das Blockadebrecherabzeichen. Sie kommen ins Gespräch.

„Sie haben eine Prise nach Hause gebracht? Oder einen Blockadebrecher?" möchte der Kapitän gern von dem braungebrannten Leutnant Hans Neumeyer wissen.

Neumeyer zögert. Der Kapitän weist sich zwar durch seine Uniform aus. Aber er, Neumeyer, ist zur strengsten Geheimhaltung verpflichtet worden. Auch höheren Stabsoffizieren gegenüber. Und außerdem . . . wer weiß, ob dieser Kapitän echt ist?

Der Kapitän weist sich aus. Zufällig hat er sogar eine Frontzeitung bei sich, die ihn als U-Boot-Kommandanten von damals und Kapitän zur See von heute zeigt.

Das Eis des Mißtrauens schmilzt.

„Ich brachte die *Nordvard* heim."

„Die *Nordvard*. Hat die nicht Krüder aufgebracht? Ich erinnere mich, neulich darüber etwas gelesen zu haben."

„Ja, der Kommandant des Hilfskreuzers war Kapitän zur See Ernst-Felix Krüder."

„Der gute Krüder . . . ein prachtvoller Kerl. Kamen Sie als Sonderführer klar mit dem temperamentvollen Herrn?"

„Sehr gut, Herr Kapitän. Wir Sonderführer waren den aktiven Offizieren gleichen Dienstgrades an Bord des Hilfskreuzers vollkommen gleichgestellt. Dafür war Kapitän Krüder sofort eingetreten."

„Und wie war die Prisenreise?"

„Normal, Herr Kapitän."

„Was heißt normal? Mein Gott, geht doch mal ein bißchen aus euch heraus. Seid doch nicht so bescheiden. Ihr von der Handelsmarine leistet doch etwas. Ihr leistet viel, sehr viel sogar . . ."

„Jawohl . . . Ja, die *Nordvard* war ein gutes Schiff . . . Man hatte mir 150 Gefangene mit an Bord gegeben. Kapitän Krüder wollte diese Männer los sein, um sie nicht den Gefahren seiner weiteren Hilfskreuzeroperationen auszusetzen . . ."

„Typisch Krüder", brummte der Kapitän. „Wieviel Mann waren Sie?"

„Zwölf, mit mir."

„Ein bißchen wenig, um einen Viertausendtonner zu fahren."

„Ach, das ging schon klar. Unter den Gefangenen waren einige, die ich beinahe unbesorgt in den Fahrbetrieb des Schiffes mit einspannen konnte."

„Und nichts passierte?"

„Doch, zweimal machten die britischen Gefangenen einen Versuch, uns das Schiff wegzunehmen. Beide Versuche wurden vereitelt."

„Und wie haben Sie die Aufrührer bestraft?"

Neumeyer macht ein erstauntes Gesicht. Mit der Hand wischt er, um Zeit für eine Antwort zu gewinnen, den Zigarettenrauch weg. Dann sagt er:

„Warum sollte ich die Männer bestrafen? Sie taten, was wir an ihrer Stelle auch getan haben würden. Wir taten ihre Bemühungen mit einem Lächeln ab, wenn uns auch, verdammt noch mal, die Hose killte."

Der Kapitän lacht. „Dieses ‚Killen' ist mir auch sympathischer als das andere, zu dem Sie berechtigt gewesen wären. Aber sonst ging alles klar?"

„Iwo, Herr Kapitän. Im Südatlantik, so auf der Höhe von Kapstadt beschnüffelte uns ein britischer Hilfskreuzer. Ich ließ nur die notwendigsten Leute an Deck. Wir sagten, als sie uns anmorsten, die nackte Wahrheit ... daß wir der Norweger *Nordvard* seien ... Meine Passagierin nahm den Briten den letzten Argwohn."

„Oh, eine Frau an Bord? War sie hübsch?"

„Dafür hatten wir gesorgt."

„Wie bitte?"

„Mit zwei Apfelsinen die Kurven ... und mit Werg das hübsche blonde Haar."

Dem Kapitän fällt die Asche seiner Zigarre auf den Boden.

„Ich hatte einen meiner Seeleute, einen schmächtigen jungen Burschen, als Lady verkleidet."

„Und dann ließ man Sie laufen?"

„Ja. Mit herzlichen Wünschen und der wohlgemeinten Warnung, auf deutsche U-Boote aufzupassen. Wir sind dann später durch den Süd-Ostpassat gesegelt ... "

Der Kapitän beugt sich vor.

„Gesegelt, sagen Sie . . .?"

„Natürlich. Unser Brennstoff ging zur Neige. Wir hatten einige unvorhergesehene Umwege und Ausweichkurse fahren müssen und daher von dem ohnehin auf den Liter genau berechneten Brennstoff zuviel verbrannt. Ich ließ Behelfsrahen aus den Ladebäumen zimmern und aus Persennigen Segel nähen. Den britischen Seeleuten machten diese Arbeiten sogar viel Spaß. Sie vergaßen den Krieg und benahmen sich wie Sportsleute an Bord. Im Südost- wie auch im Nordost-Passat kamen wir mit dieser Notbesegelung ganz gut voran. Machten in der Stunde zwei Meilen. Das war nicht schnell, aber wir sparten Brennstoff. Wir hatten ja Zeit. Soviel Zeit. Es kommt manchmal alles zu dem, der warten kann . . . Die Biscaya ritten wir mit dem letzten Brennstoff und bei hoher Fahrt ohne eine Begegnung ab. Das war Glück. Mit dem letzten Tropfen Heizöl erreichten wir die Gironde . . . und Bordeaux."

„Und dann?"

„Man begrüßte uns herzlichst. Wir alle erhielten das EK II. Ich meldete mich sofort freiwillig zur U-Bootwaffe."

„Was zog Sie denn zu den U-Booten?"

„Ach so, das können Sie natürlich nicht wissen, Herr Kapitän. Gleich nach dem Auslaufen mit HSK *Pinguin* versorgten wir im mittleren Nordatlantik ein deutsches U-Boot. Einige von uns, darunter auch ich, hatten Gelegenheit, ein Probetauchen mitzumachen. Seitdem will ich, muß ich zu den Grauen Wölfen."

Gotenhafen kündigt sich an. Neumeyer verabschiedet sich. Als der Kapitän ihm fest die Hand drückt, so fest, daß es schmerzt, beobachtet er, wie dessen graue Augen lange und nachdenklich an seinem EK II-Band haften bleiben. Es entgeht ihm nicht, daß der Kapitän fast unmerklich den Kopf schüttelt . . .

Wochen später wird Neumeyer in das OKM nach Berlin befohlen. Ein Korvettenkapitän eröffnet ihm böse, er habe sich über seine Auszeichnung beschwert. Er habe zum Ausdruck gebracht, er sähe in dem EK II eine Unterbewertung seiner Leistungen als Prisenoffizier während der fünfmonatigen Hilfskreuzerfahrt und der Heimbringung des 4000 Tonnen-Schiffes. Er habe argumentiert, diese Prisenfahrt sei unter höchst gefährlichen und dramatischen Umständen verlaufen. Man habe Feindberührung gehabt und den Feind überlisten können, und man habe dank der Aufmerksamkeit des Prisenkommandos zwei äußerst bedrohliche Ausbruchsversuche der britischen Gefangenen verhindern können. 7000 Tonnen Weizen dem Reich heimzubringen, sei höher zu bewerten, als 14 000 Tonnen dem Gegner wegzunehmen und zu versenken ... Ein Kapitän zur See wäre beim OKM vorstellig geworden. Er habe für ihn, Neumeyer, das EK I nachgefordert ...

„Was haben Sie dazu zu sagen?"

Hans Neumeyer fällt aus allen Wolken.

„Ich habe mich nicht beschwert. Mit keiner Silbe habe ich erwähnt, mit der Auszeichnung unzufrieden zu sein!"

Schließlich wird er von dem Kapitän, der die angebliche Beschwerde sofort richtig stellt, rehabilitiert. Auch der Kommandant des Schweren Kreuzers *Admiral Scheer,* jetzt Admiral beim OKM, schaltet sich ein.

Neumeyer absolviert seine U-Boot-Kurse. Dann steigt er als II WO auf einem Frontboot ein.

Acht Wochen später wird Frau Neumeyer ein Brief und ein kleines Päckchen zugestellt.

Der Brief: „... wir bedauern mit tiefem Mitgefühl, Ihnen, sehr verehrte gnädige Frau, mitteilen zu müssen, daß Ihr Mann, der Oberleutnant zur See Hans Neumeyer, von Feindfahrt nicht zurückgekehrt ist ..."

Das Päckchen enthält das EK I, das Neumeyer auf Grund des energischen Einspruchs des mit dem Pour le mérite ausgezeichneten Kapitäns zur See nachverliehen wurde.

Neumeyer sah die Auszeichnung nicht mehr.

Seinen U-Bootskameraden blieb es versagt, mit ihm auf das Abenteuer seiner Prisenfahrt anzustoßen.

Sie fuhren mit ihm in die Tiefe.

*

In verschiedenen Nachkriegspublikationen wurde behauptet, daß die Zahl der heimgeschickten Prisen „kaum der Rede wert" gewesen sei.

Die im Anhang veröffentlichte Liste der von Kriegsschiffen und Hilfskreuzern in Marsch gesetzten und heimgekehrten Prisen beweist das Gegenteil.

Denken wir allein an die norwegische Walfangflotte, die HSK *Pinguin* in der Antarktis ohne einen Schuß Pulver überlistete und nach Hause schickte: Drei Kochereien mit insgesamt 36 530 BRT; 40 000 Tonnen Walöl an Bord — und elf Fangboote, von denen acht durchkamen.

Achtes Kapitel

JAPANFAHRER
VOR DEM KRIEG MIT RUSSLAND

Zur Lage: Schon lange vor Ausbruch des Rußlandfeldzuges, durch den der bisherige Landtransport Japan — Transsibirische Eisenbahn — Deutschland unterbunden wurde, hatte sich das OKM Gedanken gemacht, wie man Engpässen bei verschiedenen kriegswichtigen Rohstoffen besser begegnen könnte. Die transkontinentalen Transporte waren ja von dem sowjetischen Eisenbahn-Transportpotential abhängig.

Den Ausschlag dafür gab allerdings nicht die Heimat, sondern die Marinedienststelle in Japan. Im Dezember 1940 war das in Japan aufliegende Motorschiff „Ermland" von der Skl über ein Treffen mit dem im Pazifik operierenden Hilfskreuzer „Orion" in die Heimat beordert worden. Die „Ermland" fuhr leer aus Japan aus, obwohl Admiral Wennecker energisch Einspruch erhoben und vorgeschlagen hatte, das Schiff mit kriegswichtigen Rohstoffen zu beladen. Admiral Wennecker hatte nämlich als Kommandant des Panzerschiffes „Deutschland" während der ersten Kriegsmonate praktische Erfahrungen im Blockadekrieg auf dem Atlantik gesammelt und war seit 1940 als Marineattaché nach Japan kommandiert.

Dieser Einspruch, der zwar für die „Ermland" keinen praktischen Nutzen mehr brachte, führte schließlich dazu, daß ausgesucht schnelle Handelsschiffe die wichtigsten nur in Übersee zu beschaffenden Rohstoffe auch über den Seeweg einholen sollten. Es ist klar, daß eine solche Aktion besonderer Vorbereitungen bedurfte. Alle Einzelheiten — wie die Beschaffung und die Lagerung der Rohstoffe im Ausland, die Auswahl der für solche Blockadereisen in Frage kommenden Schiffe, ihre Ausrüstung und Steuerung mußten streng geheim gehalten werden.

Zunächst glaubte das Verkehrsministerium, dieser Aufgabe am be-

sten gewachsen zu sein. Drei mit wertvoller Ladung aus Südamerika zurückkehrende Schiffe wurden in aller Eile ausgerüstet und wieder nach Südamerika geschickt. Alle Frachter erreichten ihre Bestimmungshäfen. Sie wurden aber auf dem Rückmarsch vom Gegner gestellt und vernichtet; unter diesen das Motorschiff „Lech", das in die gegnerischen Aktionen gegen die „Bismarck" und deren Versorgungsschiffe hineinlief.

Unabhängig davon hatte Admiral Wennecker in Tokio von sich aus Bemühungen eingeleitet, die Rohstofflage in der Heimat zu verbessern. Er hatte in Verbindung mit versierten deutschen Kaufleuten in Japan zunächst versuchsweise Kupfer, Zinn, Wolfram usw. angekauft. Er bewies, welche Möglichkeiten in Japan und den von Japanern besetzten Gebieten für den Ankauf auch größerer Rohstoffmengen bestanden. Er wies vor allem darauf hin, wie ungleich umfangreichere Rohstofftransporte mit dem Schiff im Vergleich zur transsibirischen Eisenbahn möglich seien.

Und tatsächlich konnten aus Ostasien vier weitere schnelle Frachter in Marsch gesetzt werden.

Doch wenden wir uns zunächst dem Beispiel „Ermland" zu.

Die Ermland verkehrte zu Beginn des Krieges auf der Route Philippinen — China — Japan — Golfhäfen der USA — New York. Sommer 1939 lag sie gerade in Manila.

Kapitän Krage berichtet über diese Zeit:

„Wir hatten nach Kriegsbeginn Order, einen neutralen Hafen anzulaufen. Ich wählte Formosa, wo wir einen Tag danach in Takao festmachten. Was weiter geschehen sollte, stand in den Sternen, aber das Schiff war zunächst dem Zugriff des Gegners entzogen.

Takao war Festungsgebiet. Wir nahmen es daher nicht krumm, daß wir das Land nur in Begleitung eines Polizeioffiziers betreten durften. Selbst ich als Kapitän erhielt bei offiziellen Landgängen stets einen zwar höflichen, aber undurchdringlichen japanischen Polizeibeamten als Eskorte.

Mitte Juli 1940, als bereits über eine Überführung meines Schiffes nach Japan verhandelt wurde, lud der japanische Festungskommandant meine Offiziere und mich zu einem Essen ein. Sie hatten dafür das beste und teuerste Hotel ausgewählt. Es wurde ein schö-

nes und auch rundes Fest, das eine Schar junger, schmetterlings-
hafter Geishas musizierend und tanzend verschönte. Viele und be-
geisterte Reden wurden geschwungen. Das japanische Bier floß in
Strömen. Unsere Gastgeber hielten fleißig mit. Als es dann aber
so richtig gemütlich wurde, als jeder ‚seine‘ zartblumige Geisha
neben sich hatte, flüsterte mir der Adjutant des Kommandanten
ins Ohr: Es sei nach japanischer Sitte jetzt an der Zeit, es gehöre
sich sozusagen, langsam an den Abschied und den Aufbruch zu
denken. Es half nichts, die Etikette mußte gewahrt bleiben. So
zogen wir mit Haltung, wenn auch betrübt an Bord.

‚Ich werde Ihnen und allen Deutschen auf der Welt zu Ehren Salut feuern, wenn Sie den Hafen verlassen‘, hatte mir der Kommandant versichert — aus Scherz, dachte ich.

Am 28. Juli, so um die vierte Morgenstunde, schlichen wir uns
heimlich im Schutz der Dunkelheit aus dem Hafen heraus. Es
herrschte völlige Windstille. Mein Schiff fuhr abgeblendet.

Wir tasteten uns eben an den Festungsanlagen vorbei, da baller-
ten die Japaner doch tatsächlich den angekündigten Salut aus den
Rohren! Wer an Land schlief, fiel entsetzt aus der Koje. Auch
jene chinesischen Figuren, die als Agenten im Dienst der Engländer
standen . . .

Auf See tarnten wir sofort in einen Russen um: schwarze Schornsteine, graue Aufbauten. Paßte uns die Stille am Auslauftage nicht,
so machte uns am nächsten Tage ein handfester Taifun zu schaffen. Die See steilte sich auf. Der heulende Orkanwind pfiff in der
Takelage wie das Jüngste Gericht, und der fürchterliche Regen
machte jede Orientierung unmöglich.

Wir haben Glück gehabt, daß wir nicht an den Felsen Formosas
strandeten.

Am 4. August kamen wir in Kobe an. Ein Telegramm rief mich
nach Tokio.

In der Millionenstadt erwartete ich die deutsche Botschaft in einem repräsentativen Gebäude zu finden. Doch sie saß in einem
kümmerlichen Bau, einem Haus, das schon dem kaiserlichen
Deutschland als Gesandtschaft gedient hatte, und das bei dem großen Erdbeben im Jahre 1923 verschont geblieben war.

Hier also liefen die Fäden der ‚Etappe Ostasien‘ zusammen.

Admiral Wennecker bemühte sich, für mein Schiff, das inzwischen
mit einem modernen KW-Sender ausgerüstet wurde, Ladung zu

beschaffen, als die Skl plötzlich endgültig am 28. 12. 1940 das Auslaufen befahl.

Admiral Wennecker mußte die *Ermland* in Ballast in See schicken. „Sie haben den Befehl, im Lamutrek-Atoll Gefangene des Hilfskreuzers *Orion* zu übernehmen. Weitere Befehle erhalten Sie dann auf dem Funkwege.'"

Was Kapitän Krage und auch Admiral Wennecker zur Stunde nicht wußten, war, daß das Lamutrek-Atoll, in dem sich die *Regensburg* und der von dem Hilfskreuzer *Atlantis* aufgebrachte Norwegentanker *Ole Jacob* mit HSK *Orion* am Sylvestertage getroffen hatten, gefährdet war. Auf den Schiffen herrschte „Zustand". Der Neujahrsfeiertag wurde gestrichen. Es wurde viehisch gearbeitet. Grund dafür war eine Aktion des Hilfskreuzers *Komet*, Kapitän zur See Eyssen, der entgegen den vorher mit dem *Orion*-Kommandanten, Fregattenkapitän Weyher, getroffenen Vereinbarungen die Phosphatinsel Nauru beschossen hatte. Dadurch war das gesamte Gebiet um Nauru zum akuten Gefahrengebiet geworden, also auch die Karolinen mit dem Lamutrek-Atoll, bisher ein verhältnismäßig sicherer Versorgungstreffplatz der im Pazifik operierenden deutschen Hilfskreuzer.

Es gab nur einen Weg: schnellstens einen anderen Versorgungsplatz zu suchen. Weyher fand die weit nördlich gelegenen, ehemals deutschen Felseninseln Maug heraus und beschleunigte die Übernahme. Seine auseinandergenommenen Maschinen — sie waren mehr als werftreif und sollten hier generalüberholt werden — ließ er in überstürzter Hast wieder zusammenbauen.

Er entließ die *Regensburg* und wartete nur noch mit Unruhe im Herzen auf die *Ermland*. An sie sollten die 330 Gefangenen abgegeben werden, durchweg Angehörige weißer Nationen.

Endlich, am 5. Januar, trifft die *Ermland* ein, ein hoch aus dem Wasser herausliegender Frachter in häßlichen Farben, kein schmuckes Schiff mehr, wie man die Frachter unter den schwarz-weiß-roten Farben der Hapag in Erinnerung hatte . . .

Kapitän Krage hatte noch nicht das Vergnügen gehabt, einen Hilfskreuzer zu sehen. Er erwartet ein kriegerisch wirkendes Schiff. Was sich seinen erstaunten Augen bei dem kleinen, mit Kokospalmen bestandenen Atoll auf blauem Meeresteppich bietet, ist ein vergammelter schwimmender Untersatz. Er sieht viele Sonnensegel. Überall hängt Wäsche herum. Überall verwegen wirkende Gestalten, die wie zum Nichtstun verurteilte Passagiere wirken. Das Schiff sieht wie ein verlotterter Grieche auf einer Weltreise aus.

Gefangen auf *Orion* ist auch der Franzose Paul Vois, ehemals wohlbestallter Generaldirektor der Nickelminen Französisch-Neu-Kaledoniens. Vois wurde von *Orion* auf seinem eigenen Schiff *Notou* kurz vor dem Zielhafen Neu-Kaledonien aufgebracht. Sein späteres Buch über diese unfreiwillige Reise auf dem Hilfskreuzer und der *Ermland*, „Tausend Inseln und keine für uns", ist objektiv geschrieben und sogar ein großartiges Zeugnis für die deutsche Marine.

Kapitän Krage verantwortet es, die vier gefangenen Kapitäne in den einzig freien Kammern unterzubringen, den Franzosen Paul Vois weist er in die Lotsenkammer ein . . .

Paul Vois schreibt in seinem Buch über die erste Begegnung mit dem Kapitän der *Ermland*:

„Wir treten in ein gepflegtes Zimmer: Die Kajüte.

In der Mitte steht ein kleiner, hagerer, sechzigjähriger Mann mit streng geschnittenen Gesichtszügen. Er trägt vier Streifen am Ärmel. Ich bleibe in einiger Entfernung stehen.

Ohne sonst von meinem Äußeren Notiz zu nehmen, richtet der Kapitän sogleich seine blauen Augen auf die meinen und hält mir in gleichmäßigem, leidenschaftslosem Ton in völlig akzentfreiem Englisch folgende Ansprache:

‚Herr Vois, ich habe den Kapitänen der versenkten Frachter die vier Kojen angewiesen, über die ich auf diesem Frachter verfüge. Für Sie kommt als angemessenes Quartier nur noch eine Kabine in Betracht, die oben auf dem Steuerbordbrückendeck gegenüber der des Arztes liegt. In unmittelbarer Nähe befinden sich der Kartenraum, die FT-Bude, der Maschinentelegraph, Maschinengewehre, Handgranaten und so weiter.

Ich habe genügend Leute an Bord, um Ihre Tür bewachen zu lassen. Aber es wäre gehässig, Ihnen zuzumuten, ein Vierteljahr hinter verriegelter Tür und bei geschlossenen Fensterläden zu sitzen. Wenn Sie diese Kabine beziehen, sind Sie folglich ein Passagier und nur gewissen Einschränkungen Ihrer Bewegungsfreiheit unterworfen.‘

Plötzlich kommt ein strenger Zug in sein Gesicht. Er fährt fort: ‚Als verantwortlicher Kapitän dieses Schiffes appelliere ich an den Gentleman in Ihnen, wenn ich erkläre: Dies ist Ihre Kabine. Sind Sie einverstanden?'

‚Ich bin einverstanden, Herr Kapitän', antworte ich französisch mit fester Stimme.

‚Das genügt mir', schließt der Kapitän, ebenfalls auf französisch. Er gibt einige Befehle. Der Steward tritt ein.

Ich folge dem Steward, der eine kleine Treppe gegenüber der Kajüte hinaufsteigt. Im nächsten Deck folgen wir dem rechten Innengang bis zur vordersten Tür. Der Steward tritt zur Seite und sagt: ‚Treten Sie ein, bitte, Monsieur . . .'

Meine Kabine! Ich bleibe wie angewurzelt stehen: zwei Fenster! Wirklich und wahrhaftig. Das eine geht nach achteraus. Dort sehe ich die Aufbauten, den ganzen weiten Horizont, nur vom Schornstein durchschnitten. Das andere Fenster, an Steuerbord, geht auf die Kommandobrücke.

Das ist zuviel! Zuviel Helle in dieser neuen Umgebung, zuviel Wirklichkeit in diesem Traum, zuviel liebenswerte Gesichter in dieser häßlichen Komödie vom goldenen Käfig! Es ist zuviel! Wie ein kleiner Junge werfe ich mich schluchzend auf die Kissen, und wie ein kleiner Junge schlafe ich augenblicklich erleichterten Herzens ein . . ."

HSK *Orion*, der Beutetanker *Ole Jacob* und die *Ermland* setzen sich mit Nordkurs aus dem gefährdeten Lamutrek-Atoll heraus. In den Morgenstunden des 9. Januar wird Kapitän Krage auf *Orion* gebeten. Fregattenkapitän Weyher übergibt ihm die letzten Skl-Unterlagen über Wartegebiete im Süd- und Nordatlantik. Ein Händedruck. Dann ist er entlassen. Mehr kann Weyher nicht bieten. Er hat weder Sekt noch Bier an Bord. Erst in Maug kann er die erschöpften Bestände wieder auffrischen.

Die Bewachung der Gefangenen auf der *Ermland* obliegt Leutnant Georg, einem Feldwebel und acht Mann.

Georg weiß Krage bald zu berichten, daß die Gefangenen trotz Tarnung den Namen des Schiffes kennen. Sie fanden ihn auf der Gebrauchsanweisung für ein Bügeleisen . . .

Auch daß die Reise um das Kap Horn nach Bordeaux gehen solle, hat sich über die in der Kombüse beschäftigten Polen herumgesprochen. Ahnungsloser Kapitän Krage. Er weiß noch nicht, was es mit diesen Polen auf sich hat. Die zehn Herren waren auf Neuseeland als Kommunisten wegen politischer Umtriebe verhaftet worden und landeten in den Zellen des Zuchthauses in Port Wellington. Den neuseeländischen Verwaltungsbehörden war ein Prozeß gegen diese Zeitgenossen ein zu heißes Eisen. Ein Gericht in London sollte sich mit dem Fall befassen. Man verfrachtete sie, gut verwahrt, auf den Passagierdampfer *Rangitane*, und der wurde ein Opfer der Hilfskreuzer *Orion* und *Komet*. Die Befreiung der Polen währte nicht lange. Sie wechselten nur ihr Verließ . . . und kamen als Internierte in deutsche Gefangenschaft.

Die Reise um Kap Horn schmeckt den gefangenen Seeleuten gar nicht. Um Kap Horn fahren in ihren Augen nur Selbstmörder.

Die gefürchtete Hölle der Seefahrt spart wirklich nicht mit turbulenten Szenen: Himmelhoher Seegang. Eiskalte, orkanhafte Winde. Und dann plötzlich Nebel, in dem das Schiff jeden Augenblick auf einen Eisberg krachen kann.

Das Brückenpersonal der *Ermland* kommt nicht mehr aus den nassen Kleidern heraus. In glänzendem Ölzeug und mit breitrandigen Südwestern auf dem Kopf erinnern die Wachhabenden und Ausguckposten an gespenstische Ku-Klux-Klan-Gestalten. Der Kapitän schläft in diesen Tagen überhaupt nicht. Die Liebe und die Pflicht zur Heimat geben dem alten Herrn übermenschliche Kräfte. Am 18. Februar legt die *Ermland* nach einer irrsinnigen Schaukelfahrt den Kurs endlich auf Nord. Der Seegang ebbt ab. Es wird von Stunde zu Stunde fühlbar wärmer.

Der 23. Februar ist ein Sonntag. Ein Zweischornsteiner — sofort als Engländer erkannt, wahrscheinlich ein Truppentransporter, wenn nicht gar ein britischer Hilfskreuzer — ist in den ersten kritischen Morgenstunden mit hoher Fahrt an Backbord über die Kimm gekrochen. Die *Ermland* bietet eine tollen Anblick. Krage wollte das Schiff — was heißt auf einem Blockadebrecher schon Sonntag! — gerade wieder von einem Japaner in einen Russen umtarnen lassen. Der Schornstein ist schon schwarz gepönt, er hat auch bereits den breiten, für Russen typischen roten Ring, dieweilen außenbords noch das Sonnenbanner, die japanische Nationale, an der Bordwand prangt.

Diese unmögliche Bemalung hat dann auch wohl die Schiffsführung des ehemaligen Passagierdampfers mißtrauisch werden lassen. Der Brite spricht den kuriosen Russen-Japs als deutschen Hilfskreuzer an. Wenn er auch selbst gut bewaffnet ist, so will der britische Kapitän sich doch nicht mit einem dieser verdammten Gespensterschiffe in einen artilleristischen Disput einlassen.

Er dreht hart ab und verschwindet.

„Alarm beendet."

Das Sprengkommando kann wieder wegtreten. Die Männer legen ihre Schwimmwesten ab.

Der liebe Gott hielt seinen Daumen dazwischen.

Bis zum Punkt „Andalusien", dem befohlenen Treffpunkt mit dem Großversorger *Nordmark*, verläuft die Reise ohne weitere aufregende Ereignisse.

Der einzige Krach, der die Gemüter permanent bewegt, dreht sich um die beiden Bordhunde. Der eine heißt Harras und gehört dem Kapitän, der andere hört auf Prinz und ist so eine Sorte zwischen Hongkong und Tokio, ein schwarzes kleines, aber freches Biest, das der Oberstabsarzt aufgelesen und mit der Flasche großgezogen hatte. Schäferhund Harras dagegen ist ein respektables Riesentier. Bei jeder Gelegenheit faucht er den kleinen Bastard an.

„Ich schmiet em noch über Bord", droht der sonst so ruhige Krage dem Oberstabsarzt nach jedem Duell zwischen den beiden ungleichen Rivalen.

Bei dieser Drohung aber bleibt es.

Auf dem Treffpunkt erfährt Krage zu seinem Mißvergnügen, daß er mit dem Großversorger zusammen auf die Rückkehr des Schweren Kreuzers *Admiral Scheer* warten solle, um weitere Gefangene zu übernehmen.

Admiral Scheer war vor Wochen zu einem tollkühnen Vorstoß in Englands eigenes Meer, den Indischen Ozean, gestartet.* In zehn Tagen müsse die *Scheer* auf Andalusien eintreffen. So versichert der an Wartezeiten, Überraschungen und Umdispositionen gewohnte *Nordmark*-Kommandant, Korvettenkapitän Grau.

Admiral Scheer kommt pünktlich wie ein Fern-D-Zug.

Ermland übernimmt noch 56 Schicksalsgenossen zu den anderen 330 Gefangenen hinzu. Als Russe getarnt, Hammer und Sichel an der Bordwand, traben sie los.

Nördlicher, immer nördlicher.

Eines Tages bittet einer der polnischen Köche den weißhaarigen Kapitän um eine Privataudienz. Der Pole berichtet, die britischen

---

* Siehe Admiral Krancke und Jochen Brennecke: Das glückhafte Schiff — Kreuzerfahrt „*Admiral Scheer*", Koehlers Verlagsgesellschaft, Biberach/Riss.

Gefangenen planten, die deutsche Besatzung zu überfallen und das Schiff in ihren Besitz zu bringen.

Krage denkt im Stillen, daß diese Briten doch verdammt schneidige Kerle seien, aber diesem Vorhaben muß er einen seemännischen Stopper aufsetzen. Er bittet zunächst den Franzosen Vois, die Aufrührer von diesem törichten Plan abzubringen.

Darüberhinaus hält er es für angebracht, die Gefangenenräume durch Holzbarrikaden sichern zu lassen.

Die nächsten Tage bleiben ruhig. Die Besatzung sieht ihren Kapitän seine aus Japan mitgebrachten Blattpflanzen mit der Liebe eines Gärtners pflegen. Ans Herz gewachsen ist ihm eine Pinie. Sie ist über 60 Jahre alt und doch nicht höher als eine Geranie. Das ist ohne Frage eine gärtnerische Meisterleistung.

Es geht auf das Ende des Monats März zu. Die *Ermland* schwimmt im Nordatlantik. Das Barometer fällt in den Keller. Es stürzt von 770 auf 745 mb.

Ein Orkan überfällt das mit werftreifen Motoren mühsam dahinkeuchende Schiff. In der Nacht legt die *Ermland* in einer Kreuzsee einmal so hart über, daß jeder an Bord das Ende kommen sieht. Fallen jetzt noch die Motoren aus, schlägt das in Ballast fahrende Schiff ganz quer, dann wird es mitleidlos von der See überrollt.

Die ganze Nacht folgt ein Maschinenmanöver dem anderen.

„Voraus . .! Langsame . .! Voraus . .! Stop . .!"

Als der Morgen sein fahles, abgegriffenes Licht über den bedeckten Himmel schickt, läßt der Orkan nach. Die *Ermland* dreht auf Nordost, der französischen Küste entgegen.

Krage überreicht Vois ein Päckchen und verschwindet mit einem „Nehmen Sie das, ich brauche es nicht mehr" sofort wieder.

Das Paket enthält neue seidene Unterkleidung, ein paar Socken. Made in Japan. Das ist wohl der bescheidene Dank dafür, daß Vois ihm vor Wochen versprach, im Falle einer Aufbringung ein Päckchen Briefe an sich zu nehmen; den Schriftwechsel, den Krage während seiner Gefangenschaft im ersten Weltkrieg mit seiner Mutter geführt hatte.

Bei dem damaligen Gespräch hatte Krage Vois vorher erklärt, er wolle zuerst die Gefangenen in die Boote lassen . . . Vorher dürfte kein Gegner sein Schiff betreten . . . Seine Absicht war klar, er wollte die Gefangenen nicht dem befürchteten Beschuß bei der

Versenkung des Schiffes aussetzen. Und versenken wollte Krage sein Schiff möglichst ohne unschuldige Opfer.

Die *Ermland* braust durch die Biscaya. Durch Funk war Geleitschutz versprochen worden. Aber kein deutsches Sicherungsschiff kommt in Sicht.

Kapitän Krage stoppt die Fahrt nicht.

Weiter. Weiter mit AK.

Voraus eben über der Kimm ein dünner, graugrüner Streifen ...

Ungläubig betrachten die Männer auf der *Ermland* das Land, das sich vor ihnen ausbreitet.

Land!

Nach vielen Monaten Land.

Sogar Land, auf dem keine Feinde stehen, sondern deutsche Soldaten. Es scheint unfaßbar.

Und da sind auch die Minensuchboote!

„Nun brauchen wir euch nicht mehr", knurrt Kapitän Krage.

Und ob er sie braucht.

Ein Minensuchboot kommt längsseit. Sein Kommandant steigt über. Er scheint etwas blaß zu sein. Was hat er nur?

Er wird noch blasser, als er auf der Brücke neben Kapitän Krage steht, der ihm den Kurs der *Ermland* auf der Karte zeigt.

„Da sind Sie langgefahren?"

„Natürlich!" Der alte Kapitän runzelt die Stirn. Der Leutnant vor ihm schüttelt den Kopf. Dann reicht er dem Kapitän die Hand.

„Dann gratuliere ich Ihnen zum Geburtstag, Herr Kapitän. Sie sind durch eine Minensperre gefahren, die erst vor kurzer Zeit gelegt worden ist. Deshalb sollen wir Sie ja geleiten, weil Sie die neuen Karten nicht an Bord haben."

„Das muß einem ja gesagt werden", bemerkt Krage und grinst. Aber ein kühler Schauer rieselt ihm doch noch den Rücken hinab.

Die Freude ist doppelt groß an Bord.

Als sie die Gironde hinaufdampfen, trägt Leutnant Georg die Bitte der Gefangenen vor, der Kapitän möge sich ihnen noch einmal zeigen.

Kapitän Krage stapft etwas betreten in das Zwischendeck. Was wollen diese Männer von ihm?

Er ist betroffen, als er sie alle, die Engländer, die Franzosen, die Kanadier und Norweger, sauber gekleidet, rasiert und in tadelloser Haltung angetreten sieht, als er von dem britischen Sprecher hört, daß sie nur den Wunsch hätten, sich von ihm zu verabschieden.

Was soll der alte Seebär dazu sagen? Er vermag noch ein paar Worte des Trostes über ihr künftiges Schicksal zu sprechen. Er dankt den Gefangenen für die gute Führung und die Ruhe an Bord. Und dann würgt es in seinem Hals . . .

Er dreht sich beinah brüsk um und geht.

Hinter ihm donnert es los: „Three cheers for the Captain . . .!"

Am 3. April macht die *Ermland* in Bordeaux fest.

*

Nach der glücklichen Heimkehr der *Ermland* laufen die Bestrebungen, Blockadebrecher in der Rohstoffzufuhr aus Ostasien einzusetzen, intensiv an. Nicht zuletzt trägt die glückliche Einbringung verschiedener, aus fernsten überseeischen Gewässern kommender Prisenschiffe der deutschen Hilfskreuzer zu diesem Entschluß bei.

Bis zum Ausbruch des Krieges mit Rußland, also bis zur totalen Isolierung Deutschlands und seiner europäischen Verbündeten, waren von den Blockadebrechern aus Übersee noch unterwegs:

Ende April das aus Dairen kommende, mit Rohstoffen beladene 9179 BRT große NDL-Motorschiff *Elbe* (die *Elbe* wurde am 6. Juni 1941 bei der Großaktion gegen die *Bismarck*-Versorger, unglücklicherweise in diesen Raum eindrehend, durch den britischen Flugzeugträger *Eagle* bei den Azoren aufgebracht und von der Besatzung noch rechtzeitig versenkt);*

das am 5. Mai aus Dairen ausgelaufene, 8068 BRT große NDL-Motorschiff *Regensburg,* das am 27. Juni in Bordeaux einlief;

das am 12. Mai aus Dairen in See gegangene 7983 BRT große Hapag-Motorschiff *Ramses,* das aber nach der durch Funk gemeldeten Versenkung der *Elbe* durch die Skl Befehl erhielt, nach Japan zurückzulaufen;

und die am 20. Juni 1941 ebenfalls aus Dairen ausgelaufene, 5173 BRT große *Anneliese Essberger* der Reederei John Essberger, Hamburg, die am 10. September ohne Zwischenfall Bordeaux erreichte.

---

* Dieser Jagd fielen im Juni 1941 sechs Troßschiffe und Tanker sowie drei als Späh- und Versorgungsschiffe ausgerüstete Frachter und vier Wetterbeobachtungs-Fischdampfer zum Opfer.

Neuntes Kapitel

KRIEG MIT RUSSLAND —
NUR DER SEEWEG STEHT NOCH OFFEN

*Zur Lage: In der Heimat bereitete Organisation und Durchfüh-
rung der Blockadebrecher-Aktion keine sonderlichen Schwierigkeiten, da dem Oberkommando der Wehrmacht in Deutschland
und dem besetzten Teil Frankreichs alle Verkehrs- und sonstigen
Hilfsmittel voll zur Verfügung standen. Auf der anderen Seite
des Erdballs lagen die Dinge wesentlich schwieriger. Japan war
zunächst noch neutral. Deswegen mußten alle Vorbereitungen, die
mit den Blockadebrechern zusammenhingen, mit äußerster Vorsicht behandelt werden. Erst nach dem Kriegseintritt Japans am
7. Dezember 1941 konnte mit offenen Karten gespielt werden.*

*Die japanische Marine gewährte in großzügiger Weise alle nur
mögliche Unterstützung. Freilich benötigte sie ihre Hilfsmittel in
erster Linie für die eigene Kriegsführung, die deutschen Belange
konnten erst in zweiter Linie befriedigt werden.*

*Bei Kriegsausbruch 1939 lagen in ostasiatischen Häfen oder er-
reichten sie (außer der bereits behandelten „Ermland"):*

*Yokohama: MS „Regensburg", MS „Elbe", MS „Odenwald", MS
„Spreewald".*

Nagasaki: MS „Anneliese Eßberger", MS „Else Eßberger".

*Kobe: MS „Burgenland", MS „Kulmerland", MS „Münsterland",
Schnelldampfer „Scharnhorst", SS „R. C. Rickmers", SS „Ursula
Rickmers".*

Dairen: SS „Havenstein".

Shanghai: MS „Ramses" (später nach Kobe überführt).

*Zwei oder drei deutsche Dampfer in Dairen wurden an Japan ver-
kauft, da sie während des Krieges für die deutsche Seite doch nicht
verwendbar waren.*

Für die Blockadebrecherreisen von Japan nach Europa kamen in erster Linie Motorschiffe in Frage, auf denen die Unterbringung der erforderlichen Brennstoffmenge die Ladekapazität nicht beeinträchtigte, und die über die notwendige Geschwindigkeit (mindestens 15 kn) und einen großen Aktionsradius verfügten. Die Beschaffung des nötigen Brenn- und Schmieröls war höchst schwierig, weil es sich größtenteils um Spezialöle handelte. Diese Brennstoffe konnten nur mit Hilfe japanischer Stellen über komplizierte Transaktionen aus dem Ausland herangeholt werden.

Der Marineattaché hatte die zentrale Leitung für die Gesamtaktion, richtete aber in Anlehnung an die bestehenden Reederei-Büros der HAPAG, des Norddeutschen Lloyd und der Rickmers-Linie je ein Schiffahrtskontor in Yokohama und Kobe ein, denen die Ausrüstung der Schiffe sowie die Verpflegung und Betreuung der Besatzungen übertragen wurden. In enger Zusammenarbeit mit der Wirtschaftsdelegation mußten die für die Heimat bestimmten Rohstoffe möglichst unauffällig in die Ladehäfen und an Bord geschafft werden.

Der Marineattaché selbst hielt die notwendige enge Fühlung mit den beteiligten japanischen Behörden über das japanische Marineministerium, das auch die Verantwortung für strengste Geheimhaltung, soweit japanische Stellen beteiligt waren, übernahm.

Als mit dem Rußlandfeldzug die totale Blockade einsetzte und die „Festung Europa" damit endgültig isoliert wurde, blieb für die aus Übersee zu beschaffenden Rohstoffe nur noch der Transport über See. Die Entsendung von Handelsschiffen aus dem japanischen Raum wurde beschleunigt. Im Gegenverkehr wurden Schiffe aus der Heimat nach Japan entsandt. Auch italienische Frachtschiffe wurden auf diese abenteuerliche und risikoreiche Reise geschickt, und zwar jene Motorschiffe, denen die Fahrt von Massaua nach Japan geglückt war.

Das OKM hatte für diese Blockadebrecher, die während ihrer Reise strengste Funkstille bewahren mußten, innerhalb der Operationsgebiete der deutschen U-Boote und Handelsstörer im mittleren und nördlichen Atlantik einen 200 sm breiten Streifen als Prisenweg festgelegt. U-Boote durften in dieser Sperrzone nur dann angreifen, wenn sich keine Blockadebrecher im Anmarsch befanden.

Ein „alter Bekannter" ist die am 21. September 1941 aus Bordeaux im Gegenverkehr ausgelaufene „Rio Grande". Kapitän von All-

wörden, Erster Offizier der „Rio Grande" bei dem bereits geschilderten glücklichen Durchbruch nach Frankreich, hat die Schiffsführung übernommen.

Ein deutsches U-Boot hat die *Rio Grande* bis auf 47 Grad Nord geleitet. Hier wird der „graue Wolf" der Meere zur Erweiterung seines Operationsbereiches aus dem Motorschiff betankt, aus dessen Kühllast mit Frischproviant und mit knusprig frischem Brot versorgt.

Die *Rio Grande* hat 65 Mann an Bord. Zur alten, über sechs Jahre eingefahrenen Stammbesatzung sind noch Soldaten der Kriegsmarine zur Bedienung der Fla-Waffen hinzugekommen. Die improvisierte Holzkanone der ersten Blockadefahrt hat einem aus dem Westwall ausgebauten 15 cm-Geschütz Platz gemacht, das von Männern der *Rio Grande*-Stammbesatzung bedient wird. Man hat die Leute an Land noch schnell damit vertraut gemacht.

Ein aktiver Marineoberarzt ist an Bord kommandiert worden. Er hat Befehl, sich während der langen Reise um eventuelle Krankheitsfälle zu kümmern. Er sollte ursprünglich auch noch eine weitere Aufgabe übernehmen . . .

„Der Oberarzt, Herr Kapitän, ist damit der einzige Offiziersdienstgrad der Kriegsmarine an Bord", wurde von Allwörden in Bordeaux erklärt. „Diesem Offizier wird die Disziplinargewalt über die eingestiegenen Angehörigen der Kriegsmarine übertragen."

„Einem Arzt? Ich versteh' nicht ganz", wich Allwörden aus. Die volle Disziplinargewalt über die Soldaten auf seinem Schiff? Und wenn einer auf Wache beide Augen auf Null stellt oder sonstwie versagt? Dann also bin ich angewiesen, auf meinem eigenen Schiff meinen — Bordarzt zu fragen, ob der Mann zur Rechenschaft gezogen werden darf oder nicht?

„Sie haben leider keinen militärischen Dienstgrad. Die Ihnen von Kapitän zur See Kähler als früherem Ersten Offizier der *Rio Grande* zugebilligte Dienststellung eines Leutnants zur See (S) war nur auf Zeit bestimmt. Ja, hätten Sie Ihre Kurse gemacht . . ."

„Kapitän der *Rio Grande* bin ich. Ich trage die volle und letzte Verantwortung für mein Schiff und die gesamte Besatzung. Also auch für die Soldaten der Fla-Waffen-Bedienungen."

252

„Sie weigern sich also, den Oberarzt als Disziplinarvorgesetzten der militärischen Besatzungsmitglieder anzuerkennen?"

„Ersparen Sie mit bitte eine Antwort. Sie kennen ja meinen Standpunkt."

Der Oberarzt stieg nach diesem Gespräch nur als Arzt auf der *Rio Grande* ein. Das war ihm auch viel lieber. Der Kapitän blieb „Master nächst Gott" auf seinem Schiff . . .

Nun haben sie die wärmeren Zonen erreicht. Das dicke Zeug wandert in die Spinde. Und mit der Sonne und der Wärme erblüht die Zuversicht wie eine tropische Blume.

„Ob das Ding da überhaupt funktioniert?" meint von Allwörden zu seinem Ersten, mit einer Kopfbewegung zur Kanone hin, als sie bei einem Rundgang die neue Tarnung noch einmal durchsprechen.

„Können ja mal ein Probeschießen veranstalten", schlägt Ehrhardt vor.

„Prima. Das machen wir gleich."

Probealarm! Alle Waffen werden besetzt. „Da drüben, wo die aufgeplusterte Passatwolke schwebt, schwimmt ein Gegner. Nehmen wir an, es ist ein bewaffnetes britisches Frachtschiff. Entfernung 100 Hektometer, also zehn Kilometer . . .!"

Der Geschützführer — die Kanone ist bei Alarm automatisch klargemacht worden — brüllt energisch und in waschechtem Hamburger Platt: „Füer!"

Rums. — Ein Feuerstrahl . . . Ein fürchterlicher Krach.

Kapitän von Allwörden in sein Tagebuch: „Ich dachte, das Schiff fällt auseinander. Eine Knallerei mit diesem Apparat wollen wir doch in Zukunft besser vermeiden . . ."

Ein Grund mehr, es zu keinem ernsten Alarmfall kommen zu lassen.

Südlich der Cap Verden unterbricht beim Umtarnen des Schiffes ein anderer Alarm die tägliche Routine. Ein Mann ist beim Pöhnen der Außenbordwand ausgeglitten. Die *Rio Grande* dreht bei und läuft zurück. Aber sie sehen nur noch die Dreiecksflossen ganzer Rudel von Haien, von Tigerhaien.

Sie frieren an Bord, trotz der brütend feuchten Hitze . . .

Der Betrieb an Bord hat sich eingespielt. Die Männer der Besatzung finden jetzt auch Zeit und Muße für persönliche Dinge. Einige lesen, andere genießen die Sonne, wieder andere führen ein allerdings verbotenes privates Tagebuch. So auch der Obermaat Ernst Kann, dem die Geschütze und Bedienungsmannschaften unterstehen.

Kann notiert seine Erinnerungen an die Zeit davor: „Als mich im Februar 1941 auf dem Schlachtschiff *Bismarck,* auf dem ich als Bootsmaat Dienst tat, der Befehl erreichte, meine Sachen zu packen, um ein Sonderkommando anzutreten, war ich nicht sehr glücklich. Ich war Bootsmaat auf dem schönsten und stärksten Schiff der Kriegsmarine. Ich bin auch ehrlich genug, wenn ich bekenne, daß ich gerade auf diesem Schiff das Kriegsende glücklich zu überleben hoffte, galt doch die *Bismarck* als unsinkbar. Kapitän zur See Lindemann erhob gegen diese Abkommandierung Einspruch. Er nutzte nichts.

Ich mußte nach Kiel.

Bei der Durchgangskompanie in der Wik eröffnete man mir, ich habe mich sofort zur Kleiderkammer zu begeben und Zivil zu empfangen. Meine Fragen nach dem Warum wurden mit einem Schulterzucken abgetan. Man wußte selbst nichts über die Art meines neuen Kommandos. Man verpaßte mir einen blauen Anzug und eine Schiffermütze. Ich sah aus wie ein Kahnschipper von der Havel.

Meine Marschpapiere lauteten auf Bordeaux.

Als ich mich dort auf dem NDL-Schiff *Lech* meldete, wurde ich sofort zum Kapitän befohlen. Er hieß Brinkmann, begrüßte mich herzlich und drückte mir ein Seefahrtsbuch in die Hand.

Darin fand ich mich als 4. Offizier wieder.

‚Ihre eigentliche Aufgabe ist aber nicht die Nautik, lieber Herr Kann. Sie haben den Befehl, zusammen mit einem E-Meß-Gefreiten und einem Artillerie-Mechanikers-Gefreiten der Kriegsmarine aus der Zivilbesatzung meines Schiffes eine gute und einsatzfähige Geschützbedienung für das 15 cm-Geschütz herauszusuchen und auszubilden‘, erklärte mir der Kapitän.

Diese Aufgabe war für mich gar nicht leicht. Ich war noch ein blutjunger Unteroffizier und wurde, obwohl ich vor meiner Kriegsmarinezeit vier Jahre zur See gefahren war, nicht für ganz voll genommen.

Aber die gegenseitige Voreingenommenheit verflog bald. Zwischen der Besatzung und uns dreien von der KM bahnte sich ein gutes, kameradschaftliches Verhältnis an. So machte dann auch die Ausbildung an der uralten 15 cm-Kanone und an den zwei MG 34 muntere Fortschritte.

Komisch, daß Sie mich alle, vom Moses bis zu dem großartigen Kapitän hinauf, mit ,Herr Kann' anredeten. Bisher hieß es nur Kann oder Bootsmaat Kann.

Der Kapitän teilte mir mit, daß wir nach Rio gehen sollten. Meinen Kameraden gegenüber mußte ich diese Tatsache geheimhalten. Ein Schwimmkran schor in den nächsten Tagen längsseit. Er holte die Kanone wieder ab. Ich hetzte zum Kapitän und fragte ihn, was ich und meine Männer denn ohne Kanone an Bord noch sollten.

,Ach wissen Sie, wenn kein anderer Befehl kommt, dann bleiben Sie ruhig an Bord — wenn es Ihnen bei uns gefällt.'

Natürlich gefiel es mir. Das sagte ich ihm. Es muß wohl auch ehrlich geklungen haben.

Am 8. März bekam die *Lech* den Auslaufbefehl. Wir hatten schon die ersten Leinen losgeworfen, da fuhr ein Marine-PKW vor und stoppte. Mit einem Satz sprang der Kapitänleutnant Schnakenbeck von der KMD Bordeaux heraus. Das konnte nur mir gelten. Ich fand mich an der Reeling ein.

,Kann, sind Sie wahnsinnig? Was wollen Sie denn noch auf diesem Schiff?'

,Nach Rio, Herr Kaleunt!'

Schnakenbeck schüttelte den Kopf, als wollte er sagen: bei Dir scheint einiges nicht ganz zu stimmen.

Ich sagte Jawohl und dachte mir meinen Teil. Fluchtartig verließen wir die *Lech*.

Ich landete auf der *Rio Grande*. Das Spiel begann von vorn. Kapitän von Allwörden machte mir das Einleben leicht.

Der einzige Bekannte an Bord war meine *Lech*-Kanone. Man hatte sie auf dieses Schiff montiert. Schienen knapp zu sein, diese Kanonen.

Tage später meldete sich der Obergefreite Hausmann als E-Messer mit fünf KM-Matrosen an Bord. Sie wurden mir zugeteilt.

Kapitän von Allwörden und sein Erster Ehrhardt halfen mir, die bürokratischen Hürden zu überspringen, um die notwendige Ausrüstung an Bord zu bekommen. Auch Konteradmiral Menche schaltete sich ein. Mit einem Admiral und einem erfahrenen, unbeirrbaren Handelsschiffskapitän klappte der Laden. Ich konnte mit der Ausbildung beginnen.

Eines Tages liefen wir dann aus. Wohin die Reise gehen sollte, wußte außer dem Kapitän und seinem Vertreter keiner an Bord. Die einen tippten auf Argentinien, die meisten auf Brasilien.

In meinem Spind hängt jetzt ein neuer Zivilanzug. Pikfeine Maßarbeit. Schiffsoffizier Ehrhardt hat dies über den Kapitän arrangiert. Sagte: ,Mann, Herr Kann, in diesem Räuberzivil können Sie sich am Zielort an Land unmöglich sehen lassen.'"

So schrieb Oberbootsmaat Kann in seine „Memoiren".

Die *Rio Grande* hat die Kap Horn-Zone erreicht. Der Himmel scheint einzustürzen. Brodelnde, schäumende See droht das Schiff zu verschlingen. Böen fallen mit Donnerschlägen ein. Sie sind wie gezielte Degenstöße. Unten im Bauch des wild arbeitenden Frachters haben sich Zubehörteile der für Mandschukuo bestimmten Aluminiumfabrik gelockert. Ein 85 Tonnen schwerer Transformator droht sich loszureißen. Ehrhardt, Bootsmann Knorr und der Matrose Harring steigen ein. Sie hangeln sich wie Akrobaten durch den Laderaum, werden mit den wilden Bewegungen des Schiffes hin und her gestoßen, daß es die letzten Kräfte kostet, nicht auszugleiten. Sie bringen das Kunststück zustande, den Brocken wieder festzuzurren, ehe er an die Bordwand schlägt. Ein lebensgefährliches Unterfangen!

Die *Rio Grande* holt tief nach Süden aus, bis dicht an die Triften der Eisberge heran. Drei dieser Burschen bekommen sie bei Tage zu Gesicht. Einer ragt über 50 Meter aus dem Wasser heraus. Er ist über 100 Meter lang.

„Fehlt bloß noch Nebel über dieser hochgehenden See . . .", schüttelt sich der Rudersmann.

„Malen Sie den Teufel nicht an die Wand", knurrt ihn der Wachhabende nervös und böse an.

Der Nebel läßt nicht auf sich warten. Drei Tage lang tasten sie sich mit verminderter Fahrt wie durch wogende Baumwolle hindurch. Irgendwo versteckt sich der Tod in diesem Brodem. Eisberge, wie sie sie erst bewunderten und jetzt verdammten . . .

Das Meer um Kap Horn ist die Hölle.

Sie ist es auch für den Oberbootsmaaten Kann.

Einer seiner Backenzähne begann zu eitern . . .

256

Er meldet sich bei Schiffsarzt Dr. Wahl, als Tabletten die Schmerzen nicht mehr lindern.

„Der muß raus, Kann. Bin zwar kein Zahnarzt, aber das kriegen wir schon."

Kann hockt sich ergeben auf einen Stuhl. Dr. Wahl setzt die Zange an. Das Schiff holt über. Kann rutscht mit seinem Stuhl an die Backbordwand des Raumes. Dr. Wahl hinter ihm her. Er hebt wieder die Hand . . . Die *Rio Grande* krängt zur anderen Seite über. Dasselbe Schauspiel. Der Arzt saust mit der Zange hinter seinem Patienten her.

Schließlich gibt er es auf, wankt nach draußen und taucht mit dem Kapitänssteward Jacobsen wieder auf. Jacobsen hält den Stuhl fest. Der Zahn weicht der rohen Gewalt.

Kanns Backenzahn ist wohl der einzige in der Geschichte der Seefahrt, der südlich von Kap Horn von einem Arzt gezogen wurde ..
Endlich ist die Sturmzone passiert.

Durch den sonnenüberfluteten Pazifik gelangen sie, an schaumgeborenen Trauminseln vorbei, nach Osaka.

Das Ziel ist erreicht. Die Japaner heißen die Deutschen zuvorkommend, für ihre Mentalität sogar herzlich, willkommen. Die Seekriegsleitung hatte den Japanern einen fast genauen Einlauftag über den Marineattaché in Tokio gefunkt.

„Prima mitgekoppelt in Berlin", bemerkt von Allwörden.

Wenn sie an Bord aber hofften, sich an Land die Beine vertreten zu können, dann werden sie enttäuscht. Osaka ist Festungsgebiet. Erst nach gut zehn Tagen gestattet man wenigstens Landgang in Gruppen zu zehn Mann. Geheimpolizisten begleiteten sie.

Kann in sein Tagebuch:

„Als ich mit meiner Gruppe auf einem Platz in Osaka eintraf, stellten uns die beiden uns begleitenden Geheimpolizisten der staunenden Bevölkerung als amerikanische Gefangene vor. Die Menge nahm eine drohende Haltung an. Das löste heftige Proteste bei uns aus. Kapitän von Allwörden wurde wegen dieser Angelegenheit beim deutschen Konsulat vorstellig. Man entschuldigte sich . . ."

Von Osaka verholt die *Rio Grande* nach Kobe.

In Tokio holt die Besatzung nach, was sie in Osaka versäumte.

Botschafter Ott überrascht mit immer neuen Betreuungsideen und mit einem wohlvorbereiteten Aufenthalt in gepflegten Erholungsheimen.

Walöl in Fässern und Rohgummi bilden die Hauptladung, mit der die *Rio Grande* am 31. Januar 1942 Kobe verläßt. Inzwischen ist der Krieg zwischen Japan und den USA ausgebrochen. Anweisungen, nicht durch den zum Kriegsschauplatz gewordenen Pazifik, sondern durch den Indischen Ozean um das Kap der Guten Hoffnung in den Atlantik zu marschieren, liegen noch nicht vor.

Südlich der Marianen fliegt um die Mittagszeit ein zweimotoriges Flugzeug die *Rio Grande* an. Die Maschine kommt direkt aus der Sonne. Wie ein Blitz.

Sie wird noch rechtzeitig als Japaner erkannt. Die Flak erhält daher keinen Feuerbefehl, wohl aber die *Rio Grande* drei ihr zugedachte Bomben. Eine krepiert dicht neben der Bordwand. Einen Splitter von der Länge eines halben Männerarms — man findet ihn nachher an Deck — packt Kapitän von Allwörden als corpus delicti in Seidenpapier ein.

Wieder Kap Horn: Pelzmäntel . . . Filzstiefel . . . Ölzeug . . . schlaflose Nächte . . . schwindelnde Abgründe . . . gläserne Schluchten und die den schmutziggrauen Wolkenhimmel ankratzenden rollenden Berge aus eiskaltem Wasser . . .

Südatlantik: wieder Shorts und weiße Tropenjacken auf der Brücke, Troyer und kurze Hosen bei den Männern an Oberdeck.

Die Linie: Brütende Hitze . . . alles klebt an Bord . . . alles ist feucht . . . das Blau des Himmels ist weiß geworden . . . die Kimm ist verschwunden . . . Himmel und See gehen nahtlos ineinander über . . .

Dem Nordatlantik entgegen: Bei 20 Grad Wärme klappern den Männern die Zähne . . . bei 15 Grad holen sie das dicke Zeug aus den Spinden . . . und dann wälzen sich Regenböen heran . . . die Sicht erstickt immer wieder in einem strömenden Vorhang von gläsernen Tauen . . . und dann Sturm und eiskalte Winde . . .

Kapitän von Allwörden bekommt, direkt an seine Adresse gerichtet, von der Gruppe West Nachrichten über zur Zeit unterwegs befindliche Geleitzüge gefunkt. Er richtet es so ein, daß er die gefährlichsten Routen nur nachts passiert. Kriegswache ist aufgezogen. Alle Waffen sind klar. Das einzige Flugzeug, das sie auf der Höhe von Santander sehen, ist eine deutsche Maschine, eine He 111.

Die *Rio Grande* schlängelt sich mit knapp einer Seemeile Abstand unter der spanischen Nordküste entlang und dreht dann auf die französische Westküste zu.

Wie versprochen, warten auf der Höhe von Biarritz deutsche Minensuchboote. Das Mitkoppeln der Marine-Landstellen haut wieder einmal ausgezeichnet hin. Maßarbeit, die von Allwörden anerkennend im Journal vermerkt. Es gibt keine Angstschweißtropfen beim Nehmen des letzten und schwersten Hindernisses.

Auf dem Kalenderblatt steht der 10. April, als in Bordeaux die Trossen an Land gegeben werden.

Bis auf den beim Pöhnen verlorenen Kameraden und die japanischen Bomben war die erste Blockadefahrt in das ferne Ostasien eine glatte Reise . . .

Kapitän von Allwörden ist nicht der Typ, viel Wind zu machen. Er trägt Distanz und Reisedauer ein und hat nur einen Wunsch, sich nach einem Bad endlich einmal wieder ausgezogen in die Koje fallen zu lassen.

Glück gehabt? Nur Glück gehabt? Nein, so ist das nicht gewesen. Sie hatten unterwegs viele Sichtungen. Rauchfahnen, Mastspitzen, und in der Nacht rechtzeitig durch die Standgläser ausgemachte Schatten. Das ganze Schiff war auf See hundertprozentige Bereitschaft, hundertprozentige Pflichterfüllung. „Falkenauge" Matrose Wolf an der Spitze der sich aus der Stammbesatzung rekrutierenden Ausguckposten sah die aufkommenden Schiffe immer zuerst, und die Schiffsführung handelte immer richtig, um den Fremden, der ebenso gut ein britischer Hilfskreuzer oder ein aktives Kriegsschiff sein konnte, rechtzeitig auszumanövrieren.

Moltkes Wort, auf die Dauer gesehen habe nur der Tüchtige Glück, trifft auf die *Rio Grande*-Schiffsführung und ihre Besatzung zu, auf eine Besatzung, die seit der Indienststellung wie ein Uhrwerk aufeinander eingespielt war.

Wenn von Allwörden indessen glaubte, ausschlafen zu können, so hatte er sich geirrt. Sozusagen mit Pauken und Trompeten wird der erste aus der Heimat ausgelaufene und glücklich wieder heimgekehrte Rohstoffversorger empfangen. An der Spitze der rührend und kameradschaftlich besorgte Konteradmiral Heinz Eduard Menche, der von Allwörden und seine Männer in Anwesenheit der Abordnungen der drei Wehrmachtsteile empfängt und von einer charmanten jungen Dame einen Strauß Blumen überreichen läßt,

Blumen, deren Duft dem Schiffsoffizier Ehrhardt nicht entging — denn diese junge Dame wurde später seine Frau.

Militärmusik, daß die noch verdunkelten Bullaugen erzittern! Darauf ist keiner vorbereitet. Auch nicht der hundemüde Smut. Mitgerissen vom Jubel und von der allgemeinen Begeisterung kocht er des Alten Lieblingsmahl: argentinische schwarze Bohnen mit feinstem argentinischen Frischfleisch und vielen Gewürzen, sozusagen das „Haus- und Hofgericht für erlesene Gäste" auf dem ehemaligen Südamerikaschiff.

Wer niemals schwarze Bohnen aß, der weiß nicht, daß Durst noch schlimmer als Heimweh ist . . .

Kapitän von Allwörden wird nach Berlin zitiert. Großadmiral Raeder empfängt ihn persönlich und läßt sich berichten. Von Allwörden ist als Privatmann ein guter Plauderer und vollendeter Gesellschafter, in Dienstsachen aber ein leidenschaftslos nüchterner Mann. Jede Beweihräucherung der eigenen Leistungen ist ihm fremd, ja zuwider.

Der Großadmiral möchte am Schluß des Empfangs nur noch eins wissen: „Welche Auszeichnungen hat man Ihnen verliehen?"

„Neben dem auf der ersten Reise verdienten EK II das KVK Erster Klasse mit Schwertern", sagt der Kapitän.

„Naja, Sie hatten ja auch keine Feindberührung."

In von Allwörden rumort es. Er denkt an die Tausende von Tonnen, die er unter dem Einsatz seines und seiner Männer Leben auf einer vom Feind auf allen Meeren bedrohten Reise mit heimgebracht hat. Er denkt an die vielen Sichtungen fremder Schiffe, von denen bestimmt die eine oder andere das Ende bedeutet haben würde, wäre man nicht rechtzeitig ausgewichen. Aber es ist nicht seine Art, überspielten Gefahren nachzuhängen. Er sagt nur, und seine Antwort läßt an Freimütigkeit nichts zu wünschen übrig: „Herr Großadmiral, hätten wir Feindberührung gehabt, stünde ich nicht hier vor Ihnen."

In seiner Aktentasche ruht in Verbandswatte und Seidenpapier verpackt der japanische Bombensplitter. Ein Direkttreffer hätte genügt. Aber von Allwörden läßt ihn, wo er ist. Der einzige sichtbare Feind war ein Freund gewesen . . .

*

In der Zwischenzeit ist in Sachen „Blockadebrecher in der Japanfahrt" viel geschehen . . .

Nach der *Rio Grande* war einen Monat später das Motorschiff *Portland*, ein 7132 BRT großer HAPAG-Frachter, aus Bordeaux im Gegenverkehr in See gegangen. Unter Kapitän Tünnemann kam der mit wertvollen, für Japan bestimmten Gütern vollgepackte „blockaderunner" wohlbehalten in Osaka an.

Weniger glücklich verliefen die Reisen der aus Ostasien ausgehenden Schiffe.

Östlich Südamerika haben der amerikanische Kreuzer *Omaha* und der Zerstörer *Somers* am 6. November 1941 noch innerhalb der panamerikanischen Neutralitätszone einen von seinem Kurs hart abdrehenden „amerikanischen" Frachter in die Zange genommen. Das Schiff vermag nicht zu entwischen. Die *Omaha* macht ihre 34 Knoten. Ein „Amerikaner", der ein schlechtes Gewissen hat? Der abdreht? Das stimmt den Kreuzerkommandanten mißtrauisch, als er das Sternenbanner an der Bordwand erkennt. Stoppschuß. Prisenkommando an Bord.

Kapitän Loehrs, der die als Amerikaner getarnte *Odenwald*, einen 5098 großen HAPAG-Frachter, mit einer Ladung Rohgummi von Yokohama in die Heimat durchzubringen versucht, hatte die beiden auflaufenden Kriegsschiffe sofort als Amerikaner identifiziert. Typisch die vier Schornsteine der „Marblehead-Klasse" und der plattformähnliche Gefechtsmastaufbau. Er sah keinen Anlaß, Besorgnis zu haben, also gab er auch keinen Befehl zur Selbstversenkung.

Der amerikanische Prisenoffizier fragt bei seinem Kommandanten zurück, und der Kommandant entscheidet, daß das deutsche Schiff die panamerikanischen Hoheitsgewässer verletzt und hier unberechtigt die amerikanischen Hoheitszeichen geführt habe. Er unterliege damit der Beschlagnahme.

„Aber die USA sind doch neutral!" lehnt sich Kapitän Loehrs auf.

„Natürlich, aber in unseren Hoheitsgewässern haben wir das volle Recht, Schiffe kriegführender Parteien aufzubringen."

„Was sagen Sie? Höre ich richtig: in unseren Hoheitsgewässern? Die Hoheitsgewässer enden nach internationalem Recht drei Seemeilen unter der Küste. Das ist ein Bruch internationaler Bestimmungen. Die Vereinigten Staaten können sich doch nicht einfach über verbriefte Abmachungen hinwegsetzen . . ."

„Ihr Herr Hitler tut noch viel mehr, Herr Kapitän."

Alle Proteste nützen nichts.

Die „neutralen" Amerikaner bringen die *Odenwald* nach Trinidad. Ausgerechnet nach dem britischen Kolonialbesitz und Flottenstützpunkt Trinidad!

Nach dem Kriege bekennt Captain Roskill im britischen Seekriegswerk „The War at Sea", Band I: „Es war dies (die Kaperung der *Odenwald*) der erste fühlbare Erfolg der besseren und ausgedehnteren Kontrolle im Atlantik, die nun durch amerikanische Kriegsschiffe durchgeführt wurde."

Die deutsche Reichsregierung unterließ einen Protest wegen dieser Neutralitätsverletzung, da die *Odenwald* zur Tarnung unter der Flagge der USA gefahren war, als sie auf 00.35 Nord und 27.45 West aufgebracht wurde.

*

„Ich kann mir nicht helfen, der Bursche sieht aus wie ein Blue-Funnel Liner", ereifert sich der Kommandant von U 333 , als das deutsche U-Boot im Bereich der Azoren auf dem Blockadebrecherweg einen mit hoher Fahrt und weithin leuchtender Bugwelle dahinbrausenden Einzelfahrer in Sicht bekommt.

Der dem Kommandanten gemeldete Blockadebrecher *Spreewald* dürfte nach Koppelung zur Stunde gar nicht auf dieser Position stehen.

„Die deutschen Japanfahrer reisen um Kap Horn, Herr Kaleunt", wirft der IWO warnend ein. „Auf einer derart sturmreichen Route lassen sich die Etmale nicht auf Tag und Stunde genau erreichen. Muß der Kapitän dabei noch Sichtungen ausweichen, wird die Verzögerung noch größer, hat er keine und an der Horn einmal ausnahmsweise gutes Wetter, dann läuft er früher als gekoppelt auf."

„Das habe ich mir alles überlegt. Ich kann mir nicht helfen, dieses Schiff ist nicht die *Spreewald*, das ist einwandfrei ein Blue-Funnel-Liner."

„Und wenn sich die *Spreewald* als ein Schiff dieser Klasse getarnt hat?"

„Ja, zum Himmel, was soll denn ein armer, auf Tonnagejagd ausgeschickter U-Bootkommandant dann tun, wenn die da oben nicht noch ein besonderes Kennzeichen ausgemacht haben? Vielleicht eine auffällige Kistenladung an Oberdeck, oder Fässer auf dem Achterschiff."

Der IWO hebt die Schultern leicht an. „Lieber einen Gegner laufen lassen, als ein eigenes Schiff versenken."

„Das ist ein Brite! Wollen wir wetten, daß das ein Brite ist?"

Alles andere geht sehr schnell.

U 333 setzt vor.

Torpedoschuß aus den Rohren Eins und Drei.

Treffer! Der Frachter sinkt. Eintragung ins KTB . . . Uhrzeit . . . Versenkt ein Frachter der Blue-Funnel-Linie . . . geschätzte Größe 5000 BRT . . .

Das einzige, was auf dem versenkten Frachter englisch klang, war der Name des Kapitäns. Er hieß Bull.

Das Schiff war die deutsche *Spreewald*, ein 1922 erbauter 5083 BRT großer HAPAG-Frachter, der am 21. Oktober 1941 mit kriegswichtigen Gütern nach Bordeaux ausgelaufen war.

Der BdU, Admiral Dönitz, hatte immer wieder gegen die von der Skl hartnäckig erhobene Forderung, ausgehenden und einlaufenden Blockadebrechern U-Boote zum Schutz gegen Angriffe von Überwassereinheiten beizugeben, protestiert. Weshalb aber wurden die Blockadebrecher nicht mit einem typischen, für den Gegner trotzdem unauffälligen Merkmal versehen und diese Kennzeichen den auf der Blockadebrecherroute im Mittelatlantik stehenden U-Booten mitgeteilt? Da die Blockadebrecher während ihrer Reisen striktes Funkverbot hatten, mußte damit gerechnet werden, daß die Schiffe zu früh oder zu spät auf ihren Positionen und Treffpunkten eintrafen, und auch, daß sie durch den Feind sogar gezwungen wurden, den 200 Seemeilen breiten Prisenweg im Mittelatlantik vorübergehend zu verlassen.

Hier ist etwas nicht zu Ende gedacht worden, sonst hätte der Kommandant von U 333 nicht mit seinen Zweifeln kämpfen müssen und nicht die verhängnisvollen Torpedos geschossen.

Admiral Dönitz hatte Recht, wenn er sich von der Sicherung der Blockadebrecher durch U-Boote nichts versprach. Einmal war die Augeshöhe der U-Boote viel zu niedrig, zum anderen war auch ihre Unterwassergeschwindigkeit zu gering, um sich bei Tage wesentlich schnelleren gegnerischen Kriegsschiffen vorzusetzen, es sei denn, daß diese rein zufällig in die Schußposition des U-Bootes liefen.

Und selbst dabei waren, wie es das Beispiel *Python* bewies, als der U-Bootkommandant die Gegnerfahrt viel zu niedrig einschätzte, Fehlschüsse nicht vermeidbar.

*

Blockadebrecher in der Rohstoffversorgung war der auf den Namen *Benno* umgetaufte Prisentanker *Ole Jacob* eigentlich nicht. Doch auch dieses Schiff, das vom Hilfskreuzer *Atlantis* am 10. November 1941 im Indischen Ozean aufgebracht worden war, stand nach Erledigung verschiedener Versorgungsaufgaben von Kobe ausgehend auf dem Marsch in die Heimat.

Wieder wurden die Gewässer vor Spaniens Küsten dem prachtvollen Kapitän Steinkraus, als „Käpten Allright" bei der Überseeflotte zu einem Begriff geworden, zum Verhängnis. Das erste Mal hatte er mit der Orion-Prise *Tiranna* Pech, und nun wurde er mit seiner *Benno* auf der Höhe von Vigo von einer Sunderland und einer Beaufort gesichtet und mit Wasserbomben belegt.

Der Tanker wurde beschädigt, aber Steinkraus vermochte die Fahrt fortzusetzen.

Am folgenden Tage wurde die *Benno* durch einen Zerstörer und frisch herbeigerufene Luftstreitkräfte gejagt. Ein Beaufort-Torpedobomber beschädigte den Tanker schließlich so schwer, daß Kapitän Steinkraus aufgeben mußte. Geistesgegenwärtig legte er den Kurs vierkant auf die spanische Küste zu und setzte das Schiff auf Strand.

Steinkraus und seine Männer entgingen wieder einmal der Gefangenschaft.

*

Glück hatten dagegen das Motorschiff *Elsa Essberger* und das Motorschiff *Burgenland*. Die *Elsa Essberger* lief am 14. Oktober aus Sasebo aus und konnte, von britischen Streitkräften bedrängt, am 15. Januar noch im nordspanischen Hafen El Feroll Schutz suchen, während die am 21. September 1941 aus Kobe in See gegangene *Burgenland* am 10. Dezember in Bordeaux einlief.

Ihr folgte am 27. Januar das am 16. November aus Dairen ausgelaufene italienische Motorschiff *Cortelazzo*, am 10. Februar der am

2. Dezember aus Kobe ausgelaufene Italiener *P. Oseolo* und am
19. Februar die ebenfalls aus Kobe kommende deutsche *Osorno*
unter Kapitän Hellmann.

Damit waren von den 13 von Ostasien nach Europa in Marsch
gesetzten Frachtschiffen (die Prise *Benno* einbezogen) acht durchgekommen, ein Schiff wurde zur Umkehr nach Japan befohlen und
vier gingen verloren.

Der Gewinn an kriegswichtigen Rohstoffen überwog die Verluste.

Im Gegenverkehr erreichten die beiden im Jahre 1941 nach Japan
geschickten Schiffe ihre Bestimmungshäfen.

*

Welche wertvolle Fracht ein einziger Blockadebrecher mit nach
Deutschland brachte, verdeutlicht die Ladeliste der *Elsa Essberger*:

Gummi	4 059 t	Rinderhäute	27,1 t
Shellack	52 t	Hanf	189,7 t
Autoreifen	266,4 t	Därme	14,0 t
Zinn	55,6 t	Talg	169,0 t
Zink	30,2 t	Muskatnüsse	7,5 t
Wolfram	48,2 t	Kaffee	23,9 t
Holzöl	17,0 t	Tee	106,7 t
Kokosöl	334,6 t	Eipulver	65,0 t
Nußöl	57,0 t	Verschiedenes	110,9 t
Erdnüsse	990,0 t	(Kapok, Federn usw.)	
Lederwaren	85,9 t	Zusammen	6 767,4 t
Leder	57,7 t		

*

Unter den zuletzt genannten Frachtern wurde die *Osorno* erwähnt . . . Dieses erst 1938 in Dienst gestellte, hochmoderne
6951 BRT große HAPAG-Motorschiff, das nach der *Rio Grande*
später einer der erfolgreichsten Blockadebrecher wurde, gehörte
zu jener Gruppe von Schiffen, die im Zuge der Weiterentwicklung
des Krieges 1941 von Südamerika und Siam nach Japan überführt
wurden. Von Chile trafen außer der *Osorno* die *Rhakotis*, die
Bogota und die *Quito*, von Mexiko die *Havelland* und von Siam
die *Mosel*, einziger Dampfer unter den Motorschiffen, im Reich
der Sonne ein.

Zwischen diesen nüchternen Zeilen verbirgt sich eine weitere, besonders rühmenswerte Leistung der Männer unserer Handelsmarine.

Nach dem Auslaufen aus Manzanillo hatte MS *Havelland* auf der Höhe der Marschallinseln einen schweren Maschinenschaden. Trotz aller Anstrengungen und Kunstgriffe bekamen die Techniker die *Havelland* nicht wieder in Fahrt. Das zu Bruch gegangene Ritzel war nicht zu reparieren.

Der Kapitän funkte SOS. Die am 7. Mai 1941 von Coquimbo unter Kapitän Möller nach Japan ausgelaufene, nur 1230 BRT große *Bogota* und die gleich große *Quito* eilten zur Hilfeleistung an den Platz, an dem die *Havelland* hilflos in der See trieb. Abwechselnd schleppten die beiden kleinen Frachter den Havaristen über die 1800 sm lange Distanz bis nach Yokohama ein.

Die *Havelland* wurde dann später mit aus Deutschland herbeigeschafften Ersatzteilen auf einer japanischen Werft repariert, konnte jedoch wegen der inzwischen veränderten Kriegslage nicht mehr als Blockadebrecher eingesetzt werden. Sie hat lediglich noch zwei Reisen im insularen Verkehr Japans durchgeführt, bis sie durch einen U-Bootsangriff schwer beschädigt wurde und erneut in die Werft gehen mußte. Bei der deutschen Kapitulation wurde sie von den Japanern beschlagnahmt.

Zehntes Kapitel

DER HÖHEPUNKT DER JAPANFAHRT

Zur Lage: Am 7. Dezember 1941 greifen japanische Luftstreit-kräfte und U-Boote den so bedeutsamen amerikanischen Stütz-punkt Hawaii im Pazifik an. In Pearl Harbour werden 19 von 24 anwesenden US-Kriegsschiffen versenkt oder schwer beschädigt. Manila, Shanghai, Malaya, Thailand und Hongkong werden an-gegriffen. In einem ungestüm und unerwartet schnellen Siegeslauf erobern die Japaner eine wichtige Position nach der anderen. Am 22. Dezember besetzen sie die Philippinen, am 25. Dezember ka-pituliert Hongkong und am 11. Januar beginnt die Invasion in Niederländisch-Indien. Am 15. Februar fällt Singapore, Englands wichtigster Stützpunkt in Ostasien.

Nachdem Japan Indonesien und Malaya besetzt hatte — die reich-sten Gebiete an Öl, Gummi, Chinin unter anderen wichtigen Roh-stoffen — lag für die deutsche Leitung der Blockadebrecheraktion der Gedanke nahe, die Dienststelle des Marine-Sonderdienstes nach dem Südraum zu verlegen. Dieser Plan entsprang der Überlegung, die Blockadebrecher gleich dort an den Erzeugungsstätten der Rohstoffe zu beladen und den fast 6000 sm langen Hin- und Rück-weg nach Japan zu sparen.

Obwohl diese Planung seit Frühjahr 1942 betrieben wurde, konnte sie erst Anfang 1943 verwirklicht werden. Die Japaner gaben nicht eher ihre Zustimmung zur Errichtung eigener deutscher Dienststellen in Südostasien. Dies hing wohl damit zusammen, daß sie sich scheuten, gegen den Hauptpunkt ihrer Großostasien-Pro-paganda: Kampf dem weißen Unterdrücker und Ausbeuter — scheinbar selbst zu verstoßen. Durch die Vermittlung der japani-schen Marine gelang es endlich, die Genehmigung zu erwirken.

Mitte 1942 wurden jedenfalls die mit der Blockadebrecheraktion zusammenhängenden Aufgaben in Tokio derart umfangreich, daß

Admiral Wennecker sie nicht mehr bewältigen konnte. Mit dem Motorschiff „Dresden" fuhr Kapitän zur See Vermehren von Deutschland nach Japan und übernahm als Chef des Stabes die Leitung des Marine-Sonderdienstes. Damit bearbeitete er von nun an alle Blockadebrecher-Fragen.

Beim Vergleich der verschiedenen Blockadebrecher-Reisen fällt auf, daß die Verluste auf dem Weg um Kap Horn wesentlich geringer waren als auf dem Weg um das Kap der Guten Hoffnung. Die Gefahren waren jedoch auf beiden Wegen fast gleich.

Bis zum Kriegseintritt Japans und Amerikas war der Stille Ozean zwar ein für die Schiffahrt fast ungefährliches Gebiet. Doch auch der Atlantik, der eigentliche Kriegsschauplatz, war damals noch ohne nennenswerte Luftüberwachung und wurde vom Feind selbst wegen der deutschen U-Bootsgefahr fast nur auf bestimmten Geleitzugwegen befahren. Unter solchen Umständen konnten die Blockadebrecher damals auch durch den Atlantik einigermaßen sicher hindurchgeleitet werden.

Ab 1942 aber begannen sich diese Verhältnisse zunehmend zu verschlechtern. Der Weg durch den Pazifik um das Kap Horn herum war nach dem Kriegseintritt Amerikas gefährdeter als der durch den Indischen Ozean, der nicht eigentliches Kriegsgebiet war. Es wurde nun der letztere Weg gewählt, weil außerdem die Schiffe in dem in japanischer Hand befindlichen Indonesien nochmals versorgt und beölt werden konnten.

Die Entwicklung der Ortungsgeräte beim Gegner erschwerte die deutsche U-Boot-Kriegsführung nun aber in zunehmendem Maße. Der ständig stärker fühlbare Einsatz von Großflugzeugen mit weitem Aktionsradius und von Flugzeugträgern als schwimmende Inseln ließen die Zeit der lückenlosen feindlichen Überwachung des Atlantik näher rücken.

Unter den Blockadebrechern während dieser Phase sich mehrender Schwierigkeiten verdienen die „Tannenfels" und die „Doggerbank" besondere Erwähnung.

Nachdem die mit Prisen heimgebrachten Kriegstagebücher des am 9. Mai im Indischen Ozean verlorengegangenen Hilfskreuzers „Pinguin" ausgewertet waren, tauchte der Plan auf, ein dem Gegner unverdächtiges Schiff gleichzeitig als Blockadebrecher und Minenleger nach Ostasien zu schicken. Die Skl wählte die am 11. Mai 1941 mit einer wertvollen Ladung eingetroffene Prise „Speybank",

*ein vom Hilfskreuzer „Atlantis" aufgebrachtes britisches Fracht-
schiff. Es glich seinen noch unter dem Union Jack fahrenden
Schwesterschiffen wie ein Ei dem anderen. Es sollte auf der Ausreise Minen vor Kapstadt legen, so wie seinerzeit die norwegische
Pinguin-Prise „Storstad" als Minenleger vor südaustralischen Häfen operiert hatte, wobei der äußerlich bekannte und daher un-
verdächtige Tanker den Gegner sogar mehrfach von seiner „Harmlosigkeit" überzeugen konnte.
Am 25. August ging die „Doggerbank" mit dem fernen Ziel Yokohama in See. Was dieses Schiff und seine tapfere Besatzung während dieser Reise erlebt, erzählte der Kapitän dem auf Hilfskreuzer „Thor" eingeschifften Kriegsberichter Heinz Tischer in Japan.
Hier Heinz Tischers Bericht:*

Im Februar 1942 steht ein merkwürdig geheimnisvolles Schiff mit
Südkurs zwischen Afrika und Südamerika. Sieben Augenpaare
wandern unablässig über die Kimm. Die steile Sonne brennt. Diamanten gleich schwirren dann und wann fliegende Fische vor dem
Bugschwall des Fünftausendtonners auf. Monoton arbeiten die
Motoren.
Mitunter singt es vom Mast herab wie von einem Minarett: „Trei-
bender Gegenstand voraus!"
Zeugen dramatischer Stunden im Kampf auf See wiegen sich
schweigend in der langen Dünung. Einmal ist es ein blechernes
Kastenfloß. Nur Spuren seiner ehedem roten Farbe haften ihm
noch an. Seine Gurte sind längst durchgefault. Man kann sie in
dem kristallklaren Wasser dieser planktonarmen Breiten herab-
hängen sehen. Und ein paar Haie werden nicht müde, bei uns zu
lauern, wie Aquariumfische unterm Futterring.
Das Schiff stoppt. Die katzenäugigen Bestien werden verjagt, das
Floß an Bord genommen. Wenn später kurz vor dem Ziel die Waffen eingeschossen werden, soll es als Scheibe noch gute Dienste
leisten.
Ein anderes Mal dümpelt ein Baumstamm auf das marschierende
Schiff zu. Ein ansehnlicher Brocken. Von Oberdeck aus schätzt man
seinen Durchmesser auf einen Meter und seine Länge auf sechs
Meter. Seinem starken Muschelansatz nach wird er mindestens ein

halbes Jahr im Wasser liegen. Auffällig sind an seinem dickeren Ende fünf gleichmäßig tiefe Einkerbungen. Welche Hände mögen sie ihm aus welchem Grunde beigebracht haben, diesem Klotz von Holz, der sich so beharrlich ausschweigt?

Wieder ein anderes Mal ist eine große Fläche im Meer mit Stroh, Holztrümmern und Papier bedeckt. Der Ausguck kann sogar Bücher unterscheiden. Fünfmal entdeckt er im Wasser schwimmende Körper. Tote.

Stur pflügt das Schiff seinen Kurs. Gleichförmig klingen die Schritte des Wachoffiziers von der Brücke herein in die Kajüte des Kapitäns. Sie ist klein, aber behaglich. Sie hat noch immer etwas unverkennbar englisch-plüschernes.

Kapitän Schneidewind sitzt über Funksprüchen und Karten. „Bringen Sie zwei Wermuts!" — ruft er dem Steward zu, der in der Pantry draußen hantiert — „und gehen Sie zu Oberleutnant Grützmacher, ich lasse ihn bitten!"

Nach drei Minuten erscheint im Schott ein blutjunger Offizier. Über den beiden goldenen Streifen am Ärmel seines Jacketts glitzert drahtgestickt statt des seemännischen Sterns das Abbild einer Mine, das Laufbahnzeichen seiner geliebten Sperrwaffe. Jungenhaft frisch meldet er sich zur Stelle. Aus seinem strahlenden Gesicht leuchtet unverhohlen ständig das Glücksgefühl, dieses Kommando, diesen abenteuerlichen Auftrag erwischt zu haben, — „ein Job, an dem man sich — gottverdorri — Hände und Füße wärmen kann!"

Er kommt direkt aus dem „Sperrdeck" von seinen stummen Kindern, die in 17 Zentner schwerer Aufgeblasenheit je Exemplar die liebevolle Wartung des kleinen Sonderkommandos genießen, dessen Führer er ist. Und seine Mechaniker, Maaten und Gasten sind aus demselben Holz wie er. Wenn sie an ihren Pfleglingen, den dicken Minen hantieren, spricht es aus ihren Augen, daß der Gegner, und wenn er sonstwo wohnt und sich sicher wähnt, nicht behaupten können soll, es werde nichts „geboten"!

„Kommen Sie, Grützmacher." Kapitän Schneidewind lädt ein, schweigt noch, bis der Steward seine Wermuts aufgebaut, die Lüfter angestellt und das Schott dicht gemacht hat.

„Zur Sache: Wir stehen kurz vor unserem Wartegebiet, das uns die Seekriegsleitung angewiesen hat. Die Zeit, die wir darin verbringen, gilt der letzten Vorbereitung der Aufgabe ‚KO'. Damit beginnt unsere Sanduhr zu rinnen. Aus unserem Stundenplan wird in den kritischen Tagen ein Minutenplan und während der Höhepunkte sogar ein Sekundenplan. Lassen Sie noch heute 15 Minen an Oberdeck hieven. Stellen Sie sie im Backbordseitengang ab und tarnen Sie sie unverzüglich. Sie haben dann im Minenraum selbst Luft genug, um sich in Ruhe dem Gros der Teufeleier widmen zu können. Wie weit ist die Tarnung?"

„Die Männer sind noch am Malen, Herr Kapitän. Die Schrift auf den Persennigen wird meterhoch. Unsere Firma ‚General Motors New York‘ wird bis heute nachmittag zwar fertig, aber nicht mehr ganz trocken."

„Kleben Sie meinetwegen Zettel dran ‚Frisch gestrichen‘. Auf alle Fälle werden mir die Minen, sobald sie an die frische Luft kommen, derart dicht gedeckt, daß sie von normaler Oberdeckslast nicht mehr zu unterscheiden sind. Und zweitens: Bevor Sie mit dieser Arbeit beginnen lassen, halten Sie mit der gesamten Besatzung Musterung. Es ist Zeit, jetzt meine Ernennung zum Kapitänleutnant (S) und Kommandanten des Hilfskriegsschiffes *Doggerbank* ex *Speybank* bekanntzugeben. Die Bedingungen für die Umwandlung von Handelsschiffen in Hilfsschiffe der Kriegsmarine, die im VII. Haager Abkommen festgelegt sind, sind beachtet. Für Sie und Ihre Spezialisten, Grützmacher, die Sie ja alle aktive Soldaten sind, liegt der Fall klar. Meinen braven Handelsmarinern von der christlichen Seefahrt aber werde ich dann schon selbst erklären, daß sie von nun an ganz offiziell den Regeln der militärischen Disziplin unterworfen sind, auch wenn ihre Einkleidung unterbleiben mußte. Solange wir Land hatten, konnte sie aus Geheimhaltungsgründen nicht stattfinden. Jetzt in See gehört die Tatsache, nicht uniformiert zu sein, zu unserer Tarnrolle. Daß die Männer ein Soldbuch in der Tasche tragen, wird ja wohl kein Aufklärer von weitem erkennen. Prost!"

Sie trinken einen Schluck aus den ehemaligen Privatbeständen ihres britischen Vorgängers in diesen Räumen, die — seit sie der Prisenoffizier der *Atlantis* vor wenig mehr als einem Jahr betrat — ebenso unverändert geblieben sind wie das ganze Schiff.

Das heißt: Die wertvolle Ladung, die die *Speybank* seinerzeit von Cochin nach New York karren wollte, war längst in Bordeaux gelöscht worden. Sie hatte aus Manganerz, Monazit, Ilmetit, Teakholz, Tee, Teppichen, Kokosfiber, Shellack und Jute bestanden,

Dinge, die sich die deutsche Wirtschaft gerne zuschießen ließ. Das Schiff selbst aber taugte zu mehr als nur dazu, in die heimatliche Transportflotte übernommen zu werden.

Der Hilfskreuzer *Atlantis* hatte gemeldet, daß die völlig lautlose Aufbringung der *Speybank* unter so günstigen Umständen stattgefunden habe, daß die Britische Admiralität von ihrer Versenkung überzeugt sein müsse. Während sie aber unter deutschem Kommando munter weiterschwamm und nach fünfzigtägigem Marsch auch ungesehen in ihren neuen Hafen schlüpfen konnte, sah sich die Skl einer einmaligen Chance gegenüber, die sich mit Phantasie und Geschick ausnützen ließ.

Gehört dieses Schiff nicht der Londoner Reederei Andrew Weir, Andrew & Co.? Und hatte diese Reederei nicht 40 Exemplare dieser Andrew-„Bank"-Klasse laufen, von denen wiederum 16 der *Speybank* glichen wie ein Ei dem anderen?

Birchbank, Springbank, Myrtlebank, Forresbank, Levernbank, Clydebank usw. waren die Namen ihrer Schwesternschiffe.

Wenn man nun die Prise als eins ihrer eigenen Schwesternschiffe ebenso unbemerkt wieder in den englischen Seeverkehr einschmuggelte, wie sie ihm entzogen worden war? Dann allerdings mit einer wesentlich anderen Ladung als Manganerz, Tee, Kokosfiber und Teppichen . . .

Kapitän Schneidewind erhebt sich: „Das wäre für heute alles. Oder haben Sie noch was, Grützmacher?"

„Die Rattenplage ist kaum noch zu meistern, Herr Kaleu!"

„An einem wollen wir im Augenblick festhalten" — Schneidewind läßt das neue Thema scheinbar unbeachtet — „sagen Sie ruhig weiter Kapitän zu mir. Wir wollen uns mit aller Konsequenz in die Rolle einleben, die wir nun einmal zu spielen haben. Auf der Brücke eines britischen Frachters steht kein Kapitänleutnant, sondern ein weißbemützter Handelsmariner meines Alters, klar? — Aber ich denke, unser Rattenfänger ist halbwegs mit den Biestern fertig geworden?"

„Maat Dochhan hat alles versucht, Herr Kapitän. Das Katzenpaar ist ein völliger Versager. Vor allem der Kater. Er scheint nicht nur zum Fangen zu dämlich zu sein. Nicht einmal auf Nachwuchs können wir rechnen, haben mir meine enttäuschten Lords berichtet. Als er neulich drei Tage im Luk eingesperrt war, kam er — statt uns mit einer anständigen Strecke zu überraschen — völlig zerbeult und zerschunden wieder zum Vorschein. Wo gibt es denn so etwas, daß Ratten einen Kater fertig machen! Jetzt sind drei Fallen dauernd in Betrieb. Der 50. „Abschuß" bei sogar zwei Dubletten ist von den Männern im U-Raum schon mit gebührendem Tamtam gefeiert worden. Aber die Sache hat auch eine ernste Seite. Einer meiner Gasten hat mir vorhin erzählt, daß die Biester in den Kabelschächten Fahrstuhl fahren. Wenn aber die Kabel erst angefressen werden, ist unsere Sprengladung gefährdet."

Der Alte faßt unwillkürlich an die Rocktasche. Dort trägt er den Schlüssel zu einem verschlossenen Kasten, der im Kartenhaus auf der Brücke steht. In diesem Kasten befindet sich ein zweiter Schlüssel. Dieser gehört zu der Zündmaschine, von der aus einige Kabel in das Innere des Schiffes führen bis hinunter unter die Wasserlinie des Maschinenraumes und der Luke zwo. Im Winkel der vorderen Querschotten stehen dort zwei Sprengkisten von je 30 Kilo Ladung fest eingebaut . . .

Die ganze Anlage soll im äußersten Falle die Versenkung des Schiffes sichern, um es dem Zugriff des Feindes zu entziehen. Und da mit brenzligen Situationen gerechnet werden muß, ist es gut, den Schlüssel zur rechten Minute in der Hand zu haben und zu wissen, daß die Kabel zuverlässig leiten.

„Das ist allerdings unangenehm. Lassen Sie noch besondere Zünder einbauen, die von Hand angerissen werden können. In diesem Fall übernehmen vier Unteroffiziere die Versenkrolle. Teilen Sie sie ab und weisen Sie sie ein. Darüber hinaus aber sollen die elektrischen Zuleitungskabel und die Zündmaschine ab sofort von Tag zu Tag geprüft werden."

„Mechanikermaat Lapp ist der richtige Mann dafür, Herr Kapitän."

„Und wenn Sie heute abend ein paar Soldaten frei haben, Grützmacher, so wollen wir doch noch die Bulleys wieder dichtschweißen und verblenden lassen, die man zuhause in die Außenhaut geschnitten hat. Ein Schiff der „Bank"-Klasse hat an dieser Stelle keine Bulleys. Will's der Deubel, daß wir aufgeklärt werden, dann steht bestimmt in solch einem Augenblick die Sonne auf dem Glas und läßt es lustig glitzern. Dann ist zweifellos auch gerade ein Fachmann unter den Schnüfflern, dem so etwas prompt in die Nase sticht. Man kennt das doch: Pech kommt immer doppelt . . ."

In den nächsten Tagen gleicht das Minendeck mehr einem Sperrzeugamt als einer improvisierten Werkstatt. Es hat schon einmal ebenso aufregende wie betriebsame Stunden erlebt, als kurz nach Auslaufen zu befürchten stand, daß die gesamte Last in Bewegung geriet.

Die *Speybank* ist kein Minenschiff, und ihre Laderäume sind auf solche Fracht auch nicht eingerichtet. Für eine derartige Aufgabe bedurfte es eines besonderen Holzdecks in einem der achteren Räume, das imstande war, die Gleise für die Minen und die Minen selbst zu tragen. Eine völlig ebene Unterlage war nicht vorhanden. Also schuf man sie, indem man den erwählten Frachtraum, durch dessen ganze Länge mittschiffs der Tunnel für die Schraubenwelle nach dem Heck führte, so hoch mit Sand anfüllte, bis der zweieinhalb Meter hohe Wellentunnel darunter völlig verschwand.

Es herrschte zu jener Zeit, als die Schuten mit diesem 2000 Tonnen schweren Ballast längsseit kamen, wochenlang Regen und Feuchtigkeit. Triefnaß gelangte der Sand in den Laderaum und kam darin an den Bordwänden etwa drei Meter hoch, mittschiffs aber, wo sich der Tunnel für die Schraubenwelle erhob, nur etwa 60 cm darüber zu liegen. Erst so bot er in seiner soliden Schwere und in seiner leicht zu planierenden Oberfläche die gewünschte Ebene für das eigentliche Holzbohlendeck zur Aufnahme der Minenlast.

Als diese todbringende Last übernommen war und eines Nachts der Auslaufbefehl die Maschinen auf langsame Fahrt angehen ließ, brachte ein U-Boot das Schiff auf seinen abenteuerlichen Weg. Ein wütender Sturm empfing beide. Schneidewind schrieb damals in sein Tagebuch: „Unser U-Boot ist in der schweren See trotz unserer 10 Meter Ausguckhöhe von der Brücke oft nicht zu sehen. Brecher schlagen über den U-Bootsturm, daß man sich kaum vorstellen kann, wie sich dort noch jemand aufhalten kann. Meine Seeleute erhalten einen Begriff von dem schweren Leben auf U-Booten."

Aber auch die *Doggerbank* setzte, abwechselnd mit Vor- und Achterschiff, so heftig in die Wellentäler ein, daß sie sich ein Leck schlug und der Ruderquadrantenraum in der Poop halbwegs absoff. Man war gerade dabei, das Wasser mit Eimern auszuschöpfen und die Leckage mit Zement dichtzusetzen, als die Meldung zur Brücke kam, daß die Minendecksbalken bersten und die Unterlage sich bedrohlich verändere.

Was war geschehen?

Die Zeit bis zu diesem Sturmtag hatte genügt, den Sand abtrocknen zu lassen. Bei einem Eintrocknungsschwund von zehn Prozent war die Sandlage im Laufe der Tage mittschiffs etwa sechs Zentimeter abgesackt. An den Bordwänden aber hatte sie entsprechend ihrer drei Meter hohen Mächtigkeit runde 30 Zentimeter an Höhe verloren. Die Folge war, daß die Bohlen, die mit dem Sand nicht hatten mitsacken können, weil sie von der Schräge der Bordwände in der ursprünglichen Höhe festgehalten wurden, nun plötzlich hohl lagen. Und jetzt, da das Schiff in der schweren See wild zukehr ging, krachten mit unheimlichem Getöse unter der ächzenden und arbeitenden Last der Kopf an Kopf stehenden Minen die Bohlen einfach durch.

Der Sturm wurde gewaltiger. Die Stampfbewegungen des Schiffes heftiger. Der Lärm der revoltierenden Todeslast, die an allen Zurrungen riß, bedrohlicher. Im Schweiße ihres Angesichts waren die Männer des Sonderkommandos unermüdlich tätig, der Gefahr Herr zu werden.

Kurzentschlossen wurde der Kurs geändert und das Schiff in günstigere Lage zur See gebracht, wodurch die knallenden Stampfbewegungen in weichere, schwankende Schlingerbewegungen übergingen, die die fieberhaft betriebene Arbeit bei den Minen um einiges erleichterte.

Sie wurde geschafft, und als das Schiff die Wetterhölle glücklich überstanden hatte, war weiter kein Schaden eingetreten, als der, daß ein Teil der Bohlen zersplittert und das vorher so ebene Holzdeck wüst verbogen war.

Im Wartegebiet nun, wo das Schiff mit gestoppten Maschinen treibt und keine andere Aufgabe hat, als zu warten, bis der günstigste Augenblick für den Anlauf gegen das Ziel gekommen ist, gilt die Arbeit dem Klarmachen aller verfügbaren Minen. Eine nach der anderen rollt auf den Schienen heran.

Es wird gehämmert, geschraubt, geprüft. Die Muttern der Bleikappenträger und Polklemmen werden nachgezogen, die Zündleitungsdrähte kontrolliert. Wenn einmal etwas nicht klappt, wird handfest geflucht, dabei aber nicht vergessen, in die geöffneten, kugelrunden Sprenggefäße, viele gute Wünsche hineinzuflüstern, wie es Abergläubische tun, wenn sie bei Mondlicht Radieschen säen und fromme Sprüche murmeln. In diesen Tagen hat das Sonderkommando keine Hand frei . . .

Die „Zivil"-Besatzung kann sich auch nicht beklagen. Bootsmann Gaidies und seine Arbeitsgruppe haben es nicht leichter. Der Alte läßt das ganze Schiff streichen, wie es vor einem Jahr ausgesehen hat, als es gekapert wurde: außenbords schwarz, die Aufbauten kremgelb. Helle Kremfarbe hat sich in den Tropen als besonders unauffällig bewährt. Da pöhnen sie nun alle, was Farbtopf und Pinsel hergeben wollen.

Ein hölzernes Namensschild wird angefertigt, wie es zu Kriegszeiten beim Gegner üblich ist und von seinen Frachtern gezeigt wird, wenn sie sich — von britischen Luftkontrollen angehalten — legitimieren und zu erkennen geben müssen. Genau fünf Meter muß es groß sein. Auf schwarzem Grund leuchtet die weiße Schrift. Den Namen, hinter dem sich die *Doggerbank* ex *Speybank* zunächst verstecken wird, haben bisher nur die gesehen, die das Schild zimmern und malen mußten.

Aber nur auf das englische Gesicht und das ein mal fünf Meter große Namensschild hin läßt der Tommy ein angehaltenes Schiff natürlich noch nicht passieren. Das wäre zu billig. Zu der hölzernen Visitenkarte gehört noch ein ganz bestimmtes Unterscheidungszeichen, das in Gestalt eines Flaggensignals mittschiffs gesetzt werden muß. Aber auch das wird vorsorglich an der Flaggleine angesteckt und klargehalten, daß es im Bedarfsfall jederzeit vorgeheißt werden kann. Ebenso liegt die englische Flagge für die Gaffel griffbereit.

So hat jeder an Bord seine Beschäftigung.

Der dritte der fünf Anmarschtage findet Kapitän Schneidewind, der kaum Schlaf kennt und nicht mehr aus den Kleidern kommt, vor seinem Kartentisch. Er rechnet in Seemeilen und Stunden. Sein Werkzeug ist der Zirkel.

Das erste Licht des Tages ergießt sich über die Weite der ruhig atmenden See, als der Ausguck in rechtweisend 131 Grad wiederum eine Rauchfahne meldet. Der Kommandant, der auf die Brücke geeilt ist, kann es zwar nicht beweisen, aber er möchte aus gutem Grund doch annehmen, daß es sich um den gleichen Dampfer von gestern handelt. Trotz allem wird diese Nachbarschaft langsam unbequem, wenn nicht unheimlich. Gibt es denn in der Kriegsfahrt überhaupt noch so lahme Überseer, die wie dieser kaum mehr als ihre 6 bis 7 Meilen laufen? Könnte der Bursche nicht auch ein verkappter Fühlungshalter sein? Sein Kurs zeigt stur auf Kapstadt.

Kapitän Schneidewind schüttelt den Gedanken ab, daß der Feind eine Ahnung von dem haben könnte, was er vorhat.

„Wenn wir die Minen nicht an Deck hätten", sagt er verbissen und gereizt hinter seinem Prismenglas zum Wachoffizier, „hätte ich nicht übel Lust, mir den müden Vogel bei Nacht zu greifen!"

Auch am vierten Tag kommt der Dampfer in Sicht, den sie an Bord nun schon den „alten Bekannten" nennen. Diesmal gegen 17 Uhr.

Der fünfte Tag soll den Durchstoß zur Küste bringen.

Er beginnt damit, daß kurz nach Mitternacht die Maschinen stoppen. Drei Stunden sind noch abzubummeln. Um 04 Uhr in der Frühe wird wieder angegangen und voll aufgedreht. Jetzt muß die Rechnung, zumindest die navigatorische, aufgehen. Bei „äußerster Kraft" muß nach vierzehn Stunden, also genau zum Eintritt der Abenddämmerung, der Tafelberg in Sicht kommen. Es ist frischer geworden. Lebhafte bis grobe See herrscht.

Und ein glasklarer, junger Morgen löst endlich die trockene, sternenfunkelnde Nacht ab.

Mitunter umsegeln Albatrosse das Schiff. Ihre schwerelosen Flugspiele verleiten gar zu sehr, ihnen und nicht der Kimm alle Aufmerksamkeit zu schenken. Und wie gerne würden auch die achteraus schauenden Ausgucks einen kurzen Blick voraus riskieren, wo noch an diesem Nachmittag Afrikas Südwestspitze auftauchen soll!

Es geht jetzt um mehr als nur um den ganz privaten Genuß, dem König der Meeressegler zuzuschauen, oder gar um den Ehrgeiz, als erster das Land aus dem Dunst der Ferne aufsteigen zu sehen. Dessen sind sich — so jung sie auch sein mögen — der Matrosengefreite Schiewitz in der Brückennock an Steuerbord genau so wie alle seine Mitwächter voll bewußt.

Schiewitz fällt in der Ferne ein Albatros auf, der sich weniger elegant in seinen Kurven und Bewegungen gibt als die anderen Artgenossen dieser Gegend. Er will sich schon zwingen, von diesem Bild in seinem Ausgucksektor abzulassen und weiter ausschließlich die Kimm im Auge zu behalten, als ihm jäh das Blut zu Kopf steigt: das ist ja niemals ein Albatros!

Eine Sekunde lang prüft er mit aller Klarheit seines Auges und Verstandes die Erscheinung, die aus der schon sinkenden Sonne kommt. Dann brüllt er dem Wachoffizier hinter sich zu:

„Flugzeug von achtern!"

Die Boschhörner unter Deck brummen, daß es durch Mark und Bein geht. Kurz kurz laaang kurz! Kurz kurz laaang kurz!

Fliegeralarm!

Aus der Dampfpfeife am Schornstein quillt es weiß. Ein tiefer bedrückender Ton legt sich über das Schiff. Es ist genau 16⁴⁰ Uhr.

Schnell kommt das Flugzeug auf, indes nicht schnell genug, um noch Zeuge zu werden, wie sich die vielen Menschen auf ein Zauberwort hin vom Oberdeck verkrümeln, wie sich die Flakwachen bei ihren 2 cm-Waffen, deren Rohre — zwar noch schutzbezogen, doch fertig zum Gebrauch — in den Wiegen hängen, sorgfältig verbergen, und wie aus dem schwarzgebrannten Willem aus Westfalen im Nullkommanix ein Inder geworden ist, der gelangweilt an der Wäscheleine auf der Back herumnestelt. Seiner dürren Gestalt, die wenig malaisch in dreiviertellangen Khakihosen steckt, hat er mit Hilfe eines kunstvoll geschlungenen Handtuches einen Turban aufgesetzt.

Was der Aufklärer sehen darf und auch sieht, als er sich bis auf tausend Meter genähert hat, ist lediglich, daß es auch hier an Oberdeck nicht mehr Leute gibt, als gewöhnlich Freiwächter auf einem Handelsschiff herumlungern. Er erkennt, daß der weißbemützte Kapitän bedächtig auf seine Peilbrücke steigt, um klar zu stehen für den Fall des Anrufs.

Ganz wie es sein soll.

Scheint überhaupt ein wacher Dampfer zu sein, daß er mit der Dampfpfeife so rechtzeitig Fliegeralarm gibt. Wie oft hat der Aufklärer schon Beispiele haarsträubender Schlafmützigkeit erlebt!

Unter Deck, bei den Männern des Sonderkommandos und den Kameraden von der Handelsmarine, denen die Tarnrolle die „unteren Etagen" als Alarmaufenthalt zugewiesen hat, wissen sie ihre Spannung kaum zu verbergen. Grützmacher fleht zu allen guten und bösen Geistern, sie möchten verhindern, daß der frische Wind dort oben in letzter Minute noch die Persennige mit der Aufschrift „General Motors New York" an irgendeinem Ende auflupft und die allzu charakteristische Minenfracht entblößt.

Maat Steffen hat in der Kammer des Leitenden Ingenieurs ein

Bullauge erwischt, durch das er die Szene draußen halbwegs über-
schaut. Er sieht, wie sich die Maschine jetzt in die Kurve legt und
das Schiff zu umkreisen beginnt. Als Techniker kennt er sich in
Flugzeugen ziemlich aus. Das könnte eine Blenheim sein, wenn sie
eine schmalere Nase hätte. Hat er Blenheim gesagt? Unfug, ein
Küstenaufklärer vom Anson-Typ ist es selbstverständlich. Jetzt
kann er es ja deutlich erkennen. Im Gegenlicht leuchtet die Sonne
durch die auffallend lange Glaskabine. Haarscharf heben sich darin
die Silhouetten des Piloten und seines hinter ihm hantierenden
Beobachters ab. Einen Augenblick denkt Steffen, welch sonderbar
erregende Musik es doch ist, zwei Flugzeugmotoren über dem mo-
notonen Stampfen der Schiffsmaschinen brummen zu hören.
Der graugrüne Vogel hat seine erste Schnupperrunde beendet.
Eben, nur eben, ist sein Hoheitszeichen, eine absichtlich undeut-
liche und verwaschene Kokarde, erkennbar. In der Kabine blitzt
es jetzt auf. Blinke einer Lampe blenden im Takt von Morsezeichen zum Schiff herunter.
Der Alte auf seinem Peildeck, die Ruhe selbst, liest die Buchstaben
halblaut mit. Was wird er schon wissen wollen, der Herr Aufklärer aus Kapstadt?
„What ship?" — natürlich. Und von wo nach wo — das natürlich auch.
Schneidewind verzögert ein wenig die Antwort. Läßt sich erst
umständlich die Klappbux vom Wachoffizier reichen, beschäftigt
sich mit ihr und gibt dann persönlich — ein wenig mit Bewegungen,
als könnte er nicht fassen, daß ein Aufklärer der Royal Air Force
einen „Bank"-Klassen-Dampfer nicht auf Anhieb erkennt — verstümmelt und fehlerhaft: „Levernbank from New York via Pernambuco to Capetown."
Dabei hat er sich einmal um seine eigene Achse drehen müssen,
um mit seiner kleinen Signallampe dem „Kollegen" von der Luftwaffe auf seinem Karussellflug folgen zu können.
Eine kleine Pause tritt ein.
Drei Geräusche sind vernehmbar:
Das monotone Stampfen der Schiffsmotore, das Brummen der
Flugmotore, das Klopfen der eigenen Herzen.
Man sieht den Beobachter das Fernglas beiseite legen und erneut
zur Signallampe greifen.
„Nicht verstanden" — macht er kühl und nüchtern zurück. Und

es folgt die Aufforderung, die Antwort zu wiederholen. Das ist kurz, klar und unmißverständlich, zumal im Signalverkehr dafür ganz präzise Zeichen existieren.

Schneidewind kneift die Augen ein. Will sich der Bursche hartnäckig zeigen? Es müßte mit dem Teufel zugehen, wenn Frechheit nicht auch vor Kapstadt siegte.

Der Kapitän spielt die kaltblütigste Rolle seines Lebens. Er läßt die neue Frage des Aufklärers zunächst unbeantwortet. Die Gemessenheit seiner Bewegungen hat ihm jene Zeit geliehen, die er braucht, um auf die neue Situation zu reagieren. Er hat einfach die Lampe beiseite gelegt. Er nimmt seine weiße Kapitänsmütze und schwenkt sie zum Gruß. Zugleich steigt auf seinen Wink achtern die englische Flagge in die Gaffel.

Soll ein britischer Kapitän sich nicht freuen dürfen über die Begegnung mit einem britischen Flieger, der ihm die ersehnte Landnähe anzeigt? Darf er seinen Gruß und seine gute Laune nicht äußern angesichts des Schutzes, den ab jetzt sein Schiff unter den Augen wachsamer Küstenaufklärer genießt, Schutz vor den „schleichenden Blechfischen" der Deutschen, die einem überall auflauern? Schneidewind winkt!

Das dauert seine gute halbe Minute, in der er sich weiter überlegen kann, was noch zu geschehen hat.

Noch einmal greift er zur Morselampe und blinkt seinen Schiffsnamen. Um es ehrlicher zu sagen: noch unleserlicher als zuvor. Deutlicher dagegen „New York" und „Capetown". Und damit beendet er kurzerhand das optische Zwiegespräch. Er winkt noch einmal in aller Freundschaft kurz hinauf und steigt langsam, sehr langsam den Niedergang von der Peilbrücke zur Brücke hinunter.

Er hat richtig berechnet. Der Beobachter hat den Schiffsnamen keineswegs verstanden. Das weiß Schneidewind am besten. Wenn er etwas davon mitbekommen hat, dann höchstens die letzte Silbe „Bank". Das soll ihm verdammt genügen.

Mag sich ein junger Aufklärer vor einem alten Fahrensmann die Blöße geben, einen Morsespruch zum zweiten Mal nicht kapiert zu haben? Schließlich sitzt er nicht erst seit gestern in dieser fliegenden Glaskanzel. Soll sich ein alter Signalfuchs, der — wenn es sein muß — ganze Morsebibeln wie einen Zeitungsroman beim Morgenkaffee herunterliest, noch von einer Seeratte anpflaumen lassen? Der Kapitän da unten ist auf dem Gebiet des Signalwesens ein ganz blutiger Amateur. Wo soll er bei dem Personalmangel auch einen eigenen Signalgast herhaben. Schon allerhand, wenn er selber mit der Klappbux in der Gegend herummixt und versucht, sich verständlich zu machen. Soll er doch in Gottes Namen fahren. In ein paar Stunden ist er ohnehin in Kapstadt fest.

Und Schneidewind knirscht: Mann, hau ab und frage mir nicht den Zorn aus der Brust! Im Augenblick fällt mir wirklich nichts mehr ein.

Den gepumpten Schiffsnamen kann und will er ihm nicht haarklein auf die Nase binden. Noch nicht! Das ist nur für den alleräußersten Fall so gedacht. Weiß Schneidewind denn, wo die wirkliche *Levernbank* steckt? Vielleicht liegt sie gerade im Hafen Kapstadt, und der Tommy da oben hat gestern erst mit ihrem Ersten Offizier einen Whisky gelenzt — weiß er's denn? Zumindest besteht doch die peinliche Aussicht, daß — wenn der Aufklärer in einer Stunde landet und meldet, die *Levernbank* vor Kapstadt gesichtet zu haben — man beim Admiral Kapstadt im „großen Hauptbuch" blättert und feststellt, daß die *Levernbank* gerade gestern erst aus Melbourne, oder sonstwo in der weiten Welt gemeldet worden ist. Was dann?

Daß wir ein „Bank"-Schiff sind, von dessen Klasse 17 ausgewachsene Exemplare auf den Weltmeeren herumgondeln, wenn sie nicht der Teufel oder ein deutsches U-Boot geholt haben, sollst und mußt du sogar wissen. Und wenn du ein guter Kundschafter bist, siehst du es auch ohne meine Bestätigung. Alles weitere aber, Freund, stört mir meinen Plan . . .

Maat Steffen am Bullauge der Ingenieurkammer beißt sich vor Aufregung immer tiefer in den Zeigefinger, je unverdrossener der Vogel um die *Doggerbank* kreist. Den Alten kann er nicht sehen, aber das Flugzeug erscheint immer wieder in seinem Blickfeld. Und als er erkennt, daß der Beobachter das Kabinenfenster zur Seite schiebt und eine Kamera auf die *Doggerbank* richtet, glaubt er einen Moment, daß das der Anfang vom Ende sein müßte. Er spürt geradezu körperlich, wie häßlich mitunter ein Schlitzverschluß schnappen kann.

Bedeutet diese Aufnahme, daß das Schiff nicht geheuer ist? Wird der Beobachter im Horst seiner Squadron ehrlich melden, daß er den Namen des Schiffes nicht klar verstanden hat, und daß man deshalb die Fotografie einmal genauer betrachten soll?

Aber alle Sorge verweht.

Denkt euch, der Kerl macht Miene abzudrehen. Seht doch, er hat die Kamera abgesetzt. Jetzt lehnt er sich sogar aus seinem Kabinenfenster ein wenig hinaus und — winkt!

Kameraden, glaubt mir, er winkt!

Und Willem, der Renommier-Inder bei der Wäsche, den die Vorgänge bisher „kaum interessiert" haben, fühlt sich ganz persönlich angesprochen und erwidert leutselig diese himmlische Freundlichkeit.

Schnell verschwindet die Anson in Richtung Kapstadt.

„Fliegeralarm beendet!" — schallt es in die Decks und Luken hinunter.

Bei aller Mitfreude an der Begeisterung seiner Männer behält Kapitän Schneidewind seinen kühlen Kopf. Er hat noch mit sich selbst zu reden.

Mit verschränkten Armen steht er in seiner Kajüte und geht ein paar Schritte. Ihn drückt der Gedanke, daß man auf alle Fälle durch die Meldung des Aufklärers auf sein Schiff aufmerksam werden muß. Was wird das für Folgen haben? Ist es ihm wirklich gelungen, einen harmlosen und unverdächtigen Eindruck zu machen, und hat sein Trick tatsächlich verfangen? Das erste und zugleich letzte Mal hatte er sich in Obertertia in einem Stück, das der Turnlehrer geschrieben hatte, als Schauspieler versucht . . .

Schöpft man keinen Verdacht, mag alles klar gehen. Ist dem aber nicht so, muß er da nicht unverzüglich die Geschwindigkeit abstoppen, um sofort bei Einbruch der Dunkelheit mit äußerster Kraft auf Gegenkurs zu gehen — weg von dem alarmierenden Land? Wird aber das verhältnismäßig langsame Schiff imstande sein, sich über Nacht von seinem jetzigen Standort soweit in Richtung See wieder abzusetzen, daß es von keinem Küstenaufklärer mehr erreicht werden kann?

Dazu ist es nicht imstande!

Die Verantwortung für das Unternehmen, für das Schiff und die vielen Menschen an Bord lastet schwer. Noch einmal nimmt er den Funkspruch der Seekriegsleitung zur Hand und liest den knappen Text Wort für Wort. Er liest ihn ein zweites, ein drittes Mal.

Erleichtert nimmt er sein gutes, geliebtes Nachtglas und tritt auf die Brücke hinaus. Er kommt gerade recht, den Augenblick mitzu-

erleben, wie sich auf 70 Seemeilen Entfernung die markante Gestalt des Tafelberges am Horizont abzuzeichnen beginnt.
Das Wahrzeichen Kapstadts hat sich aus der See erhoben.

*

Zwei Stunden später.
Tiefe Nacht ist hereingebrochen.
Oberleutnant Grützmacher meldet dem Kommandanten alle Minen für Aufgabe „Ko" enttarnt und klar zum Wurf. Die Ablaufbühne ist ausgebracht.
Die Entfernung täuscht. Ein paar Stunden Fahrt werden noch vergehen, ehe das erste Signal über den Brücken-Befehlsübermittler zur Schanz hinuntergegeben werden kann: „Achtung — Null!"
Der *Doggerbank*-Kommandant hat Maßarbeit vor. Die Sperre soll diesem Hafen passen wie ein Korsett!
Von Land her geistern plötzlich drei starke Scheinwerfer durch die Nacht und überstrahlen grell den Widerschein, der von der erleuchteten Stadt ausgeht und den massigen nachtumfangenen Tafelberg wie ein Rampenlicht von unten her hauchzart beglüht. Die Scheinwerfer müssen in größerer Höhe stehen. Auf der Brücke schätzt man, daß sie auf dem 660 Meter hohen Löwenkopf oder mindestens auf dem halb so hohen Signal-Hill postiert sind, — das sind die Pole eines langgestreckten Bergmassivs, das die Innenstadt von ihren südwestlichen Vorstädten am Meere trennt. Da sie vorwiegend schräg zum Himmel hinausfingern, wohl um den Aufklärern bis 21 Uhr als Peilmarke für ihren Anflug zu dienen, erregen sie an Bord weiter keine Beunruhigung.
Mit unverminderter Fahrt geht die *Doggerbank* ihr nächtliches Ziel an. Näher und näher rückt sie der betriebsamen, ahnungslosen Kapstadt. Schon klärt sich der verschwommene Schein zu den Lampenschnüren der Straßenzüge, deren Lichterketten sich so hell und klar aus dem Dunkel abheben, als sei eine Handvoll Sterne aus dem Nachthimmel über den Strand der Tafelbucht gefallen.
Mitunter blitzt es blau aus dem Häusermeer, wenn bei den Straßenkreuzungen die Stromabnehmer der Elektrischen an ihren Oberleitungen das „Elmsfeuer der Großstadt" anzünden.
Jetzt sitzen die Menschen da drüben in den Kaffees oder auf den Hockern der vielen Bars und werden vielleicht vom Kriege reden

wie von den Ereignissen der nun zu Ende gehenden Saison. Was hat Kapstadt denn schon Erregendes erlebt? Herr und Frau Smith aus der Keeromstreet mögen auf ihrem Heimweg vor einem Bijouterieladen stehen geblieben und sich über den Preis eines Geschenkes zu Mary's Hochzeit uneins geworden sein. Und bei den Eichen der Gouvernment Avenue, über die sich der seidige Duft des Botanischen Gartens legt, ärgert sich — wer weiß — die Polizeistreife über ein albernes Liebespaar . . .

Die Männer an Oberdeck schauen die lichterfüllte Stadt in begreiflicher Erregung. Mit hellwachen Sinnen und bereiten Händen stehen sie klar, um zuzupacken, wenn der Befehl sie aus dieser Spannung löst.

Alle Küstenfeuer in der Runde brennen. Sie leuchten, blinken, drehen sich, sind bunt wie die Wegweiser der Schiffahrt zu Friedenszeiten an allen bewohnten Küsten der sieben Weltmeere.

Unversehens lösen sich Lichter aus ihrer Starrheit und schweben so schwankend wie Glühwürmchen über dem Wasser. Bewegen sie sich nicht auf das Schiff zu?

„Haaart Steuerbord!"

Dem Rudergänger fährt es in die Knochen. Er erschrickt und dreht sein Handruder, daß die Speichen wirbeln. Er hat weiß Gott nicht gedöst. Dieser trockene Befehl des Alten läßt ihn wie angeknipst reagieren.

Auch das Sonderkommando fährt auf. Die Männer haben an ihren Minen gelehnt und hin und wieder mit gedämpfter Stimme gesprochen. Sie haben die nahe, lichterglühende Stadt auf sich wirken lassen und den Tafelbergschatten betrachtet, der finster und konturenscharf vor dem Zelt des südlichen Sternenhimmels, breit wie ein enthaupteter Vulkan, seine Wache hält.

Schwerfällig und widerstrebend fügt sich das Schiff dem harten Ruderdruck, bis die Fliehkraft die Backbordseite tief eintauchen läßt.

Grützmacher ist mit einem Sprung am Telefon, das von seinem Befehlsstand hinaus zur Brücke führt: „Was liegt an?"

„Decksbeleuchtung eines abgeblendet fahrenden Fahrzeuges voraus. Dahinter Topplicht und rote Seitenlampe eines zweiten Fahrzeuges. Vermutlich Bewacher. Wir gehen auf Gegenkurs" — kommt es spürbar erregt zurück. Der Befehlsübermittler auf der Brücke hat schon wieder abgeschaltet.

Verdammter Mist, und das genau vorm Ziel!

Grützmacher ruft noch einmal durch: „Frage: müssen Minen wieder getarnt werden?"

Er hält es für seine Pflicht, in dieser Situation auf die kompromittierende Blöße ihrer unheimlichen Achterdecklast hinzuweisen.

Der BÜ wiederholt die Frage.

Ein paar Sekunden vergehen, dann macht die Brücke zurück: „Befehle abwarten!"

Das klingt schon beruhigend.

Erst hat es den Anschein, als folgten die schwankenden Lichter der *Doggerbank*, die sich mit langsamer Fahrt wieder davonmacht. Da der Alte die Bewegungen der fremden Fahrzeuge unbedingt beobachten will, geht er mit der Maschine nach und nach auf immer weniger Umdrehungen herunter. Die Tuchfühlung darf nicht verloren gehen. Sind es Boote der äußeren Hafenüberwachung, die hier ihren Törn abreißen, dann ist höchste Gefahr im Verzuge. Andererseits gibt es keine günstigere Gelegenheit, ihre Kurse kennenzulernen. Aber noch ehe auf der *Doggerbank* wieder „Stop" befohlen wird, sind die Glühwürmchen deutlich nach Norden eingeschwenkt. Die letzten Lichter überholen die ersten.

Drüben hat man das Schiff nicht bemerkt.

Ein Dampfer läuft aus Kapstadt aus, und ein Lotsenboot hat nahe bei ihm gelegen. Das wird es sein. Und „das legt sich auch schnell wieder". Diese beruhigende Nachricht geht durch die Reihen der Minenmänner.

Nach einer Stunde steht die *Doggerbank* wieder auf dem Punkt, auf dem sie hatte abdrehen müssen. Die Bahn ist frei. Bis die Mondsichel erscheint, soll Aufgabe „Ko" beendet sein.

Wenige Minuten später kommt der erlösende Befehl: Klar zum Werfen! Um 22^{11} Uhr klatscht Mine Nr. 1 in das Wasser, über das eben noch die schwankenden Lichter gegeistert sind. Und als das letzte Teufelsei dieser Nacht in die Tafelbucht kippt, zeigen die Uhren genau 03^{20} Uhr.

Eine hellerleuchtete Stadt, zum Greifen nahe, ist blinde Zeugin dieses kaltblütigen und unerschrockenen Werkes.

Kapitän Schneidewind steht auf der Brücke, peilt ständig die Küstenfeuer und legt sein Schiff haarscharf auf Kurs, damit der gehörnte Laich genau dort zur Ablage kommt, wohin ihn der Minenplan befiehlt.

Oberleutnant Grützmacher, die Stoppuhr in der Hand, regelt den Rhythmus der Würfe. Polternd rollen die schweren Sprenggefäße über die Schienen, werden gebremst, bis bei „Achtung — Null!" ihrer Last freier Lauf gelassen werden kann. Bis fünf Meter hoch ragt das Heck aus der tintenschwarzen Flut, und höher noch spritzt es oft aus dem Kielwasser zurück, wenn die Kugeln klatschend in ihm verschwinden.

Als die Hauptsperre, die letzte dieser denkwürdigen Nacht, direkt vor der Hafeneinfahrt auf Tiefe geht, herrscht bei den Soldaten des Sonderkommandos mühsam bezähmter Übermut. Sie schuften und wuchten.

„Und um damit zu räumen, meine Herren, die noch — und die noch — und die!"

Als die schmale Mondsichel aus dem Meer steigt und ihr Schein dem Nachthimmel wie gemünztes Silber aufliegt, nähert sich der Spuk seinem Ende.

„Gleich sind wir sie los, Kinder. Dann fährt ein Boot an Land und jeder darf mal mit der Straßenbahn!"

Als die letzte Mine im Wasser verschwunden ist, verliert Kapitän Schneidewind keine Sekunde Zeit, das Heck gegen die Stadt zu drehen und abzulaufen. Mit Sonnenaufgang muß sich die *Doggerbank* ex *Speybank* pseudo *Levernbank* bereits in den Kurs eingeschaltet haben, der die britischen Schiffe um das Kap Agulhas, die tatsächliche Südspitze Afrikas, herumführt.

Natürlich muß mit erneuter Fliegersichtung gerechnet werden. Es wird wieder unangenehme Fragen geben, und wenn es die gleiche Aufklärerbesatzung von gestern sein sollte, die das Schiff ja mit Recht in Kapstadt vermuten muß, so wird ihr Schneidewind einfach entgegnen, daß Kapstadt-Radio seine Bestimmung nach Durban abgeändert hat.

Es herrscht reger Betrieb auf der Nadelkap-Route.

4 Uhr kommt prompt der „alte Bekannte" wieder in Sicht.

8 Uhr passiert auf Gegenkurs ein ganz moderner Frachter von etwa 7000 BRT, der nach Schneidewinds Schätzung der verbesserten D-Klasse der „Lamport und Holt" Schiffe angehören könnte. Er fährt zwei Masten und ein Paar Pfahlmasten jeweils davor und dahinter, also vier Paar insgesamt. Auf acht Seemeilen Entfernung trabt er vorbei.

Auf 65 Seemeilen Entfernung wird der Tafelberg noch einmal ge-

peilt, ehe er im Dunst verschwindet. Die Küste indessen kommt den ganzen Vormittag nicht wieder außer Sicht.

Nun ist es schon Mittag, und noch kein Flugzeug hat sich gezeigt. Wäre das nicht zuviel des Glücks, wenn dem Schiff eine solche Begegnung diesmal erspart bliebe?

Stunde um Stunde rinnt bei gespanntester Aufmerksamkeit dahin. Seit gestern nachmittag 16²⁰ Uhr hat an Bord kein Mensch mehr ein Auge dicht gemacht.

Um 15 Uhr kommt wieder ein Frachter in Sicht. Eine ununterbrochene Rauchfahne schleppt er hinter sich her. 6000 BRT wird er haben. Auf sechs Seemeilen Entfernung rauscht auch er vorbei, ohne sich um den „Kollegen" zu kümmern.

Nun neigt sich der Marschtag seinem Ende zu. Geht die Fahrt weiter so ohne Aufenthalt vonstatten, so steht die *Doggerbank* genau um 20 Uhr auf dem Punkt, auf dem ihre Aufgabe „Ko" begann.

Mit Einbruch der Dämmerung wird es achtern wieder lebendig. Der Minenaufzug baggert eine Teufelskugel nach der anderen aus der Tiefe des Luks herauf. Während das Licht des Tages immer mehr verfällt, reihen sie sich auf den leeren Gleisen des Oberdecks-Seitenganges wie riesige Perlen aneinander.

Die zweite Arbeitsnacht hat begonnen.

Gegen 18⁴⁵ Uhr ist es nahezu dunkel. Da taucht zwei Strich an Backbord voraus ein dicker Schatten auf, der sich schnell wie das leibhaftige Unheil auf die *Doggerbank* zubewegt. Das geht alles so plötzlich und unentrinnbar, daß ein Abdrehen in der Hoffnung, noch nicht bemerkt worden zu sein, unmöglich ist und darum untunlich erscheint.

Im Nu ist der Alarmzustand hergestellt. Das Andecknehmen weiterer Minen stoppt auf der Stelle. Das Sonderkommando hat Deckung genommen. Gerade bleibt noch Zeit, die Ablaufbühne, die ebenfalls schon ausgebracht ist, wieder einzuholen. Sie ist zu eindeutig und auffällig. Mit Sorge blicken die Männer aus ihren Verstecken auf die Minen, die frei und ungetarnt an Oberdeck zurückgelassen werden mußten — so überraschend ist alles gekommen. Grützmacher hängt an seinem Telefon und gibt jede Nachricht, die von der Brücke kommt, halblaut weiter. Alle seine Soldaten sollen wissen, was sich ereignet.

Schneidewind trachtet in dieser Lage das Einzigmögliche zu erreichen. Ganz langsam und unauffällig läßt er den Kurs ändern, um dadurch den Abstand zu dem Gegenkommer, der von seiner Route noch nicht abgewichen ist, zu vergrößern. Ein paar hundert Meter mehr oder weniger können nachts schon entscheidend genug werden.

Aus dem undeutlichen Schatten ist die scharfe Silhouette eines Schiffes geworden. Wie ein Funke aber geht es in die Nerven, als nach einigen Sekunden die Meldung kommt:

„Gegnerisches Schiff als Kreuzer erkannt. Vermutlich ‚Birmingham'-Klasse. Abstand noch fünf Seemeilen."

Kommandant und WO hängen beide unverwandt an ihren Nachtgläsern. Die *Doggerbank* ist jetzt um 20 Grad von ihrem ursprünglichen Kurs abgefallen.

Drüben leuchtet eine rote Lampe auf, und einen Augenblick lang erscheint es, als beginne ein Morsespruch. Die Zeichen sind aber völlig unleserlich. Vielleicht hat man soeben erst die Backbordseitenlampe gesetzt, und es fingert noch jemand davor herum. Aber nun blitzt es vom Brückenaufbau des Kreuzers über das Rot hinweg grellweiß herüber. Wie der Friseur vor dem ersten Schnitt mit der Schere ein paar Takte prüfend in der Luft umherschnippelt, klappt die Jalousieblende des Scheinwerfers auch erst zwei, drei Mal zur Probe. Das Signalgerät „räuspert" sich. Das hat in diesem Fall etwas unbestreitbar Aufreizendes an sich . . .

Dann formieren sich die Morsezeichen zu der Anfrage, die jedermann an Bord der *Doggerbank* erwartet hat:

„What ship?"

Nun weiß Gottseidank der britische Signalmaat, was sich nachts gehört. Er richtet den Scheinwerfer nicht stur auf das angemorste Schiff, sondern dezenterweise auf das Wasser zwischen sich und dem Fremdling. Und schon bar dieser größten Sorge, daß der Kreuzer die *Doggerbank* voll anleuchten könnte, wobei er die ungetarnt stehenden Minen hätte entdecken müssen, gibt der Kommandant, ebenso sorgfältig auf das Wasser haltend, zurück:

„Levernbank from New York to Durban" — wobei er, um den lästigen Fragesteller zu ermuntern, die Unterhaltung zu nachtschlafender Zeit nicht unnötig auszudehnen, sorglos und gemütlich hinzufügt: „Good night!"

Großes Schweigen auf der Gegenseite.

Die Männer des Sonderkommandos blinzeln über die Reeling und sehen den unheimlichen Kriegsschiffschatten ganz dicht und deutlich vor sich. Auch von dieser Stelle aus können ihre nachtgewohnten Augen trotz der allgemeinen Finsternis seine erhöhte Back, seinen typischen Kreuzeraufbau mit den zwei Türmen davor und die beiden Schornsteine gegen den helleren Landhimmel deutlich genug unterscheiden.

Eins ist allerdings beruhigend: Der Kreuzer stoppt nicht. Er behält weiter Kurs wie zuvor, wenn es auch scheinen will, daß er ein wenig mit der Geschwindigkeit verhält.

Jetzt blinkt es drüben wieder auf. Die Prüfung der Antwort ist beendet.

Der Kreuzerkommandant hält den Käpten von der *Levernbank* für einen besonders liebenswürdigen Mann. Der Gutenachtwunsch hat ihm offensichtlich gefallen. Und wenn dem so ist, warum sollte man nicht Höflichkeit mit Höflichkeit vergelten? Darum läßt er hinübergeben:

„Wish the crew a good voyage and the captain good night!"
— Wünsche der Besatzung eine gute Reise und dem Kapitän gute Nacht.

Als Kapitän Schneidewind diese guten Wünsche des britischen Kreuzerkommandanten seinen Minenmännern durchs Telefon zurufen läßt, droht eine Keilerei auszubrechen, so überwältigt die Soldaten und ihre „Zivil"-Kameraden das befreiende Gefühl, einer wahrhaft schweren Gefahr entronnen zu sein. Zu ihrer Ausgelassenheit trägt natürlich nicht minder das Vergnügen darüber bei, vom Gegner noch Hals- und Beinbrüche mit auf den Weg zu bekommen für eine Unternehmung, die so ausschließlich zu seinem Schaden gefahren wird. Wer will bestreiten, daß keine Höflichkeitsfloskel je mit ehrlicherer Freude aufgenommen worden ist als die arglosen Freundlichkeiten dieses Briten vor Kap Agulhas?

Ziemlich schnell entfernt sich der Kreuzer. Mit mindestens 15 kn Fahrt rauscht er ab und taucht in der Finsternis der Nacht unter.

Der Kurs des Kreuzers hat dem Kommandanten der *Doggerbank* zugleich die gebräuchlichste Route gezeigt. Im Handumdrehen ist die Ablaufbühne wieder anmontiert, wenn es jetzt auch einige Schwierigkeiten bereitet, im Finstern die Löcher und Bohrungen für die Schrauben und Nieten übereinander zu passen. Jetzt gilt es, die Minen schnell und sicher auf die frische Fährte zu setzen.

Die ersten Kugeln gehen über Bord. Man hat sich eingefahren. Es geht einem von der Hand, als hätte man jahrelang nichts anderes gemacht, als Minen vom Heck eines Frachters abrollen zu lassen.

Um 20^{10} zerreißt eine gewaltige Detonation die nächtliche Stille. In vier Seemeilen Abstand steigt — eben noch erkennbar — eine mächtige Wassersäule auf. Eine der Minen ist hochgegangen. Verflucht und zugenäht. Der Kreuzer steht im Augenblick knapp eine Stunde von der Detonationsstelle entfernt. Wenn er seine Horchgeräte klar hat oder ihm auch nur der Wind günstig steht, ist er alarmiert. Langsam dreht die *Doggerbank* über Osten ab und geht mit Höchstfahrt auf rechtweisend 170 Grad.

Grützmacher ist schon auf der Brücke.

„Haben wir zu hoch geworfen?" fragt Schneidewind. „Dieses Pech kommt uns teuer zu stehen, mein Lieber, wenn der Knabe dahinten wach gewesen ist!"

„Die Möglichkeit besteht, Herr Kapitän, daß sich durch besonders ungünstiges Aufschlagen der Mine auf die Wasserfläche eine Bleikappe verbogen hat. Damit geht das Zündglas auf Spannung, die dann mit dem Scharfwerden der Mine — 20 Minuten nach dem Wurf — zum Tragen kommt."

„Na schön, kann man nix machen. Ich laufe auf jeden Fall ab. Lassen Sie sofort alle Tarnmittel, Hölzer, Persenninge, Schienen und sonstige Veränderungen abtragen und das Achterdeck aufklaren, daß wir uns bei weiterem Gesehenwerden wieder als ein Schiff anderen Namens ausgeben können. Ich fürchte, daß nach diesen Zwischenfällen ‚Levernbank' nicht mehr ziehen wird!"

7 Uhr meldet Grützmacher die Achterdeckarbeiten durchgeführt.

Manchen der Männer fällt jetzt der Schlaf an wie ein Alp. Sie sind zum Umsinken müde. Die Nervenbeanspruchungen, Eindrücke, Kraftanstrengungen machen sich bemerkbar. Und doch findet keiner zur Koje, als ahnten sie, daß sie den schwersten aller kritischen Augenblicke noch zu bestehen haben werden . . .

*

Ein wunderbarer Sonnenaufgang eröffnet den neuen Tag. Ein wolkenzerfetzter Himmel erglüht über dem Meer, und langsam weicht der blaue Mantel der Nacht den zarten Tönen des jungen Morgens. Sie wundern sich, daß sie Muße und Kraft finden, dieses überwältigende Naturschauspiel in scheinbar entspannter Gelassenheit auf sich wirken zu lassen, wiewohl sie sich rechtschaffen erschöpft fühlen.

Was ist das für ein merkwürdiger Doppelzustand!

Die *Doggerbank* läuft so schnell sie kann. Leider kann sie nicht so schnell, wie es der Kapitän wohl wünschte. Was sind elf Seemeilen pro Stunde, wenn es darauf ankommt, sich Flugzeugen und schnellen Schiffen zu entziehen!

Die Route Kapstadt—Durban, auf der sich gestern so reger Verkehr abspielte, und auf der auch die nächtliche Begegnung mit dem Kreuzer stattfand, liegt jetzt weit achteraus. Nur auf dem Treck Australien—Kapstadt sind Begegnungen noch möglich.

Zum ersten Mal ein wenig nervös, schickt der Kapitän ein ums andere Mal einen Läufer in die Funkbude, ob sich denn im Funkbild der letzten Stunden noch immer nichts Besonderes abzeichnet. Und ebenso oft kommt die Nachricht zurück, daß noch kein verdächtiger Laut, kein SOS-Ruf, vor allem aber noch keine alarmierende Warnung an die Schiffahrt vernehmbar gewesen sind. Die Funker spannen an ihren Kopfhörern. Aber nichts deutet darauf hin, daß die Sperren schon zur Wirkung gekommen sind. Schneidewind hält es im Augenblick für günstig, daß bis jetzt alles ruhig geblieben ist. So kann er noch Zeit gewinnen.

Der Wind weht mit fünf Stärken langsam abflauend aus Nordnordost. Die Sicht ist verdammt klar. Die See steht grob. Wie geschnitten liegt die Kimm zwischen Himmel und Meer.

Da an Bord alles, was mit Kapstadt zusammenhängt, jetzt begreiflicherweise besonders interessiert, macht auch die Meldung des Londoner Korrespondenten von „Svenska Dagbladet" die Runde, wonach ein Riesendock in Kapstadt gebaut werden solle. Es soll ein Ersatz für die Docks werden, die in Singapur verloren gingen. Mit der Arbeit, die 30 Monate in Anspruch nehmen dürfte, soll so schnell wie möglich begonnen werden. Die Kosten werden auf 2 Millionen Pfund Sterling geschätzt. Die Durchführung des Plans wurde bisher durch Schwierigkeiten verzögert, Pumpenanlagen und anderes notwendige Material heranzuschaffen. Diese Hindernisse aber sollen jetzt beseitigt werden.

„Dor gift't twee Möglichkeiten" — sagt Kuddel Martin tiefgründig. „Entweder helpt uns' Minen, dat dat nich tostanden kummt und wie fohrt klor — oder, dschä, oder wi fohrt nich klor. Fohrt wi klor, is allens good, fohrt wi nich klor, könnt wi bi den Schiet noch Steen kloppen!"

Der Satz ist noch nicht ganz heraus, als die Alarmhörner aufgellen. Ihr Ton macht das Blut gerinnen. Die Uhr zeigt 09³⁰. In etwa 25 Seemeilen Entfernung ist der Mast eines Schiffes über die Kimm gestiegen. Er wächst so schnell heraus, daß es sich nur um einen Gegenkommer handeln kann.

Die Brücke hat die Situation blitzschnell erfaßt, und ehe der letzte Heulton verweht, holt das schwere Schiff unter der Hartruderlage nach Backbord über, dreht bei und geht auf Gegenkurs. Jetzt gibt es nur eins: Abhauen und nicht gesehen werden.

„Ein paar Briketts mehr, Kumpels, und wir sind durch!" schreit einer von den Unterdeckswachen im Vorbeilaufen in die Maschine hinunter, wo die Kolben der Motoren bereits ihren wildesten Takt hämmern. „Und wenn die Zylinderdeckel wegfliegen, spritzt dem alten Apparat alles ein, was ihr habt!" schließt sich der nächste an.

Gute *Doggerbank*! Lauf, du alter Kasten! Lauf, was du kannst! Jetzt kommt es darauf an. Darüber sind sich alle klar.

Am klarsten die Brücke.

Schneidewind läßt kein Auge von seinem Glas. „Der kann es leider besser als wir!" stellt er leidenschaftslos fest, als kein Irrtum mehr besteht, daß der Abstand zwischen den beiden Schiffen langsam aber sicher abnimmt. Immer mehr quetscht sich die *Doggerbank* aus dem Kurs des Fremden, wobei sie in Kauf nimmt, daß dadurch die Entfernung sogar noch schneller schrumpft.

Ein Schiff in dieser Gegend ist kein harmloser Frachter auf wohlausgefahrener Route. Das ist etwas ganz anderes. Ein Spürhund? Natürlich ein Spürhund!

Fragt sich nur, ob er so von ungefähr hier auf und nieder steht und seinen täglichen oder wöchentlichen Patrouillenstresel wegkreuzt oder ob er was Bestimmtes auf dem Kieker hat . . .

Genau eine Stunde schon währt die Jagd. Die *Doggerbank* hat zwar nach Westen hin Raum gewonnen. Aber der andere sitzt jetzt nicht mehr 25 Seemeilen entfernt auf ihren Haxen, sondern wird schon auf gleicher Höhe rechtweisend Ost gepeilt — in kaum 13 Seemeilen Abstand. Längst steht das ganze Schiff hoch auf der Kimm, — sichtbar für jeden der *Doggerbank*-Männer, die mit stummen Fragen auf ihren Kapitän schauen und gern etwas Ermunterndes vernommen hätten. So etwas wie: „Gegner als harmloser Frachter erkannt" oder „Gegner hält stur seinen Kurs. Scheint nichts von uns zu wollen!"

Beides aber trifft leider nicht zu.

Kapitän Schneidewind weiß, woran er ist. Das dicke Schiff da drüben ist ein britischer Hilfskreuzer, wie er im Buche steht. Vorn hat er einen langen, dünnen Mast, der etwas schräge steht. Der Hintermast ist zur Hälfte gekappt und stellt nur noch einen Stumpf dar. Die Gaffel hat man ihm belassen. Eine nicht zu erkennende Flagge weht daran aus. Der Schornstein ist auffallend lang und ebenfalls etwas schräge gesetzt. Und da das ganze Schiff hoch aus dem Wasser ragt, mag es weniger als halb beladen sein. Schneidewind stellt fest, daß die Bauart der der British-India-Linie gleicht, jedoch an Deck stark abgeändert erscheint, wie es sich aus seiner Aufgabe als Hilfskriegsschiff der 8000-BRT-Größe ergeben haben mag. Heck- und Backgeschütz stehen ungetarnt und frei. Auffällig und den Eindruck eines Kriegsschiffes noch unterstreichend wird die Brücke von einem etwa sechs Meter hohen Signalmast überragt.

Diesmal liegen die Soldaten des Sonderkommandos nicht mehr achtern bei dem Minenluk versteckt. Denn dort ist alles fein säuberlich aufgeklart. Die Schienen sind ja abgetragen und alle Einrichtungen, die für das Werfen zusätzlich benötigt wurden, sind verschwunden und sicher verstaut. Grützmachers Männer und ein Teil ihrer Kameraden von der Handelsmarine stehen im Wohndeck unter der Brücke versammelt. Von der Kombüse weht leckerer Erbsensuppenduft durch die geöffneten Schotten. Einer wagt schüchtern auszusprechen, was die meisten denken:

„Schade um die Erbsensuppe . . ."

Es liegt in der Art ihres Fahrzeuges begründet, daß es sich mit einem Kriegsschiff nicht herumbalgen kann. Der Tommy da drüben ist in der Lage, sie am ausgestreckten Arm seiner Artillerie einfach einzutauchen wie ein wehrlos zappelndes Kaninchen.

Welch eitle Hoffnung, zu denken, daß der Gegner die *Doggerbank* nicht bemerkt haben könnte! Allerdings muß jeder zugeben, daß es vorerst so aussieht, als kümmere ihn die Nachbarschaft dieses müden Frachters wenig! Und darum will sich auch schon — viel zu gern — die Meinung verbreiten, er könne es besonders eilig haben oder aus irgendeinem anderen Grund auf eine Kontrolle verzichten. Da muß die niederschmetternde Nachricht ins Deck gegeben werden:

„Hilfskreuzer dreht hart auf uns zu. Klarmachen zur Selbstversenkung!"

Schon halbwegs vorbei, hat er plötzlich Kurs geändert. Unverkennbar zeigt sein Bug jetzt auf die *Doggerbank*. Er läuft Kollisionskurs, als wollte er den Frachter auf die Hörner nehmen. Wagt einer noch zu zweifeln, daß irgendetwas schief gelaufen sein muß? Es liegt doch auf der Hand: man will sich britischerseits die *Levernbank*, die erst nach Kapstadt will, dann bei Kap Agulhas angetroffen wird und schließlich Kurs auf den Südpol nimmt statt nach Durban zu laufen — man will sie sich doch einmal etwas näher anschauen . . .

Der Kommandant öffnet die Kassette und legt den Schlüssel für die Zündmaschine klar. Die vier Unteroffiziere der Versenkrolle werden unterrichtet für den Fall, daß die Sprengung nicht von der Brücke aus funktionieren sollte. Das Schiff wird mit ein paar ruhig gegebenen Anordnungen und sicheren Handgriffen zur Vernichtung vorbereitet. Es wird spätestens in dem Augenblick auf Tiefe gehen, wo der Feind zu erkennen gibt, daß er das Spiel durchschaut hat.

Ist die Reise der *Doggerbank* nun zu Ende? Hat jeder sein Aussteigpäckchen klar? Nochmal nachsehen, ob der Brotbeutel Unterzeug, Tabakwaren und Schokolade enthält. Smutje, deine Erbsensuppe war sicher gut gemeint. Trennen wir uns von ihrem herrlichen Duft. Jeder nehme noch eine Nase voll, und dann noch eins: ich sehe nicht ein, warum unsere Kantine so unberührt absaufen soll. Auf meine Verantwortung: sie ist sofort zu öffnen. Der Kantinenunteroffizier wird ausgeben, was jeder zur Vervollkommnung seines persönlichen Schwimmwestenbedarfes braucht.

Bezahlung — bei Gelegenheit.

Kapitän Schneidewind hat seinen Plan entworfen. Alle Maßnahmen, die er in diesen brenzligen Minuten angeordnet hat, sind der Sorge entsprungen, sicherzustellen, daß das Schiff auf keinen Fall, auch nicht durch eine noch so raffinierte Falle oder ein noch so geschickt ausgeklügeltes Überrumplungsmanöver eine Beute des Feindes wird.

In die Verantwortung, die er dafür trägt, schließt er die Sorge um die Kameraden ein. Er hat angeordnet, sich auf das vermutlich Kommende vorzubereiten, und weiß, daß Oberleutnant Grützmacher der rechte Mann ist, dem er alles weitere überlassen kann.

Für den Augenblick hat er seiner Pflicht als Kommandant dieses Schiffes Genüge getan. Als Kapitän eines „englischen" Schiffes aber diktiert ihm die Lage, daß er jetzt nicht vor einem Kriegsschiff der Royal Navy wie ein Fliehender dastehen darf. Nimmt ein Schiff Reißaus, wenn es guten Gewissens ist?

Einen Augenblick lang den Verfolgten zu spielen — das gebietet zu Kriegszeiten allerdings die Vorsicht. Und wenn er als Captain eines britischen Handelsschiffes nicht jedem Gegenkommer vertrauensselig in die Arme läuft, so spricht das nur für ihn und seine Gewissenhaftigkeit, mit der er die Warnung der Admiralität vor deutschen Handelsstörern und die daraus resultierenden Anordnungen gelesen hat und auch befolgt. Andererseits kann man von ihm als altem merchant-seaman Seiner Majestät verlangen, daß zehn Minuten genügen, um mit der Identifizierung eines Verfolgers klarzukommen. So ist es.

Der da drüben ist nur zu gut erkannt. Darum kehrtgemacht und auf ihn zugehalten. Man soll den „Kollegen" von der kriegerischen Fakultät, die Tag und Nacht auf Kreuzfahrt sind, um Schutz und Hilfe dem Freunde und Kampf und Vernichtung dem Feinde zu bringen, die Aufgabe nicht durch übertriebenen Argwohn erschweren.

Und eine weitere Überlegung ermuntert Schneidewind zu diesem Entschluß. Ist es nicht obendrein denkbar, daß die Verfolgung den Hilfskreuzer auf seiner eigenen Fahrt zu sehr verspätet, er deshalb von der *Doggerbank* zwar abläßt, sie dafür aber durch Funkspruch der Luftaufklärung zur weiteren Abfertigung als ein Schiff anempfiehlt, das sich sehr merkwürdig und verdächtig benimmt?

Dann schon lieber gleich . . .

Die *Doggerbank* ändert Kurs und bietet dem Hilfskreuzer frech die Stirn. Beide Schiffe bewegen sich aufeinander zu. Anderthalb Stunden nach der ersten Sichtung stehen sie sich auf fünf Seemeilen Entfernung gegenüber.

Der Hilfskreuzer beginnt das Morsespiel. „What ship?" funkelt die erste Frage von seiner Brücke herüber. Der WO neben Kapitän Schneidewind kann sich nicht dagegen wehren: es sieht sich diesmal irgendwie drohend an.

Schneidewind hat die Vartalampe aufgelegt. Sie ist größer und lichtstärker als die lütje Klappbux. Er wartet die Folge der Buchstaben ab, die ihn von drüben her unruhig anblinzeln. Mit lässiger

Verzögerung, die ihm heute schwerer fällt als die beiden ersten Male, antwortet er. Er zwingt sich, seine altbewährte Kaltblütigkeit wiederzuerlangen. Die Entdeckung, daß das Deck des Gegners von Soldaten buchstäblich wimmelt, die neugierig und gespannt herüber blicken, macht es ihm nicht leichter. Er wittert Unrat. So schaut man sich jemanden an, den man ertappt hat und ein wenig zappeln lassen will. Doch ich bedaure sehr, meine Herren, die *Levernbank* sind wir nun wirklich nicht. Wir sind ihr auch nicht begegnet. Selbstredend ist die Zwillingsähnlichkeit unverkennbar. Schwesterschiff ist Schwesterschiff!

Klappernd unter dem Tastendruck läßt die eigene Vartalampenblende die blitzenden Zeichen entschlüpfen:

„Inverbank from Montevideo to Melbourne.“

Dann dreht sich Schneidewind um, nimmt sein Megaphon und befiehlt nach achtern durch die Flüstertüte: „Flagge und Unterscheidungssignal setzen!“

Der Union Jack steigt in die Gaffel, und mittschiffs entfalten sich an der Signalleine die Flaggen und Wimpel, die die *Doggerbank* ex *Speybank* pseudo *Levernbank* eindeutig als *Inverbank* ausweisen . . .

Der Signäler auf der Gegenseite braucht seine Zeit, um die Zeichen zu prüfen und das Ergebnis seinem Kommandanten zu melden.

Schneidewind schaut sich indessen durch das Doppelglas die Gesellschaft an. Die Soldaten tragen graugrüne Khakiuniformen. Es sind vermutlich Australier. Schätzungsweise 2000 Köpfe. Die meisten stehen an der Reling. Eine ganze Traube hängt auf dem Bootsdeck. Sie sitzen in den Kuttern, lehnen an den Aufbauten und verdecken zum Teil die Geschütze, so daß nur mühsam auszumachen ist, daß die beiden ungetarnt stehenden Kanonen noch ihre Bezüge tragen. Das ist zunächst etwas Tröstliches. Es ist also ein Hilfskreuzer, der Truppen von Australien transportiert und zugleich Patrouillen- und Überwachungsdienst verrichtet. Wo mag aber der Pferdefuß zum Vorschein kommen?

Drüben blitzt es wieder auf.

Anfrage: „Where from?“ — von woher?

„Montevideo“ — gibt Schneidewind zurück.

Neue Anfrage: „Bound for?“ — und wohin bestimmt?

Also noch einmal: „Melbourne“.

Pause.

Schneidewind sieht sie geradezu blättern in ihren Listen, und er stellt sich vor, wie der Kommandant den Kopf bedenklich wiegt: Der Kurs wäre ja etwas merkwürdig . . .

Unter Deck im Wohnluk ist man inzwischen bei den Sicherheitsnadeln, einer Tube frischer Zahnpasta, einem neuen Kamm, zwei Tafeln Schokolade und je einem Glas Rum angekommen. Kühl wird's ja bestimmt!

In diesen Sekunden, in denen sich zwei Decks höher ihr Schicksal entscheidet, verspüren sie eigenartigerweise nicht soviel verzehrende Spannung wie in den Nächten vor und hinter Kapstadt. Vielleicht ist die Lage nun zu eindeutig. Oder hat die Beanspruchung sie abgestumpft? Ist das Maß überschritten, daß es sie plötzlich nicht mehr so sehr berührt? Haben sie sich nicht alles selbst viel dramatischer vorgestellt, als die Hiobsbotschaft, das lähmende Zauberwort „Hilfskreuzer" in das — — still jetzt, Ruhe, still doch!

Auf der Brücke klappt wieder die Vartalampe. Deutlich ist ihre blecherne Stimme zu hören. Welche Antwort wird sie geben müssen? Und was wird diese Antwort entscheiden?

Alles spitzt die Ohren. Denn der Signalscheinwerfer hat aufgehört zu klappern. Stimmen sind jetzt zu hören.

Der Befehlsübermittler auf der Brücke kriegt es vor innerer Erregung gar nicht schnell und deutlich genug heraus, was ihm der Kommandant zur Weitergabe zuruft. Er soll es Grützmacher und der Besatzung hinuntertelefonieren, los, loos, Mann, fangen Sie sich! Jawoll, und dann verheddert er sich erst noch ein paarmal, ehe er sich verständlich machen kann.

„Meldung von Brücke!" stottert er. „Der Hilfskreuzer hat gemorst, er wünsche uns eine gute Reise, und der Kommandant hat zurückgemacht: Vielen Dank! Das gleiche für Sie! Der Hilfskreuzer hat abgedreht und Kurs nach Kapstadt aufgenommen. Abgedreht hat er. Ende."

Gegen 9³⁰ Uhr war er in Sicht gekommen. Gegen 12¹⁵ Uhr ist seine Gestalt wieder unter die Kimm getaucht.

Er fährt völlig rauchlos.

Nun ist es an der Zeit, zu beschreiben, daß 108 Steine von 108 Herzen fielen. Da macht man sich aber ein falsches Bild von der Art der Gefühlsausbrüche bei Soldaten, die obendrein noch Seefahrer sind. Man darf von ihnen nicht mehr als einen Rippenstoß für den Nebenmann, ein unverhohlenes gutes Wort für den Schneid des Alten und einen übermütigen Tritt in Smutjes Achtersteven erwarten: Los, du Trantüte, weitermachen! Deine Erbsensuppe kohlt doch an!

Und mit einem eindeutigen Ruck knallt außerdem überm Kantinentresen die Rolljalousie dicht. Nüchtern blickt sie wieder das Schild an: Außer zwischen 17 und 18 Uhr kein Verkauf!

Solange aber Kapitän Schneidewind noch einen Rest von 80 Minen im „Sportdeck" weiß, gibt es für Schiff und Besatzung noch kein Dienstausscheiden bei Südafrika. So billig kommt Kap Agulhas nicht davon. Nur im Augenblick heißt es, Weite gewinnen, so schnell die Schrauben nur treiben können.

In der Funkbude ist es nämlich lebendig geworden.

Admiral Simonstown hat den Reigen eröffnet. Er verbreitet ein für den Funker unverständliches Telegramm, das sich auf eine Position bezieht, die mit der Sperre der *Doggerbank* etwas zu tun haben muß. Ein aufgeregter Funkverkehr ist plötzlich an der Küste Südafrikas ausgebrochen. Ein chiffrierter Spruch jagt den anderen.

Die benachbarten Funkstationen geben U-Bootwarnung.

„Globe-Reuter" verbreitet aus Kapstadt, daß Überlebende eines Schiffes dort Land erreicht hätten. Das Schiff sei eine halbe Stunde nach der Explosion in zwei Hälften zerborsten und gesunken. Drei Rettungsboote wurden von einem amerikanischen und eins von einem britischen Schiff aufgenommen. Eine amtliche Erklärung über die Ursache des Unterganges habe man noch nicht erlangen können. Nach Ansicht der meisten Überlebenden sei das Schiff auf einen unter Wasser befindlichen Gegenstand aufgelaufen.

Auf einen unter Wasser befindlichen Gegenstand also . . .

Der U-Bootwarnung folgt die Minenwarnung.

Dennoch — so empfiehlt das Oberkommando der amerikanischen Atlantikflotte — solle man ein besonders wachsames Auge auf deutsche U-Boote richten, die als — Eisberge getarnt seien. Der Kapitän eines USA-Schiffes habe kürzlich ein völlig weiß getarntes U-Boot gesichtet, dessen Turm von einem kleinen Eisberg kaum zu unterscheiden gewesen sei.

Das melden die Zeitungen.

Die *Doggerbank* setzt sich ab.

Das Barometer der Friedlichkeit in Südafrika ist plötzlich tief gesunken. Auch in See gibt es Schlechtwetter. In wenigen Stunden stürzt die Quecksilbersäule in nie beobachtetem Maße. Der Wind hat bis zu Stärke 9 zugenommen. Das Schiff rollt in der stürmischen Quersee so heftig wie in den ersten Auslauftagen. Einmal schlägt das Vorschiff derart hart mit dem Boden auf die See, daß es eine knallende Erschütterung gibt, wie vom Einschlag eines schweren Artilleriegeschoßes. Kurz darauf geht ein wüster Brecher über Deck und setzt die Mannschaftswohnräume im Vorschiff unter Wasser. Verstört kommen die Leute mit ihren Sachen nach mittschiffs geeilt in der Meinung, ein Torpedo habe das Schiff getroffen.

Bei dem sich anschließenden Gewitter leuchtet die Bordantenne von Mastspitze zu Mastspitze hell wie ein Scheinwerferkegel. Ein Bild von solcher Intensität hat Schneidewind in seiner ganzen 23jährigen Seefahrtszeit noch nie erlebt!

Während es im Äther noch knistert von dem Funkgewimmel, während an Land das Löschen der Feuer und die Verdunkelung veranlaßt werden, die Marinestellen Minensuchboote von wer weiß woher anfordern müssen und der so dringliche Verkehr mehr und mehr Opfer fordert — begeht die Besatzung der *Doggerbank* weitab vom Nadelkap ihr wohlverdientes Minenfest. Ein Telegramm der Heimat beglückwünscht Kommandanten und Besatzung. Die Verleihung von Eisernen Kreuzen stellt die äußere Anerkennung dar. Bootsmann Geidies aber hat seine große Stunde. Denn nun kommt endlich seine Überraschung zum Zuge.

Ihm allein ist es zu verdanken, daß die *Doggerbank* nach acht Monaten Seefahrt jetzt noch über 300 Kilo Frischfleisch verfügt. Gegen einige alte Sack Reis hat er damals in den letzten Tagen ihrer Hafenzeit zwei muntere Ferkel eingehandelt. Er baute ihnen einen Stall und fütterte sie mit Abfällen der Kombüse und den Resten, die von den Backen fielen. Und aus den Ferkeln waren trotz vieler fahrender Sturmtage ganz ansehnliche Jolanthen geworden ...

Das Osterfest ist nahe.

Ein Wetter zum Eierlegen ...

Wieder steigen die Minen an Deck, stehen klar und werden getarnt. Und vier Wochen nach der Nacht vor Kapstadt krönt die *Doggerbank* ihre hartnäckige Zähigkeit mit einem letzten Anlauf gegen Afrikas Südspitze. Abends um 17⁴⁰ Uhr fällt die erste Mine der neuen Serie auf die Agulhasbank. Frühmorgens um 5 Uhr rollt die letzte ab in die Tiefe. Die Unternehmung verläuft diesmal ohne Feindberührung und Störung. Innerhalb kurzer Zeit melden sich 7 Schiffe als getroffen, darunter das Flottenreparaturschiff *Hecla*.

„Struck mine" klingt es alarmierend von den Tasten der Bordsender. Und bis in die folgenden Monate hinein hallen der schneidigen *Doggerbank*-Besatzung als ein Echo ihres Wirkens die Rufe und Meldungen der todwund geschlagenen Schiffe durch den Äther nach.

Auf Schneidewinds Brücke aber liegt längst Kurs Japan an, um dort Rohstoffe zu laden — und damit heimzukehren.

*

Der offizielle britische Bericht nach dem Kriege lautet: Als am 13. März 1942 ein holländisches Schiff durch einen Minentreffer sank, tippten die Briten auf die spurlos verschwundene *Speybank*. Die *Doggerbank*, ex *Speybank*, war am 21. Januar 1942 aus La Pallice mit 280 Minen an Bord als Hilfsminenschiff ausgelaufen. Sie hatte eine zusätzliche Ausrüstung zur Versorgung von U-Booten an Bord. Sie lief direkt zum Kap und wurde am 12. März von einem englischen Flugzeug 100 Seemeilen westlich des Kaps gesichtet. Sie gab sich als ihr Schwesterschiff *Levernbank* zu erkennen und signalisierte auf Anfrage, auf dem Wege von New York nach Kapstadt zu stehen. Ihr wurde die Weiterfahrt gestattet.

Dies war der erste Fall, daß sie entkam.

In der gleichen Nacht legte sie die Minen. Beim Minenlegen wurde sie von dem Leichten Kreuzer *Durban* gesichtet. Der Kreuzer kam dicht auf. Wieder meldete sich die *Doggerbank* als *Levernbank* und wurde wieder als solche akzeptiert. Am nächsten Tage wurde sie von dem Hilfskreuzer *Cheshire* entdeckt. Sie lag auf südöstlichem Kurs und gab sich als *Inverbank*, ebenfalls als ein Schwesterschiff der *Speybank* aus. Auch in diesem Falle wurde sie als britisches Schiff anerkannt.

Danach kreuzte die *Doggerbank* im Indischen Ozean und kehrte Mitte April in die Gewässer vor dem Kap zurück. Am 16. und 17. April legte sie weitere Minen in der Nähe der Agulhas Bank. Auch dieses Unternehmen verlief erfolgreich.

Ein Handelsschiff wurde durch die Minen der *Doggerbank* versenkt, zwei weitere sowie das Flottenreparaturschiff *Hecla* wurden schwer beschädigt.

Die Minen machten dem Kommando im Südatlantik insofern zusätzlich große Schwierigkeiten und Sorgen, da außer den großen Truppentransportern, die in den WS-Convois das Kap der Guten Hoffnung passierten, auch die *Queen Mary,* die *Queen Elizabeth* und die *Aquitania* im Mai Kap-Route liefen.

Die *Doggerbank* kehrte nach ihren Minenoperationen in den Südatlantik zurück, wo sie Mitte Mai den nach Japan unterwegs befindlichen Blockadebrecher *Dresden* traf. Am 21. Juni versorgte sie den Hilfskreuzer *Michel* auf 29 S 19 W, übergab die meisten der ihr verbliebenen Versorgungsgüter an die *Charlotte Schliemann* und nahm 177 Gefangene an Bord, die vom HSK *Michel* stammten. Sie lief nach Batavia und wechselte ihre Rolle wieder zum Blockadebrecher.

Am 19. August machte sie in Japan fest.

*

„Das würde ich auf keinen Fall machen." Mit diesen Worten befleißigt sich ein guter Freund, Oberstleutnant Niemöller von seinem Vorhaben abzubringen, mit einem Blockadebrecher nach Japan zu fahren. „Sie sind doch kein Seemann. Sie gehören aufs Land!"

„Ich war nicht seiner Meinung", bekennt Oberstleutnant Niemöller in seinem später niedergelegten Bericht. „Natürlich, von der Seefahrt und allem Drum und Dran hatte ich nicht die blasseste Ahnung. Aber die Aufgabe in Japan reizte mich. Und die abenteuerliche Seereise nicht minder."

Es war ein pastellfarbener Vorfrühlingstag, als Niemöller im März des Jahres 1942 in Bordeaux das 7840 BRT große Motorschiff *Tannenfels* bestieg, das in Friedenszeiten unter der Konterflagge der vornehmlich Persien, Indien und Burma befahrenden DSG „Hansa" fuhr.

Mißtrauen empfing Niemöller bei der Besatzung, denn er war kaum an Bord, da hatten die alten Seebären herausgeschnüffelt, daß der Neue in seemännischen Belangen völliger Laie sei. Dazu hatte es keines besonderen Spürsinnes bedurft, denn als Niemöller nach dem Kapitän fragte, bekam er von einem Matrosen zu hören:

„Der is grade auf der Poop an de Backbordsied . . .“ Niemöller
wandte sich zögernden Schrittes der rechten Seite des Vorschiffs
zu, auf dem er an der Jacke eines dort Stehenden die goldenen
Ärmelstreifen ausgemacht hatte, des Ersten, der dort mit dem
Bootsmann verhandelte. Die Poop ist aber auf allen Schiffen der
Welt immer noch achtern . . .

Kapitän Haase musterte Niemöller als Hilfszahlmeister an, um
dem Kind einen Namen zu geben, und der so getarnte Passagier
fällt in den nächsten Tagen von einem Erstaunen in das andere:
welche Unmenge an Gütern verschwindet doch in den gefräßigen
Mäulern der Ladeluken . . . Traktoren, Maschinenteile, Chemikalien, Kisten über Kisten. Der Verladeoffizier gibt ihm freundlich
Auskunft, wo nach seinen Unterlagen die einzelnen Frachtdispo-
sitionen liegen.

Wie wichtig das ist, soll Niemöller später selbst erleben.

Auslaufend schert am Ausgang in die Biscaya ein Boot längsseit.
Ein Offizier der Kriegsmarine klettert an Bord und überprüft noch
einmal die Zwo-Zentimeter-Waffen und das 15 cm-Geschütz. Er
kommt mit Niemöller ins Gespräch und erfährt dessen wahre Mis-
sion. Unauffällig nimmt er ihn beiseite: „Kommen Sie bloß mit
mir wieder an Land. Dieser Kahn kommt nie an sein Ziel. Noch
haben Sie eine letzte Chance.“

Aber Niemöller will nicht. Er hat das unbestimmte Gefühl, daß
es schon gut gehen wird, nachdem er den Kapitän, die Offiziere
und die Besatzung kennengelernt hat. Er bleibt und dankt dem
freundlichen Seeoffizier, dessen Ratschlag wahrscheinlich aus gutem und ehrlich überzeugtem Herzen kam.

Spannungsgeladen sind die Tage und Nächte des Ausbruchs in die
freie See, die Kapitän Haase über die Gewässer der spanischen
Küste zu erreichen hofft. Die zum Begleitschutz versprochenen
Flugzeuge lassen sich nicht blicken. Die Besatzung ist für alle Fälle
klar zum Aussteigen.

„Eine besondere Rolle spielt dabei das Aussteigepäckchen“, vermerkt Niemöller in sein Tagebuch. „Es sollte nur das enthalten,
was man in der ersten Not brauchen würde. Es war jedem freigestellt, dieses Päckchen nach eigenem Gutdünken zusammenzu-
stellen. Daß dabei Tabak in jeder Form und Streichhölzer die
Hauptrolle spielten, fand ich eigenartig, mußte aber feststellen,
daß keiner an Bord diese Dinge vergaß . . .“

Das Wetter hat sich nach anfänglichem, vom Kapitän mürrisch begrüßten Sonnenschein dann doch noch in Durchbruchswetter verwandelt. Es ist trübe und unsichtig, und hin und wieder hüllen Regenböen das Frachtschiff ein.

Sie stehen schon weit von der Küste ab, da schrillen um die Mitternachtsstunde zum ersten Male die Alarmklingeln so grell, so durchdringend, daß auch der tiefste Schläfer wie von einer Tarantel gestochen aus seiner Koje herausjumpt. Ein Flugzeug hat den Kurs der *Tannenfels* gekreuzt. Es kommt zurück und fliegt den Frachter nun direkt mittschiffs an. Einfach unfaßlich, daß bei diesem Wetter Feindmaschinen die See kontrollieren.

„Kommt der Vogel noch einmal, schießen wir", brüllt Haase der Fla-Waffen-Bedienung zu. Er hat bis jetzt noch gezögert. Aber eine eigene Maschine hätte doch ES geschossen und müßte soweit über sein Auslaufen unterrichtet worden sein. Es kann also nur eine Gegnermaschine sein.

„Sie kommt zurück", schreit der Ausguck an Steuerbord. Da ist sie, wirklich. Deutlich zeichnen sich in der diesigen Nachtluft die leuchtenden Auspuffrohre der Motoren am Himmel ab.

„Feuer frei!"

Die Geschoßgarben prasseln auf das Flugzeug zu. Es dreht ab, schießt rote Leuchtkugeln und verschwindet in der Nacht.

„Erster, schnell in den Funkraum, die Funker sollen scharf aufpassen, ob der uns meldet."

Im Äther bleibt es still. Sicherheitshalber läßt der Kapitän den Vorfall der Leitstelle funken. Nach einer Stunde ist die Antwort da: „Versucht spanische Küste zu erreichen."

Also war das Flugzeug doch eine Feindmaschine, ihre roten Leuchtzeichen lediglich eine List, der Schiffsführung eine deutsche Maschine vorzutäuschen.

Der Kapitän flucht. Aber was will er machen. Er muß zurücklaufen.

Mit AK marschiert die *Tannenfels* wieder auf die Küste zu. Der Morgen dämmert. Es wird Mittag. Der Himmel bleibt rein. Nichts ist zu entdecken. Alle Mann stehen an Deck. Auch die Freiwächter. Alle Mann suchen mit.

Beim Kapitän herrscht Gewitterstimmung. Verständlich. Er soll zurückkehren, soll wieder Tage und Wochen tatenlos in Bordeaux herumgammeln, hämisch grinsenden Gesichtern seiner Kollegen begegnen ... Ein nicht ausgeführter Auftrag ...

„Ich warte noch bis Nachmittag, wenn sich dann nichts zeigt, pfeife ich auf den Rückmarschbefehl."

„Das wird man Ihnen übel vermerken, Kapitän", warnt der Erste Offizier, und die anderen auf der Brücke nicken zustimmend.

Haase schweigt dazu. Ohne Mittag zu essen pendelt er in genau abgezirkelten Schritten an der Steuerbordseite der Brücke hin und her. Drei Schritte nach Backbord, Kehrtwendung, drei Schritte nach Steuerbord. Stop. Rundblick. Kehrtwendung. Drei Schritte nach Backbord. Stunde um Stunde. Und kein Wort fällt.

Als die acht Glasen die vierte Nachmittagsstunde verkünden, verschwindet der Kapitän im Brückenhaus.

„Götz von Berlichingen, meine Herren an Land. Rudergänger: Auf Gegenkurs gehen."

„Auf Gegenkurs gehen", echot es zurück.

„Kurs Nordwest."

Schweigen.

Dann meldet der Rudergänger „Nordwest liegt an."

„Recht so", der Kapitän.

24 Stunden, nein 48 Stunden sind in dieser ekelhaft gefährlichen Landschaft vertan.

Niemöller in sein Tagebuch: „Wir kamen gut voran und waren nachts wieder in dem trüben und regnerischen Gebiet. Die See war erheblich rauher geworden. Ich für meinen Teil meinte, es sei schon ein ganz hübscher handfester Sturm gewesen, der uns da packte. Da die See querein kam, rollte und schlingerte das Schiff heftig. Es dauerte nicht lange, da wurde es im Schiffsbauch lebendig. Es rumste und polterte im Innern gegen die Planken. Trotz Sturm und Nacht mußte der Verladeoffizier mit einer Handvoll Seeleute in die betreffenden Räume einsteigen. Denn einige Traktoren hatten sich selbständig gemacht und fuhren mit den Bewegungen des Schiffes munter im Laderaum hin und her. Ihre Rammstöße drohten der Bordwand gefährlich zu werden. Aber unter der Leitung des Offiziers fingen die Seeleute die zentnerschweren Ausreißer wieder ein und zurrten sie fest. Am nächsten Tage dasselbe in einem anderen Raum.

Auch an den folgenden Tagen neue Ärgernisse mit der Ladung, denn aus der rauhen See ist nun wirklich ein Sturm geworden. Und in den Luken tut sich neues Unheil. Ein 40 Tonnen schweres Stück tanzt beim Stampfen des Schiffes hin und her. Jedes Überholen quittiert es mit einem trotz des Sturmgesanges hörbaren Rums. Der für die Ladung verantwortliche Offizier stürzt plötzlich auf die Brücke . . .

„Herr Kapitän, da stimmt was nicht. Ich fürchte, wir haben Feuer im Schiff!"

Haase beordert über das Maschinensprachrohr den Chief an Deck, dann hastet er, gefolgt von seinem Verladeoffizier und dem Ersten an die bezeichnete Luke. Haase tastet das Eisendeck um die Luke ab. Er nickt dem Ladeoffizier zu. Das Deck zeigt eine spürbare Erwärmung.

„Das kann nur Feuer im Laderaum sein."

„Das ist Feuer, Kapitän", bekräftigt der Chief. „Da hilft nur eines: Kohlensäure rein."

„Wieviel Flaschen haben wir?" will Kapitän Haase wissen.

„Sechzig Stück."

„Dann geben Sie die Hälfte der Flaschen in den Raum."

So geschieht es. Die Herzen klopfen laut. Hilft die Kohlensäure, die das Feuer ersticken soll . . . hilft sie nicht . . . hilft sie . . . hilft sie nicht . . .

Die Erwärmung geht nicht zurück. Sie wird noch stärker.

„Ich werde einsteigen!" meldet sich der Erste Offizier.

„Seien Sie vorsichtig, Erster."

„Schon gut. Ich passe auf."

Der Erste stellt fest, daß ein Kabel in Brand geraten ist. Teer und Leinwandumhüllungen des Kabels geben dem Feuer Nahrung.

„Dann Wasser drauf", schnauft der Chief und handelt, als der Kapitän keinen Einspruch erhebt. Nach Stunden scheint das Feuer gelöscht. Sie atmen auf und rätseln hin und her, wie es ausgebrochen sein könnte.

Vom Heck ein Ruf. Die auf dem Achterschiff stehenden Ausguckposten haben ein Schiff gesichtet. Es liegt wie die *Tannenfels* tief in der See. Es hat genau so schwer zu kämpfen. Sie passieren einander, und Kapitän Haase läßt, als der Fremde unter die Kimm gelaufen ist, den Kurs ändern.

Das Abendessen schmeckt keinem in der Messe. Allen sind die Mäuler vernagelt. Sie stochern im Rührei herum, in Portionen, die daheim an Land für eine ganze Familie langen müßten.

„Hier stimmt was nicht an Bord", brummt der Verladeoffizier vor sich hin, läßt die Gabel fallen, steht mit einem Ruck auf und verläßt mit kurzem Gruß die Messe. Niemöller folgt dem Offizier. Zusammen klettern sie an Deck.

„Glaube nicht, daß der Brand vollends gelöscht ist", sagt der Nautiker und tastet das Eisendeck ab, unter dem es schon wieder dröhnt und rumort und poltert.

Das Deck ist immer noch warm.

„Wenn Sie nun noch einmal Kohlensäure in den Raum blasen?" läßt sich Niemöller hören.

„Geht nicht. Der Chief hat nur noch die Hälfte seines Vorrats zur Verfügung. Den brauchen wir für den äußersten Notfall."

„Und ist das etwa keiner?" bohrt Niemöller weiter.

„Naja, ein Notfall ist's schon, aber noch kein äußerster. Passen Sie auf, der kommt schneller als wir denken."

„Aber warum öffnen Sie dann nicht die Luken ganz?" fragt der seemännisch unbedarfte Hilfszahlmeister beharrlich weiter.

„Um Himmelswillen. Machen wir die Luken auf, bekommt der schwelende Brand Luft und bricht vollends aus. Da ist noch Kohlensäure im Raum. Die wird das restliche Feuerchen schon ersticken."

Der Kapitän weicht nicht von der Brücke. Die Offiziere kommen nicht zur Ruhe. Das Poltern im Schiff und die direkt vor der Brücke gelegene unheimliche Luke Zwo beunruhigen sie.

Niemöller ist hundemüde. Aber seine Nerven sind durch die ungewohnte Seefahrt und die letzten Ereignisse völlig überdreht. Mit offenen Augen liegt er in seiner Koje.

Mitternachtsglasen. Die Schläge erinnern an die schrillen Töne eines Armesünderglöckchens . . .

Niemöller hört halb ein Uhr, ein Uhr . . . halb zwei Uhr . . . zwei Uhr Glasen, und er vernimmt im Halbschlaf auch den weiteren Stundenschlag.

Plötzlich Alarm. Niemöller springt aus der Koje. Angezogen wie er ist, packt er mit nun schon schlafwandlerischem Griff die Schwimmweste, rafft das Aussteigepäckchen unter den Arm und ist in langen Schritten auf der Brücke.

Was ist denn nun schon wieder los . . .

Schreie! Rufe! Befehle! Auf der Brücke sind alle Augen nach unten gerichtet, auf die verdammte Luke Zwo. Die beiden Entlüfter des Raumes qualmen wie zwei Fabrikschornsteine. Schwarzer Rauch quillt aus ihnen. Der orkanhafte Wind reißt ihn weg.

Ein dumpfer Knall. Holz splittert. Schwere Eichenbohlen werden in die Luft gewirbelt. Sie krachen irgendwo an Deck nieder. Rotwabender Feuerschein bricht aus der Luke heraus. Dazwischen donnern Explosionen. Und jedes Mal zucken grelle Blitze aus der Luke hervor. „Klar bei Feuerlösch!" brüllt der Kapitän. „Wasser rein! Wasser rein . . . los . . . los . . . los!"

Da unten explodieren die Fässer mit den Chemikalien.

Immer neue Detonationen . . .

Der Qualm ist jetzt so dicht, daß sich das Feuerlöschkommando gewiß nicht bis an die Luke heranarbeiten dürfte . . . Aber sie kämpfen sich durch. Mit Schläuchen in der Hand und Gasmasken über den Gesichtern. Einer der Offiziere steht als schemenhafte Gestalt am Lukenrand und jagt das mit vielen Atü aus dem Schlauch herausprasselnde Wasser in die Luke. Er lüftet seine Gasmaske und brüllt zur Brücke hinauf: „Ich steige ein."

Der Kapitän will ihm noch einen Befehl erteilen. Er will nicht, daß der Mann sich unnötig opfert. Aber der Offizier ist schon im rotflammenden Brodeln untergetaucht. Nach zehn Minuten sehen die am Lukenrand Arbeitenden eine Hand an den Steigeisen. Plötzlich lösen sich die Finger. Die Hand stößt ins Leere, in den roten Qualm hinein. Schnell zerren sie den plötzlich ohnmächtig gewordenen Offizier an Deck und schaffen ihn aus dem Qualm heraus. Der Arzt ist schon bei ihm. Ein anderer Offizier, der Erste, springt an den Lukenrand, hat die Gasmaske aufgesetzt und steigt ein. Den Schlauch hat er unter den rechten Arm geklemmt.

Das ist doch Wahnsinn! Das ist doch Selbstmord, denkt Niemöller. Der aufsteigende schwarze Qualm mischt sich jetzt immer mehr mit Wasserdampf. Der Erste muß sich da unten an den Brandherd herangearbeitet haben, mitten in die Hölle hinein.

Der Erste taucht wieder auf. Er wankt an die Reeling und stolpert an die Brücke. Er reißt die Gasmaske vom Kopf.

Es bedarf der Worte nicht.

„Unmöglich", drückt sein Gesicht aus. Kognak belebt ihn.

Kapitän Haase hat das Schiff so manövriert, daß die Luke im Windlee ruht, daß der Sturm nicht in den Raum hineinfahren kann. Haase hat kaum noch Hoffnung.

Der Offizier erholt sich nach dem Kognak.

„Kapitän, es muß gehen! Ich steige wieder ein."

Haase drückt ihm nur die Hand. Er selbst darf die Brücke nicht verlassen.

Einige beherzte Seeleute springen ihrem Ersten nach. Mit Beilen und Picken hauen sie die Fässer in dem Raum auf, damit die Explosionen aufhören. Sie tauchen wieder auf. Kognak her. Viel Kognak.

Das Feuer wütet. Der Erste ist immer noch im Raum.

Der Tag ist plötzlich da.

Das Feuer im Raum Zwo tobt weiter.

In den Messen hat der Smut Wein, Trockenbeerenauslese, Schinkenfleisch und andere gute Dinge auffahren lassen.

Einige essen davon, die meisten nicht.

Kapitän Haase gibt nichts mehr für sein Schiff. Jeden Augenblick kann die Ladung im Nebenraum explodieren. Er hat den Funker kommen lassen und diktiert ihm den entscheidenden Funkspruch: „Schiff in Brand! Verlassen *Tannenfels*."

In diesem Augenblick wird der Erste Offizier wieder aus dem Raum herausgehievt. Er sieht aus wie der Teufel. Seine Augen sind rot und verquollen. Sein blondes Kopfhaar ist verbrannt, verkohlt.

Kapitän Haase ruft ihm zu: „Es hat keinen Zweck, Erster! Hier hilft kein Gebet und kein Mut."

„Noch einmal, Kapitän," schreit der Erste zurück und ist, eine neue Gasmaske übergestülpt, schon wieder im Luk verschwunden. Von da unten hören sie Schreie. Die am Lukenrand stehen, verstehen einige Worte. Der Erste meldet, er habe das Feuer geteilt. Dann ist Hoffnung, daß er es löscht.

Kapitän Haase stoppt den schon begonnenen Funkspruch.

„Warten Sie noch, Funker . . . Warten Sie . . .!"

Neue Männer klettern in den Raum. Sie schlagen unten die heißen und schon schwelenden Fässer mit den Chemikalien an. Andere Männer holen sie heraus. Oben werden sie über Bord geworfen.

Fässer . . . Fässer . . . Fässer klatschen in die See.

Der Brand läßt nach. Das Feuer stirbt. Noch immer zerren sie Fässer aus dem Raum. Achteraus bilden sie eine weithin sichtbare, verräterische Spur.

Wie nur der Brand entstanden war? Auf diese Frage findet keiner an Bord eine Antwort. Höchstens die eine: Sabotage der verbindlich lächelnden, fleißigen französischen Stauereiarbeiter . . . Auch die losgerissenen Kisten gehen auf ihr Konto. Sicherlich!

In der Liebe und im Krieg sind alle Mittel erlaubt . . .

Abends treffen sich die Offiziere in der Messe. Der Erste trägt Verbände. Auch der tollkühne Ladungsoffizier ist verschrammt, zerschunden und angesengt.

Der Kapitän berichtet, daß er das Notruftelegramm nur zur Hälfte durchgegeben habe. „Ließ es abstoppen, als ich vernahm, daß noch Hoffnung war. Eines steht fest, hätten wir aussteigen müssen, bei dem Sturm wäre kein Boot zu Wasser gekommen . . ."

„Und dann wären wir tausend Seemeilen von jedem von Menschen bewohnten Flecken entfernt gewesen. Trinkwasser und Lebensmittel in den Booten hätten für eine solche lange Fahrt kaum ausgereicht."

„Aber ein so großes Schiff brennt doch nicht in ein paar Stunden aus?" meint Niemöller.

Kapitän Haase schenkt Niemöller ein Glas mit französischem Kognak randvoll.

„Nehmen Sie vorher diesen mannhaften Schluck, Niemöller! Und nun hören Sie gut zu: Im Nebenraum von Luke Zwo liegen einige hundert Fässer mit Äther-Chloroform! Geht Ihnen nun ein Licht auf, was passiert wäre, wenn das Feuer oder nur die Hitze auf den Nebenraum übergegriffen hätte?"

Niemöller verzichtet auf eine Antwort.

Die *Tannenfels* ackert mit Höchstfahrt dem Süden entgegen.

Hilfszahlmeister Niemöller, der seemännische Laie, schreibt in sein Tagebuch über die Fahrt um das Kap der Guten Hoffnung:

„Das schöne Wetter hörte auf, je mehr wir uns der Kap-Breite näherten. Wir erlebten wieder Kälte und Sturm. Unvergeßlich die orkandurchwehten Tage um die Osterzeit. Die Trossen heulten und pfiffen, und die Türen waren nur mit Gewalt zu öffnen. Das ganze Schiff war in Gischt und Schaum eingehüllt. Was nicht niet- und nagelfest angebracht war, mußte festgebunden werden. Warmes Essen gab es nicht mehr. Man nahm sein Brot, sich in den Knien wiegend, in die Faust, um nicht abzurutschen oder über Stag zu gehen.

Der Kapitän, dem das Inferno langsam auch zu bunt geworden war, legte den Kurs aus dieser verrückten Gegend in freundlichere Zonen. Er ging damit zwar vom vorgeschriebenen Kurs ab, rechtfertigte sich aber, indem er sagte: ‚Der Sturm hier unten schlägt mir alles kaputt. Dafür bin ich nicht durch den schwierigsten Teil der Blockade gefahren, um hier nutzlos und sinnlos zusammengedroschen zu werden.‘

Wie sah unser braves Schiff auch aus: Eiserne Geländer und Treppen schienen unter riesenhafte Hämmer geraten zu sein. Und an Deck herrschte eine Wooling, wie der Seemann sagt, wie wir es bisher noch nicht erlebt hatten. Um so glücklicher waren wir, als wir eine Gutwetter-Trift erwischten, die uns mit Schiebewind schneller in den Indischen Ozean brachte.

Wieviel einfacher war die zweite Hälfte der Reise. Freundliches Wetter. Verhältnismäßig ruhige See. Keine Alarme mehr. Dazu noch eine Begegnung mit einem anderen deutschen Schiff, dessen Namen keiner erfuhr. Wir trafen den anderen genau zur Stunde, die der Kapitän für das Treffen ausersehen hatte. Pünktlicher kann kein D-Zug in den Hamburger Hauptbahnhof einlaufen, als wir hier auf einem winzigen Punkt im riesigen Indischen Ozean Masten und Aufbauten des anderen über die Kimm auftauchen sahen.

Das andere Schiff hatte einen Hilfskreuzer mit Öl und Proviant versorgt. Beide Kapitäne waren begeistert. Denn der andere Kapitän hatte den Anfang unseres Nottelegramms aufgefangen und das plötzliche Abbrechen mitten im Wort schon als die Katastrophe gedeutet. Er hatte mit seinen Leuten ein stilles Glas auf uns und unser Ende getrunken. Um so größer war die Freude des Wiedersehens mit den Verlorengeglaubten.

Zwei Tage lagen wir beieinander. Das Boot brachte Besucher hin und her. Einer unserer Abgesandten mußte nachher mit dem Netz über Bord gehievt werden. Sie hatten es drüben zu gut und zu gründlich mit ihm gemeint . . .“

Die nächsten Positionen: Sundastraße mit dem zufällig einmal ruhigen Krakatau. Die Chinasee, still und glatt wie Öl und dabei von einer wundervollen Klarheit. U-Boot-Warnungen am laufenden Band. U-Boote hier, U-Boote dort gesichtet . . .

Und dann, am 12. Mai 1942, Yokohama, eine lichtüberflutete Stadt. Trotz des Krieges mit den USA. Die Japaner hatten den USA gedroht, sie würden jedes Mitglied abgeschossener amerikanischer Bomber erschießen, wenn diese es wagen sollten, offene japanische Städte anzugreifen.

Niemöller verabschiedet sich von Kapitän Haase.

„Sie haben", sagt der Kapitän, „alles erlebt, was einem Seemann auf See so begegnen kann."

„Herzlichen Dank, Kapitän, daß Sie die *Tannenfels* und damit auch mich heil nach Japan brachten. Aber eines verrate ich Ihnen: mich kriegt keiner wieder auf ein Schiff, nicht mal in ein Ruderboot. Trotz allem: missen möchte ich diese Reise nicht. Nur eines bedaure ich: daß die Geheimhaltung es mir verbietet, über solche großartigen Leistungen der Männer der Handelsmarine zu sprechen."

„Darauf legen wir auch gar keinen Wert! Wir tragen an Land Zivil, Herr Oberstleutnant!"

Außer der *Doggerbank* und der *Tannenfels* waren bis Juni 1942 die erst 1938 in Dienst gestellte 9851 BRT große *Germania* von der Bremer Reederei Jürgens & van den Bergh, das 1937 erbaute, 5567 BRT große NDL Motorschiff *Dresden* unter Kapitän Jäger, und mit Kapitän zur See Vermehren an Bord die schon erwähnte *Regensburg* von Bordeaux nach Ostasien entsandt worden.

Bis auf die *Germania,* die in der Biscaya zur Umkehr gezwungen wurde, erreichten auch diese Schiffe ihre Bestimmungshäfen.

*

Von Ostasien nach Europa liefen im Februar 1942 aus:

das 6244 BRT große italienische Motorschiff *Fujiyama* (ab Kobe am 7. Februar — an Bordeaux am 26. April);

das 6408 BRT große HAPAG-Motorschiff *Münsterland* (ab Yokohama am 18. Februar — an Bordeaux am 17. Mai);

das schon erwähnte Motorschiff *Portland* (am 26. Februar aus Yokohama — am 10. Mai an Bordeaux).

Während der Sommermonate 1942 wurde der deutsche Verkehr im Atlantik wegen der kurzen und hellen Nächte in der Biscaya eingestellt. Lediglich einige Versorgungsschiffe mußten unter allen Umständen hinausgeschickt werden, um die im Indischen Ozean operierenden deutschen Hilfskreuzer zu versorgen.

Wie schwierig ein ungefährdetes Ausbrechen solcher Schiffe während der Sommermonate war, beweisen die wiederholten vergeblichen Versuche (die in Las Palmas liegende und von dort ausgehende *Charlotte Schliemann* ausgenommen):

Gesichert von drei Torpedobooten — erstmalig werden Überwasserstreitkräfte angesetzt — verließ am 9. August der Marine-Groß-versorger *Uckermark,* die in der Cossack-Affäre in Norwegen be-kanntgewordene ehemalige *Altmark,* Bordeaux. Sie wurde sofort von der gegnerischen Luftaufklärung erfaßt und zurückgerufen. Dasselbe geschah mit dem am 11. August ausgelaufenen Turbinen-tanker und V-Schiff *Ermland.* Auch ein zweiter, am 15. August zusammen unternommener Ausbruchsversuch scheiterte, als beide Schiffe in der Nacht zum 17. August von britischen Bombern an-gegriffen und beschädigt wurden.

Erst einen Monat später, am 9. September, glückte der *Uckermark* der Ausbruch. Sie traf am 23. November 1942 in Yokohama ein, wurde aber durch eine beim Reinigen der Tanks ausgelöste Explo-sionskatastrophe vernichtet. Mit ihr gingen der neben der *Ucker-mark* liegende Hilfskreuzer *Thor* und seine in *Leuthen* umbe-nannte Prise *Nakin* verloren.

Trotz allem, die Erfolge der Blockadebrecherreisen übertrafen noch immer die Verluste.

*

Und wie reagierte der Gegner?

Captain Roskill schreibt in Band II „The War at Sea" zum Thema „Blockade runner": „. . . Das erste Schiff, das eine erfolgreiche Heimfahrt aus Japan bestand, war die *Ermland,* die Europa am 3. April 1941 erreichte. Nachdem zwei weitere Schiffe, nämlich die *Anneliese Essberger* und die *Regensburg* gefolgt waren, erwogen die Verantwortlichen in London Schritte zu unternehmen, um dieses Loch in der Blockade zu stopfen. Zu Ende des Jahres 1941 arrangierten Admiralität und Kriegswirtschaftsministerium, daß sie Warnungen über die Bewegungen aller Schiffe erhielten, von denen anzunehmen war, daß sie als Blockadebrecher eingesetzt wurden. Die Royal Air Force konzentrierte ihre Patrouillen in der Biscaya auf das Ziel, diese Schiffe am Ende ihrer Reisen zu fangen. Während der ersten Phase der Blockadedurchbrüche — vom April 1941 bis Mai 1942 — waren wir allerdings mit dringenderen An-gelegenheiten beschäftigt. Dem Feind gelangen zahlreiche Durch-brüche. Sechzehn Schiffe segelten während dieser 13 Monate vom Fernen Osten nach Europa. Sie wandten viele und geschickte Tar-nungen an. Trotzdem wurde die *Elbe* durch ein Flugzeug von

HMS *Eagle* erkannt und versenkt, die *Odenwald* wurde durch eine amerikanische Neutralitätspatrouille gekapert. Ein Schiff lief zurück (*Ramses*) und die *Spreewald* wurde durch ein Mißverständnis von einem deutschen U-Boot versenkt.

Im April 1942 beschlossen die Verantwortlichen in London, daß stärkere Anstrengungen gemacht werden müßten, um diesen Verkehr zu unterbinden. Die verschiedenen Möglichkeiten wurden untersucht und der Beschluß gefaßt, die Aufklärungsflüge des Küstenkommandos in der Bucht von Biscaya wesentlich zu verstärken. Aber die Bereitstellung von Flugzeugen mit der notwendigen Reichweite — es waren mehr als 400 Meilen von der Heimatbasis — machte große Schwierigkeiten. Nur eine Whitley-Squadron und acht Liberators vom Bomberkommando konnten im Frühling 1942 eingesetzt werden. Im Juni kamen zeitweise noch sechs Lancasters hinzu. Die Langstreckenflugzeuge wurden zu dieser Zeit jedoch viel nötiger zum Schließen des Luftloches im Atlantik gebraucht. Aus diesem Grunde war es unmöglich, den Patrouillen von Cap Finisterre aus einen höheren Dringlichkeitsgrad zu geben. Tatsächlich beschädigten die Flugzeuge des Küstenkommandos zu dieser Zeit nur einen Blockadebrecher, und da fünf Langstreckenflugzeuge bei dieser Jagd verlorengingen, war dies für uns ein schlechter Wechselkurs."

Elftes Kapitel

DER KAMPF AUF DEN WELTMEEREN
WIRD HÄRTER

Zur Lage: Ende September, Anfang Oktober 1942 hielt die Skl den Zeitpunkt für gekommen, die Blockadebrecherfahrten noch stärker als bisher zu intensivieren.

Die Sommermonate mit den langen Nächten waren vorbei. Die Tage wurden kürzer und das Wetter in der Biscaya schlechter. Da U-Boote, wie die Erfahrungen gezeigt hatten, zur Sicherung eingehender und auslaufender Blockadebrecher nicht genügten und dadurch für Wochen ihren Kampfaufgaben entzogen wurden, sollten nunmehr Boote der 3. und 5. Torpedoboots-Flottille den Geleitschutz durch die gefährdete Biscaya übernehmen.

Inzwischen aber hatte der Gegner seine Luftaufklärung über der Biscaya verstärken können, da jetzt das „blak pit" im Atlantik, das bisher von Flugzeugen noch nicht kontrollierte „Loch" auf den Geleitzugrouten nach Amerika, durch Hilfsflugzeugträger und die ersten Langstreckenbomber der Amerikaner überwacht werden konnte. Das bedeutete, daß nun laufend Kräfte zum Einsatz über der Biscaya frei wurden.

Die Flugboote und die viermotorigen Langstreckenbomber der 19. Gruppe des britischen Küstenkommandos waren alle mit dem ASV-Gerät, dem Vorläufer des 1943 eingesetzten H2S-Gerätes, ausgerüstet. Diese Radar-Anlage arbeitete noch auf der 1,50 m-Welle. Mit diesem ASV „sah" der Gegner in der Nacht so gut wie am Tage. Die von der Skl für eine neue Großaktion der Blockadebrecher erhofften langen Nächte eigneten sich nicht mehr als Tarnmantel für die ein- und ausgehenden Schiffe. Bereits ab Juni 1942 stand der Raum der Biscaya Tag und Nacht, also volle 24 Stunden unter Kontrolle.

Zwar galten diese alliierten Anstrengungen in erster Linie dem Feind Nummer Eins auf See, den deutschen U-Booten, doch trafen

*sie auch die deutschen Handelsschiffe, unter diesen auch die schon
früher behandelte „Rio Grande" und die jetzt auf den Namen
„Weserland" umgetaufte „Ermland".*

Auf der Höhe von Cap Ortegal hatten wir dann auch gleich
Premiere", berichtete Kapitän Krage, nachdem die *Weserland* im
August voll beladen mit Maschinen für Japan und mit einem 10,5
cm-Geschütz und vier 2 cm-Fla-Waffen bestückt, ausgelaufen war.
„Drei britische Flugzeuge griffen uns am Tage an. Sie wurden ge-
bührend empfangen. Die erste, uns am nächsten stehende Maschine
zog mit einer dicken Rauchfahne davon. Das zweite Flugzeug
durchbrach unser Abwehrfeuer. Noch bevor es seine Bomben lösen
konnte, ließ ich Hart-Ruder geben. Dann fielen die Eier. Sie fuhren, durch die schnelle Drehung des Schiffes bedingt, einige Meter
neben der Bordwand in die See. Ohne Schäden für mein Schiff
krepierten sie. Das Flugzeug bekam auch seinen Teil ab.
Es ging, lichterloh brennend, ungefähr zwei Schiffslängen von uns
entfernt, recht unsanft auf die See nieder. Wir sahen eine riesige
Wasserfontäne und dann nichts mehr von dem Angreifer.
Der dritten Maschine muß wohl daraufhin jegliche Abenteuerlust
vergangen sein. Sie drehte ab, ohne uns zu belästigen.
Wir setzten unsere Reise fort, wurden aber laufend von gegnerischen Flugzeugen belauert. Im Gegensatz zu ihren Vorgängern
hielten sie sich wohlweislich außer Schußweite unserer Waffen.
Als die Dämmerung einsetzte, bemerkten wir, daß sich die Flugzeuge mit einem anderen Schiff herumschlugen. Wir sahen wilden
Feuerwechsel und erfuhren erst später, daß es sich bei dem ange-
griffenen Schiff um den Marine-Tanker *Uckermark* gehandelt hatte.
Da wir auch in der Nacht laufend von Flugzeugen angegriffen
wurden, und uns noch nahe der spanischen Küste befanden, hielt
ich es für die beste Lösung, einen spanischen Hafen anzulaufen.
Wir nahmen also Kurs auf Finisterre und liefen bei Morgengrauen
in den kleinen Hafen ein, ohne den Lotsen abzuwarten. Traue
einer den Engländern über den Weg, wenn es um ihre Flagge geht!
Am Nachmittag erreichte uns die Order, wieder nach Bordeaux
zurückzukehren."
Das geschah unverzüglich.

Mit Sicherheit hatte die *Weserland* eines, wahrscheinlich sogar zwei angreifende Flugzeuge abgeschossen. Darüber wurde in Bordeaux weiter nicht gesprochen. (Aber Captain Roskill bestätigt es in seinem Seekriegswerk.)

Mitte September startet die *Weserland* zum zweiten Ausbruchsversuch. Und dieses Mal glückt er wenigstens über das gefährlichste Gebiet hinaus.

Man fühlt sich schon in Sicherheit, als die *Weserland* bereits weitab der spanischen Küste mit voller Kraft in den freien Atlantik hineinbraust.

Der Punkt am Horizont ist keine Möwe.

Er entpuppt sich als eine Sunderland. Stur brummt sie auf den Frachter zu. Wieder sprechen auf der *Weserland* die Waffen, wiederum manövriert Kapitän Krage die Bomben aus und wieder treffen die eigenen Granaten den Gegner. In steiler Kurve stürzt das riesige Flugzeug in die See. Auf gelben Schwimmwesten treiben zwei Überlebende.

„Wenn wir's nicht tun, die Leimis holen die bestimmt nicht raus", wettert Krage, ändert den Kurs, stoppt und holt die beiden Flieger aus dem Bach heraus. Vorher stößt er noch den Arzt in die Seite: „Los Doktor, machen Sie Ihre Sani-Kiste klar, die armen Schweine haben bestimmt was abbekommen."

Der eine Engländer hat schwere Brandwunden erlitten . . . an den Händen, im Gesicht und an den Füßen.

Den andern hat es noch schlimmer gepackt. Seine beiden Beine sind zerschossen. Er stöhnt und windet sich vor Schmerzen.

Der Arzt hilft ihm mit einer Morphiumspritze, dann untersucht er die Wunden.

„Ich muß das eine Bein amputieren, Kapitän."

„Wenn Sie dem Mann damit das Leben erhalten, dann tun Sie es sofort."

Sonderbar, denkt Krage, eben noch trennte uns ein Abgrund voneinander, und jetzt helfen wir uns wieder als Menschen.

Der Arzt amputiert und rettet den gefangenen Gegner. Der andere Engländer wird von seinen Brandwunden schon bald geheilt. Es vergeht kaum ein Tag, an dem sich Besatzungsmitglieder nicht teilnahmsvoll nach dem Befinden der beiden Überlebenden erkundigen.

Als die *Weserland* — sie sichtet „nur" sechs Schiffe auf ihrem Weg nach Japan — schließlich wohlbehalten Yokohama erreicht, sehen sie schwarze Rauchwolken über dem Hafen.

Die *Uckermark* brennt. Nach allen Mühen und Gefahren des Blockadedurchbruchs wird sie hier, am Ziel, doch noch vernichtet ...

*

In Nantes wurde die *Rio Grande* umgebaut: mehr Tanks für Wasser und für Brennstoff, mehr Räume für die Flak-Bedienung.

Außerdem sind zwei Arado 196 mit den dazugehörigen Besatzungen an Bord gekommen. Sie sind für den im Indischen Ozean operierenden Hilfskreuzer *Kormoran* bestimmt. Unter der Ladung verdient ein AEG-Kraftwerk für Dairen Erwähnung. Der Generator wiegt 90 Tonnen. Er wurde auf zwei Kisten mit den je 40 Tonnen schweren Maschinenfundamenten gestaut. Das Stauen besorgten zum Teil Franzosen.

Erster Ehrhardt wagte Einwände. Welch ein Unsinn, Dairen als Bestimmungshafen auf die Kisten pinseln zu lassen! Den Seeleuten wird mit Kriegsgericht gedroht, wenn nur einer das Ziel der Reise ausplaudert. Sie dürfen nicht einmal zu Kameraden anderer deutscher Schiffe darüber sprechen, noch viel weniger ihren besorgten Angehörigen ein Wort über ihre Aufgabe sagen, um das zu erwartende Ausbleiben der Post zu erklären. Und hier lesen Franzosen das Ziel der Reise an der Kiste ab!

An Land lachte man Ehrhardt mit seinen Bedenken nur aus: „Die Franzosen sind zuverlässig. Da machen Sie sich nur keine Sorge."

Erst am 28. September 1942 manövriert sich die *Rio Grande*, wieder einmal als *Belgrando* getarnt, die Gironde stromabwärts. Kapitän ist wieder von Allwörden. Die 10,5 cm und die sechs 2 cm-Fla-Waffen beruhigen ihn und seine Männer. An der Küste haben sich die Abschüsse der *Weserland* herumgesprochen. Ein Funkmeß-Beobachtungsgerät soll anfliegende Flugzeuge auch in der Nacht erkennen lassen.

Was ist das mit dem britischen Radar? An Land konnte keiner Genaueres sagen. In der Dienststelle des Admirals sahen sie nur bedenkliche Gesichter, wenn von feindlichen Ortungsgeräten die Rede war.

Solange sie im Geleit der Sicherungsfahrzeuge schwimmen, bleibt alles ruhig. Der Marsch durch die Biscaya verläuft ohne Zwischenfälle.

„Kaum waren wir von unseren Sicherungsstreitkräften verlassen worden", so berichtet der uns bereits bekannte, für die Flak an Bord verantwortliche Obermaat Kann in seinem Tagebuch, „da bekamen wir querab der spanischen Küste die erste Feindberührung. Steuerbord achteraus wurde ein Sunderland-Flugboot ausgemacht. Es verschwand immer wieder in den niedrig hängenden Wolken. Die Geschützbedienungen waren nervös, handelte es sich doch größtenteils um junge Soldaten, die noch keine Feindberührung gehabt hatten.

Dieser Zustand änderte sich aber schnell. Die Sunderland setzte plötzlich von querab zum Angriff an. Ich bat den Kapitän um Feuererlaubnis.

Von dem Matrosengefreiten Wolf, dem E-Messer, hatte ich die ganze Zeit die Entfernungsangaben bekommen. Wir konterten den Anflug mit einem starken Abwehrfeuer sämtlicher Fla-Waffen. Die Engländer wurden bei ihrem Anflug unsicher, denn die Schüsse lagen gut. Der gezielte Bombenabwurf wurde vor allem durch die geschickten Rudermanöver des Kapitäns verhindert. Alle Bomben fielen ins Meer. Die Maschine verschwand, und wir hatten wieder Ruhe. Daß andere Angreifer folgen würden, war uns natürlich klar.

Der Kapitän ließ Sonderverpflegung ausgeben. Unser guter Smut Alfred Maas brachte uns zusammen mit dem Bäcker an Bord die Handverpflegung an unsere Waffen. Gute Verpflegung: Fleisch mit Handgriff, das heißt Koteletts und außerdem dicke Bockwürste. Soviel wie jeder essen mochte und essen konnte.

,Haut rein, Genossen', grinste der Smut, ,wäre doch schade, wenn diese guten Sachen zu den Fischen gingen. Fett schwimmt oben, denkt daran.'

Stehend freihändig stärkten wir uns.

Nachmittags 14 Uhr. Zwei Sunderland-Flugboote im Anflug.

Sie wurden durch das rasende Abwehrfeuer abgewehrt, aber sie kommen immer wieder. Dann kamen sie uns mit Taktik. Die eine flog von vorn, die andere von Steuerbord achtern an. So zersplitterten sie unser Abwehrfeuer und durchbrachen im Tiefflug die Sperre. Die Bomben lagen nahe, verflucht nahe, aber der Kapitän manövrierte sie mit ruhigen Ruderbefehlen aus. Das Schiff wurde von Wassersäulen überschüttet. Selbst wir auf den oberen Aufbauten bekamen unser Teil ab.

Wieder erzielten sie keinen Treffer. Dann kam die Nacht."

Soweit das Tagebuch des Obermaaten Kann.

„In der Nacht packen sie uns", läßt Ehrhardt, der Erste, beim Abendessen in der Messe in die gedämpfte Unterhaltung einfließen.

Um die fünfte Morgenstunde meldet der FuMB-Raum stärker werdende Ortungen. Der Empfänger piepst in schrillen Tönen.

Doch von wo kommen sie? Von vorn . . .? Von achtern . . .? Von den Seiten . . .?

Von Allwörden stoppt sein Schiff. Er will sich nicht durch die in der Nacht besonders stark leuchtende Bugwelle und durch das nicht minder sichtbare Heckwasser verraten.

Plötzlich Tageshelle!

Die Angreifer haben „Tannenbäume" geworfen. Die *Rio Grande* liegt wie eine Zielscheibe in der See.

„Voll voraus!" lautet von Allwördens rascher Befehl.

„Feuer frei!" der nächste.

Im Reihenwurf kommen die Bomben. Zwei Sunderlands und zwei Constellation-Bomber schütten ihren todbringenden Segen über dem Frachter aus.

Und zwischen das heisere Bellen der Flak und das Krachen der Zehnkommafünf mischen sich die reißenden Explosionen der Bomben. Sie krepieren links und rechts. Die Luft ist mit dem ekelhaften Zischen der Splitter erfüllt.

Die *Rio Grande* verschwindet immer wieder im tosenden Wirbel hoch aufspringender Wassermassen.

Sie alle spüren die ruckartige Erschütterung. Ein gigantischer Hammerschlag läßt das Schiff erbeben. Sie haben das Gefühl, daß der Magen in die Kniekehlen sackt. Die meisten Männer wirft es um. Dem Flugzeugführer der an Bord verladenen Arado, Leutnant zur See Horn, schlägt es die Maschinenpistole aus der Hand. Eben noch hatte er einen der Tannenbäume damit ausgeblasen. Er hatte den Fallschirm, an dem die Lichter schweben, zerschossen.

Eine Bombe hat die Brücke getroffen.

Gleich muß die Detonation kommen, gleich . . . Wie erbarmungslos lang eine Sekunde sein kann . . . Aber die Explosion bleibt aus.

Der einzige Direkttreffer ein Blindgänger?

Erster Ehrhardt rappelt sich auf. Er schiebt sich etwas vor . . . und greift in gezacktes Eisen und dann ins Leere — in das Bombenloch an der Steuerbordseite der Brücke.

Die Angreifer fliegen ab.

Dann überfällt lähmende Ruhe das Schiff. Die schweißnassen Finger tasten das Deck, die Reeling und die Aufbauten ab. Die *Rio Grande* schwimmt . . . Weiß Gott, sie schwimmt.

20 oder 25 Bomben hat der Gegner abgeladen.

Auf der Brücke hören sie Kapitän von Allwörden mit der Maschine telefonieren . . . Seine Stimme ist ruhig, als er den Chief nach den entstandenen Schäden fragt.

„So so, Lichtmaschine ausgefallen . . . Muß umgepolt werden . . . Zylinder acht klopft . . . Schon bitterer . . . Sonst noch etwas . . .?"

Erst jetzt haben sie Zeit, sich um den Blindgänger zu kümmern. Die Bombe hat die Brücke durchschlagen und auf dem Kapitänsdeck ist der Bombenmantel aufgerissen. An Deck liegt Sprengstoff umher. Wäre das Biest krepiert, dann lebte wohl keiner auf der Brücke und auf dem Peildeck mehr. Dann wäre die *Rio Grande* zur wehrlosen Beute geworden.

Der Erste und der Bootsmann wollen die Trümmer beseitigen.

„Sie fassen mir das Zeugs nicht an!" fährt der Kapitän dazwischen. „Mache ich selbst. Am besten gleich. Erster, räumen Sie Brücke und Mittelschiff!" Als alle in Sicherheit sind, wuchtet von Allwörden den riesigen Brocken über die Reeling. Von dem Sprengstoff hebt er sich ein paar Krümel auf. Passen gut zu dem Splitter der Japaner-Bombe.

Die einzelnen Stationen erstatten ihren Bericht. Mindestens zwei Flugzeuge seien getroffen worden. Eine der Maschinen sei brennend auf der See niedergegangen.

„Ach, das ist doch jetzt alles so unwichtig, ob wir einen oder zwei abgeschossen haben", winkt von Allwörden ab und rückt sich die Hose gerade, als hätten ihn diese tödlichen Minuten ein paar Pfund seiner wohlbeleibten Seriösität gekostet.

Seine Sorgen sind andere. Wohin jetzt? Die Engländer kommen wieder . . . Von Allwörden entschließt sich, den nahen spanischen Hafen El Ferrol anzulaufen.

So ruhig, wie man erwarten sollte, bleibt es im Hafen El Ferrol nun auch nicht. Zweimal erscheinen um die Mittagsstunde britische Bristol Blenheims. Sie brausen im Tiefflug über den deutschen Frachter hinweg. Sie pfeifen auf die Neutralität der Spanier. Wis-

Seltene Nachbarn auf den langen, einsamen Reisen der Blockadebrecher: Oben ein Treffen mit einem deutschen U-Boot im Atlantik; unten ein gewaltiger Tafeleisberg südlich Kap Hoorn.

Japanfahrer *Rio Grande* trifft mit wertvollen Rohstoffen an Bord glücklich in Bordeaux ein! Oben der Empfang im Hafen. Unten: Konteradmiral Mensche, der Leiter der Kriegsmarine-Dienststelle Bordeaux, heißt Kapitän v. Allwörden herzlich willkommen.

sen sie mehr? Ist ihnen bekannt, daß das Schiff in diesem Hafen mit neuer Munition ausgerüstet wird, eine Handlung, die ebenfalls einem Neutralitätsbruch gleichkommt?

Die im Hafen liegenden spanischen Kriegsschiffe eröffnen das Feuer, wenn sich nur ein Brite blicken läßt. Aber sie zielen schlecht. Am Abend des 6. Oktober läßt Kapitän von Allwörden in aller Heimlichkeit seeklar machen. Er will im Schutz der Dunkelheit aus dem Hafen schleichen. Sogar auf den Lotsen verzichtet er, um den Kreis der Eingeweihten so klein wie nur irgend möglich zu halten. Bescheid weiß nur der Hafenkapitän.

„Ohne Lotsen, Kapitän von Allwörden? Ich beschwöre Sie. Solange ich hier Hafenkapitän bin, ist noch kein Schiff ohne Lotsenhilfe ausgelaufen oder eingekommen. Auf beiden Seiten der Ausfahrt bleibt doch für ihr großes Schiff nicht viel mehr Platz, als eben noch ihre Mütze dazwischenzuhalten."

„Ich weiß. Bin ja ohne Lotsen hereingekommen."

„Natürlich. Bei Tage. Aber bei Nacht? Das geht nicht gut! Wenn Sie nun den Hafen blockieren, wenn sie auf Grund festkommen, was dann?"

„Ich werde eben nicht festkommen."

Der Hafenkommandant sieht von Allwörden lange an. Er wirft seine eben angezündete Zigarette aus dem offenen Fenster hinaus und geht einen Schritt auf den deutschen Kapitän zu. Dann sagt er: „Gut, Ihnen erlaube ich es. Außer Ihrem Können haben Sie noch das, was ein guter Seemann braucht: den sechsten Sinn, die glückliche Hand. Möge sie Ihnen auch auf der nächsten Reise bewahrt bleiben. Wann also?"

„Nach Eintritt der Dunkelheit. 20 Uhr."

„Einverstanden."

„Sie werden diesen Termin mit Diskretion behandeln?"

„Selbstverständlich."

In aller Heimlichkeit machen sie nach dem Dunkelwerden die *Rio Grande* klar. Von Allwörden will eben den Ankerauf-Befehl geben, da erzittert die Luft unter einem ohrenbetäubenden Lärm. Das Typhon des Schiffes beginnt zu heulen.

Und hört nicht wieder auf.

An Land stürzen sie aus den Häusern, reißen sie die Fenster auf. Der Hafen füllt sich mit Neugierigen . . .

Feuer an Bord? Oder was ist da sonst auf dem deutschen Frachter passiert?

Das Typhon heult und heult.

Und von Allwörden beinahe mit.

Endlich, nach fünfzehn Minuten, hat man den Schaden entdeckt. Ursache war ein Maschinenassistent, der im Schornsteinmantel eine Reparatur vorgenommen hat und dabei den Mechanismus des Heulers blockierte . . .

Die Zigarren, die Kapitän und LI dem Ärmsten verpassen, werden bis Japan nicht ausgehen!

Unter den Augen von Hunderten von Zuschauern, die britischen Agenten darunter, läuft die *Rio Grande* aus. Die Molenenge wird tatsächlich ohne Schwierigkeiten passiert. Eine seemännische Meisterleistung.

Wie hatte der Hafenkommandant zum Kapitän gesagt: Sie haben einen sechsten Sinn . . .

Den Nebel, der die *Rio Grande* draußen umfließt, hat er bestimmt nicht gerochen. Oder doch?

An Bord hören sie den Sprechfunk der die *Rio Grande* suchenden Flugzeuge mit ab. Der Metox schweigt, bis auf ein paar leise, von weither kommende Strahlenimpulse.

Auch das ist Glück: die am nächsten stehenden Suchflugzeuge haben noch kein ASV-Radar an Bord. Von Allwörden manövriert die unliebsamen Vögel anhand der Sprechfunkpeilungen aus.

Der freie Ozean wird ohne dramatisches Zwischenspiel erreicht.

Klare Fahrt bis in den Südatlantik. Dieses Mal führt der Weg um das Kap der Guten Hoffnung in den Indischen Ozean.

Ein FT von der Skl: Die *Rio Grande* — sie hat noch eine Zweitagesreise bis zur Sundastraße — soll für die nächsten sechs Tage auf und ab stehen.

Ein FT am nächsten Tag meldet den Grund: Starke britische Seestreitkräfte haben am 28. November in 23, 28 Süd und 99, 20 Ost den Blockadebrecher *Ramses* versenkt. Diese Position liegt unweit des jetzigen Standortes der *Rio Grande* . . .

Die *Ramses*, ein 7983 BRT großes HAPAG-Motorschiff, war in der Tat, von Kobe kommend, wo sie am 23. Oktober ausgelaufen war, von dem holländischen Kreuzer *van Heemskerck* und dem australischen Kreuzer *Adelaide* gestellt worden. Kapitän Falke hatte den Schneid, sein Schiff trotz der Bedrohung noch selbst zu versenken.

Nach sechs Tagen nimmt die *Rio Grande* wieder Fahrt auf. Der ihr vorgeschriebene Weg führt durch die Sundastraße.

Hier lauern versteckt und beharrlich wie raublustige Hechte amerikanische U-Boote. Hier hat es vor wenigen Wochen die *Regensburg* erwischt. Dies ist kein Seemannslatein: die *Regensburg* wurde gerettet, weil sie unter anderem auch Schmalz geladen hatte. Der Torpedo traf ausgerechnet die Höhe der mit Schmalz beladenen Räume. Und das Schmalz stopfte das Leck so weit dicht, daß die *Regensburg* über Djakarta den Hafen von Singapore erreichte!

Der Krakatau kommt in Sicht, berühmt durch das Beben von 1883, den heftigsten vulkanischen Ausbruch, den die Erde je erlebte. Gerade hier lungern die amerikanischen Wölfe herum. *Rio Grande* zackt und passiert schließlich auch die gefährliche Barre hinter der Straße. Die Luft duftet würzig. Wasserlaufende Sturmschwalben umschwirren den einsamen Frachter. Das Paradies der tausend Inseln gleitet an Backbord vorbei.

Zwei Tage später fallen in Djakarta, dem ehemaligen Batavia, die Anker.

Die *Rio Grande* ist nicht das einzige deutsche Schiff. Hier verpusten für ein paar Tage auch die im Oktober aus Bordeaux ausgebrochene *Brake* unter Kapitän Kölschbach und die in *Irene* umgetaufte Prise *Silvaplana*. Kapitän Wendt, der junge Ex-Kapitän des Frachtsegelschiffes *Padua*, hatte die *Irene* von Bordeaux bis hierher gebracht. Beide Schiffe sind wie die *Rio Grande* nach Japan bestimmt. Auch diese beiden Frachter haben den Befehl, hier und später in Menado noch Güter für Japan zu laden.

Der Herr Militärgouverneur, ein japanischer Kapitän zur See, bittet die deutschen Kapitäne im ersten Hotel am Platz zu Gast. Eine bemerkenswerte Geste bei den von Natur aus gegen alle Weißen verschlossenen Japanern.

Es wird ein Festessen wie aus einem Märchenbuch. Von den sieben Gängen sind sechs ausgesprochen deutsche Gerichte. Die Japaner lassen sich ihre Höflichkeit etwas kosten. Weiß der Teufel, woher sie die Rezepte dafür haben!

Vorher große Begrüßungsrede durch den Gouverneur. Der Kapitän sprach japanisch, und ein Dolmetscher übersetzte seine Lobeshymnen auf die deutsche Tapferkeit und auf das stille Heldentum der Männer der Handelsflotte.

Die Sitte gebietet eine Gegenrede. Daran hat keiner der Deutschen gedacht. Kölschbach und Wendt sind sich einig, daß nur von Allwörden das Zeug dazu habe. Das „von" vor seinem Namen verpflichtet. „Sie sehen auch aus wie ein richtiger Kapitän. Nen büschen rundlich, so ganz und gar Ruhe und Würde in Person", grinst Kölschbach beinahe hinterlistig. Zu langem Hin- und Herpalaver bleibt keine Zeit.

Von Allwörden legt los, und es geht, dem zustimmenden Kopfnicken seiner beiden Kameraden nach zu urteilen, auch ganz gut vom Stapel.

Plötzlich zieht ihn einer am Rock: der hinter dem Deutschen stehende Dolmetscher, der über diese Form einen energischen Stop einlegt, um mit seiner Übersetzung nachzukommen. Bei dem ewigen Gezupfe kommt von Allwörden beinahe von seinem Kurs ab. Aber zu guter Letzt fällt ihm doch noch ein, dem Tenno ein Hoch und Hurrah auszusprechen.

Ein Glas Sekt und neue Toasts beenden den offiziellen Teil.

Wenn es nur nicht so heiß und schwül wäre! In dieser Treibhausluft läuft der Firnis von der Haut in Strömen.

Die deutschen Kapitäne glauben nicht richtig zu sehen: Der Gouverneur zieht seinen Rock aus. Die anderen japanischen Offiziere folgen seinem Beispiel. Und mit Erleichterung tun es auch die Deutschen.

Ein hochoffizielles Essen in Hemdsärmeln!

Der letzte Gang ist der schwierigste: Japanischer Rohfisch, gebackener Fisch, Reis und höllisch „heiße" Saucen dazu.

Statt mit Messer und Gabel muß mit Stäbchen gegessen werden.

Kölschbach kennt sich mit den Dingern aus, von Allwörden und Wendt leider nicht. Sie versuchen es aber wenigstens. Und wenn der Reis daneben fällt, lachen die Japaner herzlich und nicken den Gästen aufmunternd zu.

Von Allwörden in sein Tagebuch: „Eine hübsche Tischsitte schien es uns, daß die Gläser mit Wein, Sekt oder Bier nie leer wurden. Man hatte kaum angetrunken, da gluckerte, von dem für jeden Teilnehmer bestellten persönlichen japanischen Diener eingeschenkt, neuer ‚Stoff' hinein. Gewiß, der Krieg ist eine ernste Sache, aber es gibt wohl kein noch so ernstes Ding auf Erden, das nicht auch eine heitere oder gar komische Seite hätte."

Weiter nach Menado. 500 Tonnen Kopra für Japan kommen an Bord. Und mit der Ladung auch ein japanischer Passagier, ein japanischer Hotelier, der auf Regierungsbefehl in Java und hier auf Celebes einige Hotels übernommen und für japanische Bedürfnisse eingerichtet hatte.

U-Bootsalarm auf dem Marsch nach Japan. Der japanische Hotelchef taucht ohne Schwimmweste auf der Brücke auf.

Erster Ehrhardt kümmert sich um ihn: „Wo haben Sie denn Ihre Schwimmweste, Sir?"

„Ich habe keine."

„Hier, dann nehmen Sie meine", sagt Ehrhardt, bindet seine Schwimmweste ab, drückt sie dem zaudernden und erstaunten Japaner in die Hand und bindet sie ihm mit sanfter Gewalt schließlich auch noch um.

In Japan mußten alle Hotelgäste, ob sie es wollten oder nicht, die heroische Story mit der abgetretenen Schwimmweste über sich ergehen lassen. Ein Weißer bot einem Japaner sein eigenes Rettungsmittel an! Das bietet Stoff für abendfüllende Gespräche . . .

Der Kapitän und Ehrhardt werden von dem Japaner aus herzlicher, überschäumender Dankbarkeit heraus in sein bestes Hotel eingeladen, in das Mianoschtu in Gora. Die letzte Strecke des Anmarschweges zu dem in den südlichen Bergen Japans gelegenen Traumhotel erfolgt über eine hoteleigene Zahnradbahn. Man steigt aus und steht im Foyer — aber in was für einem Empfangsraum! Über und über ist er mit Zierpflanzen geschmückt, und den mit schneeweißem Kies belegten Boden unterbrechen kleine Becken, in denen Goldfische daran erinnern, daß der Aufenthalt in diesem Hause auch nur mit Gold aufzuwiegen ist. Wie jeder große Mann hat auch der japanische Hotelier ein Hobby. Er sammelt Bilder von bärtigen Männern.

Die Zimmer tragen übrigens keine Nummern, das ist nicht nach dem stilvollen Geschmack der musenfreudigen Japaner. Jedes Zimmer hat einen Blumennamen, und die gleichen Blumen tauchen dann im Zimmer selbst als überaus kunstvolle Deckenbemalung wieder auf. Decken mit Chrysanthemen, Decken mit Rosen, Decken mit Lotosblumen . . .

„Was macht Dein Hexenschuß", ist eine der ersten Fragen, die der Hotelier nach der Begrüßung an Ehrhardt auf dem Herzen hat. Er hat das Bild nicht vergessen, wie der Erste sich an Bord mit diesem Leiden herumgeplagt hatte.

„Schlecht steht's damit . . ."

„Prima! Du baden! Du sofort baden", strahlt der Japaner, klatscht in die Hände. Sechs japanische Diener kleiden Ehrhardt aus und setzen ihn behutsam in eine der typischen Holzbadewannen, denn das Hotel ist wegen seiner aus eigenen heißen Schwefelquellen gespeisten Bäder über die Grenzen des Landes hinaus berühmt.

Dem Ersten bleibt fast die Luft weg. Die Wassertemperatur mißt 45 Grad!

Das ist selbst dem Hexenschuß zuviel . . .

So entgegenkommend, so hilfsbereit die Japaner sich dem Deutschen gegenüber zeigen, die staatliche Bürokratie läßt die konservative Maske des Mißtrauens auch bei den Bundesgenossen nicht fallen. Sie lassen kein Besatzungsmitglied der in den Häfen liegenden Schiffe unbeobachtet. Als von Allwörden in das Mianoschtu in Urlaub fuhr, mußte er für seinen Inlandspaß gleich fünf Fotos bei der japanischen Polizei abgeben, um außerhalb des Festungsgürtels reisen zu dürfen. Als er seinen Paß später wieder ablieferte, fragten die Japaner lächelnd, wo er außer in Tokio noch gewesen wäre. Von Allwörden meinte, die Freundschaft mit dem Hotelier ginge diese Leute doch wohl nichts an, und verschwieg diesen Abstecher.

„Sie waren aber auch in Gora, Kapitän?" bohrten die japanischen Beamten weiter.

„Natürlich. Ich war auch in Gora."

Undurchdringlich lächelnd schlossen die Beamten das Aktenstück und den Paß.

Gummi ist die Hauptladung, die in den ersten Wochen des neuen Jahres in die Räume verstaut wird. Gummi, von dem Hitler sagte: „Unsere Buna-Produktion hat uns bereits unabhängig von überseeischen Rohstoffen gemacht. Wir halten den Krieg noch zehn Jahre aus . . ."

*

Außer den genannten Schiffen *Weserland, Rio Grande, Irene* und *Brake* liefen in der Zeitspanne zwischen Juli und Dezember 1942 von Bordeaux nach Ostasien aus:

Das unter dem Kommando von Kapitän Tarchiana stehende italienische Motorschiff *Pietro Orseolo* am 1. Oktober (an Kobe am 2. Dezember);

der Motor-Tanker *Spichern*, 9323 BRT, der aber nach Schäden bei Flugzeugangriffen in der Biscaya nach Nantes umkehren mußte;

das Motorschiff *Karin*, 7323 BRT, Kapitän Klippe, im Oktober (an Singapore am 30. Dezember);

das Motorschiff *Anneliese Essberger*, 5173 BRT, Kapitän Prahm, im Oktober, am 21. November bei Feindberührung selbst versenkt;

das Motorschiff *Burgenland*, 7320 BRT, Kapitän Schütz, Anfang November (an Kobe 12. Januar);

das italienische Motorschiff *Cortelazzo*, 5292 BRT, am 29. November, vernichtet am 15. Dezember;

und das Motorschiff *Germania* (zweiter Ausbruchsversuch) am 12. Dezember, vernichtet am 15. Dezember.

Die Aufzählung macht deutlich, daß die später ausgelaufenen Blockadebrecher der immer stärkeren gegnerischen Bewachung der Auslaufwege zum Opfer fielen. Und zwar trotz der jetzt längeren und dunkleren Nächte!

Die *Cortelazzo*, von den Torpedobooten *Kondor*, *Falke* und T 22 gesichert, wurde von einer Sunderland der RAF Sqdr. 10 entdeckt und auf der Höhe von Cap Finisterre kurz vor Einbruch der Dunkelheit angegriffen. Nach Entlassen der Torpedoboote mußte sich das Motorschiff am nächsten Morgen selbstversenken, als der britische Zerstörer *Redoubt*, von Flugzeugen herbeigerufen, in Sicht kam.

Die *Germania* hatte ebenfalls die sie sichernden vier Torpedoboote kurz vor Cap Finisterre entlassen und glaubte, daß ab hier nicht mehr mit gegnerischen Angriffen zu rechnen wäre. Aber der Gegner hatte seine Taktik geändert. Westlich von Finisterre tauchten britische Zerstörer auf und die *Germania* versenkte sich befehlsgemäß selbst.

Die *Anneliese Essberger* schlug sich durch die gefährlichste Kontrolle der Briten glücklich durch, lief aber in der jetzt von dem amerikanischen Südatlantik-Geschwader stärker als bisher überwachten Enge zwischen Natal-Freetown den US-Kreuzern *Cincinnati* und *Milwaukee* sowie dem Zerstörer *Somers* über den Weg. Sie endet ebenfalls durch Selbstversenkung.

Selbstvernichtung — wie leicht spricht sich das aus. Aber welch ein Opfer . . .

*

Wir wenden uns nun dem Seeverkehr zwischen Ostasien und Europa zu.

Da ist zunächst wieder die *Tannenfels* zu nennen. Sie machte am 8. August in Yokohama die Leinen los, gelangte ungefährdet bis in den Südatlantik und bekam hier Auftrag, den Hilfskreuzer *Stier,* den letzten aus Frankreich ausgelaufenen Handelsstörer, zu versorgen. Aber hinter die halsbrecherischen Fahrten des Hilfskreuzers in einem vom Gegner beherrschten Seegebiet war schon am 27. September 1942 ein dicker Punkt gesetzt worden.

Im Gefecht mit dem schwer bewaffneten US-Libertyschiff *Stephen Hopkins* wurde der Amerikaner zwar versenkt, aber auch das deutsche Schiff erhielt entscheidende Treffer.

Auf HSK *Stier* waren der Hauptmotor, die Ruderanlage und sämtliche Pumpen, also auch die Feuerlöschpumpen, ausgefallen. Brände wüteten im Kohlenbunker, unter dem Torpedoraum, in der Kleider- und Tabaklast. Die Versuche, das Feuer mit Hand über Hand gemannten Pützen, Kannen, Barkassen zu löschen, schlugen fehl. Das herangeschaffte Löschwasser war nur ein Tropfen auf den heißen Stein. Kapitän zur See Gerlach gab Befehl, *Stier* zu verlassen; denn jeden Augenblick konnten die 20 Torpedos und die Artilleriemunition detonieren . . .

Über die Heimkehr der Hilfskreuzer-Besatzung heißt es in den Aufzeichnungen des Kommandanten:

„Kapitän Haase, ein alter und bewährter Nautiker, ein Seemann und Kapitän von hohen Graden", so schreibt Gerlach in sein Tagebuch, „leitete die Übernahme der überlebenden 325 Hilfskreuzer-Seeleute in vollendeter Ruhe und mit bewundernswertem Geschick. Für die 30 zum Teil schwerverwundeten Kameraden wurden sofort bereitwilligst die Kammern mit den festeingebauten Kojen geräumt.

Was fehlte, war ein geeigneter Operationsraum, und was noch schlimmer war: es waren keine ausreichenden Instrumente an Bord, um die Verwundeten operieren zu können. Ein Glück im Unglück, daß wenigstens mein zweiter Arzt, der Chirurg Dr. Unterseher, das Gefecht überlebte. Der Schiffsarzt, Stabsarzt Dr. Meyer-Hamme, ein in sich gekehrter, angenehmer und von der ganzen Besatzung verehrter Mensch, mehr Philologe als Arzt, war auf *Stier* schwer verwundet worden und noch an Bord gestorben. Trotz der fehlenden Mittel konnte Dr. Unterseher mit Taschenmessern und anderen Hilfsmitteln Operationen durchführen. Bis auf zwei Kameraden, die wahrscheinlich auch die Behandlung in einer Klinik nicht überstanden hätten, konnten alle Verwundeten wieder hergestellt werden . . ."

Doch zur Reise selbst . . .

„Tscha, Herr Kapitän", spricht Haase den Hilfskreuzerkommandanten an. „Erstens sind Sie älter als ich, zweitens sind Sie der militärisch höchste Dienstgrad an Bord und drittens einer von den Seeoffizieren, die man nicht ohne Grund mit einer auch seemännisch und nautisch so schwierigen Unternehmung betraut hat."

„Na und, Herr Kapitän?"

„Ich meine ja man nur so . . . Sie sollten jetzt das Kommando über die *Tannenfels* übernehmen."

„Nein. Ich bitte Sie kameradschaftlichst, die Führung der *Tannenfels* zu behalten, Ihres Schiffes, Herr Kapitän, das Sie unter soviel Strapazen bis nach Japan fuhren. Sie können mich ja über alle wichtigen Maßnahmen unterrichten."

„Nun gut, einverstanden! Sie erwähnten vorhin Ihre Sorgen um die Boote mit den Überlebenden Ihres Gegners. Suchen wir also nach ihnen, vielleicht müssen wir helfen."

Die *Tannenfels* kreuzt viele Stunden. Aber in dem noch diesiger gewordenen Wetter ist nichts zu finden. Erst viel später sollten sie über den Rundfunk erfahren, daß sich ein Boot mit Überlebenden nach der Ostküste Südamerikas abgesetzt hatte und nach sechs Wochen dort angekommen war.

„Wie stehen nach Ihrer Meinung die Aussichten für einen Durchbruch?" sagt Gerlach nach dem Abbruch der Suchaktion zu Haase.

„Nicht sehr rosig. Der Gegner hat doch gefunkt."

„Und zwar heftig! Ich schlage vor, wir setzen uns zur Tarnung unserer Position zunächst mit AK nach Süden ab."

„Gut, machen wir. Hören wir aber noch meinen Chief."

Der Bericht des verantwortlichen Ingenieurs ist nicht eben erfreulich. Die *Tannenfels* muß mit dem vorhandenen Brennöl sogar jetzt schon geizen, um überhaupt nach Westfrankreich zu gelangen.

„Meine Herren, die Rechnung sieht so aus: wir dürfen nur mit einem Motor mit neun Knoten weiterfahren, um später in der Freetown-Natal-Enge und zum Marsch durch die Biscaya noch Reserven für volle Fahrt zu haben."

„Ja, und wenn Zwischenfälle eintreten, dann geht uns die ganze hübsche Rechnung in die Binsen", sinnt Gerlach.

„Das ist nun mal unser Beruf, Käpten Gerlach, solche Unwägbarkeiten einzubeziehen. Ich fürchte nur, die Brennstoffsorgen werden die harmlosesten Kümmernisse sein."

„Wem sagen Sie das?"

Die *Tannenfels* marschiert zwei Tage Kurs Süd und dreht dann auf Gegenkurs. Richtung Heimat!

Ein FT von der Skl überschattet die sorgenvolle Rückreise noch mehr. Der „An Alle" gerichtete Funkspruch berichtet, daß sich die Alliierten für die noch vor der *Tannenfels* liegende „Freetown-Enge" eine neue Überwachungserleichterung ausgeknobelt haben. Danach besteht für alle alliierten oder in alliiertem Dienst fahrenden Schiffe der Befehl:

„Alle Schiffe haben die brasilianische Insel St. Paul in einem Abstand bis höchstens 100 sm zu passieren. Sämtliche in größerem Abstand passierenden Schiffe werden von Flugzeugen ohne Warnung angegriffen und versenkt."

Das ist eine böse Überraschung. Was soll die Schiffsführung tun? Welches Risiko ist geringer? Außerhalb des alliierten Zwangskurses nach Norden zu laufen, würde in jedem Falle feindliche Überwachungsfahrzeuge aufmerksam und mißtrauisch machen.

„Gehen wir doch aufs Ganze", rät Gerlach.

„Gut, laufen wir dreist und gottesfürchtig auf dem Zwangsweg entlang. Die *Doggerbank* hat sogar britische Kriegsschiffe mit ihrer Tarnung getäuscht."

„Haben Sie Schneidewind in Japan getroffen?"

„Wir trafen uns im New Grand Hotel in Yokohama. Phantastischer Bau. Ganz aus Stahl konstruiert. Wohl wegen der Erdbeben. Liegt direkt an der Uferstraße, und die Rasenflächen davor bilden einen immergrün blühenden Garten. Dieser Park ist das Grab eines ganzen Viertels der Welthafenstadt. Sein Baugrund besteht aus Trümmern der Häuser, die 1923 bei dem furchtbaren Erdbeben zusammengekracht sind . . ."

„Aber, lieber Käpten Haase, sie strapazieren meine Nerven! Plaudern grad daher, als führen wir auf einem Musikdampfer zur See, statt auf einem von allen Hunden gehetzten Blockadebrecher durch die Freetown-Natal-Enge!"

„Tschuldigen Sie, Kapitän, wir haben ja bis dahin noch ein ganz hübsches Stückchen zu fahren. Das war ein Hotel . . .“

„Gut, gut, also fahren wir den Zwangsweg?“ drängt Gerlach.

„Von mir aus: selbstverständlich.“

Die Motoren fahren hoch. Die *Tannenfels* bricht mit 16 kn durch die See. Es ist Nacht, als sie die Luftlinie Pernambuco-Freetown passieren. Der Himmel ist klar. Ein mit Diamanten besetzter blauer Baldachin. Das Kreuz des Südens ist noch immer das schönste strahlende Sternbild . . .

Erster Offizier Becher hat die grünen und roten Lichter am Himmel zuerst entdeckt. Er hat das Gefühl, mit seinem Glase unbedingt auch den Himmel beobachten zu müssen.

Flugzeuge! Sie liegen direkt auf Kreuzkurs mit dem Blockadebrecher.

„Stop!“ ruft Gerlach, den das erregte Trappeln auf der Brücke aufmerksam machte und aus der Kammer jagte. Kapitän Haase hat schon von sich aus den Hebel des Maschinentelegrafen in der Hand. Wie oft kommen gute Gedanken gleich von mehreren Seiten. Die *Tannenfels* schwebt mit der Fahrt aus. Die bisher hohe Bugwelle verebbt. Das quirlende Kielwasser wird ruhiger. Am Bug und Heck erlischt das zwar traumhaft schöne aber doch aufregend verräterische Meeresleuchten.

Die Flugzeuge brummen dröhnend in knapp 200 bis 250 Meter Höhe über die *Tannenfels* hinweg. Sie kümmern sich einen feuchten Schmutz um den Frachter.

„Haben die uns gesehen?“ flüstert Haase leise, als fürchte er, seine Worte könnten von denen da oben vernommen werden.

„Und wenn, Käpten, wir fahren auf dem Zwangsweg und sind für sie daher uninteressant. Nehme an, daß es Nachschubmaschinen für die Afrikafront sind. Die haben wahrscheinlich sowieso keinen Befehl, sich um die Schiffahrt in diesem Raum zu kümmern.“ Tage später atmet das Schiffsvolk auf. Die Enge, die an sich keine Enge im Sinne des Wortes, sondern nur die engste, wenn auch viele hundert Seemeilen breite Stelle zwischen Afrika und Südamerika darstellt, liegt hinter ihnen.

Kapitän zur See Gerlach in sein Tagebuch: „Wir Ahnungslosen! Lange nach dem Kriege schrieb mir der auf der *Tannenfels* mitreisende gefangene Kapitän des von mir versenkten Frachters

Gemstone, daß wir in der Freetown-Enge einmal nachts mitten durch einen großen, allerdings sehr weit auseinandergezogenen alliierten Geleitzug hindurchgefahren wären. Der Kapitän hatte dies anhand der ihm nach dem Kriege zugänglichen von der *Tannenfels* gefahrenen Kurse und den Unterlagen der Britischen Admiralität ermittelt. Gottes Daumen konnten nicht dicker sein ..."

Die Skl verlangt ein Treffen mit einem deutschen U-Boot. Der Funkspruch sagt weiter aus, daß der zur Versorgung abgestellte Blockadebrecher Näheres über das Schicksal des Hilskreuzers *Stier* berichten solle. Das U-Boot möge das FT wegen der zu erwartenden Länge des Spruches später, weiter abgesetzt von der Position der *Tannenfels,* in die Heimat funken.

Haase platzt ärgerlich heraus:

„Ich verstehe nicht, daß die Herren in Berlin ihre verständliche und berechtigte Ungeduld nicht zügeln können. Jeder Funkspruch bedeutet Gefahr. Wir haben uns in Tokio über den ganzen FT-Laden gründlich unterhalten. Verschiedene Stellen meinen immer, es sei Verrat im Spiel, wenn U-Boote und Versorger auf ihren Treffpunkten überrascht werden. Wissen Sie was? Es wird zuviel, viel zuviel gefunkt! Die Alliierten haben eine derart gründliche Funküberwachung eingerichtet, daß es für sie gar kein Problem ist, über solche sträflich langen Funksprüche den Standort der Boote einzupeilen."

„Da haben Sie Recht, Kapitän Haase, verdammt recht."

„Diese ewige Funkerei kommt einem Selbstmord gleich. Ich kann da nicht mehr mit."

Kapitän Gerlach in sein Tagebuch:

„Am verabredeten Treffpunkt angekommen, war uns doch im Magen etwas flau, vor allem, da wir zunächst nichts sahen. Schließlich machten wir ein sich ab und zu kurz zeigendes Seerohr aus. Zwei Stunden lang beäugte und beschnupperte uns das getaucht fahrende U-Boot. Endlich brach es aus der See heraus und setzte die deutsche Kriegsflagge. Eine Kommandantenbesprechung erschien mir wie auch Haase wegen der windigen Gegend zu riskant. So schrien wir dem U-Bootkommandanten den Bericht über das Ende der *Stier* mit der Flüstertüte zu, um bereit zum sofortigen Handeln bleiben zu können. Es ging alles sehr schnell, denn auch dem U-Bootkommandanten war nicht wohl. Er zeigte klar und verstanden und lief nach herzlichem Abschied schnell unter Wasser ab. In 300 Seemeilen Abstand sollte der Bericht über das Schicksal der *Stier* an die Skl gefunkt werden.

Wieder weiter mit ganzen 9 kn Fahrt! Wenn ich mir am Morgen in der Seekarte die am Tage vorher gelaufene Strecke mitgekoppelt ansah, dachte ich, wir würden bei diesem müden Tempo niemals nach Hause kommen ...

Endlich waren wir aber doch an der ‚Straßenecke', das heißt bei 45 Grad Nord und 30 Grad West. Wir gingen mit 14 kn auf Ostkurs, der Heimat nun auf direktem Wege entgegen."

Ein Schreck in der Mittagsstunde reißt die optimistischen Freiwächter aus ihren Vorbereitungen, ihr Zeug landklar zu machen.

Alarm!

Schuhbürsten fliegen in die Ecke. Bügeleisen werden abgestellt. Nadel und Zwirn sind unwichtig ...

Der Ausguck im vorderen Mast, ein Hilfskreuzer-Seemann, hatte Backbord voraus Rauchwolken entdeckt.

„Was stimmt nun: Rauchwolke oder Rauchwolken?"

„Es sind mehrere!"

Gerlach entert in den Mast und überzeugt sich selbst. Er sieht eben über der Kimm die oberen Umrisse von einem großen, flachgebauten Schiff mit Mittschiffsaufbauten. Unverkennbar ein Flugzeugträger. Er hat mindestens vier Zerstörer als Sicherung bei sich.

Gerlach kann diese Schiffe zwar nicht sehen, er erkennt sie aber an ihren typischen, durch die Windmaschinen erzeugten dünnen und von Zeit zu Zeit schräg nach oben ausgestoßenen Rauchsäulen.

Der Verband steht auf Südkurs.

Kapitän Haase läßt die *Tannenfels* ganz langsam und unauffällig nach Norden zu, also in Richtung England drehen.

Der britische Kriegsschiffsverband sichtet den Blockadebrecher nicht.

Hätte die *Tannenfels* nur um eine oder eine halbe Stunde schnellere Fahrt gemacht, sie wäre dem Gegner so mitten in den Kurs hineingelaufen, daß sie mit Sicherheit geschnappt worden wäre.

Die pausbäckigen Cumuluswolken am Himmel scheinen zu lächeln. Sie wirken wie gütige Schutzengel.

Der Verband steht schon lange unter der Kimm, da reicht der Funker einen Zettel auf die Brücke. Kapitän Haase und Gerlach lesen die Meldung eines deutschen U-Bootes: „Flugzeugträger mit Zerstörergeleit Quadrat ... Kurs Süd."

„Lieber zu spät als nie, sagt schon Homer", grinst Haase und schiebt den Funkspruch in die Außentasche seines Rockes.

16 Knoten macht die *Tannenfels* jetzt. In hoher Fahrt passiert sie den 15. Grad Westlänge.

„Flugzeuge an Backbord!"

Da sind sie! Sinnlos eigentlich, sich mit dem 15 cm-Seezielgeschütz und der einen Zwozentimeter mit gleich zwei Flugzeugen herumschlagen zu wollen . . .

Wer an Deck nichts zu suchen hat, muß verschwinden, außer dem Brückenpersonal und den Geschützbedienungen, die auf den Feuerbefehl fiebern.

Die Flugzeuge haben eine auffallend schlanke Form.

„Das sind . . . natürlich . . . das sind fliegende Bleistifte. Prima!" sagt Gerlach und streicht sich das verwehte Haar aus dem Gesicht.

Haase sieht Kapitän Gerlach entgeistert an. „Prima? Von denen möchte ich mich nicht ins Buch der Geschichte einschreiben lassen. So prima finde ich das nun wieder nicht."

„Käpten . . . das sind deutsche Condors, die da! Da sehen Sie: sie wackeln . . ."

„Alarm beendet!"

Menschentrauben an Deck winken, schreien und rufen. Nun kann nicht mehr viel passieren, denken die Seeleute.

Der nächste Besucher im Bereich der *Tannenfels* ist ein fettleibiger Brocken: eine Sunderland! Die Maschine ist schon auf dreitausend Meter heran, als man sie als Feindflugzeug anspricht.

Alarm . . .! Alarm . . .! Alarm . . .! rasen die Glocken.

Die Geschützbedienungen stülpen sich ihre Stahlhelme auf. Flache Helme, made in England . . .

Gerlach kümmert sich um die Flak.

„Nerven behalten! Nicht durchdrehen, Jungs! Erst schießen, wenn ich Feuerbefehl gebe!"

Die Sunderland rast auf den als britischen Frachter getarnten Blockadebrecher zu. Sie fliegt in knapp hundert Meter Höhe. Die Männer an den Geschützen fühlen ein Kribbeln durch ihren Körper fließen. Die Hände an den Waffen und der Munition sind naß von kaltem Schweiß.

Die Sunderland biegt hinter dem Deck des Frachters ab. In knapp hundert Meter Abstand rast sie vorbei. Die am 15-cm-Geschütz heben die Hände. Sie winken. Und sie glauben zu sehen, daß auch die Flieger hinter dem Glas der Flugzeugkanzel die Hand zum Gruß gehoben haben.

Gerlach macht sich seinen eigenen Vers darauf: Jetzt meldet sie uns der Leitstelle als verdächtiges Schiff mit Ostkurs. Morgen früh starten in England und Gibraltar die Bomber. Und dann ist es aus. Er behält diese Gedanken besser für sich.

Zwischen zehn und zwölf Uhr sind die kritischen Stunden am nächsten Tag. Nichts kommt in Sicht. Seltsam.

Es wird wieder Nacht. Gerlach hat sich gerade für eine Viertelstunde ausgestreckt, da klopft es energisch und erregt an der Tür. Ein Läufer meldet ihm, der Steward des *Gemstone*-Kapitäns sei über Bord gesprungen.

Gerlach spricht mit den anderen Gefangenen. Ob der Mann schwermütig gewesen wäre? Ob er Selbstmordabsichten gehabt hätte?

„No, nur Sehnsucht nach seiner Frau."

„Das genügt eigentlich", lächelt Gerlach dünn.

Als der Mann über Bord sprang, stand die *Tannenfels* auf der Höhe des spanischen Hafens La Corunna.

Nach dem Kriege schrieb Captain Griffith unter anderem an Gerlach: „Es wird Sie übrigens interessieren, daß mein über Bord gehüpfter Steward tatsächlich spanisches Land erreichte und wohlbehalten über einige Umwege nach England kam . . ."

Weiter, weiter, weiter . . .

Die Girondemündung kommt in Sicht. Zart und duftig das erste Land in seinen aquarellen Farben.

Geschafft!

Beileibe nicht!

Ein Sperrbrecher morst „ud . . . ud . . . ud? — — — Wer sind Sie?"

„MS *Tannenfels* von Japan nach Bordeaux!" blinkt es, der Wahrheit entsprechend, schnell zurück.

Alle, die an der Reeling hängen und auf der Brücke mit glänzenden Augen das erste deutsche Schiff bewundern, erwarten nun herzliche Begrüßungssignale: Flaggen und ein Freudengeheul mit der Dampfpfeife des Sperrbrechers, jubelnde Rufe und winkende Hände.

Doch die Antwort ist eine eiskalte Dusche.

„Stoppen Sie sofort! Ankern Sie auf der Stelle!"

Haase kocht über: „Haben Sie das mitgelesen, Kapitän Gerlach? Wir sollen stoppen! Ankern? Hier? Nee, ich fahre weiter."

„Nein, es wird nicht gestoppt. Auch ich habe keine Lust, mit der Türklinke zur Heimat in der Hand noch torpediert oder gebombt zu werden."

Von dem Sperrbrecher blitzen erneut Morsebuchstaben.

„Stoppen Sie sofort! Stoppen Sie sofort! Sie haben Befehl, hier zu ankern!"

Gerlach ist mit einem Sprung neben dem Mann mit der Morselampe. „Geben Sie rüber: ,Hier *Tannenfels* mit Besatzung HSK *Stier* an Bord! Kapitän zur See Gerlach.'"

Der Sperrbrecher macht eine leichte Bewegung nach Backbord, sieht aus, als habe das Schiff eine Ohrfeige bekommen. Ein Kapitän zur See an Bord . . .?

Ehe sich der Sperrbrecherkommandant, ein Kapitänleutnant der Reserve, von seinem Schrecken erholt hat, ist die *Tannenfels* mit hoher Fahrt vorbeigerauscht. Der Blockadebrecher läuft dann eben ohne Sperrbrecherschutz in die Gironde ein.

Gerlach schließt sein Tagebuch:

„Am 3. November 1942 ist die gespenstischste Fahrt meines Lebens doch noch glücklich beendet."

Als er sein Tagebuch zuklappt, fühlt Gerlach einen sanften anschmiegsamen Druck an den Beinen. Es ist Hexe, sein kleiner braver Hund undefinierbarer Rasse. Er wedelt wieder mit seinem lustigen kleinen Stummelschwanz, und er bellt und jault, als sich Gerlach zu ihm niederbeugt und ihn auf seinen Schoß heraufzieht.

Die erste Freudenkundgebung des getreuen Kerlchens, seit *Stier* versank . . .

*

Das Schicksal der anderen Blockadebrecher:

Aus Japan ausgehend erreichten bis Dezember 1942 Bordeaux:

MS *Dresden*, 5567 BRT, Kapitän Jäger, ab Yokohama 20. August, an Bordeaux 3. November.

MS *Kulmerland*, 7363 BRT, das unter Kapitän Pschunder vorher noch in der Versorgung der im Pazifik operierenden Hilfskreuzer eingesetzt worden war und zwischenzeitlich im Verband der HSK's *Orion* und *Komet* in diesem einzigen deutschen Fernostgeschwader zur Verbreiterung des Aufklärungsstreifens mitfuhr, ab Dairen 26. August, an Bordeaux 7. November.

Oben: Die Besatzung eines italienischen U-Bootes, das später selbst zum Rohstofftransport eingesetzt wird, begrüßt die in Bordeaux einlaufende Prise *Storstad*. — Unten: *U 532*, eines der deutschen Blockadebrecher-U-Boote, wird nach Kriegsende von dem englischen Admiral Sir Max Horton besichtigt. Vorn rechts an Oberdeck eine der Lagerungen für die Kautschuk-Transportbehälter.

Auch die deutschen Transporter und Versorger in der Norwegenfahrt mußten ständig die britische U-Boot-Blockade durchbrechen. Hier zwei der bekanntesten Schiffe dieser Route: Oben der NDL-Schnelldampfer *Gneisenau* (18260 BRT), unten die gute alte *Monte Rosa* (14000 BRT) von der Hamburg-Süd.

Die am 14. September aus Kobe ausgelaufene *Regensburg* wurde, wie erwähnt, in der Sundastraße torpediert und über Djakarta nach Singapore in die Werft geschleppt.

Die am 13. Oktober aus Kobe ausgelaufene *Ramses*, 7983 BRT, Kapitän Falke, wurde am 28. November im Indischen Ozean versenkt.

Das MS *Rhakotis*, 6753 BRT, Kapitän Jakobs, verließ am 27. September Yokohama, wurde am 25. Dezember südwestlich der Azoren durch U 410 aufgenommen und auf dem Weitermarsch am 1. Januar 1943 durch ein Flugboot der RAF erfaßt, das zusammen mit einer Hampden der Sqdr. 502 mit Hilfe von Rauchbomben den britischen Kreuzer *Scylla* heranführte. Das den Blockadebrecher sichernde U-Boot wurde von den Flugzeugen zum Tauchen gezwungen, die *Rhakotis* durch Artilleriefeuer versenkt. Waren die Engländer bis jetzt noch bemüht, Blockadebrecher zu kapern, um den eigenen Tonnageschwund damit aufzubessern, so gehen sie jetzt, da das amerikanische Schiffbauprogramm angelaufen ist, rücksichtslos gegen die deutschen Frachtschiffe vor.

Der härter gewordene Kampf auf den Meeren der Welt trifft auch die Männer der Handelsmarine.

*

Im Führerhauptquartier stehen erneut die Rohstoffsorgen zur Debatte. Am 19. November läßt Großadmiral Raeder Hitler nicht im Unklaren, daß das entscheidende Hindernis für die Kautschukbeschaffung über See die stärker gewordene gegnerische Überwachung der Biscaya sei. Den Schiffen müsse also nicht nur auf dem Wasser sondern auch aus der Luft größerer Schutz gewährt werden.

Eine erfolgversprechende Anzahl Flugzeuge steht aber für diese Aufgabe nicht zur Verfügung.

Das wird sich ändern, versprechen Hitler und Göring.

Raeder zögert noch, die entsprechenden Maßnahmen zu treffen, um die bereits in See befindlichen Blockadebrecher zurückzurufen.

Es ist ihm schon manches versprochen worden . . .

Zwölftes Kapitel

DIE KRISE — DAS JAHR 1943

Zur Lage: Am 30. Januar 1943 übernimmt Großadmiral Dönitz den Oberbefehl über die Kriegsmarine. Am 8. Februar hat er seine erste Besprechung mit Hitler. Wieder kommen auch die Blockadebrecher und die Sorgen um Kautschuk und andere kriegswichtige Rohstoffe zur Sprache. Dönitz macht folgende Vorschläge:

1. Verstärkung der militärischen Maßnahmen, um die Blockadebrecher mit allen Mitteln durch die Gefahrenzonen zu bringen;

2. den sofortigen Bau von Fracht-U-Booten für den Kautschuktransport;

3. den Einsatz von italienischen U-Booten für die Rohstoffversorgung aus dem japanischen Bereich.

In Ostasien dagegen läßt sich die ursprüngliche Absicht, die deutsche Blockadebrecherorganisation von Japan ganz nach Indonesien zu verlegen, nicht durchführen. In allen wichtigen Fragen, vor allem denen der gemeinsamen Kriegführung, ruht die Entscheidung zuletzt doch bei den Zentralbehörden in Japan selbst. Hinzu kommt, daß die Werften und Werkstätten im Südraum nach den Kriegszerstörungen noch nicht so weit aufgebaut wurden, um alle notwendigen Reparaturen, Umbauten, Ausrüstungen der Blockadebrecher im Südraum sicherzustellen. Die Hauptleitung bleibt daher in Tokio. Es wird lediglich eine Erweiterung der Organisation nach nachstehendem Schema vorgenommen, wobei man für die Besetzung dieser Südraumstellen auf die Besatzungen der durch das Explosionsunglück verlorenen „Uckermark" und „Thor" zurückgreifen kann:

Neben Singapore als Zentrale im Südraum sollen also Batavia (von Japan in Djakarta umbenannt) wegen seiner Lage an der Sundastraße, der Ein- und Auslaufstraße nach und von Ostasien, und

Penang als Hauptplatz für die Zinn- und Gummi-Verschiffung besetzt werden.

Nach Übereinkunft mit der japanischen Marine sind die deutschen Dienststellen den jeweiligen höchsten japanischen Marinedienststellen an den Plätzen beigeordnet. Sie unterstehen aber selbstverständlich dem Marineattaché Tokio.

Jede Dienststelle wird von einem deutschen Seeoffizier geleitet. Außer dem nötigen militärischen Büro- und Funkpersonal und Dolmetschern werden ihm deutsche bzw. japanische Warensachverständige der Wirtschaftsdelegation beigegeben. Diese haben für die

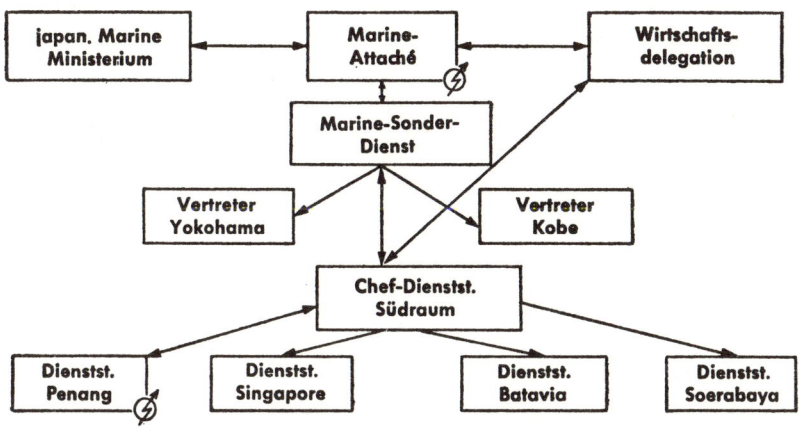

Beschaffung, Lagerung und sachgemäße Verschiffung der Rohstoffe zu sorgen. Alle drei Dienststellen werden einem älteren Stabsoffizier, dem U-Bootkommandanten Fregattenkapitän Dommes, als Chef der Dienststellen im Südraum, unterstellt. Er hat seinen Sitz zunächst in Singapore, siedelt aber später, als deutsche U-Boote die Südraumhäfen anlaufen, nach Penang über, wo der japanische Befehlshaber der U-Boote stationiert ist.

Das vom Marineattaché Tokio als „Zubringer" eingesetzte deutsche Motorschiff „Quito" wird in Penang stationiert, da das Schiff in erster Linie zum Abtransport des Zinns nach Singapore bzw. Batavia dienen soll.

Großadmiral Dönitz kämpft bei Hitler und Göring um die Verstärkung der Luftwaffe im Bereich des Fliegerführers Atlantik. Er hofft mit einer stärkeren deutschen Luftüberwachung der Biscaya den Blockadebrechern und auch den U-Booten zu helfen.

Göring zeigt Verständnis. Er sagt Hilfe zu. Aber auch er vermag nicht über seinen Schatten zu springen. Der Mangel an Flugzeugen wird immer fühlbarer. Die wenigen Jagd- und Zerstörerflugzeuge bringen eine kaum nennenswerte und auch nur vorübergehende Entlastung. Die absolute Luftherrschaft über der Biscaya vermögen sie den Alliierten nicht abzuringen.

Der neue Oberbefehlshaber der Kriegsmarine ordnet an, daß sofort die größten und stärksten Zerstörer als 8. Z.-Flotille in die Girondemündung verlegt werden, nämlich die Zerstörer Z 23, Z 24, Z 32 und Z 37. Z 25 muß wegen Maschinenschadens zurückbleiben. Diese vier Zerstörer sind zur Stunde, artilleristisch gesehen, die stärksten Zerstörer, die es gibt: sie verfügen alle über eine Bewaffnung von fünf 15 cm-Geschützen, acht Torpedorohren und zahlreichen Fla-Waffen. Kapitän zur See Erdmenger ist der Flottillenchef.

Im März 1943 sollen die Boote in der Gironde einsatzklar sein, und zwar ausschließlich, um die Sicherung der Blockadebrecher zu übernehmen.

Inzwischen nähert sich aber die am 11. November von Yokohama ausgelaufene *Hohenfriedberg* der Biscaya ... Die *Hohenfriedberg* ist kein Blockadebrecher mit Kautschuk an Bord, sie ist „nur" ein Tanker ... Dönitz setzt trotz der früheren Fehlschläge noch einmal alle Hoffnungen auf seine „grauen Wölfe", da die Zerstörer immer noch nicht auf der Gironde eingetroffen sind. Er tut, was in seinen Kräften steht. Auch diese Großaktion der U-Boote beleuchtet, wie bitter ernst es um die Rohstoffversorgung steht. Jedes der U-Boote könnte im gleichen Zeitraum ein oder mehrere Feindfrachter versenken.

Auf der Höhe der Azoren warten die U-Boote U 264 und U 437 auf den vom Hilfskreuzer *Thor* aufgebrachten Tanker *Hohenfriedberg* ex *Herborg*. Am 21. Februar läuft die Prise in das Aufnahmegebiet der halbkreisförmig aufgestellten U-Boote ein.

Es klappt alles wie am Schnürchen.

Nördlich des Rückmarsches sichern U 172, U 515 und U 508 den Heimatkurs des Blockadebrechers ab.

500 Seemeilen südwestlich von Kap Finisterre, am 26. Februar, sichtet ein amerikanisches U-Jagdflugzeug die *Hohenfriedberg*.

Wozu sich opfern, wenn ein schwerer britischer Kreuzer, HMS *Sussex*, in der Nähe steht . . .

Das ist die Taktik: Kein Risiko. Menschen schonen. Nur mit überlegenen Kräften angreifen.

Kapitän Heidberg versucht zwar, den Fühlungshalter abzuschütteln. Aber gegen dessen Radarortung ist er machtlos. Aus diesen unsichtbaren Fesseln vermag er sich nicht mehr zu befreien. Die deutschen U-Boote werden unter Wasser gedrückt. Die amerikanischen Flieger wissen deren Anwesenheit richtig zu deuten. Wo in diesem Bereich nur ein U-Boot aus dem Wasser bricht, greift der fliegende U-Bootjäger an, zwingt er das Boot zum Tauchen. Als sich die *Sussex* dem Tanker nähert und in den Wirkungsbereich ihrer Waffen eindreht, steht wenigstens U 264 so günstig, um einen Viererfächer losmachen zu können.

Schatten bitterer Tragik liegen über diesen verzweifelten Schutzmaßnahmen durch U-Boote . . . Auch dieser Kommandant, gewohnt, bei harten Geleitzugschlachten seine Opfer zu treffen, schießt alle vier Aale daneben. Und die *Sussex* greift den ehemaligen Prisentanker an, sie schießt ihn in Brand.

Der Kreuzer läuft angesichts der U-Bootgefahr mit hoher Fahrt ab. So kann U 264 wenigstens die Überlebenden an Bord nehmen. Bei dieser Aktion wird es vom Gegner in Ruhe gelassen.

Sechs U-Boote waren aus ihren Kampfoperationen abgezogen, um einen einzigen Blockadebrecher zu schützen, dies zu einer Zeit, da die grauen Wölfe noch auf der Höhe ihrer Erfolge standen.

Während die Torpedos von U 264 den Gegner verfehlten, macht U 43, ein paar Tage später nur, am 3. März, zwei Torpedos auf einen Frachter einer typisch britischen Schiffsklasse los. U 43 ist mit anderen Booten südlich der Azoren gegen die alliierten Nachschubgeleitzüge nach Nordafrika angesetzt.

Das Schiff, das der Kommandant im Seerohr auseinanderbrechen sieht und als Erfolg in sein Kriegstagebuch vermerkt, ist in Wirklichkeit die ruhmreiche *Doggerbank*. Das U-Boot darf sich nicht einmal, wie sonst, um die Überlebenden kümmern. Der Befehl „Triton-Null", ausgelöst durch den „Laconia"-Fall, als amerikanische Liberator-Flugzeuge Bomben in die Rettungsaktion der deutschen U-Boote U 156 (*Hartenstein*), U 506 (*Würdemann*) und U 507 (*Schacht*) warfen, verbietet den Kommandanten endgültig, sich in luftgefährdeten Gebieten um gegnerische Überlebende zu kümmern.

Diese Tragödie wiegt daher doppelt schwer.

Wochen später wird aus einem Rettungsboot ein völlig erschöpfter, abgemagerter und irr daherredender Mensch geborgen. Er ist der einzige Überlebende der *Doggerbank*.

Seine Reden sind die eines Wahnsinnigen, als er sich selbst bezichtigt, aus heiligem Egoismus die anderen Kameraden im Rettungsboot erschossen zu haben. Unter diesen auch den Kapitän, dessen Pistole er vorher in der Nacht entwendet habe . . .

Der Kapitän hieß Schneidewind.

Er erhielt als Zivilist das Deutsche Kreuz in Gold für den Husarenstreich vor Kapstadt . . .

*

Inzwischen sind nach den letzten bitteren Erfahrungen im Heimatvorfeld auf See die *Rossbach*, die ehemalige *Thor*-Prise *Madrona* und die *Weserland* zur Umkehr nach Japan angewiesen worden.

Aber die anderen, die später ausgelaufene *Irene*, die italienische *Pietro Orseolo* und die *Regensburg* hofft man durchzubringen. Und auch die *Rio Grande*, die *Burgenland* und die *Karin*.

Das Unternehmen, die auf dem Heimmarsch befindlichen Blockadebrecher zu sichern, wächst unter dem Decknamen „Arno" zu einer großangelegten Flottenoperation an. U-Boote sind ebenfalls rechtzeitig herangezogen worden. Sie sollen den heimkehrenden Blockadebrechern Funkmeß-Beobachtungsgeräte überbringen, sich dann 150 Seemeilen nach Westen absetzen und der Skl Angaben über den Zustand der Schiffe, ihre Maschinenanlagen und gegenwärtige Höchstfahrt funken.

Das mit den FuMB-Geräten ist eine lobenswerte Idee. Aber was nutzen noch so gute Geräte, wenn sich die Blockadebrecherfunker nun mit einer ellenlangen Gebrauchsanweisung herumplagen müssen, statt daß ihnen ein in diesen Anlagen erfahrener Funker mit beigegeben wird. Es hat zu dieser Zeit nicht wenige U-Bootkommandanten gegeben, die geneigt waren, diese „Pfeifkisten" nicht wieder in Betrieb zu nehmen oder gar über Bord zu werfen, weil ihre Funker das Gerät zwar bedienen konnten, nicht aber über eine ausreichende, sich auf gründliche Erfahrungen stützende Schulung verfügten.

U 161 bekommt Befehl, sich mit der *Regensburg* und der *Pietro Orseolo* zu treffen.

U 174 wird auf *Karin* und *Irene* angesetzt.

Drei andere U-Boote, U 191, U 635 und U 469, werden auf der Route zur Dänemarkstraße stationiert, um notfalls die Besatzungen der auf Nordkurs fahrenden Blockadebrecher zu übernehmen.

Bewunderswert bleibt, daß die U-Boote die Blockadebrecher auch finden . . .

U 161 trifft am 23. März die *Regensburg* und am 26. März die *Pietro Orseolo*. U 174 indessen sucht vergeblich die *Karin*, die sich, was unbekannt blieb, bereits ostwärts von Natal nach Sichtung eines Trägerflugzeuges bei Auflaufen des US-Kreuzers *Savannah* und des Zerstörers *Eberle* selbst versenken mußte.

Am 3. März laufen vier Zerstörer der 8. Z-Flottille zur Aufnahme des jetzt nahe genug herangelaufenen Italieners aus . . .

Drei Tage später:

Die im Bereich der Gironde erscheinenden französischen Tageszeitungen und öffentlichen Anschläge fordern die Bevölkerung auf: Für Gummiballen, die auf der Gironde oder draußen am Strand der Küste geborgen werden, sind hohe Preise ausgesetzt.

„Achtet auf Gummiballen! Es winkt eine hohe Belohnung!"

Was war geschehen?

Die vier Zerstörer hatten die *Pietro Orseolo* auf 41 Nord und 15 Grad West aufgenommen, auf dem südlichsten Punkt übrigens, den deutsche Zerstörer jemals erreichten. Als die Zerstörer sich über die Kimm schoben, vermutete Kapitän Tarchiani erst britische Kriegsschiffe. Er versuchte zu entkommen, wurde aber dann doch von den freundschaftlichen Absichten der hier von ihm noch nicht erwarteten Zerstörer überzeugt.

Dem Gegner war eine derart groß angelegte Aktion natürlich nicht verborgen geblieben, ebensowenig, daß um diese fragliche Zeit gleich mehrere deutsche Kautschukschiffe im nördlichen Mittelatlantik zu erwarten seien . . .

Er hetzt eine Welle Torpedoflieger nach der anderen auf den

Verband. Sie werden aber immer wieder von den wachsamen, wenn auch in der Dünung schwer arbeitenden Zerstörern abgewiesen. Sie wagen nicht, das mörderische Abwehrfeuer der deutschen Fla-Waffen zu durchbrechen.

Sonderbarerweise bleiben Gegenaktionen von Überwasserstreitkräften aus.

Das Gefühl der Geborgenheit dauert keine 24 Stunden.

Am 1. April, die *Pietro Orseolo* hat inzwischen in die Biscaya eingedreht, wird der schnelle Italiener von einer fürchterlichen Erschütterung gebeutelt. Mit dem Krach einer entsetzlichen Detonation bricht eine himmelhohe Wassersäule aus der See. Ein Torpedo traf Steuerbord mittschiffs, einer der Aale, die das amerikanische U-Boot *Skad* losmachte.

Aber die *Pietro Orseolo* ist ein starkes Schiff, und amerikanische Torpedos werden noch mit Abstandspistole geschossen. Das aufgebrochene Leck ist zwar groß, aber nicht groß genug, um die *Pietro Orseolo* ernsthaft zu gefährden. Die Schotten halten. Die Fahrt kann fast unvermindert fortgesetzt werden.

Durch das Loch in der Bordwand schwemmt die See Kautschukballen aus der Ladung heraus.

Kautschuk! Ein Stoff, der jetzt noch wertvoller ist als Gold oder Platin!

Die Zerstörer stoppen ihre Fahrt. Sie sammeln die in der See treibenden Kautschukballen auf. Und das in der so luftgefährdeten Biscaya!

Am 3. April läuft die *Pietro Orseolo* in Bordeaux ein.

*

Kautschuksorgen hatte nicht nur Deutschland. Auch die USA waren im Kriege mit Japan in eine äußerst schwierige Lage geraten, als Japan die beiden wichtigsten Naturkautschukgebiete Malaya und Niederländisch-Indien besetzte. Von der Naturkautschuk-Weitererzeugung entfielen im Jahre 1941 von 1 630 000 metrischen Tonnen der Gesamterzeugung allein 610 000 t auf Malaya und 660 000 t auf Niederländisch-Indien. Mit der Besetzung dieser Gebiete durch die Japaner waren die USA von den wichtigsten Produktionsgebieten noch vollständiger abgeschnitten als Deutschland durch die nunmehr total gewordene Blockade.

Japan glaubte mit der Wegnahme dieser Rohstoffgebiete einen tödlichen Schlag gegen das amerikanische Rüstungspotential geführt zu haben.

Dieser Dolchstoß traf indessen ins Leere, denn Anfang 1940 hatte die deutsche Reichsregierung die Erfindung des deutschen Chemikers Dr. Fritz Hoffmann von den Elberfelder Farbwerken, Kunstkautschuk aus reinem Isopren, einem ungesättigten Kohlenwasserstoff, herzustellen, an die Standard Oil verkauft. 1940, noch mitten in einem Krieg um Sein oder Nichtsein, wurde das in Deutschland inzwischen industriell ausgewertete Patent an ein anglophiles Unternehmen gegen klingende Devisen abgetreten!

In den USA erlebte die Erzeugung von synthetischem Kautschuk in wenigen Jahren einen beispiellosen Aufstieg. Sie kletterte von 8 200 t im Jahre 1941 auf 833 500 t im Jahre 1945. Mengen, die ausreichten, um den gesamten Bedarf der USA und seiner Alliierten zu decken. Durch neu entwickelte Polymerisations-Verfahren konnte die Qualität des synthetischen Kautschuks in den USA sogar noch wesentlich verbessert werden.

In Deutschland dagegen belief sich die Produktion des künstlichen Kautschuks, hier Buna genannt, 1942 auf etwa 110 000 t, wurde aber damals schon und in der Folgezeit in noch erhöhtem Maße durch Kriegseinwirkungen gestört. Wenn die Kapazität auch bis zum Kriegsende auf 170 000 t gesteigert wurde, so konnte sie infolge der Luftangriffe auf die Werke in Schkopau, Hüls, Ludwigshafen und Leverkusen nie voll ausgenutzt werden.

Zusammengefaßt: eine deutsche Erfindung, der synthetische Kautschuk, bewahrte die USA vor einer schweren Krise!

Das Land, in dem die Wiege jenes künstlichen Produktes stand, das aber seine einmalige Erfindung verkauft hatte, mußte den schweren Weg der opferreichen Blockadebrecherfahrten wählen, um dem Engpaß auf diesem Rohstoffsektor zu begegnen.

Wer nach einem Stoff für ein typisch deutsches Drama sucht: diese Tatsachen sind der Schlüssel dazu!

*

Am 30. März 1942 wird die auf Nordkurs liegende *Regensburg* bei ihrem Durchbruchsversuch durch die vom Feind noch immer stark überwachte Dänemarkstraße, 80 Seemeilen von Island abstehend, von dem britischen Kreuzer *Glasgow* gesichtet. Die *Regensburg* kann sich noch selbst versenken. Die als Geleitschutz aus Norwegen entgegengeschickten Einheiten der 6. Zerstörer-Flottille kommen zu spät.

Konteradmiral Gerhard Wagner, Chef der Operationsabteilung der Seekriegsleitung, trägt dem Chef des Stabes der Skl, Admiral Meisel, Anfang April 1943 die Lage vor:

„Von den drei der sieben in Marsch befindlichen, aus japanischen Häfen ausgelaufenen Blockadebrechern ist nur einer, der Italiener *Pietro Orseolo*, obendrein noch schwer beschädigt, angekommen. Die Überwachung ist zu stark geworden. Unsere Kräfte reichen nicht aus, um den Schiffen hinreichende Sicherheit und Schutz zu bieten."

„Sie fürchten also auch für die anderen Schiffe, wenn sie erst in den Mittelatlantik einlaufen?"

„Solange unsere Sicherungsmaßnahmen — vor allem auch in der Luft — nicht verstärkt werden, ja."

„Also bleibt nur der eine Weg: die anderen Schiffe auf Gegenkurs gehen zu lassen. Veranlassen Sie das bitte."

Die *Rio Grande* schwimmt zu dieser Stunde im Indischen Ozean. Kapitän von Allwörden sitzt, wenn er nicht durch das Schiff streift und sich um seine Männer kümmert, wie an jedem Schönwettertag in seinem Stuhl auf der Brücke. Er ist so, auch am Tage, sofort zum Eingreifen bereit. Nebenbei studiert er meteorologische Werke. Er will sich noch gründlicher mit den Wetterbedingungen der früher von ihm nicht befahrenen Gebiete vertraut machen.

Die *Rio Grande* hatte erst in Yokohama Gummi, dann in Saigon und schließlich noch in Singapore Kautschuk geladen. In Djakarta kamen Agar-Agar und Jod hinzu. Agar-Agar ist ein wichtiger Grundstoff für die Flugzeuganstriche.

Der Funker tritt an von Allwörden heran. Immer, wenn dieser Mann seinen Kapitän aufsuchen muß, ist etwas faul. Er ist zum Boten der Sorgen geworden.

„Befehl von der Skl in Berlin: Wir sollen umkehren."

„Wir allein?"

„Nein, auch die *Weserland,* die *Burgenland* und die *Irene.*"

„Grund?"

„Wird nicht mitgeteilt."

Erinnerte von Allwörden bis zu diesem Augenblick an eine Falstaff-Figur, so wirkt er jetzt wie eine abgeschossene Kanonenkugel. Von Allwörden stürzt ins Kartenhaus. Zurück nach Kobe!

Die *Weserland* hatte in Korea Süßöl in vier Tanks übernommen und in Djakarta noch andere wichtige Güter. Sie stand schon südlich vom Kap der Guten Hoffnung, als sie der Rückmarschbefehl der Skl erreichte.

Auch die *Burgenland* dreht um.

Nur Kapitän Wendt von der *Irene* nicht. Die *Irene* sollte am 4. April nordwestlich der Azoren mit U 174 zusammentreffen. Nun versteckt sie sich vorübergehend in einem abgelegenen Seegebiet. Wendt wagt Anfang Mai den Durchbruch auf eigene Faust. 200 Seemeilen westlich von Kap Finisterre läuft er dem britischen Minenkreuzer *Adventure* über den Weg.

Aus. Die *Irene* versenkt sich selbst.

*

Um den Strom der Blockadebrecherfahrten nicht abreißen zu lassen, unternimmt die Skl in der fraglichen Zeit den Versuch, wenigstens einige Blockadebrecher im Gegenverkehr von Bordeaux nach Japan hinauszuschleusen.

Die *Osorno*, die *Portland*, die *Alsterufer* schlüpfen tatsächlich, vom Gegner unbehindert, in den freien Atlantik.

Die italienische *Himalaya* indessen wird zur Umkehr gezwungen. Sie wird am 9. April ein zweites Mal in See geschickt. Die Zerstörer Z 23, Z 24 und Z 32, sowie die Torpedoboote *Kondor*, T 2, T 5, T 22 und T 23 sichern das Schiff.

Welch ein Aufgebot! Trotz dieser starken Sicherung wird die *Himalaya* pausenlos angegriffen. Sie dreht erneut auf Gegenkurs und läuft nach Bordeaux zurück. Ein Wunder, daß man sie überhaupt heil die Gironde hinaufbringen kann.

Einen Tag später erwischt es die sich schon sicher wähnende *Portland*. In der Natal-Freetown-Enge spürt sie der französische Kreuzer *Georges Leygues* auf.

Kapitän Tünemann schickt sein Schiff in die Tiefe . . .

Die Skl stellt nach diesen bitteren Erfahrungen für die Sommermonate den Blockadebrecherverkehr vollends ein.

Die befürchtete Krise ist da.

Dreizehntes Kapitel

KAMPF-U-BOOTE
ALS KAUTSCHUKTRANSPORTER

Zur Lage: In seinem Vortrag im Führerhauptquartier hat Dönitz am 8. Februar 1943 den Bau von Fracht-U-Booten erwähnt und sich außerdem mit dem Plan befaßt, für den Fronteinsatz ungeeignete italienische U-Boote als Kautschuk-Transporter zu verwenden. Dönitz wies in diesem Zusammenhang auf das Beispiel des japanischen U-Kreuzers I 30 hin. Dieses Schiff hatte nach Erledigung seiner Kampfaufgaben südöstlich von Madagaskar, durch die beiden Hilfskreuzer „Hokoku Maru" und „Aikoku Maru" mit Öl versorgt und mit Rohstoffen beladen, Bordeaux erreicht. Von hier aus lief es mit deutschen Industrie-Erzeugnissen wieder aus. Es traf am 11. Oktober in Singapore ein, wurde aber beim Inseegehen nach Japan Opfer eines Minentreffers. Der größte Teil der wertvollen Ladung ging dabei verloren.

Durch andere, für die Front wichtigere Bauvorhaben verzögerte sich der Bau der deutschen Fracht-U-Boote vom Typ XX derart, daß diese Reihe schließlich 1944 wieder abgebrochen werden mußte. Die Italiener dagegen konnten noch zwei Transport-U-Boote bis zur Kapitulation in Dienst stellen. Sie kamen aber nicht mehr zum Einsatz.

Das OKM verhandelte nun mit der Supermarina in Rom, um wenigstens die in Bordeaux liegenden italienischen U-Boote als Transporter einsetzen zu können. Dönitz bot den Italienern als Gegenleistung 10 Kampf-U-Boote vom Typ VII C an. Die Supermarina gab am 18. März 1943 ihre Zustimmung. Im Mai 1943 liefen die ersten drei italienischen Transport-U-Boote aus. Zwei weitere folgten. Die Boote „Tazzoli", „Barbarigo" gingen kurz nach ihrem Auslaufen in der Biscaya verloren. Die Boote „Cappellini", „Guiliani" und „Torelli" erreichten wohlbehalten Penang und Singapore.

Etwa zur gleichen Zeit wurde ein deutsches Front-U-Boot, nämlich U 511 (Typ IX C), unter dem Namen „Marco Polo" nach Japan entsandt. Die deutsche Kriegsmarine erfüllte damit des Bundesgenossen Bitte, der japanischen Marine ein oder zwei deutsche U-Boote zum Zwecke des Nachbaus zu übergeben. Hitler vertrat den Standpunkt, daß über solche Geschenke eine Gelegenheit gegeben wäre, den Japanern für Ihre Unterstützung in der Kautschuk-Versorgung einen angemessenen Dank zum Ausdruck zu bringen.

Mit dem japanischen Marineattaché an Bord lief U 511 am 10. Mai 1943 nach Kobe in Japan aus. Es traf dort auch am 7. August nach einem kurzen Aufenthalt in Penang ein und wurde im September als „Ro 500" unter dem Sonnenbanner in Dienst gestellt. Noch ein zweites Boot, U 1224, sollte mit einer japanischen Besatzung in Deutschland ausgebildet werden, um dann nach seiner Überführung den im Handelskrieg eingesetzten japanischen Booten die deutschen Angriffstaktiken zu vermitteln. Die für U 1224 vorgesehene japanische Besatzung lief am 27. Juni mit dem japanischen U-Kreuzer I 8 von Penang nach Frankreich aus, traf am 22. August mit U 161 zusammen, das dem japanischen Boot ein FuMB-Gerät überließ und gleich an Ort und Stelle einbaute. Am 5. September erreichte I 8, von deutschen Luft- und Seestreitkräften gesichert, den Hafen von Brest. Während die zusätzliche japanische U-Bootsbesatzung auf U 1224 überstieg und die Ausbildung begann, trat der U-Kreuzer, beladen mit Torpedo- und Flugzeugmotoren, den Rückmarsch an. Mit 10 deutschen Spezialisten an Bord erreichte das Boot Singapore. U 1224 beendete im April 1944 die Ausbildung. Es lief als „Ro 501" von Norwegen nach Japan aus, wurde aber am 13. Mai bei den Kapverden versenkt.

Erwähnenswert ist in diesem Zusammenhang, daß noch zwei weitere japanische U-Kreuzer mit Frachtgütern nach Deutschland beordert wurden.

Im März 1944 ging noch einmal ein japanischer U-Kreuzer von Süd-Ostasien nach Europa in See. Das Boot traf am 23. Juni mit U 503 zusammen und erhielt ein FuMB-Gerät, wurde aber bereits am nächsten Tage durch zwei Flugzeuge des amerikanischen Trägers „Bogue" vernichtet.

Wie aber haben sich inzwischen die Dinge im asiatischen Raum weiterentwickelt?

Kapitän zur See Vermehren, erster Gehilfe des Marine-Attachés in Tokio, Admiral Wennecker, schreibt dazu den nachstehenden Bericht.

Die Fahrten der italienischen U-Boote und des deutschen U-Bootes *Marco Polo* sowie die Reisen der japanischen U-Kreuzer hatten bewiesen, daß auch U-Boote für derart weite Seereisen eingesetzt werden konnten. Es zeichnete sich also die Lage ab, daß die neuen deutschen Dienststellen im Südraum in baldiger Zukunft neben den noch nicht endgültig abgesagten Überwasser-Blockadebrechern auch U-Boote zu betreuen, zu versorgen, zu reparieren, auszurüsten und zu beladen haben würden. Hierauf wurde bei der Auswahl des Personals und der Ausrüstung für die Südraumstellen, die das Motorschiff *Quito* von Japan aus mitnahm, soweit als möglich Rücksicht genommen.

Am 27. Juni 1943 wurde Mussolini abgesetzt und bald folgte der Zusammenbruch Italiens. Ursprünglich sollte der in Shanghai liegende italienische kleine Kreuzer *Eritrea* die italienischen Fracht-U-Boote betreuen. Der Kreuzer traf auch Ende Juli 1943 in Singapore ein. Das Mißtrauen der japanischen Stellen gegen Italiener war aber inzwischen so groß geworden, daß es zu einer fruchtbringenden Zusammenarbeit gar nicht mehr kam. Die italienischen U-Boote wurden nur sehr schleppend überholt und beladen. Erst im September 1943 meldete das erste U-Boot auslaufklar. Die Lage war aber schon damals so unsicher, daß das Auslaufen von japanischer Seite verzögert wurde.

Leider gelang es dem italienischen Kreuzer trotzdem, am Tage des endgültigen Zusammenbruchs Italiens unbemerkt aus Singapore auszubrechen. Durch die Malakkastraße erreichte das nur 2172 ts große ungepanzerte Schiff am 15. September Colombo auf Ceylon. Der Kommandant, Fregattenkapitän Janucci, wurde aber bitter enttäuscht, wenn er glaubte, in der Höhle des Löwen mit offenen Armen empfangen zu werden. Die Engländer beschlagnahmten das Schiff. Sie internierten die Besatzung und entfernten die Verschlüsse aus den Geschützen. Auch die Schiffskasse wechselte ihren Besitzer. Am Großmast wurde die britische Kriegsflagge gesetzt. Nur ein Zugeständnis machten die Engländer: die Offiziere durften ihre Degen behalten. Nach langen diplomatischen Verhandlungen wurde die Internierung schließlich aufgehoben. An Bord der *Eritrea* durfte wieder die italienische Flagge gesetzt werden. Auch die Geschützverschlüsse und die Handfeuerwaffen wurden zurückgegeben.

Viel schwerwiegender wirkte sich für die deutschen Maßnahmen in Südostasien aus, daß Janucci ausführliche Berichte über den Einsatz, die Taktik und die Gepflogenheiten der deutschen U-Boote und deren Versorgung durch Troßschiffe wie auch über die Einsatzplanung weiterer deutscher Überwasser-Blockadebrecher zur Verfügung stellte.

Wenn auch dieser Verrat von deutscher Seite vorausgesehen und daher alle Maßnahmen geändert wurden, so zog der Gegner doch seine Schlüsse. Er handelte sehr schnell. Ein umfassender Überwachungsdienst wurde ausgebaut. Flugzeuge und Radarstationen auf den Malediveninseln, dazu noch Flugzeugträger und Zerstörergruppen, machten von nun an Jagd auf die im Indischen Ozean operierenden U-Boote und ihre Versorger.

Nach dem Ausbruch der *Eritrea* beschlagnahmten die Japaner sofort alle italienischen U-Boote. Erst nach umständlichen, langwierigen Verhandlungen wurden sie an den deutschen Marineattaché übergeben, um für ihren ursprünglichen Zweck, also für Transporte von Rohstoffen nach Europa, Verwendung zu finden.

Dadurch war wertvolle Zeit nutzlos verstrichen. Außerdem hatten die Japaner die italienischen Boote inzwischen vollständig auseinandergenommen, so daß sie von neuem gründlich überholt werden mußten. Sie wurden schließlich als UIT 23—25 (Untersee-Italien-Transport) unter deutscher Besatzung wieder in Dienst gestellt.

Die ersten praktischen Erfahrungen mit der Abfertigung von Blockadebrechern im Südraum waren gesammelt worden, als, wie bereits erwähnt, im November 1942 das Motorschiff *Regensburg* in der Sundastraße torpediert und nach Singapore eingeschleppt wurde. Die Reparaturen im Dock, die teilweise Entlöschung und Neubeladung mußten, da eigene Dienststellen im Südraum noch nicht bestanden, durch die ortsansässigen japanischen Stellen unter Leitung des deutschen Kapitäns erfolgen.

Im Februar 1943 lief, aus der Heimat kommend, das Motorschiff *Karin* im Südraum ein. Es wurde als erstes deutsches Schiff in Singapore entlöscht, neu ausgerüstet und wieder beladen. Auch diese

Arbeiten wurden unter Leitung des Kapitäns durch die örtlichen japanischen Stellen ausgeführt.

Hierbei zeigten sich deutlich die Schwierigkeiten — schon sprachlicher und vor allem finanztechnischer Art.

Im Mai 1943 traf dann das Motorschiff *Quito* mit dem Personal für die deutschen Südraumstellen in Indonesien ein. Anfang Juni 1943 waren Singapore, Batavia und Penang bereits arbeitsfähig.

Um die gleiche Zeit etwa wurde der Entschluß des Oberkommandos in Berlin bekannt, daß der U-Bootkrieg in den Indischen Ozean ausgedehnt würde. Es sei beabsichtigt, die dort operierenden Front-U-Boote nach Abschluß ihrer Operationen bzw. bei Havariefällen statt in die Heimat zur Überholung, zu Reparaturen und zur Neuausrüstung nach Penang zu schicken. Einige der Boote sollten später mit Rohstoffen beladen als Blockadebrecher in die Heimat zurückkehren.

Als erstes Front-U-Boot wurde der vor Madagaskar operierende deutsche U-Kreuzer U 178 nach Penang geschickt. Er traf Anfang August 1943 dort ein. Das Boot mußte völlig überholt werden und sollte dann erneut zu einer Fernunternehmung mit anschließender Rückkehr in die Heimat auslaufen.

Von Deutschland, bzw. von den Häfen der französischen Westküste aus wurden zur gleichen Zeit, Ende Juni/Anfang Juli 1943 neun IX-C-Boote und ein U-Tanker als sogenannte „Monsun"-Gruppe in den Indischen Ozean geschickt. Diese Spezialgruppe wurde noch durch zwei aus der Heimat kommende IX-D2-Boote verstärkt. Die Boote hatten den Befehl, ab September im Arabischen Golf zu operieren und anschließend nach Penang zu gehen.

Bereits auf dem Ausmarsch wurden vier Boote versenkt, zwei, darunter der Tanker, mußten beschädigt den Rückmarsch antreten. Ein drittes Boot fiel aus, weil es als Behelfstanker einspringen mußte.

Fünf U-Boote erreichten den Arabischen Golf. Hier fiel U 533 der feindlichen Abwehr zum Opfer. Lediglich U 183, U 532, U 168 und U 188 trafen kurz nacheinander aus ihrem Operationsgebiet in Penang ein. Insgesamt lagen also mit den drei italienischen Booten, die für Transportzwecke in den Südraum geschickt worden waren, im Oktober/November 1943 neun U-Boote in Penang.

Diese Boote mußten docken, reparieren und neu ausrüsten. Docks standen aber nur in Singapore zur Verfügung. In Penang selbst war das Schwimmdock während des Krieges verschleppt worden. Tandjok Priok, der Hafen von Batavia, war noch nicht voll wiederhergestellt. Lediglich Soerabaya auf Java bot Aussichten in kleinerem Maßstabe, weshalb auch dieser Platz sehr bald eine eigene Dienststelle erhielt und deutsche U-Boote zur Reparatur dorthin geschickt wurden.

Die während der langen, sich vornehmlich in tropischen Gewässern ausdehnenden Unternehmungen erschöpften Besatzungen hatten dringend eine Erholungszeit notwendig. Sie wurden daher an Land untergebracht, mit Tropenzeug versehen, ärztlich betreut und verpflegt.

Mit dem Wort „Verpflegung" fällt ein Stichwort, das dem deutschen Kommando im Südraum, also dem Fregattenkapitän Dommes, besonders heftige Kopfschmerzen bereitete, mußte doch diese U-Bootsverpflegung für die sich über Monate erstreckenden Unternehmen ganz besonders sorgfältig ausgewählt und zusammengestellt werden. Frischproviant hält sich in U-Booten nur sehr kurze Zeit. Also mußte der gesamte Proviant — einschließlich Brot und Mehl, eingelötet mitgeführt werden.

Erschwerend kam hinzu, daß die U-Boote zum größten Teil mit den letzten Brocken des aus der Heimat mitgenommenen Proviants einliefen. Sie hätten auch mit dem besten Willen keine größeren Proviantreserven stauen können. Aber auch dieser Rest war durch die in den Booten herrschende feuchte Tropenhitze mehr oder weniger verdorben. Die Dosen waren verrostet oder beschädigt.

Wie aber sollte man neue U-Bootsverpflegung beschaffen? Hier zeigte sich der Pferdefuß. Die normale Verpflegung bestand aus Reis und Frischproviant. Die wenigen einst auf europäischen Bedarf eingestellten Konservenfabriken waren durch die Kriegsentwicklung von den Japanern stillgelegt worden. Das Personal war entlassen, das Material, in erster Linie die Vorräte an verzinntem Blech, waren durch die Militärverwaltung für Kriegszwecke beschlagnahmt und abtransportiert worden.

Dank des guten Verhältnisses, das Fregattenkapitän Dommes mit den anfänglich mißtrauischen, dann aber sehr entgegenkommenden japanischen Kommandobehörden erreicht hatte, gelang es, die Konservenfabriken wieder in Betrieb zu nehmen. Wer annimmt, daß dies nur eines Telefongespräches bedurft hätte, kennt die fernöstliche Mentalität schlecht! Mit der Genehmigung war nur die

erste Runde gewonnen. Weitaus problematischer war es, die Weiß-
bleche zu beschaffen. Sie konnten nur über den Schwarzen Markt
besorgt werden. Diese Fäden spannen sich über Japan bis nach
China und Siam . . .

Bei diesem Geschäft erwiesen sich die Handelsschiffskapitäne, die
ehemaligen Prisenoffiziere der HSK *Thor* und *Michel*, erneut als
eine überaus wertvolle Hilfe. Gewohnt, mit Eingeborenen umzu-
gehen, fanden sie stets schnell den richtigen Ton. Sie entwickelten
auch den erforderlichen Spürsinn.

Dommes stampfte mit der ihm eigenen Initiative Räuchereien für
Speck und Wurstwaren aus dem Boden. Wenn er auch früher Handelsschiffskapitän war, so hing er doch mit heißem Herzen an
seiner U-Bootwaffe, an seinen Kameraden, deren Nöte und Sorgen
er, da er sein Kampfboot im Südraum einem anderen Kommandanten übergeben hatte, aus eigener Erfahrung kannte.

Überall aber mußten Deutsche die Anlagen einrichten und die an
sich willigen, aber unerfahrenen Eingeborenen anlernen.

Größtes Problem war, Dosenbrot herzustellen. Die ersten in einer neu eingerichteten Bäckerei in Penang durchgeführten Versuche,
waren mehr als unbefriedigend. Aber Dommes kapitulierte nicht.
Er forderte über verschlüsselte Funkberichte die Rezepte für Dosenbrot aus der Heimat an. Und sie kamen prompt! Das Dosenbrot marschierte. Es war nicht nur gut, es war auch in tropischen
Zonen äußerst haltbar.

Allmählich spielte sich alles ein.

Jedes U-Boot, das den Südraum anlief und neu ausgerüstet und
versorgt werden mußte, hat eine Geschichte für sich. Darauf im
einzelnen einzugehen, fehlt hier der Raum. Dennoch scheint es
sinnvoll, wenigstens einige Ausführungen aus der Feder des Kapitäns Vermehren folgen zu lassen:

„Die U-Boote waren dem Marine-Sonderdienst nur während ihrer
Liegezeit im ostasiatischen Raum unterstellt. Ihr Einsatz — sei es
für operative Unternehmungen oder für den Transport von Rohstoffen in die Heimat — erfolgte unmittelbar durch den Befehlshaber der U-Boote.

Die für den Transport von Rohstoffen in die Heimat eingesetzten
U-Boote faßten je nach Größe 150 bis 200 Tonnen Ladung. Sie
bestand hauptsächlich aus Rohgummi, Zinn, Wolfram, Erz, Chinin,
Jod, Opium und anderem. Die Waren wurden in den Tanks ver-

staut und mußten dementsprechend besonders verpackt und sachgemäß verladen werden. Umständliche, sorgfältige Berechnungen waren hierzu erforderlich, damit die Taucheigenschaften der Boote nicht nachteilig beeinflußt wurden.

Beim Verladen von Jod oder Opium war besondere Vorsicht notwendig, weil Joddämpfe der Besatzung gefährlich werden konnten, und Opium durch die Nässe nicht leiden durfte. Um Zinn und Wolframerz zweckmäßig und mit größtmöglicher Raumersparnis verladen zu können, wurden aus dem Zinn besondere Kästen gebaut, die dann mit Wolframerz gefüllt wurden.

Diese nüchternen Feststellungen lassen erkennen, vor welche Probleme sich der Kommandant und seine Helfer auch bei der Beladung der Boote gestellt sahen.

Damit nicht genug. Die Boote brauchten für die langen Reisen durch die Tropen besonders gute Treib- und Schmieröle. Diese wurden in notdürftig wiederhergestellten Raffinerien des Südraumes produziert. Die kleineren Boote konnten mit der Beladung den langen Rückmarsch in die Heimat nur durchführen, wenn sie auf halbem Wege erneut mit Treibstoff und Schmieröl versorgt wurden.

Die Batterien — besonders bei den älteren und kleineren Booten ohne Kühlanlagen — litten in den Tropen bei den soviel höheren Außenwassertemperaturen in bisher nicht bekannter Weise. Früher als erwartet, ergab sich die Notwendigkeit, sie zu erneuern. U-Bootsbatterien waren natürlich nicht vorhanden. Ebensowenig gab es Herstellerfirmen dafür. Die Boote mußten daher nach Japan hinauf. Aber auch das war erst von praktischem Nutzen, nachdem in Japan die notwendigen neuen Batterien gesondert hergestellt werden konnten.

Die Reparaturen an den technisch hochentwickelten U-Boot-Maschinen und Einrichtungen verlangten Spezialarbeiter. An Spezialarbeitern herrschte in Ostasien aber allergrößter Mangel. So mußten denn die Besatzungen auch als „Werftarbeiter" einspringen. Vieles konnte nur behelfsmäßig in Ordnung gebracht werden.

Am gefährlichsten für die deutschen U-Boote waren die Küstengewässer vor den Ein- und Auslaufhäfen. Besonders in der Malakkastraße standen ständig feindliche U-Boote, die vornehmlich gegen den japanischen Nachschubverkehr zur Burmafront angesetzt waren. Die Japaner hatten ihre Fronten ja in den ungeheuren

Raum Ostasiens verzettelt. Sie waren nicht entfernt in der Lage, eine auch nur notdürftige Luftüberwachung und ausreichende Sicherung der vielen Küstengewässer durchzuführen.

Im Frühjahr 1944 wurden daher zwei deutsche Arado-Flugzeuge — ursprünglich für die Nachschubausrüstung von Hilfskreuzern vorgesehen und mit dem Blockadebrecher *Rio Grande* nach Japan geschafft — mit den dazugehörigen deutschen Fliegern in Penang stationiert. Die beiden Maschinen übernahmen die Luftsicherung über dem Ein- und Auslaufweg der deutschen U-Boote. Sie wurden später, als der deutsche U-Bootverkehr sich mehr nach Batavia verlagerte, da die Sundastraße weniger gefährdet erschien, dorthin verlegt. Bis zum Kriegsende haben sie wertvolle Hilfe bei der Sicherung der deutschen U-Boote geleistet."

Ergänzend sei noch aus einem Bericht des Historikers Dr. Th. Michaux zitiert, in dem sich dieser auch mit dem Einsatz der deutschen U-Boote im südostasiatischen Raum als Transporter befaßt:

„Der Torpedomangel in Penang machte eine volle Ausnutzung der deutschen U-Boote im Indischen Ozean unmöglich, und so entschloß sich der BdU um die Jahreswende 1943/44, einen Teil der in Penang befindlichen Boote nach Frankreich zurückzuholen. Sie sollten allen ohne Beeinträchtigung ihrer Kampfkraft verfügbaren Raum zum Rohstofftransport ausnutzen und, nachdem sie ihre Kampfmittel im Indischen Ozean verbraucht hatten, nach Frankreich zurückkehren. Wegen der Schwierigkeiten, welche die Treibstoffversorgung mit sich brachte, erreichten jedoch nur zwei Boote (U 178 und U 188) Bordeaux. Die übrigen mußten wieder umkehren.

Auch die Rückfahrten der in Ostasien übernommenen italienischen Transportboote wie der inzwischen in Ostasien eingetroffenen deutschen Transportboote endeten mit Mißerfolgen. UIT 23 wurde beim Auslaufen von einem britischen U-Boot versenkt. UIT 24 mußte nach Ausfall des vorgesehenen U-Tankers umkehren, und U 1062 fiel im Atlantik einer amerikanischen U-Jagdgruppe zum Opfer.

Alle deutschen U-Boote, die sich im Herbst 1944 noch in Ostasien befanden, hatten keinen Schnorchel. Sollten sie noch Gelegenheit haben, bis nach Norwegen zurückzumarschieren, so mußten sie dazu die Wintermonate benutzen, um im Schutz der Dunkelheit die gefährlichen Passagen im Nordatlantik besser überwinden zu können. Daher befahl der BdU den Rückmarsch der Boote ab Oktober 1944, wobei sie so weit wie möglich wichtige Rohstoffe transportieren sollten.

Von den zwölf noch in Ostasien befindlichen Booten liefen von Oktober 1944 bis Juni 1945 sieben nach Europa aus. Davon wurden U 168 und wahrscheinlich auch U 196 kurz nach Auslaufen durch alliierte U-Boote versenkt. U 181 und U 195 mußten wegen Maschinenschadens wieder umkehren. U 843 und U 861 erreichten im April 1945 Norwegen. U 510, dessen Brennstoff nicht mehr bis Norwegen reichte, mußte Ende April 1945 St. Nazaire anlaufen, während U 532 zur Zeit der Kapitulation im Gebiet der Faröer stand und Liverpool anlief. Die im Mai 1945 noch in Ostasien befindlichen 4 Boote wurden von Japan übernommen und im Juli 1945 als I 502—505 in Dienst gestellt.

Zwei Boote, die noch 1945 von Norwegen aus den Marsch nach Ostasien angetreten hatten, erreichten ihr Ziel nicht. U 864 wurde vor Norwegen durch ein britisches U-Boot torpediert und U 234, das mehrere japanische und deutsche Spezialisten an Bord hatte, mußte nach der Kapitulation einen amerikanischen Hafen anlaufen. Damit waren von allen U-Booten, die aus Ostasien nach Europa ausgelaufen waren, nur die japanischen I 30, I 8 und I 29 und die deutschen U 178 und U 188 so rechtzeitig in Europa angekommen, daß ihre Kautschukladung der deutschen Kriegswirtschaft zugeführt werden konnte."

Soweit Dr. Michaux.

Die Gesamtentwicklung zeigt, zu welchem opferreichen Unternehmen die Ostasienfahrten geworden waren, wie die Übermacht des Gegners von Monat zu Monat zunahm, und wie die eigenen Erfolgsaussichten zusammenschrumpften.

Am Ende war allzu viel Aufwand für fast Nichts vertan.

Vierzehntes Kapitel

DER ZUSAMMENBRUCH

Zur Lage: Bis einschließlich September 1943 erreicht nur noch ein einziger und dazu schwer beschädigter deutscher Blockadebrecher Bordeaux. Deutlich spiegelt sich dies am Verbrauch des Natur-kautschuks. 1942 wurden noch 23 500 t verarbeitet, 1943 sind es nur noch 5 111 t. Einzige Hoffnung ist, weitere Blockadebrecher während der dunklen Wintermonate unter Aufbietung aller ver-fügbaren Überwasser-Streitkräfte durch die Gefahrenzone Biscaya zu geleiten. Fünf Motorschiffe stehen in Japan zur Verfügung. Um sie einzubringen, wird die 8. Zerstörer-Flottille durch die Zer-störer Z 27 und ZH 1 verstärkt, so daß die Flottille jetzt mit sechs kampfkräftigen Einheiten den Schutz der Blockadebrecher übernehmen kann. Auch die in Brest liegende 4. T-Flottille ist auf sechs Boote verstärkt worden. Zu ihr gehören die Boote T 22, T 23, T 24, T 25, T 26 und T 27, alles Einheiten eines von der Schichau-Werft in Elbing entwickelten Hochseetyps.

Die Skl startet nun den letzten Versuch, die fünf Blockadebrecher unter diesem massierten Schutz einzubringen. Die Schiffe werden im Oktober und November in Marsch gesetzt.

Als erste Welle werden die schnellen Motorfrachter „Osorno" und „Alsterufer" während der Weihnachtstage erwartet. Mit dem Ein-laufen der anderen Schiffe rechnet man Mitte und Ende Januar.

Es handelt sich um die „Rio Grande", die „Weserland" und die „Burgenland".

An der Spitze des getrennt fahrenden Blockadebrecher-Verbandes marschiert die „Osorno" mit ihren 16 kn Höchstgeschwindigkeit, gefolgt von der fast gleich schnellen, aber mit 2 729 BRT wesent-lich kleineren „Alsterufer". In der Natal-Freetown-Enge vermag die „Osorno" zwei feindliche Flugzeuge über ihre Identität zu täuschen. Sie nimmt Kurs auf die Neufundlandbank, soll dann mit

Ostkurs auf dem wichtigsten Geleitzugweg der Alliierten weiter-
marschieren und erst kurz vor Erreichen englischer Gewässer end-
gültig auf die Gironde zuschwenken . . .

Mitte Dezember 1943 herrscht „Zustand" bei der Gruppe West in
Paris. Wo steckt die *Osorno?*

Endlich, in den ersten Dezembertagen, geht ein Kurzsignal von
Kapitän Hellmann ein. Er steht mit Nordkurs kurz vor der Neufundlandbank.

Bisher verläuft also alles nach Plan.

Noch am gleichen Tage, da diese Meldung eintrifft, geht an alle
im Mittelatlantik operierenden deutschen U-Boote der Funkspruch
hinaus:

„Süd-Nord-Geleitzüge und Süd-Nord-Einzelfahrer nicht angreifen. Deutscher Blockadebrecher erwartet."

Eines einzigen Blockadebrechers wegen werden die in den fraglichen Gebieten stehenden deutschen U-Boote angewiesen, alle An-
griffsoperationen einzustellen! Die tragischen Fälle *Spreewald* und
Doggerbank sollen sich nicht wiederholen. Die Torpedos bleiben
in den Rohren, auch wenn der Dampfer vor diesen Rohren hun-
dertprozentig als Gegnerschiff erkannt worden ist. Auch die *Spreewald* war ja vom Kommandanten mit hundertprozentiger Sicherheit als Blue-Funnel-Liner angesprochen worden.

Zur gleichen Stunde überbringt ein Offizierskurier dem Kapitän
zur See Erdmenger, Chef der 8. Z-Flottille, und Korvettenkapitän Kohlauf, Chef der 4. T-Flottille, die versiegelte Order:

„Geheime Kommandosache: Unternehmen Bernau."

Das ist der Alarmbefehl für die beiden Flottillen. Er darf nur auf
das Stichwort „Bernau" geöffnet werden. Die Kommandanten der
Zerstörer und Torpedoboote wissen zwar keine Einzelheiten, aber
es liegt etwas in der Luft; denn die Bereitschafts-Zerstörer auf der
Reede von Le Verdon sind angewiesen worden, von jetzt an dauernd unter Dampf zu liegen. Ein Grund mehr, die Gerüchte um
diese Boote aufzustacheln. Während sie auf den Zerstörern und
Torpedobooten rätseln, was für eine geheimnisvolle Unternehmung
sich da anbahnt, und sich schließlich beruhigen, weil, wie oft genug,

ja doch nichts passiert, herrscht in Paris bei der Gruppe West fieberhafte Tätigkeit.

Täglich werden der *Osorno* Kursanweisungen gefunkt. Zwar weiß man nicht, ob Kapitän Hellmann sie befolgt, ob er sie überhaupt befolgen kann, aber auf der großen Seekarte im Lagezimmer der Gruppe wird laufend die vermutete Tagesposition des Blockadebrechers eingetragen. Nach den Koppeltafeln muß sie kurz vor Weihnachten auf der Höhe der Azoren stehen.

Und da schwimmt sie wirklich am 18. Dezember . . .

Die See ist fast spiegelglatt. Nur die Wolken hängen tief, und eine leichte Brise weht aus Nordwest. Die Sicht ist klar. Zu klar.

Kapitän Hellmann hängt seinen Gedanken nach. Mit List und Tücke hat er sein Schiff bis hierher gefahren. Er wird es auch weiter schaffen.

Weihnachten will er zu Hause feiern. Das hat er sich vorgenommen.

Gleichmäßig hummeln die Motoren, ein selbstzufriedenes Brummen tönt aus dem Schornstein. Über dem Kielwasser segeln Möwen, Vorboten des Landes.

„Haben Sie schon überlegt, Kapitän, was Sie Ihrer Frau zu Weihnachten schenken werden?" beginnt der neben Hellmann getretene Chief ein Gespräch.

„Das ist nicht schwer zu erraten."

„Japanseide? Chinabrokat?"

„Nee, mein Lieber, mich selbst. Seit zehn Jahren Seefahrtszeit winkt zum ersten Male ein Weihnachtsfest in der Familie. Vorausgesetzt, daß Ihre Motoren, Chief . . ."

„Flugzeug Steuerbord voraus!" meldet der Ausguck auf dem Peildeck.

„. . . jaja, vorausgesetzt, daß uns die Briten nicht ihre Bekanntschaft aufzwingen, Käptn", vollendet der LI, was der Kapitän unter anderen Aspekten begann. „Melde mich ab in die Maschine."

„Waffen besetzen lassen?" will der Zwote wissen.

„No! Wir wollen erst einmal sehen, was der Kerl von uns will. Vielleicht können wir ihm was vorzaubern", beschwichtigt Hellmann den Eifer seines Wachhabenden und gibt vorerst nur stillen Alarm.

Das Flugzeug ist eine Sunderland. Mit ihrem dicken Rumpf sieht sie wie ein vollgefressener fliegender Fisch aus.

Auf die Anfrage „What ship" klappert Hellmann in eigener Person zurück „British ship."

Zur gleichen Zeit hißt ein Matrose den Union Jack, eine alte, zerfetzte und angeschmutzte Flagge. Die Briten lieben alte Flaggen wie rechte Männer einen alten Hut.

Bange Minuten. Wird der Flieger Verdacht schöpfen?

Es gibt nur noch wenige britische Schiffe, die allein über die Meere fahren. Vielleicht spannt der MG-Schütze bereits seine Gurte ein. Vielleicht macht sich der Bombenschütze schon klar zum Werfen. Vielleicht drückt der Funker in diesem Augenblick auf die Taste und meldet, daß man einen der aus Japan ausgelaufenen Blockadebrecher erwischt habe.

Aber nichts geschieht . . .

Hellmann beantwortet ohne Eile die ihm gestellten Fragen. Er morst, daß er von Kapstadt komme und nach Liverpool wolle . . .

In weitem Bogen umkreist die Sunderland den „Landsmann".

Gut in Farbe sieht der Frachter aus. Man hat im Südatlantik Zeit genug gehabt, die Quasten zu schwingen. Die *Osorno* wirkt gar nicht wie ein Schiff, das seit Monaten unterwegs ist, das sich wie ein Piratendampfer leise und ängstlich durch die See schleichen muß.

Stolz gleitet der Frachter durch die See.

Und am Heck weht die britische Flagge.

Die Sunderland kippt nach Backbord ab. Sie dreht vierkant auf die *Osorno* zu. Im Tiefflug braust sie über den einsamen Frachter hinweg. Die Bombenschächte bleiben geschlossen.

„Los! Winken!" brüllt Hellmann und reißt sich die Mütze vom Kopf.

„God save the King. Wenn er noch mehr so schlaue Flieger hat . . ." schnauft der Erste.

„Na?" wendet sich Hellmann grinsend aber nicht mehr so blaß wie eben, als die Biene anflog, an seinen Zweiten Offizier, „man muß doch nicht immer gleich schießen. Die sind gar nicht so."

Es wird Abend. Die Dämmerung schiebt die ersten violetten Schatten über die Kimm herauf. Ihre Farbe belebt die melancholische Uniformiertheit der See. Die Wolkendecke sinkt tiefer. Bald fallen Regenböen über das Schiff her.

Die Nacht kommt noch schneller.

Hell leuchtet die Bugsee. Und hinter dem Heck bildet das Kielwasser einen schäumenden, phosphorglänzenden Schleier. Meeresleuchten.

„Da is so'n lichter Fleck", ruft der Backbord-Brückenausguck dem Wachhabenden zu.

„Wo denn, Mann?"

„Nu dort, fast direkt voruuut!"

„Tatsächlich. Mann . . . Das ist doch . . . das ist ein Schiff!"

„Jo. Wat da leuchtet, ist woll ne Bugsee . . ."

„Was liegt an . . .?" Hellmann ist auf die Brücke gestürzt und neben die beiden getreten. Ohne Mütze. Mit offener Jacke. Er hatte sich gerade in den Sessel gesetzt. Ersatz für das Bett in diesen Tagen.

„Der läuft Westkurs."

Hellman läßt die *Osorno* zunächst einmal auf Parallelkurs drehen. Da der geheimnisvolle Fremde nur knapp zehn Knoten marschiert, hofft er, vor dem anderen vorbeizukommen: Er hätte auf Gegenkurs gehen können.

Aber jede verlorene Meile läßt die Weihnachtskerzen niedriger brennen . . .

Doch was ist das denn?

Voraus zieht sich ein leuchtender Streifen durch die nachtdunkle See. Und darüber schaut ein dreieckiger dunkler Schatten heraus. Noch ein Schiff. Sie schwimmen fast in seinem Kielwasser.

„Dreimal dürfen Sie raten, Erster", wendet sich Hellmann an seinen Ersten Offizier.

„Geleitzug!" preßt dieser zwischen den Zähnen heraus.

„Genau. Sind ihm vierkant in der Seite reingebraust."

„Und haben Glück gehabt, daß wir nicht der Zerstörersicherung in die Arme liefen."

„Was ich Ihnen bescheinige."

„Was nun?"

„Erst mal mit den Wölfen heulen. Schön denselben Kurs wie die da drüben. Seien Sie doch nicht so nervös. Muscha lütt beeten Tid gewinnen, um zu überlegen."

„Jawoll, Kapitän. Bloß nach Bordeaux fahren die nicht. Die löschen in Liverpool."

„Freuen Sie sich doch! Vor ein paar Tagen haben Sie mir noch einen wehmütigen Lobgesang über ihre rothaarige Mieze in diesem Hafen vorgesungen. Wäre das nicht ein hübscher Spaß, wenn deren neuer Freund jetzt da drüben auf der Brücke steht?"

„Herr Kapitän . . ."

„Ich weiß, ich soll diese dummen Witzchen jetzt lassen. Zur Sache. Noch sind wir sicher. Aber morgen früh wird man sich in London über diesen Familienzuwachs freuen. Daß ein Geleitzug nicht vollzählig ankommt, soll ja vorkommen, seitdem die deutsche Tauchboot-AG. im ozeanischen Transportgeschäft dazwischenfunkt. Aber daß ein Schiff zuviel ankommt, das hat der alte Fuchs in London noch nicht erlebt. Was meinen Sie, was der sich freuen wird . . . Nun, bis zur Morgendämmerung bleibt uns noch eine Atempause. Mag ja sein, daß man aus dieser Mausefalle genauso unbemerkt wieder herauskommt, wie wir reingeschlüpft sind . . . Rudergänger!"

„Herr Kapitän?"

„Ein Dez Backbord!"

„Ein Dez Backbord!"

Langsam dreht das Schiff. Doch bevor der Rudergänger melden kann, daß der neue Kurs anliegt, haben sie mit ihren Nachtgläsern den an Backbord herausgesetzten auflaufenden Zerstörer schon gesehen. Die Außensicherung des Geleits.

„Befehl auf Null. Auf alten Kurs zurückdrehen."

„Auf alten Kurs zurückdrehen", wiederholt der Rudergänger. Seine Stimme klingt monoton. In Hellmanns Gegenwart stumpfen Gefühle ab. Hellmann durchzuckt ein rettender Gedanke: Die Angst vor den grauen Wölfen ausnutzen . . .

Der Kapitän packt den Hebel des Maschinentelegrafen und legt ihn kurzerhand auf „Stop". Es wird still im Schiff. Unheimlich still. Nur der Wind geigt in den Wanten und Stagen. Und an der Bordwand murmelt geschäftig das Wasser.

Der Zerstörer rauscht in knapp 500 Meter Abstand vorbei.

Hellmann läßt ihn anmorsen:

„Habe Sehrohr an Backbord gesehen. Melde selbst Maschinenschaden. Muß stoppen."

Mit bebenden Händen an den Nachtgläsern beobachten sie den Zerstörer. Wenn er glaubt, was ihm Hellmann vorschwindelt, dann haben die Briten zum zweiten Male einen fetten Brocken verloren.

„Der nimmt mehr Fahrt auf . . ." stellt der Erste fest.

„Seh ich selbst", knurrt Hellman ärgerlich.

Tatsächlich erhöht das Sicherungsfahrzeug die Geschwindigkeit und dreht nach Backbord ab. Hinter ihm bricht eine Wassersäule aus der See. Ein Grollen folgt. Es hört sich wie ferner Geschützdonner an.

Wasserbomben . . .

Dann Leuchtgranaten, dann Scheinwerfer rund um das Geleit.

Sie suchen das gemeldete U-Boot.

Die Luft ist mit Qualm angefüllt. Der Rauch aus den Schornsteinen des aufgescheuchten Geleitzuges mischt sich mit dem Angstschweiß der Männer auf der Osorno.

Der Blockadebrecher bleibt gestoppt liegen. Sanft dümpelt er im Rhythmus der Dünung.

Der Morgen kommt mit schimmelfarbenem Licht.

Der Geleitzug ist verschwunden. Am Horizont kreisen zwei Flugzeuge, eine Liberator und eine Sunderland.

Sie schützen das gestoppt liegende Schiff.

Ihr Schiff!

In den Vormittagsstunden nimmt die Osorno die Fahrt wieder auf. Die beiden Flugzeuge begleiten den Frachter. Sie sichern seinen Weg wie Schäferhunde ein krankes, zurückgebliebenes Tier der Herde. Sollte ein U-Boot versuchen, sich in Überwasserfahrt diesem Einzelfahrer vorzusetzen, sie werden es unter Wasser drücken. Unter Wasser aber sind die grauen Wölfe den normalen Geschwindigkeiten der Frachter unterlegen . . .

*

Und was geschah inzwischen mit den Zerstörern und Torpedobooten in den deutschen Stützpunkten Westfrankreichs?

Der 24. Dezember 1943, 20 Uhr.

Mit großer Fahrt prescht die 8. Zerstörerflottille durch die Biscaya. An Land, in den Wohnungen der deutschen Familien und in den Unterkünften der Soldaten, brennen um diese Stunde die Kerzen an den Tannenbäumen. Beten Mütter und Frauen für ihre Söhne und Männer . . .

Zusammen mit den Booten der 4. Torpedobootsflottille jagt der

Verband von zwölf deutschen Kriegsschiffen* durch die See. Kurs 275 Grad! Kurs Treffpunkt mit dem Schiff *Bernau*.

Sie waren am 24. Dezember um die elfte Tagesstunde ausgelaufen. Das Wetter war gut. Doch draußen wird es zum Sturm. Die Boote ertrinken fast unter den überkommenden Brechern. Z 23 nimmt soviel Wasser über, so an die 200 Tonnen, daß er den Verbandsführer, Kapitän zur See Erdmenger, wegen der dadurch aufgetretenen Schäden bitten muß, die spanische Küste anlaufen zu dürfen.

Am 25. Dezember flaut der Sturm etwas ab. Z 23 versucht, wieder zu dem Verband zu stoßen. Mit der Wetterbesserung sind auch die Bienen da. Britische und australische Sunderlands umschwirren den deutschen Kriegsschiffsverband in respektvoller Entfernung. Sie sollen Fühlung halten. Mehr nicht.

Aber die beiden Kreuzer *Glasgow* und *Enterprise*, die von der Britischen Admiralität gegen den deutschen Blockadebrecher angesetzt worden sind, schwimmen zu weit ab, um noch rechtzeitig eintreffen zu können . . .

Es ist 13 Uhr.

Erdmenger läßt seine Einheiten einen breiten Aufklärungsstreifen fahren. Der Verband steht am Ziel, am vereinbarten Treffpunkt mit einem Frachtschiff, dessen wirklichen Namen nur die beiden Flottillenchefs kennen.

500 Meilen vom heimatlichen Stützpunkt entfernt kämmen die weit auseinandergezogenen Boote die See ab. Jeder sieht am Horizont noch eben den rechten oder linken Nebenmann. Die beiden äußeren Boote sind fast 100 Seemeilen voneinander entfernt. Wie Fischer die Netze zwischen sich fahren, um das Brot des Meeres aus der See zu holen, so ziehen sie dahin, um einen einzigen deutschen Dampfer zu finden, einen Dampfer, der allen Männern noch immer ein mit den unmöglichsten Gerüchten überhäuftes Rätsel ist.

„Kommt etwa der Tenno zu Besuch?"

„Hat er den Bhose an Bord?"

„Bin gespannt, wie der Eimer überhaupt aussieht", sagt einer auf

---

* Es handelte sich um: Z 27 (Führerboot mit Kapitän z. See Erdmenger an Bord), Kommandant Korvettenkapitän Günther Schulz; Z 23, F.Kpt. Wittig; Z 24, K.Kpt. Birnbacher; Z 32, F.Kpt. Ritter von Berger; Z 37, F.Kpt. Langheld und ZH 1 (der ehemalige niederländische Zerstörer „*Gerald Callenburgh*"), K.Kpt. Barckow; und die Torpedoboote T 22, T 23, T 24, T 25, T 26 und T 27.

der Brücke des Führerbootes. Der Kommandant, Korvettenkapitän Schulz, hebt nur die Schultern, denn Erdmenger schweigt nach wie vor.

„Muß jedenfalls ein ganz hübscher Brocken sein, denke ich", meint er nur.

„Ich habe ein Schiff namens *Bernau* im Lloydsregister nicht gefunden", mischt sich der Erste Offizier ein.

„Der ist doch sicher getarnt", macht der Obersteuermann geltend.

„Sicher. Der fährt bestimmt als Lokomotive verkleidet."

„Nee, Herr Kaleunt, ich meinte den Anstrich."

„Davon wird wohl nach der langen Seereise, die er hinter sich hat, nicht mehr viel zu sehen sein. Denke, die werden ganz hübsch Rost picken können, wenn sie erst im Hafen sind."

Zuerst sehen sie voraus ein Flugzeug.

Und dann schreit der Topausguck Mastspitzen aus . . .

Flaggensignale klettern an den Leinen der Signalrah empor. Sie befehlen das Sammeln.

„Rauchfahne hinter dem Dampfer", meldet der Ausguck.

„Flugzeug über dem Dampfer", die nächste Meldung.

„Mein Gott, die werden die *Osorno* doch nicht jetzt noch unter Wasser treten", stöhnt Erdmenger.

„*Osorno*, Herr Kapitän?"

„Natürlich die *Osorno*!" schnauft Erdmenger. Er hat in seiner Erregung endlich das Geheimnis um die in keinem Handbuch geführte *Bernau* gelüftet.

„Da ist ja wohl die halbe britische Flotte hinterher . . ."

„Was ist das für eine Rauchfahne? Ausguck! Ich will wissen, was das für eine Rauchfahne hinter dem Flugzeug ist."

„Ist jetzt nicht mehr da", berichtet der Mastausguck.

„Und das Flugzeug?"

„Ist noch da. Scheint aber abzufliegen."

Der Dampfer tritt über die Kimm. Kurze und lange Lichterblinke blitzen auf ihm auf: „Frohe Weihnachten. Ich freue mich, in eurem Schutz zu sein. Haben soeben eine Sunderland abgeschossen. Hellmann, Kapitän."

Das Rätsel um die Rauchfahne hat sich damit geklärt. Durch das Glas ist sie noch zu sehen. Ganz zart und duftig, fast schon vom Winde verweht.

Die elf Kriegsschiffe nehmen den Blockadebrecher in ihre Obhut.

Es ist 14 Uhr. Sie stehen auf 47,20 Nord und 10 Grad West. Der Geleitzug nimmt Kurs auf die Gironde. Es wird eine aufregende Fahrt, an der jetzt auch Z 23 wieder teilnimmt.

Die Liberator-Bomber halten nicht mehr nur Fühlung. Sie versuchen immer wieder in todesmutigen Anflügen, das Sperrfeuer der Flak zu durchbrechen. Umsonst.

Der Feind schickt Beaufighter-Torpedobomber. Aber sie verfehlen ihr Ziel. Noch ehe weitere Kräfte angesetzt werden können, erreicht der Verband in den Morgenstunden des zweiten Weihnachtsfeiertages die Gironde. Es herrscht Nebel. Die Zerstörer ankern bei der Minensperre, und Minensuchboote übernehmen das weitere Sicherungsgeleit.

Um 7 Uhr schiebt sich der Verband auf Royan zu. Angespannt starren die Männer auf der Brücke der *Osorno* in das Kielwasser des vorausfahrenden M-Bootes. Jedes seiner Signale muß schnell und genau beachtet werden. Der minenfreie Weg ist nur 200 Meter breit. Durch den dichten Nebel ist das Land nicht zu sehen. Aber die Luft ist voller Aroma. Sie ist nicht mehr so sauber und frisch wie auf See ...

Hellmann und seine Offiziere sind sämtlich auf der Brücke. Wer von der Besatzung nicht auf Wache ist, hängt an der Reeling.

Plötzlich werden sie alle durcheinandergeschüttelt. Einige schlagen der Länge nach hin. Andere haut es gegen die Bordwand oder gegen die Brückenaufbauten.

Ein Ruck geht durch das Schiff. Ein schreiendes Beben. Es klingt so, als ob tausend Holzsägen auf Eisen schraben. Dann ist es vorbei. Die *Osorno* schwimmt.

Sie fährt weiter wie zuvor. Also keine Mine?

Ein Wrack lag im Fahrweg, das sich im Gezeitenstrom der Gironde verlagert haben muß. Das Wrack des ehemaligen Motorschiffes *Nestor*, das als Sperrbrecher Mitte Juni 1943 auf eine Mine lief und sank, wie man später erfährt.

Die Maschine meldet der Brücke Wassereinbruch.

Die *Osorno* ist leck. Der Riß beträgt über 12 Meter Länge.

Dagegen kommen auch die stärksten Pumpen nicht an.

Nach 13 000 Seemeilen Fahrt scheint der Blockadebrecher nun doch noch verloren zu sein!

Die Gesichter auf der Brücke sind bleich. Alle an Bord fühlen sich um den Erfolg der abenteuerlichen Fahrt und um den Lohn des Einsatzes betrogen.

Hellmann aber ist nicht gewillt, 70 Meilen von seinem Bestimmungshafen entfernt, die Flinte ins Korn zu werfen.

Der Maschinentelegraf fliegt unter seiner Hand auf „Voll voraus.“ Hellmann pfeift auf die Minen, die außerhalb des Zwangsweges liegen sollen. Er dreht an den Minensuchbooten vorbei und legt den Kurs auf das nahe Land.

Der Himmel ist mit den Tapferen von der *Osorno*. Ein Wind bläst den Nebel davon. Die bessere Sicht gestattet Hellmann besser zu manövrieren. Mit einem raschen Blick in die Karte hat er sich überzeugt, wo die Wassertiefen am günstigsten für sein Vorhaben sind.

Bei Le Verdon, am Südufer der Girondemündung, setzt er die sich immer mehr überlegende und sinkende *Osorno* auf den Strand. Das Schiff ist verloren. Kein Schlepper wird es mehr herunterzerren können.

Aber die Ladung ist gerettet!

Die *Osorno* ist so glücklich aufgesetzt worden, daß es keine Schwierigkeiten bereiten wird, die Güter zu bergen!

Hellmann und seine Männer bleiben vorerst an Bord.

Am 6. Januar hat sich der Befehlshaber der Marine-Gruppe-West, Admiral Theodor Krancke, angemeldet.

Er wäre sofort gekommen, doch er mußte vorher noch einen Punkt mit dem Großadmiral und Hitler klären, er, ein Offizier, der die Leistungen und die Sorgen der Männer der Handelsmarine aus eigener Erfahrung zu würdigen weiß. Er hat den Schweren Kreuzer *Admiral Scheer* während einer sechs Monate andauernden Kreuzfahrt bis in den Indischen Ozean geführt und Handelsschiffskapitäne als Prisenkommandanten an Bord gehabt. Er hat sie nicht nur als Prisenoffiziere verwenden können. Er zog sie auch zur Navigation mit heran, und er macht keinen Hehl daraus, daß die überragenden Erfolge der *Admiral Scheer* nicht zuletzt auch durch diese Handelsschiffskapitäne möglich wurden.

Krancke hatte im Führerhauptquartier vorgeschlagen, Kapitän Hellmann das Ritterkreuz zu verleihen.

Hitlers Einwand, das Ritterkreuz sei ausschließlich für Soldaten bestimmt, für Zivilisten dagegen sei das Kriegsverdienstkreuz vorgesehen, reizt den Admiral zum Widerspruch.

„Mein Führer, die See macht keinen Unterschied zwischen Soldaten und Zivilisten."

„Dann steht dem Kapitän das Ritterkreuz zum Kriegsverdienstkreuz mit Schwertern zu."

„Ich habe mich vielleicht nicht richtig ausgedrückt, ich wollte sagen: wer von unseren deutschen Männern heute zur See fährt, ist allen tödlichen Gefahren des Krieges ausgesetzt, ganz gleich, ob der einzelne Mann nun Zivil oder Uniform trägt."

Krancke verständigt Großadmiral Dönitz. Auch er gibt seine Zustimmung und fügt noch lachend hinzu:

„Wenn ich es ihm verweigerte, Krancke, dann hängen Sie Hellmann gewiß Ihr eigenes Ritterkreuz um."

Auf der *Osorno*, auf der bereits die Entladung der Güter begonnen hat, tritt am 6. Januar die Besatzung an.

Als der Admiral Kapitän Hellmann nach einer herzlich gehaltenen Rede das Ritterkreuz um den Hals hängt, bricht der Koch aus der Front aus. Er stürzt auf den Admiral zu. Im letzten Augenblick besinnt er sich, sonst hätte er dem Admiral vor Freude auf die Schulter geschlagen. So aber streckt er nur seine Pranke hin.

„Danke, Herr Admiral! Für . . . für . . . diese Auszeichnung unseres Kapitäns Hellmann. Los Jungs: drei Hurras für unseren Kapitän . . . drei Hurras für den Herrn Admiral . . .!"

Nachher, beim Essen und den vielen Glückwunschsprüchen der Offiziere im Gefolge des Admirals, neigt sich Hellmann zu Krancke hinüber.

„Das war gar nicht nötig, Herr Admiral."

„Was meinen Sie? Dieses Festessen hier?"

Hellmann nestelt verlegen an dem Ritterkreuz herum.

„An Orden hat bei uns überhaupt keiner gedacht und an ein Ritterkreuz schon gar nicht."

Aber Ordnung muß sein. Die Ordnung verlangt, daß Hellmann nun einen Offiziers-Dienstgrad bekommt. Und den verschenkt die Marine auch nicht an einen mit dem Ritterkreuz ausgezeichneten Seemann.

Hellmann wird in einen Mannschaftsdienstgrad verkleidet und nach Glücksburg auf Fähnrichkursus geschickt . . .

Als er dort durch das Tor der Nachwuchs-Ausbildungsstätte geht, tritt die Wache heraus und präsentiert das Gewehr.

Auch der Ordnung halber.

„Was hat der denn ausgefressen?" hört Hellmann die Soldaten hinter sich sprechen. „Ein Ritterkeuzträger in Mannschaftsuniform? Der hat bestimmt 'nen tollen Bolzen geschoben . . ."

*

Inzwischen vollendet sich das Schicksal der als *Trave* getarnten kleinen *Alsterufer*. In den letzten Tagen des Jahres 1943 war das Motorschiff unter seinem Kapitän Piatek in den nördlichen Mittelatlantik vorgestoßen. Die eben erst heimgekehrten Zerstörer und Torpedoboote machen mit größter Eile wieder seeklar und laufen, kaum daß die Besatzungsmitglieder die Weihnachtspost gelesen haben, wieder aus.

Wie die *Osorno*, so war auch die *Alsterufer* zunächst nach Nordwesten marschiert. Der Treffpunkt mit dem Kriegsschiffsverband lag etwas südlicher als bei der *Osorno*.

Und sehr viel westlicher.

Während der Verband mit Höchstfahrt nach Westen marschiert, allerdings gleich nach dem Auslaufen ohne ZH 1, der wegen Kondensatorschäden zurückbleiben mußte, wird die *Alsterufer* am 27. Dezember von einem Flugboot gesichtet, das später ein Liberator-Bomber als Fühlungshalter ablöst. Der dirigiert durch Peilzeichen einen Bomber der tschechischen RAF Sqdr. 311 heran. In den Nachmittagsstunden wird die *Alsterufer* von dieser Maschine mit Bomben und Raketen angegriffen. Trotz schwerer Treffer durch die Fla-Waffen des Blockadebrechers gelingt es den Tschechen, einige Bomben und Raketen ins Ziel zu werfen.

Die *Alsterufer* gerät in Brand. Das Feuer ist mit Bordmitteln nicht zu löschen. Kapitän Piatek gibt den Befehl zur Selbstversenkung und verläßt das Schiff.

Erst am 28. Dezember bekommen die Zerstörer und Torpedoboote von der Gruppe West den Befehl zurückzulaufen, da bis dahin die Versenkung der *Alsterufer* unbekannt geblieben war. Außerdem hatte die eigene Luftaufklärung eine feindliche Kreuzergruppe in der Nähe des deutschen Verbandes entdeckt.

Amerikanische Liberator-Bomber machen den deutschen Kriegsschiffverband aus, und gegen 15 Uhr laufen die britischen Seestreitkräfte auf, nachdem die deutschen Einheiten schon vorher in den Bereich ihrer Radarstrahlen geraten sind.

370

Die elf deutschen Boote versuchen nun, den Gegner durch einen Zangenangriff zu umfassen. Die Zerstörer auf der einen Seite, die Torpedoboote auf der anderen, scheint dieses Manöver auch zu glücken. Klugerweise haben die Kommandanten der beiden britischen Kreuzer aber einen Kurs gewählt, der die deutschen Einheiten immer weiter von ihren heimatlichen Stützpunkten hinwegführt. Die Sorgen um die Brennstoffreserven bestimmen Erdmenger, den Angriff sofort vorzutragen. Der Flo-Chef der Torpedoboote dagegen hält es für ratsamer, die Abendstunden abzuwarten. Er verspricht sich im Dämmerlicht größere Angriffschancen für seine Torpedowaffe und hofft, daß dem Gegner in dem diffusen Licht ein Wirkungsschießen erschwert würde.

Erdmenger greift dennoch an. Doch die Zerstörer allein sind dem Gegner, der nun seine ganze Artilleriekraft auf die eine Seite konzentrieren kann, nicht gewachsen. Da gibt Erdmenger den Rückmarschbefehl.

Erschwerend für den deutschen Angriff kommt noch die hohe See hinzu, die die deutschen Boote heftiger als die beiden großen britischen Kriegsschiffe hin- und herwirft.

Um den Rückmarsch seiner Kameraden zu decken, bleibt Erdmenger mit seinem Führerboot am Feind. Sein Einsatz endet mit dem Totalverlust des Bootes. Kapitän zur See Erdmenger, der Kommandant und die gesamte Besatzung finden den Tod.

Auch T 25 und T 26 gehen verloren.

Die restlichen Einheiten marschieren nach Brest zurück. Einige laufen in die Gironde ein. Z 23 und T 22 weichen nach Süden aus und machen schließlich in St. Jean de Luz die Leinen fest . . .

Die Bilanz ist niederschmetternd.

Nicht nur der Blockadebrecher ging verloren, auch drei ebenso unersetzliche Kriegsschiffe wurden bei diesem Unternehmen geopfert. Das ehemalige Frachtschiff *Alsterufer* war nur 2729 BRT groß, hatte also gegenüber den anderen Blockadebrechern nur eine geringfügige Kautschuk-Ladung an Bord.

Viscount Cunningham of Hyndhope, Admiral of the Fleet, äußert sich in seiner 1951 erschienenen Autobiographie „A Sailor's Odyssee" über dieses Gefecht u. a.:

„Hätten die deutschen Boote ihre Zangenbewegung fortgesetzt und die *Glasgow* und *Enterprise* angegriffen, wäre ihnen mit Sicherheit ein großer Erfolg beschieden gewesen. Als sie aber flohen, verpaß-

ten sie eine Chance, die jedem britischen Zerstörer willkommen gewesen wäre . . ."
Cunninghams Kritik ist hart, ebenso hart wie die Kritik anderer ausländischer Seekriegswerke.
Auch Admiral Krancke, seinerzeit als Marine-Oberbefehlshaber Frankreich direkt zuständig, sagt heute:
„Cunningham hat Recht. So wie die Dinge lagen, verhielten sich die deutschen Boote falsch. Der gemeinsame und sofortige Angriff hätte zu einem deutschen Erfolg führen müssen. Aber Erdmenger ist gefallen. Über seine letzten Überlegungen gibt es keine Aufzeichnungen."

*

Zwischen Formosa und den den Philippinen im Norden vorgelagerten Batan- und Babuyan-Inseln ist in die Seekarte das Bashi-Riff eingezeichnet. An diesem Riff vorbei führt der Weg in das Nan Hai, in das Südchinesische Meer . . . nach Saigon und nach Singapore.
Auf der Brücke der *Rio Grande* hat der Erste zusammen mit dem Zwoten Ulrich Balke die Wache von 20 bis 24 Uhr angetreten. An Bord nennen sie den Zwoten Hannibal. Seiner großen Nase wegen, die kühn wie ein Meyersteven aus seinem Gesicht hervorspringt. Vollmond ist aufgezogen. Als goldgelber riesiger Kürbis schwimmt er durch das schwarz-blaue Himmelsmeer. Trost spenden einige Wolken. Ab und zu ziehen sie einen Vorhang vor diese unerwünschte Bühnenbeleuchtung des ersten Aktes eines neuen Durchbruchsversuchs. Die Amerikaner haben sich von den ersten harten Schlägen gegen ihre Marine erholt. US-U-Boote liegen überall dort auf der Lauer, wo ihnen die Beute wie auf einer Treibjagd vor die Rohre laufen muß . . . vor allem an den Straßen und Engen im Insel-Gewirr des japanischen Kampfraumes. Typische Mausefallen. Das japanische Kräftepotential wird langsam aber mathematisch fast genau berechenbar ausgezehrt. Alle Gebiete des riesigen Seeraums vermögen die Seeleute des Tenno nicht zu überwachen.
„Du, Ehrhardt . . . da ist ein rotes Licht."
Ehrhardt richtet sein Glas dorthin, wohin Hannibals Nase rechtweisend zeigt.

„Seit wann bist Du denn farbenblind, Hannibal? Ich sehe grün."
Ehrhardt setzt sein Glas ab. Hannibal nimmt das seine wieder auf.
„Und ich rot."
Ehrhardt nimmt das Glas wieder vor die Augen.
„Zum Teufel, und ich grün."
Jetzt sehen sie beide durch die Gläser. Was eben rot war, wird
grün . . . dann wieder rot.
Ein Schiff, das auf direktem Kurs auf die *Rio Grande* zuliegt. Es
wälzt sich vermutlich in der Dünung hin und her und zeigt mal
die Backbord- und dann wieder die Steuerbord-Positionslaterne.
Es torkelt wie ein Betrunkener durch die See.
Sein Schatten ist klein. Ein Segler ist's aber nicht.
Ehrhardt läßt den Kapitän verständigen und ändert den Kurs
um zehn Grad nach Backbord.
Sonderbar. Die Lichter drehen mit. Rot . . . Grün . . . Rot . . .
Grün . . .
Von Allwörden ist in Sekundenschnelle auf der Brücke Er ist ein
geladenes Bündel Energie. Eben verließ er die Brücke noch in be-
häbiger Ruhe. Jetzt ist er wie eine gespannte Feder.
„Noch zehn Grad Backbord!" Der Befehl kommt schnell, als sei
er lange vorher zurechtgelegt.
Das Licht wandert mit.
Rot . . . Grün . . . Rot . . . Grün . . . Es kommt immer näher. Es
wird immer klarer.
Von Allwörden will es noch einmal mit zehn Dez versuchen. Oder
soll er gleich hart nach Backbord abdrehen?
Da zerreißt ein furchtbares Getöse die Nacht. Zwei Detonationen
an Steuerbord, gefolgt von in den Himmel wachsenden weißen
Wasserfontänen.
Torpedos? Minen?
Egal! „Hart Backbord!"
Die *Rio Grande* legt sich unter dem Druck des Ruders über. Wo
sind die Positionslichter geblieben?
Sie sind weg.
„Leuchtgranaten schießen!" von Allwördens Befehl.
Der unheimliche Fremde, dem sie dieses Intermezzo verdanken,
muß jetzt achteraus schwimmen. Die Kanone spuckt die Granaten
aus. Eins, zwei, drei und vier. Aber die Leuchtsätze funktionieren

nicht. Falsche Munition? Alte Munition? Das in der Nacht zu untersuchen wäre Wahnsinn.

„Meldung von Backbord-Seite Hauptdeck: wir haben schurrende Geräusche an der Bordwand gehört. Als ob sich Trossen scheuern."
Von Allwörden dankt und legt auf.

Schurrende Geräusche? Trossen?

Irgendetwas Unheimliches liegt in der Luft. Der Seemann spürt es. Es ist dasselbe Gefühl, das man hat, wenn am Spieltisch die Kugel rollt. Was nun folgt, liegt nicht mehr in des Menschen Hand . . . Das ist Schicksal.

Die Back ruft an.

„Hier sind Geräusche zu hören, als ob Ketten vorbei geschleppt werden."

Was ist denn bloß los. Erst wie betrunken torkelnde Positionslichter eines Fremden . . . dann sonderbare Detonationen in knapp 200 Meter Abstand . . . und nun Meldungen über rasselnde Ketten!

Von Allwörden verlangt erneut die Back.

„Noch etwas zu hören?"

„Keine Geräusche mehr. Aber es war ein Lärm wie von rasselnden Ketten."

„Danke", sagt der Kapitän und zerrt eine Zigarette aus der Packung. Nur einen Zug daran im Kartenhaus . . .

Nach Mitternacht ergeht der Befehl: „Alarm beendet."

Der Kapitän bleibt auf der Brücke.

Die *Rio Grande* fährt einen Zack nach dem anderen.

5 Uhr: Ein Knall, eine hohlklingende Explosion und eine Wassersäule achteraus. Abstand höchstens 200 Meter.

Die Leuchtgranaten versagen wieder, obschon der Geschützführer zusammen mit dem verzweifelten Obermaaten Kann den Bestand inzwischen genau überprüft hat.

Der Tag bricht an. Er naht mit guter, weiter Sicht.

See und Kimm sind rein. Von dem gespenstischen Nachtgefährten ist nichts zu sehen.

Gegen zehn Uhr zeigt sich ein Fischerboot. Es läuft eine verdächtig hohe Geschwindigkeit. Als es vor dem Bug den Kurs der *Rio Grande* kreuzt, sehen sie einen Haufen Philippinos. Sie zählen an die 25 Mann, die sich an der Reeling tummeln. Achtern hat das Fahrzeug vier Schlepptrossen aus. Netze hängen da nicht dran . . .

Wer war der unheimliche Fremde in der Nacht?

Ein Minenleger, dessen Minen hochgingen? Kaum.

Also ein U-Boot, das aus Tarnungsgründen unter vollen Positionslichtern fuhr.

In Singapore kommt der Leiter der KM-Dienststelle, Kapitän Sanders, an Bord.

„Sind Sie auch von einem U-Boot belästigt worden?"

„Wieso wir auch?" gibt von Allwörden zurück.

„Hellmann von der *Osorno* hatte Ärger mit so einem hartnäckigen Burschen. Das U-Boot lief am frühen Morgen über die Kimm auf und setzte sich auf Parallelkurs zur *Osorno*. Als es nach voraus verschwand, um sich vorzusetzen, drehte die *Osorno* auf Gegenkurs."

„Als amerikanischer U-Bootskommandant hätte ich die Angriffsvorbereitungen aber schlauer begonnen."

Die *Rio Grande* frischt in Singapore Proviant und Wasser auf. Kapitän von Allwördens Ladeoffizier findet noch eine Lücke, um noch Rohjod, Roh-Opium und das für die Stahlaufbereitung so kostbare Wolframerz zu stauen.

Batavia ist der letzte Hafen vor dem neuen Vabanquespiel der Durchbruchsreise.

Von Allwörden steuert tief in die Gefilde der Antarktis hinein. Der Südsommer macht das Befahren dieser sturmüberzogenen Landschaft durchaus nicht erträglicher. Es ist zwar nicht ganz so hundekalt. Dafür aber sind die Windstärken noch heftiger, wenn auch die Orkane selbst kürzer. Was macht das schon aus, da hier ein Tief das andere jagt!

Sie treten fast auf der Stelle, um Treibstoff zu sparen. Es bleibt nur so wenig Fahrt im Schiff, daß es manövrierfähig ist und nicht querschlagen kann.

Die Luftgötter kämpfen mit den Wassergöttern. Und beide zusammen gegen die vermessenen Menschen auf ihrer winzig kleinen Insel. Sie schwimmen in einer urzeitlichen Welt.

Dieses Warten in der brodelnden Wasseröde geht schließlich durch die Haut. Hier scheint die Zeit aufgehoben zu sein.

Eine Erklärung für das befohlene Warten hat die Skl nicht gefunkt. Lediglich den Hinweis, wegen deutscher U-Bootoperationen die Länge des 15. Grades Ost nicht zu überschreiten.

Kapitän von Allwörden vermutet richtig, daß die Skl zunächst erst die beiden schnelleren Schiffe, die fast gleichzeitig mit ihm ausgelaufenen *Osorno* und *Alsterufer,* unter dem Schutz der verfügbaren Sicherungsstreitkräfte einzuholen gedenkt. Ihm ist nur nicht wohl dabei, während dieser Wartezeit von den später in See gegangenen Blockadebrechern *Weserland* und *Burgenland* überholt zu werden.

Wenn nur eines der Schiffe im Südatlantik oder in der Freetown-Natal-Enge gesichtet wird, aktiviert der Gegner seine Überwachungsmaßnahmen. Er stößt dann nicht ins Leere vor . . .

Sie warten bis Heiligabend. Die Kälte der Antarktis birgt die einzige Erinnerung an ein deutsches Weihnachtsfest. Der Rest ist Flucht ins Vergessen, in betäubenden Alkohol. Die Gefahr, hier in dieser weltfernen, rollenden und torkelnden Wassereinsamkeit von einem Gegner aufgespürt zu werden, steht eins zu hundert. Also praktisch gleich Null.

Na, denn man Prost, Kameraden, frohes Weihnachtsfest!

Und auf eine glückhafte Heimkehr!

Am nächsten Tag beginnt die Schraube wieder zu mahlen. Die Skl hat nach sechs Wochen Warten den Weitermarsch gestattet. Der Kurs ist der *Rio Grande* genau vorgeschrieben. Er führt durch den Südatlantik bis dicht unter das der Zivilbesatzung so vertraute Brasilien.

„Ein unmöglicher Kurs", knurrt von Allwörden.

„Wahrscheinlich verspricht man sich auf diesem für die alliierten Schiffe vorgeschriebenen Zwangsweg größere Sicherheit", lenkt der Erste ein.

„Unsinn, die Amerikaner haben ihre Überwachung durch Stützpunkte in Brasilien jetzt so gründlich ausgebaut, daß wir dort gefährdeter als unter Afrikas Küste sind, wo nur die Briten etwas zu sagen haben. Die Amis wissen genau, wo ihre oder neutrale Schiffe in diesen Gewässern stehen. Sie koppeln genau so mit, wie es die Skl bei unseren Blockadebrechern tut. Nur ein Zufall kann helfen, wenn wir gerade auf einer Position stehen, auf der laut gegnerischer Koppeltafel ein alliierter oder neutraler Frachter stehen müßte. Auf solch einen Zufall vertrauen zu wollen, ist so witzlos wie eine Anleihe bei Till Eulenspiegel."

Verzehrende Tage. Quälende Tage.

Unablässig kreisen die im vorderen und achteren Mast montierten großen und scharfen Gläser der Ausguckposten auf dem Rundumsichtpodest.

Ausguck auf der Brücke . . . Ausguck auf der Back . . . Ausguck auf der Poop.

Vor Erreichen der Linie Pernambuco—Ascension angelt der Funker ein FT der Skl aus dem Äther.

Von Allwörden liest den Spruch. Er reicht ihn wortlos seinem Ersten hin. Das FT lautet:

„MS *Weserland* von Gegnerflugzeug entdeckt. *Weserland* mit Südkurs abgelaufen, um Fühlungshalter abzuschütteln."

In der Nacht vom 2. zum 3. Januar 1944 beobachtet der Funker starken Funkverkehr eines amerikanischen Kreuzers. Wenn er die *Weserland* meint, steht er nach den Koppeltafeln der Skl höchstens 150 sm östlich.

So dämmert der 4. Januar herauf.

Wer keine Wache hat, sitzt gerade beim Frühstück, als die Alarmsirenen gellen.

„Die Stunde hat geschlagen", hören sie den aufspringenden Ersten stöhnen und auch noch, wie er dem Brückensteward die Anweisung gibt, den Tee auf der Brücke zu servieren.

„Ist bestimmt der letzte in Freiheit."

Der Matrose Wolf hat Mastspitzen gesichtet.

Die *Rio Grande* dreht ab.

„Noch ist kein Grund zur Aufregung", beruhigt von Allwörden. „Sichtung braucht ja kein Kriegsschiff zu sein."

Wer ihn näher kennt, liest aus seinem Gesicht wie aus einem aufgeschlagenen Buch. Er glaubt selbst nicht an das, was er sagt.

„Was macht die Sichtung?" fragt der Erste bei Wolf im Vortopp an.

Die Antwort kommt nicht gleich, als stocke dem Kumpel da oben das Wort auf der Zunge. Dann meldet Wolf, daß die Mastspitzen schnell näher kommen.

Sie drehen weiter ab.

Aber sie entgehen dem schon ausgeworfenen Netz nicht mehr.

„Käferlein, sehen Sie nach, um was für einen Burschen es sich handelt", sagt von Allwörden ruhig zu dem Zwoten.

Und Käferlein berichtet, was sie schon lange fürchteten und zu wissen glaubten: daß unter den von der Frühsonne blutrot beleuchteten Mastspitzen eine Saling hängt, die verdammt nach einem Kriegsschiffsmast aussieht.

Von Allwörden befiehlt Alarm. Die Männer haben eben ihre Ge-

fechtsstationen bezogen, da meldet Käferlein eine zweite Mastspitze, ein weiteres Schiff.

Der eine, größere Unbekannte entpuppt sich als ein amerikanischer
Kreuzer. Der andere scheint ein Zerstörer zu sein.

Wie bei einem Manöver kommt der Befehl des Kapitäns:

„Boote klarmachen. Sprengkommando auf Station."

Boote klarmachen heißt, das Aussteigepäckchen unter den Arm
klemmen . . .

Kapitän von Allwörden verschwindet ohne ein Zeichen übertriebener Eile in seiner Kajüte. Er will seine Sachen ordnen und die
Geheimpapiere vernichten.

Der Erste hat ihm nachgerufen, ob man nicht doch noch versuchen
sollte, die Gegner durch das alliierte Atlantiksignal zu täuschen?

„Die und täuschen? Hier auf diesem Kurs? Auf dieser Position?
Aber versuchen Sie es. Meinethalben . . ."

Ehrhardt läßt einen Buchstaben und eine Zahl, einen Stander und
einen Wimpel, an die Flaggenleine knüpfen. Buchstabe und Zahl
werden, so hat er es sich ausgeknobelt, nur durch ein dünnes Se-
gelgarn miteinander verbunden.

Als eines der Katapultflugzeuge heranbrummt, um den Fremden
näher unter die Lupe zu nehmen, läßt Ehrhardt das Signal erst
vorheißen, und dann, als der Vogel auf das Schiff zuschwingt,
durchsetzen.

Langsam, ebenfalls wie verabredet und geübt, klettert das Flaggensignal höher und höher, ein Signal, das, soviel ist bekannt, die
Alliierten auf ihren Frachtschiffen als Erkennungssignal zu zeigen
haben. Ob Zahl und Buchstabe für heute stimmen, weiß man natürlich nicht.

„Gut auswehen lassen!" schreit Ehrhardt dem Signalgasten zu. Der
Erste beobachtet das Flugzeug. Im gleichen Augenblick, als es noch
näher herandreht, wohl, um sich für das Signal zu interessieren,
läßt Ehrhardt kräftig und ruckartig an der Leine ziehen. Das
dünne Segelgarnbändchen reißt. Die Zahl flattert an Deck, der
Buchstabe dreht sich, nunmehr völlig unkenntlich, an der zu Blocks
gerauschten Flaggenleine wild im Winde.

Von Allwörden ist wieder auf die Brücke getreten.

Der Erste, ein dynamischer Mann, will nichts unversucht lassen.

„Was ist, Kapitän, sollen wir Signal machen, wir hätten 105
Kriegsgefangene an Bord? Dann werden sie uns nicht beschießen."

„Zu großes Wagnis, Ehrhardt. Sie haben sich die Sache mit dem Flaggensignal prima zurechtgelegt. Es wird nichts nutzen. Ihr Plan mit den Kriegsgefangenen an Bord aber könnte ins Auge gehen."

„Verstehe nicht? Warum? Wir werden Zeit gewinnen . . ."

„Und nachher entsetzlichen Ärger haben."

Der Erste zündet sich eine Zigarette an. Jetzt ist es an ihm, Zeit zu gewinnen, um des Kapitäns Behauptung zu verdauen.

Doch von Allwörden nimmt ihm die Antwort ab: „Stellen Sie sich vor, die Amerikaner finden in unseren Rettungsbooten, wenn sie sich um die Überlebenden kümmern, keinen Kriegsgefangenen . . . Na? Fällt der Groschen? Sie werden vermuten, wir hätten diese Leute nicht aus ihren Räumen herausgelassen, hätten sie mit den Ratten zusammen in den Keller geschickt. Ihre Reaktion kann uns den Kopf kosten, auf jeden Fall Ärger und Verdruß, Hunger in einem Sonderlager und manches Unerfreuliche mehr . . ."

„Ja, Herr Kapitän, das mag schon sein, aber . . ."

„Kein aber. Es ist Schluß. Die Kriegsschiffe hier haben praktisch keine Kampfaufgaben im üblichen Sinne mehr. Sie haben nur noch die Frachtschiffahrt zu kontrollieren. Und diesen Punkt erledigen sie mit aller Gründlichkeit."

Dann kommen seine Befehle:

„Treffen Sie die notwendigen Maßnahmen. Wir laufen, solange es geht, mit Höchstfahrt von den beiden Kriegsschiffen ab. In spätestens einer halben Stunde stehen wir im Feuerbereich ihrer Kanonen. Bis dahin muß alles klar sein zur Versenkung."

Die Boote werden bis auf einen Meter über Wasser gefiert. Gut und mit sehr viel Überlegung ausgerüstete Boote.

Es hatte vorher lange Debatten über die zweckmäßigste Ausrüstung der Kutter gegeben. Wasser, viel Wasser, meinten die meisten.

„Ausgezeichneter Gedanke. Aber es wäre Wahnsinn, zuviel Wasser im offenen Boot trinken zu wollen!", gab der Arzt zu bedenken.

„Früchte scheinen mir wichtiger", wandte der Kapitän ein.

„Genau das wollte ich sagen, Kapitän. Früchte müssen ins Boot. Getrocknete Äpfel sind wichtig. Die löschen den Durst viel besser als Wasser."

So kamen denn viele, sehr viele getrocknete Apfelschnitzel in die Boote und viele eiweißhaltige Stoffe, Konserven aus den Beständen der erbeuteten Prisenschiffe, die nach Japan geschickt worden waren.

Die Boote hängen gerade eben über dem Wasser, da saust der Smut mit weißer Mütze an die Reeling.

„Halt warten! Nehmt die frischen Brote mit!"

„Wo haben Sie die denn am frühen Morgen schon her?" will von Allwörden wissen.

„Als das Gerücht über die *Weserland* bis zu uns sickerte, habe ich mir so gedacht, es könnte nicht verkehrt sein, genug frisches Brot zu haben . . ."

„Und wann haben Sie das gebacken?"

„In der Nacht, Herr Kapitän. Wurde das Gefühl nicht los, daß heute der letzte Tag für unsere brave *Rio Grande* sein könnte . . ."

Der Funker tut seine letzte Pflicht. Er hackt den verabredeten Tarnspruch auf der 600 Meter-Welle in englischer Sprache in die Taste. Dieser beginnt wie alle britischen Funksprüche mit einem F. Danach folgt die Position: 4 Grad Süd, 24 Grad West.

Der Schiffsname wird verstümmelt gefunkt. Es ist ohnehin nicht der richtige.

Der Funker berichtet dem Kapitän.

„Alles sinnlos. Melden Sie lieber auf der Ultra-Kurz-Welle der Skl, daß wir uns versenken müssen."

„Schiff verlassen!" Der nächste Befehl.

Als die Boote zu Wasser gehen, sieht Ehrhardt einen, den die Schicksalsstunde kaum zu interessieren scheint. Der Kapitänssteward Jacobsen, der in den ersten Morgenstunden auf dem Bootsdeck Servietten, Handtücher und Tischtücher ausgewrungen und aufgehängt hatte, nimmt in aller Gemütsruhe gerade die Wäsche wieder ab.

„He! Jacobsen! Das Schiff ist zu verlassen. Was machen Sie denn da in Dreiteufelsnamen?"

„Habe schon gehört davon, Herr Ehrhardt. Moment noch."

„Ja, Mann, packen Sie Ihr Bündel und steigen Sie schleunigst in Ihr Boot."

„Aber doch nicht, bevor ich Ordnung geschaffen habe!" sagt er und pflückt die letzten Tischdecken von der Leine, wuchtet sich das Zeug, ein sauber duftendes Bündel, auf den Arm und fragt mit nicht zu überbietender Gelassenheit zurück:

„Wo soll ich die Wäsche hinlegen, Herr Ehrhardt?"

Ehrhardt weiß nicht, ob er lachen oder fluchen soll. Um den Mann endlich in Gang zu bringen, faucht er ihn wütend an:

„Schmeißen Sie den Kram auf Ihre Koje. Oder auf meine . . .
Aber sehen Sie zu, daß Sie von Bord verschwinden."

„Jawohl, Herr Ehrhardt, ich werde die Wäsche auf meine Koje
legen. Ordnung muscha saeinn!"

Die ersten voll besetzten Kutter legen ab.

In den letzten steigt nach dem Sprengkommando der Kapitän.

Die Ladungen brennen! Drei Sprengköpfe zu je 75 Kilo Sprengstoff werden das Schiff mit Sicherheit vernichten. Eine Ladung
wurde zwischen Schott vier und fünf dicht neben der Bordwand
fest eingebaut. Eine andere kam an das Maschinenschott, und die
letzte wurde im Wellentunnel eingemauert. Es muß also klappen.

Was nicht klappt, ist das Zuwasserbringen des Kapitänsbootes, das
wie alle von einem japanischen Passagier-Liner stammenden Kutter auch eine japanische Slipvorrichtung hat. Die Spindel klemmt.
Der Erste kann sie schließlich mit dem Beil losschlagen.

Im Bauch des Blockadebrechers krepieren die Sprengladungen. Gif-
tiggelbe Detonationswolken wuchten in den blauen Tropenhimmel.
Die *Rio Grande*, bestes Pferd im Stall der Blockadebrecher, bäumt
sich auf und sackt stöhnend tiefer und tiefer in die See. In der
Luft orgeln Granaten heran. Die beiden amerikanischen Kriegsschiffe — es handelt sich um den Kreuzer *Omaha* und den Zerstörer *Jouett* — haben bei Erkennen der Versenkungsmaßnahmen
sofort das Feuer eröffnet. Zu spät. Doch die gegnerischen Kommandanten können ja nicht wissen, wie gründlich die Sprengung
vorbereitet worden war.

Vor und hinter dem sinkenden Frachter und zu beiden Seiten neben den Rettungsbooten mit den Überlebenden krepieren die Granaten, bricht die See in himmelhohe Fontänen auf. Welche sind
grün, andere rot gefärbt. Eine einfache und zugleich raffinierte
Methode des Yanks, um die Lage der Schüsse beider Schiffe aus-
einanderhalten zu können.

Nur drei Meter neben dem zu spät freigekommenen Kapitänsboot
fährt die *Rio Grande* in die Tiefe. Der erwartete und befürchtete
Strudel bleibt aus. Das kommt den Bootsinsassen erst hinterher
zum Bewußtsein. Als sich das Meer über der *Rio Grande* schließt —
für viele ist sie seit mehr als acht Jahren zweite Heimat geworden
— spüren sie alle einen Riß im Herzen.

Kapitän von Allwörden ist aufgestanden. Die Hand an der Mütze, schickt er seinem Schiff die letzten Grüße nach. Die anderen folgen seinem Beispiel.

Der Gegner stellt endlich das wütende, völlig sinnlose Schießen ein. Um die Überlebenden kümmert er sich nicht. Angst vor U-Booten wäre eine Entschuldigung.

Die Boote nehmen Kurs auf Südamerika. Sie verlieren einander in der Nacht. Das Kapitänsboot ist nach zwei Tagen allein. Sie sind 36 Mann an Bord. Und da die Reeling zu niedrig ist, haben sie sie, um in der Nußschale geschützter zu sein, mit Kleidungsstücken und Persenningen etwas erhöht.

Die getrockneten Äpfel halten, was der Marinearzt versprach. Sie löschen den Durst. Die Männer verlieren bei dem Kauen auf den zähen Apfelstücken auch das Hungergefühl. Das wenige Wasser, das sie zusätzlich aufnehmen, verarbeitet der Körper. Das ist gut so, denn eine Toilette gibt es nicht im Boot.

Nur die Haare von dem Wolfshund des Ersten beunruhigen die Gemüter. Der Hund hatte während der Zeit in der Antarktis ein derart dickes Fell bekommen, daß nun in der tropischen Hitze die Haare in ganzen Büscheln davonfliegen. Haare mischen sich zwischen den kargen Proviant und das Wasser, von dem täglich jedem ein Likörglas voll zugeteilt wird.

Die Leute murren. Die meisten haben kein Verständnis dafür, daß der Erste seinen Köter mitschleifen muß.

Ehrhard wendet sich an den Kapitän: „Ich werde ihn erschießen müssen."

„Warten Sie noch, das Tier kann nichts dafür. Es war Ihnen immer ein treuer Begleiter."

Am nächsten Tage. Ein Blimp, ein starres Luftschiff der US-Streitkräfte, sichtet das Boot.

„Stoppen Sie, nehmen Sie die Segel weg und sammeln Sie sich mit den anderen Booten. Ich werde sie auf diese Position dirigieren."

Der Kreuzer *Marblehead* läuft auf. Er übernimmt die Überlebenden. Sie haben Netze über die Reeling geworfen und ziehen die Deutschen an Bord.

An Deck stehen amerikanische Seeleute mit Maschinenpistolen bereit. Sie haben den Finger am Abzug.

„Was soll dieser Unfug", regt sich Ehrhardt auf und weist empört auf die erschöpften Männer.

„Man kann nie wissen, was euch Deutschen so einfällt", entschuldigt sich einer der amerikanischen Offiziere.

Ein Frischwasserbad reinigt die Männer vom Seewasser. Die deutschen Schiffsoffiziere werden, mit neuer Kleidung versehen, in die Offiziersmesse geleitet. Der Steward, ein Philippino, überschlägt sich in seiner Hilfsbereitschaft. Er schleppt Getränke und fettriefendes Essen herbei.

„Weg damit!" entsetzt sich der amerikanische Erste Offizier. „Griesbrei und Milch her ... Auch für die anderen Überlebenden! Das Zeugs da ist ja Gift für die Leute!"

Die Schiffbrüchigen sind keine Feinde mehr. Schiffbrüchige auf dem Moloch Ozean! Der Mensch steht über der Nation.

In Pernambuco werden die Männer von der *Rio Grande* dem Heer übergeben und in einem Zeltlager einquartiert ...

*

Was die *Weserland* ex *Ermland* durchmachte, verdanken wir dem Bericht des Kapitäns Krage:

„Als wir diesmal in Singapore, das die Japaner für die nächsten achttausend Jahre in Shonan umgetauft hatten, einliefen, schickte man uns 35 italienische U-Boot-Männer an Bord. Nette, freundliche Kerls, bloß kamen sie nicht mehr als überzeugte Bundesgenossen ...

Und weiter ging die Reise.

Und weiter hatten wir Glück all die angespannten Wochen hindurch. Bis zum 1. Januar 1944.

Wir schlichen uns gerade durch die Enge von Pernambuco, als wir ein Flugzeug ausmachten. In schneller Fahrt schoß der Vogel heran und umflog uns schließlich in immer kleiner werdenden Zirkeln.

Ein Amerikaner natürlich.

Last not least vermochte er seine Neugierde nicht mehr zu zähmen. Er wollte viel auf einmal wissen. Was wir für ein Schiff wären ... woher wir kämen ... wohin wir wollten ...

Wir hißten vier unkenntliche Flaggen als Unterscheidungssignal. Und spielten gute Freunde. Wir winkten fröhlich. Mit Händen, Taschentüchern und Mützen.

Aber Onkel Sams Abgesandte fielen auf unsere familiäre Begrüßung nicht herein. Sie winkten mit ihren Bordkanonen zurück.

Sie schossen auf Deubel komm raus. Nur schlecht, gottlob daneben. Wir konnten auch anders. Unsere Geschützbedienungen gaben Kontra. Sie feuerten in rasender Folge auf das schnelle Ziel.

Bis in die Staaten hatte es sich noch nicht herumgesprochen, was für Kerle an unseren Fla-Waffen standen. Einen der Angreifer fraß die See; die anderen, die wir aus dem Bach herausgefischt hatten, gingen in Japan in die Gefangenschaft.

Es gab für uns trotzdem kein Entrinnen mehr.

Am nächsten Tage waren es sogar vier Flugzeuge, die uns gewissenhaft umkreisten. Jetzt außerhalb der Schußweite!

Es war klar, daß diese Fühlungshalter gegnerische Überwasserstreitkräfte herandirigieren sollten. Obwohl jetzt in der Überzahl, wagten die Vögel keinen weiteren Angriff. Unsere massive Abwehr hatte den amerikanischen Fliegern die Lust dazu verschlagen. May be, daß sie uns als einen Hilfskreuzer ansprachen.

Die Dunkelheit war unsere einzige und letzte Hoffnung.

Und sie kam schnell. Die Nacht zog einen blauschwarzen Vorhang um unser Schicksal. Die Herzen beruhigten sich. Der Druck war genommen. Wir aßen sogar ein wenig.

In der Dunkelheit hofften wir zu entwischen. Daran glaubten wir sogar. Und wer es aussprach, bei dem klang es wie ein Gebet.

21⁵⁵ Uhr.

Die *Weserland* schaufelt mit AK-Fahrt eine mächtige Bugwelle an beiden Seiten auf.

Plötzlich an Backbord voraus acht Blitze. Acht orangefarbene Feuerkugeln, die sofort wieder verschwanden. Nur ihr greller Schein tanzte uns noch vor den Augen und bohrte sich mit blutroten Speeren in unsere wieder aufbrechende Angst. Doch ehe wir diese sonderbare Erscheinung an der Kimm richtig zu deuten wußten, erbebte die *Weserland* wie unter den Hammerschlägen eines Titanen. Die aus dem Achterschiff herausbrechenden Feuerzacken hatten die Gesichtsfarbe eines Jähzornigen. Die Erschütterungen der Detonationen waren so stark, daß einige meiner Leute den Halt verloren. In der Luft war das ekelhafte Singen von Granatsplittern und das dröhnende Fauchen von schweren Teilen, die die Granaten aus dem Achterschiff herausgebrochen haben mußten.

Die Blitze waren also Abschüsse von Kanonen gewesen.

Treffer auf Anhieb!

Ein unheimlicher Erfolg.

384

Radar, durchfuhr es uns. Wie konnten wir so töricht vermessen sein, in dieser Phase des Krieges noch auf den Schutz der Nacht zu hoffen ...

Zum Glück hatte es, welch ein Wunder, keine Verletzten gegeben. Die nächste Salve schon könnte die Brücke treffen.

Ich stoppte das Schiff und legte den Hebel fast ohne Übergang auf AK zurück und dann Sekunden später wieder auf Stop.

Ich gab den Befehl zum Aussteigen.

Wirkungsschießen in der Nacht! Dagegen war nichts mehr zu machen.

In weniger als fünf Minuten waren alle Mann in den Booten. Da wir nicht über genügend Kutter verfügten, hatten die Italiener Order, ein auf dem Vordeck placiertes Schlauchboot als Rettungsmittel zu benutzen. Unterstützt von ein paar deutschen Seeleuten brachten es die braven Kerls trotz des pausenlosen Beschußes fertig, das schwere Boot zu Wasser zu bringen. Zwei Mann ertranken bei diesem Manöver, als dicht neben dem Boot eine Granate zerplatzte. Die anderen aber slippten klar und kamen gut und schnell frei und aus der Feuerzone heraus.

Als letzte stiegen die beiden Offiziere mit mir in das letzte Boot ein, nachdem sie die Sprengladungen in der Maschine abgezogen hatten. Die Fangleine löste sich. Wir stießen ab und kamen auch gut von der sinkenden *Weserland* frei.

Noch immer deckten Granaten die *Weserland* ein.

Wir waren zwölf Mann in dem kleinen Boot. In unmittelbarer Nähe krepierten Granaten und hätten es beinahe zum Kentern gebracht. Wasserfontänen schütteten es randvoll. Es lag nun bis zum Dollbord in der unruhigen See, schwamm aber auf seinen Luftkästen.

In der Erregung, das Schiff doch noch in die Hände des Feindes fallen zu sehen, schien uns allen die Zeit bis zur Detonation der Zündladungen wie eine Ewigkeit.

Über eine Stunde lang sahen wir noch den Schatten des Schiffes, bis endlich die gute alte *Weserland* in den Fluten verschwand.

Wir saßen in dem in der Dünung auf- und niedertorkelnden Boot bis zum Bauch im Wasser. An ein Ausschöpfen war im Augenblick nicht zu denken.

Kurze Zeit später, nachdem die *Weserland* auf Tiefe gegangen war, sahen wir den Schatten des Kriegsschiffes größer und größer werden. Wir erkannten einen Zerstörer, und es war, wie wir später erfuhren, der US-Zerstörer *Somers*, ein Einschornsteintyp mit acht 12,7 cm-Geschützen in Zwillingstürmen. Er kreuzte an der Untergangsstelle. Einmal stoppte er. Wir sahen, wie er eine Leuchtboje aussetzte. Später erzählte mir ein amerikanischer Offizier, daß sie einen Mann im Wasser beobachtet hätten, der um Hilfe rief.

Dann verschwand der Gegner in der Nacht.

Ich glaubte, wir alle würden den nächsten Morgen nicht mehr erleben. Erst jetzt im Boot kam die Reaktion, wollten die seit Wochen, ja, seit Monaten strapazierten Nerven nicht mehr mitmachen. Eine gefährliche Gleichgültigkeit überkam jeden Mann. Ich war noch immer der Kapitän dieser braven Männer. Und es war mir klar, daß etwas geschehen mußte, um die Schicksalsgenossen anzufeuern. Mit Worten war da nichts zu machen. Die ungewohnten Bewegungen machten sie seekrank. Einige erbrachen sich, andere hockten apathisch auf der Ducht. Sie ließen den Kopf hängen und schienen nichts mehr von dieser Welt wissen zu wollen.

Schließlich packte ich einen an Bord befindlichen Stahlhelm. Ich hatte ihn zufälligerweise an meinen Füßen gespürt und herausgeangelt. Damit begann ich das Wasser auszuschöpfen, eigentlich ein sinnloses Unterfangen, denn die See spülte immer wieder neues herein.

Auf einmal begann der Erste Offizier munter zu werden. Ohne Befehl warf er die schweren Seesäcke mit unseren Habseligkeiten für den Fall X über Bord.

„Muß das Boot leichter machen, damit ihr Schöpfen Erfolg hat, Kapitän", sagte er nur.

Ich ließ ihn gewähren. Und keiner murrte, als über Bord ging, was mit Liebe und Sorgfalt für das Aussteigen ausgesucht worden war. Wertvolle Erinnerungsstücke darunter. In der Not zählt das nicht mehr. Nur das Leben retten! Das nackte Leben!

Nur dieser eine Gedanke drängte nach oben und belebte die Männer. Mit Hilfe des Ersten bastelten sie aus Riemen einen Treibanker zusammen.

Und endlich graute der Morgen . . .

Wenn uns die Dünung hochhob, sahen wir die Mastspitzen von anderen Booten der *Weserland*. Wir setzten nun selbst unseren Segelmast und wurden bald von den anderen bemerkt.

Wir bildeten einen Pulk von vier Schiffen . . .

Wir nahmen Kurs auf die Küste.

Aber nur noch eine Stunde dauerte unsere gefährliche Freiheit. Der Zerstörer kehrte zurück. Sämtliche Bootsbesatzungen wurden aufgenommen. Auch die Italiener hatte er gefunden.

Die Behandlung der Überlebenden — wir hatten fünf Mann verloren — war freundlich und gut.

Was wir an persönlichen Dingen gerettet hatten, wurde uns abgenommen . . ."

*

Am 5. Januar sichtet ein von Natal gestartetes Flugzeug den letzten der auf dem Heimweg stehenden deutschen Blockadebrecher, das Motorschiff *Burgenland*. Klug geworden durch die Erfahrungen mit der *Weserland* hält sich das Flugzeug außerhalb der Reichweite der Fla-Waffen und ruft durch Funk den Kreuzer *Omaha* und den Zerstörer *Jouett* herbei. Sie stehen nach der Versenkung der *Rio Grande* noch immer in See, denn man weiß, daß noch andere Blockadebrecher von Japan ausgelaufen sind. Für diese Kenntnis sorgte unter anderen auch der deutsche Journalist Sorge in Japan . . .

Die *Burgenland* versenkt sich selbst. Die beiden Kriegsschiffe kümmern sich nicht um die Überlebenden. Aber die US-Zerstörer *Winslow* und *Davis* und der brasilianische Minensucher *Camorin* werden durch Funk benachrichtigt und nehmen die Deutschen auf.

Omaha und *Jouett* jagen weiter.

Sie suchen umsonst.

Auf den Meeren der Welt fährt kein deutscher Blockadebrecher mehr.

Die Seeschlacht um Kautschuk ist zu Ende.

Das ist die Bilanz der letzten großangelegten Blockadebrecheraktion, der Unternehmen „Bernau" (Deckname für die *Osorno*) und *Trave* (Deckname für die *Alsterufer*):

Der letzte Versuch, um die Jahreswende 1943/44 noch einmal Überwasserschiffe von Japan nach Deutschland durchzubringen und den Durchbruch in der letzten Phase der Reise durch ein Aufgebot von Zerstörern und Torpedobooten zu erzwingen, endet mit einem Verlust von vier der fünf auf die Reise geschickten Transporter und mit dem Opfer von drei modernen Kriegsschiffen.

Bis zu diesem Tage hatten die Anstrengungen der Handels- und der Kriegsmarine in der Rohstoffversorgung aus Übersee folgendes Ergebnis:

Die Gesamtladung der Blockadebrecher betrug 217 415 t, davon waren 93 879 t Kautschuk.

113 805 t, davon 44 595 t Kautschuk, wurden in die Heimat gefahren. Das ist wenig mehr als die Hälfte der in Marsch gesetzten Gesamtlademenge, nämlich 52,3 Prozent bei 47,4 Prozent der Kautschukfracht.

Man sprach zwar generell von Kautschukfrachtern. Aber die anderen Ladungen an Wolframerzen, Molybdän, Chinin, Jod und dergleichen treten damit in ihrer Bedeutung nicht zurück. Diese Rohstoffe waren sogar noch wichtiger als der Gummi-Rohstoff, für den es im Buna noch einen Ersatz gab; Jod, Chinin, Wolfram und Molybdän aber waren durch nichts anderes zu ersetzen.

Verloren gingen:

16 Frachtschiffe, darunter ein italienisches Motorschiff,

 3 Tanker,

 1 Zerstörer

 2 Torpedoboote und

13 in der Rohstoffversorgung eingesetzte U-Boote, von denen zwei Japaner und zwei Italiener waren.

Trotz der schweren Verluste spiegelt sich in dieser Übersicht der Erfolg für die Kriegswirtschaft wieder. Wenn Opfer und Risiken einen Sinn gehabt haben, auf die Blockadebrecher traf es zu; auf jene, die zu Beginn des Krieges in die Heimat durchbrachen, wie auch auf alle, die weder Mühen noch Gefahren scheuten, um die Rohstoffe, nach denen Deutschland schrie, vom anderen Ende der Welt heranzuschaffen.

*

Großadmiral Dönitz schlug zwar trotz des Mißerfolges bei der letzten Aktion am 18. Februar 1944 Hitler vor, wieder Überwasser-Blockadebrecher nach Japan zu schicken.

Dönitz argumentierte, daß die am 22. Januar beginnende Neumondperiode für einen solchen Ausbruch günstig wäre. Er beendete seine Ausführungen mit der Feststellung: „Der mögliche Nutzen wird das Risiko aufwiegen!"

Hitler indessen verbietet jeden weiteren Einsatz von Überwasserschiffen in der Kautschukfahrt. Er braucht, so erklärte er, alle verfügbaren Schiffe für die Wolfram-Transporte aus Spanien und Portugal, da er berechtigte Sorgen habe, daß auch diese Rohstoffquelle in absehbarer Zeit verstopft werden könnte. Er sei auch nicht davon zu überzeugen, daß auch nur eines der Schiffe Japan jemals erreichen würde.

„Und schließlich, Herr Großadmiral", so fährt er fort, „erscheint mir die Kautschukzufuhr weniger dringend als Ihnen. Sehen Sie, Herr Großadmiral, wenn unsere Kraftfahrzeuge nicht mehr als 70 Stundenkilometer fahren, dann halten Buna-Reifen 40 000 Kilometer. Gummireifen aber sind bereits bei 20 000 Kilometer abgenutzt. Wenn Ihre Transport-U-Boote fertig sind, bin ich einverstanden, mit diesen Einheiten die Kautschuktransporte wieder aufzunehmen. Bis dahin werden ja die anderen U-Boote noch den einen oder anderen Posten wichtiger Rohstoffe hereinfahren."

„Aber mit der Fertigstellung der ausgesprochenen Transport-U-Boote vom Typ XX ist doch erst ab Sommer 1945 zu rechnen."

„Das genügt, Herr Großadmiral! Ich danke Ihnen."

Hinter Dönitz schließt sich die Tür.

Und damit das Kapitel über die Blockadebrecher-Unternehmen . . .

Ein Kapitel, dem der Stempel so konsequenter Geheimhaltung aufgedrückt worden war, daß keine Zeitung und keine Zeitschrift ein Wort der Anerkennung über diese Leistungen veröffentlichen durfte.

So still die Männer der Handelsmarine ihre Pflicht erfüllten, so still blieb es auch um ihre beispiellosen Taten.

Sie fuhren auf jeder Unternehmung auf dem schmalen Grat zwischen Sein und Nichtsein, und ihr Opfermut stand der Pflichtauffassung der Soldaten in nichts nach. Auch die tödlichen Gefahren waren die gleichen.

Vielen Seeleuten der Handelsmarine hielt die Erfüllung der kriegsbedingten Befehle nur noch ein Tor offen: das Tor in das Schattenreich der Millionenopfer des Krieges.

Wo sie starben, wachsen keine Blumen, spricht niemand ein Gebet. Nirgendwo ist der Tod endgültiger als auf See.

*

Vergessen seien auch nicht die Opfer auf jenen deutschen Handelsschiffen, die mit zivilen Besatzungen nach Norwegen, Spanien, Portugal und durch die Ostsee fuhren. Auch diese Frachter gehören zu den „Blockadebrechern", genauso wie jene Handelsschiffe, die im Mittelmeer die Afrikafront mit Waffen versorgten, und deren Besatzungen ihre Namen mit Blut in das Buch der Geschichte der deutschen Handelsflotte im zweiten Weltkrieg eingeschrieben haben. Wenn in diesem Buche Fehler beim Namen genannt wurden, wenn das Schicksal der deutschen Blockadebrecher nicht in rosaroten Farben, sondern realistisch geschildert wurde, dann nicht, um die damals nun einmal bestehenden Spannungen zwischen Handels- und Kriegsmarine zu vertiefen, sondern um Verständnis zu erbitten für die Sorgen des einen und die Grenzen des anderen.

Lassen wir abschließend noch einen deutschen Seeoffizier zu Wort kommen, Kapitän zur See a. D. Werner Vermehren. Er schrieb noch während des Krieges über den Einsatz der deutschen Handelsschiffe als Blockadebrecher:

„Das für die Erfüllung solcher und ähnlicher Sonderaufgaben notwendige Verständnis — auch höherer Seeoffiziere — für die Arbeit, die Sorgen und Nöte der Handelsschiffahrt und die so verschiedenen und anders gelagerten Belange dort an Bord sollte schon im Frieden geweckt und gefördert werden. Es wäre sinnvoll, aktive Seeoffiziere von Zeit zu Zeit zur Ausbildung und Belehrung auf Handelsschiffe zu kommandieren. Sie würden dadurch Gelegenheit erhalten, sich mit den Verhältnissen in der Handelsschiffahrt in der Praxis vertraut zu machen, um sie richtig zu beurteilen. Sie würden ferner, und das ist nicht minder wichtig, den menschlichen Kontakt zu den Männern der Christlichen Seefahrt vertiefen."

Ende

DIE PRISEN DEUTSCHER
KRIEGS- UND HILFSKRIEGSSCHIFFE

Nachstehend aufgeführte Kriegsschiffe und Hilfskriegsschiffe haben im ozeanischen Zufuhrkrieg aufgebrachte Feindschiffe als Prisen ausgerüstet und in die Heimat bzw. in Häfen der französischen Westküste entlassen. Erste Zahl: die aufgebrachten Prisen. Zahl in Klammern: davon im Bestimmungshafen eingetroffen.

A. Kriegsschiffe

Panzerschiff *Deutschland,* später Schwerer Kreuzer *Lützow:*	Während der Unternehmung vom 24. August bis zum 15. November 1939: 1 (0) Diese Prise, die damals viel umstrittene US-amerikanische *City of Flint,* südöstlich von Neufundland aufgebracht, lief nach Murmansk und wurde später in den norwegischen Hoheitsgewässern von den Norwegern interniert und an die alte Flagge zurückgegeben.
Schwerer Kreuzer *Admiral Scheer:*	Während der Unternehmung vom 23. Oktober 1940 bis 1. April 1941 (Atlantik und Indischer Ozean): 2 (2) Erwähnenswert ist noch das Kühlschiff *Duquesa,* das lange Zeit als Prise und im Südatlantik auf dem geheimen »Treffpunkt Andalusien« als zusätzlicher Versorger lag. Da kein Kohlenschiff erbeutet wurde, mußte dieses wertvolle Schiff schließlich wegen Brennstoffmangels versenkt werden.

Schlachtkreuzer
(auch schnelle Schlacht-
schiffe genannt)
Scharnhorst
und *Gneisenau:*

Unternehmen 22. Januar 1941 bis 22. März 1941 (Nord- und Mittelatlantik): 3 (0)

Zwei Prisen wurden bei Annäherung britischer Kriegsschiffe versenkt, die dritte Prise wurde von britischen Kriegsschiffen gestellt und gekapert.

B. Hilfskreuzer

HSK 1 - Hilfskreuzer
Orion,
taktische Nummer:
Schiff 36:

Während der Unternehmung vom 30. März 1940 bis zum 23. August 1941 (Pazifik, Indischer Ozean und Atlantik): 1 (0)

Die Prise *Tropic See* findet in diesem Buch Erwähnung.

HSK 2 - Hilfskreuzer
Atlantis, Schiff 16:

Während der Unternehmung vom 11. März 1940 bis 22. November 1941 (Atlantik, Indischer Ozean, Pazifik): 6 (3)

Prise Nr. 1 war die in diesem Buch erwähnte *Tiranna,* die vor der Gironde torpediert wurde, Prise Nr. 4 die britische *Speybank,* der spätere Minenleger und Blockadebrecher *Doggerbank.*

HSK 3 - Hilfskreuzer
Widder, Schiff 21:

Während der Unternehmung vom 5. Mai 1940 bis 31. Oktober 1940 (Mittelatlantik): 1 (1)

HSK 4 - Hilfskreuzer
Thor, Schiff 10:

Während der Unternehmung vom 6. Juni 1940 bis 30. April 1941 (Mittel- und Südatlantik): 1 (1)

HSK 5 - Hilfskreuzer *Pinguin*, Schiff 33:	Während der Unternehmung vom 15. Juni 1940 bis 9. Mai 1941 (Indischer Ozean und Antarktis): 16 (13)
	Neun der Prisen waren Walfänger, die zu den aufgebrachten und heimgeschickten großen Walkochereien gehörten.
HSK 8 - Hilfskreuzer *Kormoran*, Schiff 41:	Während der Unternehmung vom 3. Dezember 1940 bis zum 19. November 1941 (Atlantik und Indischer Ozean): 1 (1)
HSK 4 - Hilfskreuzer *Thor*, Schiff 10, zweite Reise:	Während der Unternehmung vom 14. Januar 1942 bis zum 9. Oktober 1942 (Atlantik und Indischer Ozean): 3 (3)
	Die Prise *Nanking* wurde in Japan als Vorratsschiff verwandt und in *Leuthen* umbenannt. Sie ging bei der Explosionskatasrophe auf der *Uckermark* zusammen mit HSK *Thor* am 30. 11. verloren.
HSK 7 - Hilfskreuzer *Komet*, Schiff 45:	Während der Unternehmung vom 3. Juli 1940 bis 30. November 1941 (Pazifik und Indischer Ozean): 1 (1)

Insgesamt wurden 35 Feindschiffe als Prisen gekapert; davon kamen 25 Schiffe wohlbehalten in der Heimat an.

LISTE DER VON JAPAN NACH EUROPA AUSGELAUFENEN BLOCKADEBRECHER

Nr.	Schiff, Reederei, BRT, Kapitän	Abfahrt	Ankunft	Bemerkungen
1	Ermland, HAPAG, 6528, Krage	Kobe, 29. 12. 40	Bordeaux, 4. 4. 41	In Weserland umbenannt, da Ermland Marine-Troßschiff.
2	Elbe, NDL, 9179, Vagt	Dairen, 20. 4. 41		Während brit. Suchaktion nach Bismarck durch Flgz. d. Trägers Eagle am 6. 6. bei Azoren durch Bomben versenkt.
3	Regensburg, NDL, 8068, Harder	Dairen, 5. 5. 41	Bordeaux, 27. 6. 41	Wegen Verlust Elbe von Seekriegsleitung nach Japan zurückgeschickt.
4	Ramses, HAPAG, 7983, Falke	Dairen, 12. 5. 41		
5	Anneliese Essberger, T. Essberger, 5173, Bahl	Dairen, 20. 6. 41	Bordeaux, 10. 9. 41	
6	Odenwald, HAPAG, 5098, Loehr	Yokohama, 21. 8. 41		Von US-Krz. Omaha in panamerik. Neutralitätszone aufgebr.
7	Burgenland, HAPAG, 7320, Schütz	Kobe, 21. 9. 41	Bordeaux, 10. 12. 41	
8	Elsa Essberger, T. Essberger, 6130, Prahm	Sassebo, 14. 10. 41	El Ferrol, 15. 1. 42	Bei Überführung nach Südfrankreich am 26. 8. 44 vor der Gironde selbstversenkt.
9	Spreewald, HAPAG, 5083, Bull	Dairen, 21. 10. 41		Am 31. 1. 42 von U 333 irrtümlich in der Biscaya versenkt.
10	Cortelazzo, Italiener, 5292	Dairen, 16. 11. 41	Bordeaux, 27. 1. 42	
11	Osorno, HAPAG, 6951, Hellmann	Nomi-Bucht, 23. 12. 41	Bordeaux, 19. 2. 42	
12	Pietro Orseolo, Italiener, 6344, Tardhiana	Kobe, 24. 12. 41	Bordeaux, 24. 2. 42	
13	Rio Grande, HSDG, 6062, v. Allwörden	Kobe, 31. 1. 42	Bordeaux, 10. 4. 42	
14	Münsterland, HAPAG, 6408, Übel	Yokohama, 18. 2. 42	Bordeaux, 17. 5. 42	
15	Portland, HAPAG, 7132, Tünemann	Yokohama, 26. 2. 42	Bordeaux, 10. 5. 42	
16	Fwiyama, Italiener, 6244 (sp. Jansen)	Kobe, 7. 2. 42	Bordeaux, 26. 4. 42	

Alle obigen Schiffe wurden um Kap Hoorn geleitet

Nr.	Schiff, Reederei, BRT, Kapitän	Abfahrt	Ankunft	Bemerkungen
17	*Tannenfels*, DDSG „HANSA", 7840, Haase	Yokohama, 8. 8. 42	Bordeaux, 2. 11. 42	Endschicksal: August 44 in der Gironde vernichtet.
18	*Dresden*, NDL, 5567, Jäger	Yokohama, 20. 8. 42	Bordeaux, 3. 11. 42	
19	*Kulmerland*, HAPAG, 7363, Pschunder	Dairen, 26. 8. 42	Bordeaux, 7. 11. 42	
20	*Regensburg*, NDL, 8068, Peischel	Kobe, 14. 9. 42		In der Sundastraße torpediert, in Singapore repariert.
21	*Rhakotis*, HAPAG, 6753, Jakobs	Yokohama, 27. 9. 42		Bei Annäherung des brit. Krz. *Scylla* selbstversenkt.
22	*Ramses*, HAPAG, 7983, Falke	Kobe, 23. 10. 42		Im Indischen Ozean bei Feindsichtung am 28. 11. 42 selbstversenkt.
23	*Hohenfriedberg*, Ex-Norweger, 7892, Heidberg (Prise *Herborg*)	Yokohama, 11. 11. 42		Am 26. 2. 43 auf Höhe Kap Finisterre bei Annäherung brit. Kreuzer *Sussex* selbstversenkt.
24	*Rossbach*, Ex-Norweger, 5894, Sievers (Prise *Mandropa*)	Kobe, 12. 11. 42		Aus Südatlantik nach Batavia zurückgerufen. Mitte Mai 43 durch US-U-Boot vor Kobe versenkt.
25	*Doggerbank*, Andrew Weir, 8998, Schneidewind (Prise *Speybank*)	Kobe, 17. 12. 42		Am 3. 3. 43 südl. Azoren von U 43 irrtümlich versenkt.
26	*Weserland*, ex-*Ermland*, HAPAG, 6528, Krage	Yokohama, 5. 1. 43		Nach Batavia zurückgerufen.
27	*Irene*, Ex-Holländer, 7322, Gippe (Prise *Kota Napan*)	Singapore, 4. 2. 43		200 sm westl. Kap Finisterre von brit. Minenkrz. *Adventure* gestellt und selbstversenkt.
28	*Pietro Orseolo*, Italiener, 6344, Tarchiana	Kobe, 25. 1. 43	Bordeaux, 2. 4. 43	Trotz Torpedotreffer am 1. 4. und großem Leck Fahrt fortgesetzt.

Nr.	Schiff, Reederei, BRT, Kapitän	Abfahrt	Ankunft	Bemerkungen
29	Rio Grande, HSDG, 6062, v. Allwörden	Yokohama, 28. 1. 43		Aus dem Indischen Ozean nach Japan zurückgerufen.
30	Karin, Ex-Norweger, 7322, Gippe (Prise Silva-Plana)	Singapore, 4. 2. 43		In Natal-Freetown-Enge bei Annäherung US-Krz. Savannah und Zerstörer selbstversenkt.
31	Regensburg, NDL, 8068, Peischel	Batavia, 6. 2. 43		In der Dänemarkstraße von brit. Krz. Glasgow versenkt.
32	Burgenland, HAPAG, 7320, Schütz	Kobe, 7. 2. 43		Von Batavia nach Japan zurückgerufen
33	Rio Grande, HSDG, 6062, v. Allwörden	Yokohama, 4. 10. 43		4. 1. 44 vor Natal-Freetown-Enge von Flgz. gesichtet und bei Annäherung US-Krz. Omaha selbstversenkt.
34	Weserland, HAPAG, 6528, Krage	Yokohama, 26. 10. 43		Nacht 1./2. 1. 44 durch Radar US-Zerstörer Somers beschossen und selbstversenkt.
35	Burgenland, HAPAG, 7320, Schütz	Yokohama, 29. 10. 43		5. 1. 44 von Natal-Flgz. gesichtet, bei Annäherung US-Krz. Omaha und Zerstörer selbstversenkt.
36	Osorno, HAPAG, 6951, Hellmann	Kobe, 2. 10. 43	Gironde, 26. 12. 43	Nach geglücktem Durchbruch i. d. Gironde auf Wrack gelaufen, sink. Schiff auf Strand ges., Lad. geborg.
37	Alsterufer, R. M. Sloman, 2729, Piatek	Kobe, 4. 10. 43		27. 12. 43 im Nordatlantik nach Bombenangriffen aufgegeben.

Alle Schiffe Nr. 17 bis 37 wurden um das Kap der Guten Hoffnung geleitet.

QUELLENNACHWEIS

Bücher:

Assmann, Kurt	Deutsche Schicksalsjahre, Eberhard Brockhaus 1950, Wiesbaden;
Bragadin, Marc' Antonio:	Che ha fatto la Marine 1940—1945, Garzanti, Milano;
Brassey's	Naval Annual 1948 (Führer Conferences and Naval Affaires), Vlg. William Clowes & Sons, London, Hierzu Aussagen und Unterlagen der deutschen Marine-Verbindungs-Offiziere Führerhauptquartier OKW und OKM;
Brennecke, Jochen:	Gespensterkreuzer HK 33, (Hilfskreuzer Pinguin) Koehlers Verlagsgesellschaft, Biberach/Riß; (heute Herford)
Brennecke, Jochen:	Das große Abenteuer, Deutsche Hilfskreuzer 1939—1945, Koehlers Verlagsgesellschaft, Biberach/Riß; (heute Herford)
Churchill, Winston:	Memoiren, Der zweite Weltkrieg, Übersetzung J. P. Toth Verlag, Hamburg;
Creswell, John, Captain R. N.:	Sea Warfare 1939—1945, OKM; **Longmans**, Green and Co, London—New York;
Cunningham of Hyndhope, Viscount, Admiral:	A Sailors Odyssey, Hutchinson & Co, London, New York, Sydney, Melbourne, Cape Town;
Giese, Fritz E.:	Die Deutsche Marine 1920—1945, Aufbau und Untergang, Verlag für Wehrwissen Bernard & Graefe, Frankfurt/Main;

Görlitz, Walter: Der Zweite Weltkrieg 1939—1945,
                                    Steingrüben Verlag, Stuttgart;

Hansen, Gottfried, Admiral z. V.: Nauticus, Jahrbuch für Deutsch-
                                    lands Seeinteressen, Jahrgang 1944,
                                    Verlag von E. S. Mittler & Sohn,
                                    Berlin; (heute Herford)

von Hubatsch, Walter, Prof. Dr.: Die Deutsche Besetzung von
                                    Dänemark und Norwegen,
                                    Wehrwissenschaftlicher Verlag
                                    Musterschmidt, Göttingen;

Köhlers Flottenkalender: 1955, 1956, 1957,
                                    Köhler-Verlag, Minden/Westf.;(heute Herford)

Krancke/Brennecke: Kreuzerfahrt „Admiral Scheer",
                                    Koehlers Verlagsgesellschaft
                                    Biberach/Riß; (heute Herford)

Martienssen, Anthony: Hitler and his Admirals,
                                    Verlag Secker & Warburg,
                                    London 1948;

Pahl, Walter: Rohstoffe, der Kampf um die Güter
                                    der Erde,
                                    Verlag Goldmann, München;

Raeder, Erich, Dr. h. c.:   Mein Leben Bd. 2,
                                    Verlag Schlichtenmayer, Tübingen;

Roskill, S. W. Captain: The war at Sea, Vol. I/II,
                                    Herr Majesty's Stationery Office;

Royal Institute of International Affaires, London:
                                    Chronology of the Second World War;

Schwadtke, K. H.:   Die Deutsche Handelsflotte und ihr
                                    Schicksal,
                                    Verlag Eckardt & Messtorff, Hamburg;

Steinweg, Günther: Die Deutsche Handelsflotte
                                    im Zweiten Weltkrieg,
                                    Verlag Otto Schwartz, Göttingen;

Wilmot, Chester: The struggle for Europe,
                                    Verlag Collins, St. James Place,
                                    London;

Zeitschriften:

Die Seekiste: Heft 11/1950, 1/1952, 8/1953, 6 und 11/1955, Heft 3 und 9/1956, 2 und 3/1958,
Verlag Schmidt & Klaunig, Kiel;

Marine-Rundschau: Heft 3/1953,
Verlag E. S. Mittler & Sohn GmbH., Darmstadt. (heute Herford)

Wehr-Wissenschaftliche Rundschau: Heft 11/1955,
Verlag E. S. Mittler & Sohn GmbH., Darmstadt. (heute Herford)

Dokumente:

Unterlagen der Sonderabteilung des Marineattachés bei der Botschaft in Tokio:

a) die Aufzeichnungen des Chefs des Stabes und 1. Gehilfen des Marineattachés, des Kapitäns zur See Werner Vermehren;

b) der PK-Bericht des Marine-Kriegsberichters Kurt Tischer über das *Doggerbank*-Unternehmen;

c) Fahrtberichte und Dokumente im Buch besonders hervorgehobener und benannter Reedereien.

*

Dank gebührt allen deutschen Reedereien, allen Kapitänen, Nautikern, Chiefs und Besatzungsmitgliedern, die über ihre Erfahrungen und Erlebnisse bei der Blockadebrecherfahrt berichteten; hier ganz besonders den Kapitänen, die trotz der kurzen Liegezeit in einem deutschen Hafen dem Verfasser persönlich berichteten.

Herzlichen und kameradschaftlichen Dank sage ich insbesondere auch den unmittelbaren Mitarbeitern an diesem Buche, meinem Segelschulschiffkameraden Werner Krüger, der viele Kapitäne und Besatzungsmitglieder besuchte und das umfangreiche Archivmaterial des Verfassers sichtete; meinem Seefahrtkameraden Kapitän Ernst Laufenberg für die vielen Interviews mit ehemaligen Blockadebrecherfahrern und für die Beschaffung von Unterlagen bei den Reedereien; Dank auch meinem Kameraden von der U-Bootwaffe, dem späteren Pfarrer Paul Rothfahl.

Bücher von Jochen Brennecke

- **Kreuzerkrieg in zwei Ozeanen.**
  Schwerer Kreuzer ADMIRAL SCHEER versenkt 152 000 BRT
  Vorwort Großadmiral Dr. h.c. Erich Raeder.
  Von Hase und Koehler Verlag. Leipzig 1941 (jetzt: Koehlers Verlagsgesellschaft, Herford)

- **Schwerer Kreuzer ADMIRAL SCHEER**
  Unter Mitarbeit von Admiral a.D. Theodor Krancke, fachliche Beratung für das Eismeerunternehmen »Wunderland« durch Vizeadmiral a.D. Wilhelm Meendsen-Bohlken. Vorwort Großadmiral a.D. Dr. h.c. Erich Raeder. Koehlers Verlagsgesellschaft. Jugenheim 1956 (jetzt: Herford)

- RRR — Jochen Brennecke / Theodor Krancke:
  Das glückhafte Schiff. Kreuzerfahrten der ADMIRAL SCHEER
  Vorwort Großadmiral a.D. Dr. h.c. Erich Raeder. Koehlers Verlagsgesellschaft mbH. Biberach /Riß (jetzt: Herford) (übersetzt in Großbritannien und den USA, als Taschenbuch bei Moewig und in Großbritannien).

- **Gespensterkreuzer HK 33. Hilfskreuzer PINGUIN auf Kaperfahrt**
  Geleitwort Konteradmiral a.D. Otto Kähler.
  Koehlers Verlagsgesellschaft, Herford
  (übersetzt in England; auch als Taschenbuch bei Heyne).

- **Schlachtschiff TIRPITZ**
  Das Drama der einsamen Königin des Nordens.
  Koehlers Verlagsgesellschaft. Jugenheim 1955 (jetzt: Herford)
  (übersetzt in England / USA, auch als Taschenbuch bei Heyne).

- **Der Fall LACONIA.** Ein hohes Lied der U-Boot-Waffe
  Koehlers Verlagsgesellschaft mbH, Jugenheim 1959 (jetzt: Herford)
  (übersetzt in Italien).

- **Deutsche Hilfskreuzer im Zweiten Weltkrieg**
  Gefürchtet, aber geachtet.
  Geleitwort Vizeadmiral a.D. Bernhard Rogge.
  Koehlers Verlagsgesellschaft, Jugenheim 1958 (jetzt: Herford)

- **Schlachtschiff BISMARCK. Höhepunkt und Ende einer Epoche**
  (mit Teil Schlachtschiffentwicklung). Herausgegeben im Auftrag des US Naval Institute, Annapolis, Maryland/USA, Koehlers Verlagsgesellschaft mbH, Jugenheim 1960, Herford 1972.

- **Schlachtschiff BISMARCK**
  (ohne Teil Schlachtschiffentwicklung, mit Ergänzungen zum Thema Schlachtschiff BISMARCK und zum Flottenchef Admiral G. Lütjens). 3. und 4. Auflage. Koehlers Verlagsgesellschaft mbH, Herford 1967.

- **Schlachtschiff BISMARCK. Aus deutscher und britischer Sicht Tabellen, Risse, Gefechtsskizzen.**
  Koehlers Verlagsgesellschaft, Herford. Neuauflage in Vorbereitung.

- **Haie im Paradies. Deutsche U-Boote in Südostasien**
  Ernst Gerdes Verlag Preetz/Holstein, 1961, Koehlers Verlagsgesellschaft, Herford 1969 (als Taschenbuchausgabe: Heyne Verlag, München 1969), erweiterte Neuauflage in Arbeit.

- **Jäger — Gejagte. Deutsche U-Boote 1939 bis 1945**
  Koehlers Verlagsgesellschaft, Biberach/Riß 1956 (jetzt: Herford) (übersetzt in Großbritannien, USA, Frankreich, auch als Taschenbuchausgaben bei Heyne, München, und in Großbritannien und den USA).

- **Bolzen**
  Heiteres und Besinnliches aus Marine und Christlicher Seefahrt Koehlers Verlagsgesellschaft, Herford 1965.

- **Hilfskreuzer THOR. Hecht im Atlantik**
  Koehlers Verlagsgesellschaft mbH, Herford 1967.

- **Windjammer**
  Der große Bericht über die Entwicklung, Reisen und Schicksale der Königinnen der Sieben Meere
  Dazu eine kritische Untersuchung des Übergangs vom Holz auf den Bau von Großseglern erst aus Eisen und dann aus Stahl. Koehlers Verlagsgesellschaft mbH, Herford 1968.

- **Eismeer — Atlantik — Ostsee**
  Die Einsätze des Schweren Kreuzers ADMIRAL HIPPER
  Geleitwort von Vizeadmiral a.D. Friedrich Ruge. Koehlers Verlagsgesellschaft mbH, Jugenheim 1963 (jetzt: Herford), als Taschenbuch: Heyne Verlag, München.

- **Bratjes**
  Wahres und Unwahres kreuzknotig gesponnen
  Koehlers Verlagsgesellschaft, Herford 1971.